5

ECKARDT OPITZ

SCHLESWIG-HOLSTEIN
LANDESGESCHICHTE IN BILDERN, TEXTEN UND DOKUMENTEN

Fotografiert von
Reinhard Scheiblich

RASCH UND RÖHRING VERLAG

Abbildungen auf den vorstehenden Seiten:
Wappen der Herzöge von Schleswig-Holstein-Gottorf im Dom
zu Schleswig, Portal zur Fürstengruft (1)
Das Thorsberger Moor bei Süderbrarup (2)
Herzogliche Kapelle mit Blick auf den Fürstenstuhl im Schloß Gottorf (3)
Schloß (Herrenhaus) Haseldorf (4)
Die Palmschleuse in Lauenburg (5)

CIP-Titelaufnahme der Deutschen Bibliothek

Opitz, Eckardt:
Schleswig-Holstein : Landesgeschichte in Bildern,
Texten u. Dokumenten / Eckardt Opitz. –
Hamburg : Rasch u. Röhring, 1988
ISBN 3-89136-137-8

Copyright © 1988 by Rasch und Röhring Verlag, Hamburg
Einbandgestaltung: Peter Albers, Reisenberger
Textredaktion: Regine Stützner
Herstellung: Marlies Fingado
Lithographische Arbeiten: Albert Bauer KG, Hamburg
Satz: Utesch Satztechnik GmbH, Hamburg
Druck- und Bindearbeiten: Mainpresse Richterdruck, Würzburg
Printed in Germany

Inhalt

Vorwort

Eine Landesgeschichte Schleswig-Holsteins in einem Band, der sich zudem noch auf farbiges Bildmaterial und auf die Wiedergabe von Dokumenten stützt, ist bisher nicht vorgelegt worden. Der 1930 von Otto Brandt und Karl Wölfle herausgegebene »Nordmark-Atlas. Schleswig-Holsteins Geschichte und Leben in Karten und Dokumenten« verstand sich vornehmlich als Ergänzung zu der von Otto Brandt 1925 verfaßten »Geschichte Schleswig-Holsteins« (1981 erschien, von Wilhelm Klüwer betreut, die 8. Auflage). Sie ist bis heute das einzige Werk zur Landesgeschichte, das den gesamten Zeitraum umfaßt und zugleich durch die Einarbeitung von Neuerscheinungen in die eingefügten ausführlichen Literaturübersichten auf den aktuellen Stand der Forschung verweist. Der »Brandt/Klüwer« ist längst eine Institution geworden und dürfte nur schwer zu ersetzen sein, obgleich seine Konzeption veraltet ist und zahlreiche Einzelaussagen korrekturbedürftig sind.

Das große Handbuch zur Geschichte Schleswig-Holsteins, das erstmals 1933 aus Anlaß des einhundertjährigen Jubiläums der Gesellschaft für Schleswig-Holsteinische Geschichte in Angriff genommen worden war, in neuer Konzeption seit 1948 betrieben und seit 1958 realisiert wird, ist leider noch immer nicht vollständig publiziert. Der hier vorgelegte Bildband zur Landesgeschichte kann und will keines der vorhandenen Werke ersetzen; er kombiniert die bisher meist getrennt dargestellten Elemente Wort, Bild und Dokument zu einem kompakten, aber dennoch anschaulichen Grundriß der Geschichte Schleswig-Holsteins.

Da mit diesem Buch auch die Absicht verfolgt wird, gehobenen ästhetischen Ansprüchen gerecht zu werden, waren Kompromisse notwendig. So mußte manches Bild weichen, um dem ohnehin auf den knappsten noch zulässigen Umfang reduzierten Text Platz zu machen. Vor allem die Urkunden hätten es verdient, in größerem Format wiedergegeben zu werden, doch was hätte dafür entfallen können? So mancher Verzicht mußte für diese nur einbändig konzipierte Ausgabe geübt werden.

Da spezielle Bildarchive nur ausnahmsweise zur Verfügung standen, mußten die Bildquellen zum größten Teil im Lande aufgesucht werden. Etwa zwei Jahre lang haben Reinhard Scheiblich, der Fotograf, und ich auf immer neuen Exkursionen Schleswig-Holstein bereist. Überall stieß unser Vorhaben auf Interesse und wurde entsprechend unterstützt, so vor allem im Landesarchiv Schleswig-Holstein; im Schloß Gottorf (Schleswig); in der Landesbibliothek Schleswig-Holstein, Kiel; im Stadtarchiv Kiel; im Kreis- und im Stadtarchiv Ratzeburg und in den folgenden Museen und Sammlungen: Haithabu-Museum, Haddeby; Altonaer Museum in Hamburg (Norddeutsches Landesmuseum); Museum für Hamburgische Geschichte; Museum für Dithmarscher Vorgeschichte und Heider Heimatmuseum; Nissenhaus-Nordfriesisches Museum, Husum; Kunsthalle zu Kiel; Kieler Stadt- und Schiffahrtsmuseum; Elbschiffahrtsmuseum Lauenburg; Museum für Kunst und Kulturgeschichte der Hansestadt Lübeck (St. Annen-Museum); Dithmarscher Landesmuseum, Meldorf; Landwirtschaftsmuseum, Meldorf; Schleswig-Holsteinisches Freilichtmuseum, Molfsee bei Kiel; Schleswig-Holsteinisches Landesmuseum, Schloß Gottorf (Schleswig); Schleswig-Holsteinisches Landesmuseum für Vor- und Frühgeschichte, Schloß Gottorf (Schleswig); Städtisches Museum Schleswig und Museet på Sonderborg Slot (Sonderburg/ Alsen).

Ihnen allen sei herzlich für ihre Hilfe gedankt. Nicht weniger Dank gebührt denjenigen, die uns in privaten Sammlungen, Kirchen, Bauern-, Herren- und Rathäusern sowie Schulen geholfen haben.

Auch meinen Mitarbeitern möchte ich für vielfältige Hilfe und Geduld danken: Matthias Hattendorff M. A., Dr. Evi Jung-Köhler, Kai Nissen und Ulrich Reis M. A. Klaus Fennert hat viel Zeit und Sorgfalt aufgebracht, um die Karte im Anhang zu zeichnen.

Konzipiert und verfaßt wurde das Buch von einem Historiker; realisiert werden konnte es aber nur dank der Meisterschaft des Fotografen Reinhard Scheiblich. Er hat nicht nur seine Talente als Fotograf unter Beweis gestellt, sondern auch sehr viel Mühe aufgewandt bei den technischen Vorarbeiten für das Buch. So ist es angesichts der engen Zusammenarbeit auch zu einer gemeinsamen Liebeserklärung an das Land Schleswig-Holstein geworden, wobei für den Fotografen die Schönheit des Landes und für den Historiker die Faszination seiner Geschichte im Vordergrund stehen; beide aber fühlen sich den Menschen verbunden, die schleswig-holsteinische Geschichte gestaltet haben.

Hamburg, im März 1988   Eckardt Opitz

Vor- und Frühgeschichte

Die kulturelle Vergangenheit Schleswig-Holsteins läßt sich über einen Zeitraum von etwa 20 000 Jahren zurückverfolgen, da sich das Land durch einen besonderen Reichtum an Denkmälern der Vorgeschichte auszeichnet. Von jeher haben die gewaltigen Grabmäler die Phantasie der Menschen angeregt; allein die gängige Bezeichnung »Hünengräber« oder »Riesensteingräber« – nüchterner Steindolmen und Ganggräber genannt – deutet auf die Ratlosigkeit hin, mit der vergangene Generationen diesen Denkmälern begegnet sind. Sie lassen aber auch den Respekt und die Ehrfurcht erkennen, die lange Zeit zum Schutz derselben beigetragen haben. Mit einigen sind sagenhafte Berichte verbunden, die eine Kontinuität der mündlichen Überlieferung in der Bevölkerung von der Zeit ihrer Anlage bis in unsere Tage oder bis zum Zeitpunkt der Ausgrabung nahelegen.

Das gilt etwa für den »Dronninghoi« bei Schuby, in dem tatsächlich, wie die Sage überliefert hatte, ein Toter mit abgeschlagenem Kopf gefunden wurde. In Grünhof-Tesperhude konnte ein Grabhügel freigelegt werden, von dem den Ausgräbern von Einheimischen berichtet worden war, daß dort einst »vornehme Leute« bestattet worden seien und daß »grote Füer brennt« hätten. Die Grabung deckte Spuren eines verbrannten Totenhauses auf, das mit Sicherheit nur für sozial hochgestellte Personen errichtet worden sein dürfte. Ähnliche Überlieferungen gibt es für Vorzeitdenkmäler aus Dänemark. Das ist nicht verwunderlich, denn Schleswig-Holstein stellte in vorgeschichtlicher Zeit einen Teil des größeren Kulturkreises dar, der sich über ganz Norddeutschland und die nordischen Länder erstreckte. Bereits in vorgeschichtlicher Zeit hatte die Jütische Halbinsel trotz mancherlei geographischer Veränderungen eine kulturelle Brückenfunktion zwischen dem Norden und der Mitte Europas.

Während der wärmeren Zwischenperioden der Eiszeiten sind auch Spuren menschlichen Lebens in Schleswig-Holstein nachgewiesen worden, doch als älteste konkret zu bestimmende Kulturstufe des Landes gilt das Lager eiszeitlicher Rentierjäger in Meiendorf im Nordosten Hamburgs, das mindestens 15 000, vielleicht auch 20 000 Jahre zurückreicht. Vorstellbar ist, daß sich die Menschen dieser Epoche während der wärmeren Jahreszeit weit nach Norden vorwagten, um dem Ren nachzujagen, sich dann aber wieder in klimatisch günstigere Regionen zurückzogen. Die Prähistoriker reihen die Menschen dieser Kulturstufe – die in der ausgehenden Altsteinzeit (Endpaläolithikum) in einem breiten Streifen nachweisbar ist, der von Nordfrankreich bis nach Südrußland reicht – der nach einem französischen Fundort benannten Magdalénien-Stufe zu. Spekulationen darüber, welcher Menschenrasse die Kultur der steinzeitlichen Funde zuzuordnen sei, sind bisher ohne befriedigendes Ergebnis geblieben.

Blick auf den Eingang der »Idstedter Räuberhöhle« (1), etwa 6 km nördlich von Schleswig, eines der besterhaltenen Großsteingräber aus dem Mittelneolithikum (etwa 4000 Jahre alt) in Schleswig-Holstein. Das Ganggrab wird von einem Rundhügel bedeckt. Der an der Südseite gelegene Gang war ursprünglich 3,5 Meter lang, ist aber weitgehend zerstört. Die »Räuberhöhle« ist der sogenannten Nordgruppe der Ganggräber zuzuordnen.

Eines der Großkammergräber von Birkenmoor, ein freigelegter »Urdolmen« (2). Dieses Einzelgrab ohne Eintrittsstein ist etwa 4500 Jahre alt. Der »Brutkamp« in Albersdorf, Dithmarschen (3), ein Polygonaldolmen im Rundhügel; sein Grundriß entspricht etwa einem gleichschenkligen Sechseck. Ein noch nicht freigelegter Rechteckdolmen aus der Gruppe von Birkenmoor (4)

Die klimatischen Schwankungen brachten grundlegende Veränderungen in der Landschaft mit sich; in Wärmeperioden breitete sich der Wald aus und entzog den Renjägern die Existenzgrundlage. Die Menschen wandten sich den Seen, den Flußläufen und der Küste zu und betrieben neben der Jagd auf Waldtiere zunehmend auch Fischfang. Ein neuer Kälteeinbruch veränderte das Land wieder; Tundrenlandschaften entstanden und zogen die Rentierjäger einer jüngeren Stufe an. Sie sind durch einen Siedlungsplatz bei Ahrensburg nachzuweisen; die Ahrensburger Stufe (zwischen 9000 und 8000 v. Chr.) ist die letzte altsteinzeitliche.

Die Mittlere Steinzeit (das Mesolithikum) brachte erste Ansätze von Seßhaftigkeit, die durch die Bindung an die Gewässer gegeben war. Die Benutzung von Booten zum Fischfang mußte von festen Plätzen ausgehen. Die nach wichtigen Fundorten Duvenseer Stufe und Oldesloer Stufe genannten Kulturgruppen des Mesolithikums haben Gemeinsamkeiten, so die Ernährungsgrundlage: Fisch- und Vogelfang sowie Jagd auf Waldtiere. Die Ausformung der Geräte weist aber deutliche Unterschiede aus. Ob es sich bei diesen Menschen um Nachkommen der altsteinzeitlichen Bewohner handelt oder ob sie aus dem Südosten eingewandert sind, ist noch nicht geklärt. Eine jüngere Kulturstufe ist die von Ellerbek an der Kieler Förde. Sie ist gekennzeichnet durch Kulturreste in großen Muschelhaufen (den sogenannten Kökkenmöddinger = Küchenabfälle), wie sie auch in Nordjütland gefunden wurden, etwa in Ertebølle Hoved am Limfjord (deshalb auch Erteböllezeit). Aus diesen Bergen von Austernschalen darf aber nicht geschlossen werden, daß die Menschen dieser Stufe sich ausschließlich von Schalentieren ernährten. Tatsächlich wurden auch Reste von Großwild entdeckt; bedeutender aber ist die Tatsache, daß bereits Getreide angebaut und Haustiere (Rinder) gehalten wurden.

Trotz dieser möglichen Frühform fällt die Einführung des Ackerbaus und damit der Beginn der Seßhaftigkeit in die Jungsteinzeit. Die neue Wirtschaftsform hatte ihren Ursprung im Vorderen Orient, breitete sich seit dem 7. Jahrtausend v. Chr. nach Norden aus und erreichte im Verlauf des 4. Jahrtausends auch die cimbrische Halbinsel. Die Trichterbecher und die Großsteingräber (Megalithgräber) sind die markantesten Zeugnisse dieser Bauernkultur, deren Kerngebiet offenbar die Insel Seeland war. Von dort dehnte sie sich über Fünen bis nach Schleswig und Holstein aus. Die ältesten Steinkammergräber, die Dolmen, waren allseitig geschlossen und verhältnismäßig klein; es handelte sich wohl um »Einzelgräber«, während die späteren – so auch die in Schleswig-Holstein in großer Zahl anzutreffenden, längeren und breiteren – als »Kollektivgräber« anzusprechen sind. Die Dolmen stellen die älteste erhaltene Monumentalarchitektur des Nordens dar.

Mit dem Aufkommen dieser Familiengräber ergab sich eine leichte Veränderung am Dolmenaufbau; um die Kammer zugänglich zu machen, wurde der Endstein an einer der Schmalseiten durch einen niedrigen Eintrittsstein ersetzt. Der so entstandene Eingang dürfte mit kleineren Stein- oder auch Holzplatten verschlossen worden sein. Dolmen dieses Typs haben eine Länge von 2,2 bis 2,6 Metern und eine Breite von 1,0 bis 1,8 Metern. Sie wurden abgelöst von einem weiteren Typ, dem Rechteckdolmen, bei dem die Grabkammer nicht parallel, sondern quer zur Längsachse des Langhügels liegt. Etwa zur gleichen Zeit nahmen die Rundhügel zu. Über die

5

Steinzeitliches Beil aus Ratzeburg (5)
Das Innere des »Denghoog«
(= Thinghügel) in Wenningstedt auf
Sylt (6). Wie die ›Idstedter
Räuberhöhle« gehört auch der
»Denghoog« zur Gruppe der
Ganggräber; er weist den längsten mit
Platten gedeckten Gang (5,25 Meter) auf.
Der Grabhügel von Bunsoh, 3 km
nördlich von Albersdorf (7); er wurde in
der Bronzezeit überhöht. Die
Steinkammer im Innern, eine
sogenannte Holsteiner Kammer, wurde
1874 freigelegt.
Der westliche Deckstein des
Kammergrabes von Bunsoh (8) ist ein
sogenannter Schalenstein. Neben
zahlreichen Schälchen sind Hand- und
Fuß- sowie Sonnendarstellungen zu
sehen, die aus der Bronzezeit stammen.
Es ist anzunehmen, daß es sich um einen
Kultstein zur Verehrung einer
Himmelsgottheit handelt.

religiösen Vorstellungen der Menschen, die einen derartigen Totenkult pflegten, läßt sich nur wenig aussagen. Es ist sehr wahrscheinlich, daß sie den Toten ein Haus bauten und auch Grabbeigaben ablegten, weil sie an ein Weiterleben nach dem Tode glaubten. An der Mauerbegrenzung, mit der die Grabhügel umgeben wurden, wird allerdings erkennbar, daß das Reich der Toten vom Reich der Lebenden getrennt werden sollte. Gerade dort, wo die Längsseiten geöffnet wurden, ist eine besonders dichte »Sperre« in der äußeren Umfriedung. Dieser Dolmentyp hat in Schleswig-Holstein die größte Verbreitung gefunden. Eine dritte Form, der Polygonaldolmen, dessen Grundriß einem gleichschenkligen Sechseck ähnelt und sich der Form eines »Runddolmens« nähert, kommt im Norden Jütlands in großer Zahl, in Schleswig-Holstein aber verhältnismäßig selten vor.

Auf die Dolmenzeit folgte die Zeit der Ganggräber, die für das mittlere Neolithikum charakteristisch sind. Auch bei den Dolmen gibt es kleinere oder auch größere »Gänge«, das heißt Steinsetzungen, die auf die Eingänge zuführen; der eigentliche Unterschied zwischen Dolmen und Ganggräbern aber besteht darin, daß beim Dolmen der Eingang an der Schmalseite liegt, während er beim Ganggrab an einer Breitseite ansetzt, so daß Gang und Kammer die Form eines T erhalten. Das besterhaltene Beispiel ist der Denghoog (= Thinghügel) in Wenningstedt auf Sylt. Er hat eine Grundfläche von 5,25 × 3 Metern, verfügt über drei Decksteine und den längsten mit Platten gedeckten Gang (5,25 Meter). Bescheidener nimmt sich dagegen die »Räuberhöhle« in Idstedt aus, die ebenfalls diesem Typ zuzurechnen ist. Erwähnt sei, daß bei den Ganggräbern eine sogenannte Nordgruppe von einer Südgruppe unterschieden wird. Während die erste meist ovalförmige Kammern hat und ausschließlich unter Rundhügeln liegt, kennzeichnen die zweite die rechteckige Kammerform und das Langbett.

Die wirtschaftliche Grundlage für diese Bauernkultur waren gleichermaßen Ackerbau und Viehzucht. An Getreidearten waren Gerste, Weizen und Hirse bekannt. Bei den Haustieren dominierte das Rind, aber auch Schweine, Schafe und Ziegen wurden gehalten. Daß der Hund bereits zum Begleiter des Menschen geworden war, ist sicher; ungewiß ist, ob das gezähmte Pferd schon dazugehörte.

Gleichzeitig mit dieser Megalithkultur existierte in Schleswig-Holstein eine zweite, von einem anderen Volk getragene Kultur. Sie wird, da auch für sie kein Volksname bekannt ist, Einzelgrabkultur genannt. Die Menschen dieser Kultur bestatteten ihre Toten einzeln unter flachen Hügeln. Als Grabbeigaben sind Becher, Streitäxte, gelegentlich auch Bernsteinschmuck charakteristisch. Infolge der bei ihnen gebräuchlichen Verzierungsart der Tongefäße können sie den »Schnurkeramikern« zugeordnet werden, die sich gegen Ende der Steinzeit von Süden kommend über Mittel-, Ost- und Nordeuropa ausbreiteten. In Schleswig-Holstein besiedelten sie zunächst die leichteren Böden, später aber auch die schwereren Moränenböden. Es ist unsicher, ob sie dabei die Megalithleute verdrängten oder unterwarfen oder ob sie mit ihnen verschmolzen. Auch die Frage, ob die Schnurkeramiker mit den Indogermanen gleichzusetzen seien, kann nicht eindeutig beantwortet werden.

Bereits während der ausgehenden Steinzeit bestand ein reger Handel, durch den auch Kupfer und Gold nach Norden gelangten, zunächst aber nur als Fertigprodukte. Der Import von Bronzewaffen regte die Steinwaffenhersteller zu immer perfekter gefertigten Stücken an, die nicht nur in ästhetischer Hinsicht lange Zeit mit den Metallgeräten konkurrieren konnten. Erst dem Schwert konnte keine gleichwertige Steinwaffe mehr entgegengesetzt werden. Die erste Periode der Bronzezeit (von etwa 1800 bis um 1500 v. Chr.) müßte eigentlich als Stein-Bronzezeit bezeichnet werden. Erst danach bildete sich im Norden ein eigenes Metallhandwerk aus, das dann aber rasch eine künstlerische Höhe erreichte, die – von Ungarn abgesehen – in Mitteleuropa nicht ihresgleichen hatte, obwohl die erforderlichen Rohstoffe (sieht man von der Kupferförderung auf Helgoland ab) eingeführt werden mußten. Welche Waren als Tauschobjekte dienten, ist nicht sicher; neben Bernstein und Pelzen wären durchaus Sklaven denkbar. Die Handelsverbindungen – zu Land mit Wagen auf Scheiben- oder Speichenrädern oder auf dem Seeweg – reichten in den Donauraum, zu den Britischen Inseln und bis ins Mittelmeer.

Auffällig ist die Geschlossenheit der nordischen Bronzekultur, die darauf hindeutet, daß ein Ausgleich zwischen den beiden Kulturgruppen der späten Steinzeit stattgefunden haben muß. Beim Totenkult setzte sich die Sitte der Einzelgrabbestattung durch, während die Megalithkultur der Formgebung und Verzierung der handwerklichen Produkte entscheidende Impulse verlieh. Trotz dieser Verschmelzung und trotz der Tatsache, daß bis zum frühen Mittelalter Einwanderungen größeren Stils nicht mehr nachzuweisen sind, kann noch nicht von einem klar identifizierbaren Volk gesprochen werden. Es gibt allerdings zahlreiche Indizien, die die These stützen, daß sich aus den Trägern der nordischen Bronzekultur die Germa-

9

10

Bronzezeitlicher Urnenfriedhof in
musealer Rekonstruktion (9).
Baumsarggrab der älteren Bronzezeit;
museale Rekonstruktion in Anlehnung
an einen Hügel bei Harrislee (10). Das
Grab wurde ausgeraubt, wie die
Bodenverfärbungen ausweisen.
Das Feldsteinfundament des Tespehuder
Totenhauses (11) aus der mittleren
Bronzezeit (10. Jahrhundert v. Chr.).
Einer der zahlreichen, die Landschaft
bestimmenden bronzezeitlichen Grab-
hügel bei Grabau, Kreis Stormarn (12).

11

nen entwickelt haben. Eindeutiger ist die räumliche Ausdehnung dieses
Kulturkreises zu bestimmen; er reichte von Südschweden über Dänemark
und Schleswig-Holstein und bezog Teile Nordniedersachsens und Meck-
lenburgs mit ein. In der frühen Bronzezeit war die Körperbestattung in
steinumsetzten Baumsärgen oder Steinkisten unter Erdhügeln üblich; zum
Ende der älteren Bronzezeit setzte sich die Brandbestattung immer mehr
durch und war in der jüngeren Bronzezeit (1000 – 500 v. Chr.) allgemein
verbreitet. Daß es in der Bronzezeit bereits Grabplünderungen gab, belegt
das ausgeraubte Baumsarggrab von Harrislee.

Die in einigen Gräbern gefundenen Stoffreste lassen den Rückschluß zu,
daß auf der Grundlage einer ausgedehnten Schafhaltung Weberei und
Textilverarbeitung auf hohem Niveau betrieben wurden. Aus zahlreichen
bildlichen Darstellungen lassen sich auch einige der religiösen Vorstellungen der Menschen dieses Kulturkreises ablesen. Vorherrschend war ein
Sonnenkult; abgebildet wurde die Sonnenscheibe, auf einem Wagen, später auf einem Schiff, am Himmel entlanggezogen, dazu heilige Tiere und
eine Fülle von symbolischen Zeichen.

Während der jüngeren Bronzezeit veränderten sich die Lebensbedingungen auch im Norden, ohne daß die konkreten Ursachen benannt werden
können. Um 800 v. Chr. werden Klimaschwankungen erkennbar, die zu
Siedlungsverlagerungen, wohl auch zu Auswanderungen geführt haben.
Auch in der Grabkultur traten Veränderungen auf. Zunehmend wurden
die Urnen in Gräberfeldern unter flachem Boden beigesetzt; die Beigaben
wurden spärlicher. In Ansätzen lassen sich soziale Differenzierungen erkennen, so etwa an besonders monumentalen Grabdenkmälern, die offenbar für fürstliche Persönlichkeiten errichtet wurden. Vor allem ergaben
sich in der jüngeren Bronzezeit räumlich begrenzte Kulturgruppen.

Die Bronzezeit endete ziemlich abrupt um 500 v. Chr. Zu den Ursachen des
damit verbundenen kulturellen Wandels gehört sicherlich eine Wanderbe-
wegung, bei der eine Volksgruppe der Jastorf-Kultur (genannt nach einem
Friedhof bei Bevensen im Kreis Uelzen) nach Süden und Westen vorstieß
und in Mitteldeutschland auf die sich ebenfalls ausbreitenden Kelten traf.
Dadurch wurden für längere Zeit die Handelsbeziehungen unterbrochen.
Die Jastorf-Gruppe, die im allgemeinen als germanisch angesehen wird,
stieß auch nach Norden vor, besiedelte die Talauen in Holstein und gewann
bald auch Siedlungsflächen durch Rodungen in Ostholstein. Seit dem 2.
Jahrhundert v. Chr. ist diese Gruppe auch nördlich der Eider, etwa in
Angeln, nachweisbar. Mit der Ausbreitung der Jastorf-Kultur begann die
Eisenzeit, die siedlungsgeschichtlich mit der Entstehung größerer Dörfer
und entsprechend großen Friedhöfen verbunden war. Durch die Kontakte
mit den Kelten erwarben die Germanen die Fähigkeit, Eisen zu schmieden.
Eisen konnte im Lande selber gewonnen werden, und zwar aus den kleinen
Eisenknollen im Moorboden, dem »Raseneisenerz«. Offenbar zogen ganze
Sippen zu den Fundstellen und verhütteten während der Sommermonate
das Erz in sogenannten Rennfeueröfen an Ort und Stelle, um es dann im
Winter in den heimatlichen Dörfern zu schmieden. Zahlreiche Verhüt-
tungsplätze konnten anhand der Eisenschlacken nachgewiesen werden.
Aus dem Eisen ließen sich nicht nur Waffen schmieden, sondern auch
Pflugscharen, die den bronzezeitlichen Hakenpflug ersetzten und mit de-
nen auch schwere Böden bearbeitet werden konnten.

13

14

Rekonstruktion eines Hauses der römi-
schen Kaiserzeit aufgrund von Grabungs-
ergebnissen in Ostermoor bei Brunsbüttel;
Aufbau im Museum Heide (13).
Rekonstruktion eines Rennfeuerofens
zur Verhüttung von Raseneisenerz in
Süderschmedeby (14).
Das Thorsberger Moor, das zentrale
Stammesheiligtum der Angeln, dessen
Opfergaben Einblick in das wirtschaft-
liche und soziale Leben der Angeln
vom 1. Jahrhundert v. Chr. bis zu ihrer
Abwanderung im 5. Jahrhundert n. Chr.
geben. 1858–1861 ausgegraben (15).

Während der vorrömischen Eisenzeit geriet die germanische Welt und
damit auch die Jütische Halbinsel erstmals in das Blickfeld antiker Beobach-
ter und Autoren. Der erste war der griechische Seefahrer und Geograph
Pytheas aus Massilia (Marseille), der um 325 v. Chr. bei einer Forschungs-
reise auch bis an die Elbmündung gelangte. Danach fanden die Auswanderung der Cimbern, Teutonen und Ambronen gegen Ende des 2. Jahrhunderts v. Chr. und deren Zusammenstoß mit römischen Truppen ihren
Niederschlag in den Werken der römischen Schriftsteller (Livius, Tacitus,
Plinius, Plutarch und Ptolemäus). Sie brachten die Cimbern und die Teutonen eindeutig mit der Jütischen Halbinsel in Verbindung. Ob der Name
Ambronen sich auf die Insel Amrum bezieht, ist unsicher. Livius sah die
Ursache für den Zug der Cimbern und Teutonen in einer großen Sturmflut. Tatsächlich deuten die zahlreichen Siedlungsverschiebungen in der
Zeit um Christi Geburt auf eine Klimaverschlechterung hin. Es bestanden
aber weiterhin Handelsverbindungen nach Süden und Westen, was sich
daraus schließen läßt, daß vereinzelt römische Importgegenstände als
Grabbeigaben benutzt wurden. Vor allem aber gehörten wertvolle Import-
waren zu den Gegenständen, die den Göttern in den Mooren Schleswigs
geopfert wurden, so vor allem im Thorsberger Moor. Von Tacitus erfahren
wir, daß neben anderen Völkern die Angeln auf der Jütischen Halbinsel
beheimatet waren, und es spricht wenig dagegen, sie dort zu vermuten, wo
die Landschaft noch heute ihren Namen trägt. Dort scheint sich, sofern
dem Heldenlied des Königs Offa, das gegen Ende des 4. Jahrhunderts
entstanden sein kann, ein historisches Ereignis zugrunde liegt, ein Königs-
reich herausgebildet zu haben. Von König Offa heißt es, er habe sein Reich
nach Süden hin verteidigt. Ob damit auch die Anfänge des Danewerks in
Verbindung zu bringen sind, ist genauso ungewiß wie die Überlegung, ob
die Verteidigungswälle des Olgerdiget, südwestlich von Apenrade, die vor
300 n. Chr. errichtet worden sind, die Nordgrenze des Reiches der Angeln
markierten.
Im 4. Jahrhundert geriet auch die Bevölkerung auf der Jütischen Halbinsel
in den Sog der germanischen Völkerwanderung. Während seit der Steinzeit an den Opferplätzen an Seen und Mooren kontinuierlich einzelne
Gaben geopfert wurden, änderte sich das Verhalten der Menschen im
4. Jahrhundert. Jetzt wurden einmalige große Opferhandlungen veranstal-
tet, so das Ruderschiff, das mit Waffen und Fibeln im Moor von Nydam
versenkt wurde. Man könnte darin einen letzten Versuch sehen, die Götter
zu beschwören, allgemeine Not abzuwenden. Sollte es eine solche Hand-
lung gewesen sein, dann war sie offenbar vergeblich. Im 5. Jahrhundert
brechen die Spuren der Besiedlung nicht nur in Angeln, sondern auch in
weiten Teilen Schleswig-Holsteins ab. Alles spricht dafür, daß die Bevölkerung bis auf wenige Reste das Land verließ und sich auf eine Wanderung
entlang der Küste begab, die in England ein Ende fand. Beda schreibt in
seiner im 8. Jahrhundert entstandenen englischen Kirchengeschichte, daß
nach dem Abzug der Angeln, Sachsen und Jüten das Land »wüst« geblieben
sei. Doch als Beda diese Feststellung niederschrieb, begannen sich die
Verhältnisse schon wieder zu wandeln (vgl. Karte 1 im Anhang). Denn seit
dem 8. Jahrhundert sind in West- und Mittelholstein die nordalbingischen
Sachsen als Bewohner nachweisbar. Spätestens zu Beginn des 8. Jahrhunderts setzte die Besiedlung Ostholsteins durch slawische Stämme (Wen-

15

den) ein, die sich in verschiedenen Wellen ausbreiteten. Von Norden her kamen Dänen und Jüten in das Land, später auch, im Zuge der Wikinger-Bewegung, vereinzelt Schweden. Von Westen her setzten sich die Friesen auf den Inseln und in Nordfriesland fest.

Zu Beginn der historischen Zeit, am Anfang des 9. Jahrhunderts also, überschnitten sich in Schleswig-Holstein somit im wesentlichen vier Kultur-, Sprach- und Völkerkreise: im Westen die Sachsen und Friesen, im Norden die Dänen und im Osten die Slawen. Sie grenzten sich sofort gegeneinander ab; die Dänen errichteten, wahrscheinlich auf der Grundlage einer älteren Anlage, das Danewerk gegen die Sachsen. Die Sachsen bauten nach Osten hin entlang einer Linie, die im Süden von der Elbe westlich von Lauenburg bis nach Norden an die Ostsee östlich von Kiel reichte, ein System von Ringwällen, den Limes Saxoniae, der sich offenbar gegen ein weiteres Vordringen der Wenden richtete. Und diese wiederum errichteten bereits bei der Landnahme Ringwälle, die zum Teil zu großen Burganlagen anwuchsen (zum Beispiel Oldenburg und Ratzeburg), zum Schutz vor Rivalen oder wohl auch gegen die Sachsen. Die Sachsen verfügten neben dem Limes auch über ein Netz von Burganlagen, die sich an strategisch wichtigen Punkten entlang der Handelsstraßen befanden. Schließlich schützten sich auch die Friesen durch Burgwälle, nachdem sie, so scheint es, Opfer von Wikingerüberfällen geworden waren. In dieser gespannten Situation begann das Frankenreich, die Sachsen zu unterwerfen; Karl der Große griff auch nach Nordelbingen aus, und in seinem Gefolge kamen die ersten christlichen Missionare ins Land.

16

Überlebensgroße Holzfiguren aus einem Moor bei Braak (Eutin), offenbar ein Götterpaar, das aus der älteren Eisenzeit stammt (16).

Das Nydam-Boot (17), so bezeichnet
nach dem Platz im Sundewitt am
Westufer des Alsensunds, an dem es im
August 1863 gefunden wurde. Das aus
Eichenplanken in Klinkerbauweise
konstruierte Boot ist fast 23 Meter lang,
bot auf jeder Seite Raum für 28 Ruderer
und wird in das späte 4. Jahrhundert
n. Chr. datiert.
Der »Oldenburger Wall« bei Lehmrade
östlich von Mölln (18) ist ein slawischer
Ringwall aus der Zeit um 1000 n. Chr.
Modell der Stellerburg in Dithmarschen
(19), eine sächsische Burganlage des 9.
Jahrhunderts n. Chr. Es entstand
aufgrund der Ausgrabungsergebnisse
und befindet sich im Museum Heide.
Auch für Denkmäler der Vor- und
Frühgeschichte gilt, daß ihre Nutzung
die beste Garantie für ihre Erhaltung
bietet: hier das Glockenhaus der Kirche
in Schwabstedt (20) auf einem
bronzezeitlichen Grabhügel. Der
Feldsteinbau der Kirche entstand um
1200.
Einer der bronzezeitlichen Grabhügel bei
Gönnebeck, östlich von Neumünster
(21), als Beispiel dafür, was moderne
Großpflüge einem Vorzeitdenkmal antun
können.

17

18

19

20

21

St. Ansgar mit dem Modell des
Hamburger Doms (1). Votivtafel von
Hans Bornemann (1457) in der
Hauptkirche St. Petri, Hamburg. Der
»Apostel des Nordens« hat zwar große
Anstrengungen unternommen, um den
Norden zu christianisieren; nachhaltiger
Erfolg war ihm aber nicht beschieden.

1

Christianisierung und frühes Christentum

Die Einführung des Christentums im Norden wird zumeist verbunden mit dem Namen des Benediktinermönchs Ansgar. Er trägt den Ehrennamen »Apostel des Nordens«, weil er als Missionar in Nordelbingen, Dänemark und Schweden wirkte. Die von seinem Nachfolger Rimbert, Erzbischof von Hamburg und Bremen, verfaßte »Vita Anskarii« hat dazu beigetragen, daß in der Historiographie bereits im 9. Jahrhundert ein christianisierter Norden erscheint, als es dort in einer ansonsten »heidnischen« Welt bestenfalls vereinzelt christliche Familien neben reisenden Kaufleuten christlichen Glaubens gab. Von einer organisierten Kirche in Schleswig und Holstein kann im 9. Jahrhundert gar nicht und im 10. Jahrhundert nur teilweise gesprochen werden. Selbst das Wirken Adalberts von Bremen im 11. Jahrhundert muß sehr skeptisch betrachtet werden. Seine Aktivitäten waren zwar in politischer und kirchenorganisatorischer Hinsicht auf den Norden gerichtet, doch deckte sich sein Anspruch, Metropolit für ganz Nordeuropa zu sein, keineswegs mit den Realitäten. Liest man das Werk seines Biographen Adam von Bremen kritisch, dann wird diese Einschätzung eher bestätigt als widerlegt. Die Kirchengeschichte Adams ist zudem über die Lebensbeschreibung Erzbischof Adalberts hinaus eine zentrale Quelle für die Beschaffenheit Schleswigs und Holsteins im 11. Jahrhundert.

Im Zuge der Eroberung Sachsens durch Karl den Großen wurde das Christentum als neue Religion verordnet; die strenge »Capitulatio de partibus Saxoniae« von 785 schloß jede andersartige Religionsausübung unter Androhung der Todesstrafe aus. Die Zerstörung der sächsischen Heiligtümer und gleichzeitige Errichtung von Kirchen sollte der alten Religion die »Basis« entziehen. Seit etwa 780 stießen christliche Missionare auch in Gebiete nördlich der Elbe vor, so etwa nach Dithmarschen; doch waren deren Bemühungen wenig erfolgreich. Erst als Kaiser Karl sich 802 dazu entschloß, den Widerstand der nordelbischen Sachsen in einem Bündnis mit den Abotriten zu brechen – nachdem bereits 798 ein sächsisches Heer auf dem Schwentinefeld geschlagen worden war –, entstanden die Voraussetzungen für eine Kirchenorganisation in den Gauen Dithmarschen, Holstengau und Stormarn. Das strategisch günstig gelegene Esesfeld (Itzehoe) wurde dabei zu einem wichtigen Brückenkopf. Die Zwangsmaßnahmen der »Capitulatio« von 785 waren inzwischen erheblich gelockert worden, doch die Voraussetzung für die Christianisierung des Landes war dessen Eroberung. Bald nach 810 entstanden in Meldorf, Heiligenstedten (bei Itzehoe) und Hamburg die ersten Kirchen, etwas später in Schenefeld.

Doch um die Mitte des 9. Jahrhunderts brachen diese frühen kirchlichen Strukturen wieder zusammen; die Vertreibung Bischof Ansgars aus Hamburg (845) durch die Wikinger und eine etwa gleichzeitige heidnische

Gußform aus Haithabu, die wie kaum eine andere Sachquelle den Übergang von germanischen Religionsvorstellungen zum Christentum signalisiert (2). In derselben Form konnte ein Handwerker Kreuze und Thorshämmer als Amulette herstellen. Die Rückseite der Gußform ist im Spiegel zu sehen. Thorshammer-Amulett aus Haithabu (3); Christus- und Kreuz-Amulett aus Haithabu (4)

5

Der sogenannte Poppostein bei Stenderup, Kreis Flensburg (5), ist in zweifacher Hinsicht ein historisches Denkmal. Zum einen ist er eine vorgeschichtliche Grabkammer, zum anderen verbindet sich mit dem Platz eine mittelalterliche Legende: Bischof Poppo von Schleswig soll hier um 966 viele Heiden getauft haben, darunter auch König Harald Blauzahn von Dänemark. Poppo soll sich einer Art Gottesprobe unterzogen haben, indem er glühende Eisen um den altarartigen Deckstein (»Taufstein«) der Grabkammer getragen habe, ohne Schaden zu nehmen. König Friedrich VII. (1848–1863), der sich gern mit Archäologie beschäftigte, ließ 1859 den Platz als Denkmal herrichten.

Bewegung gegen das Christentum in Dänemark waren schwere Rückschläge. Als Bischof Ansgar 865 in Bremen starb, waren nur wenige seiner Träume in Erfüllung gegangen; den meisten seiner Bemühungen war der Erfolg versagt geblieben. Die »heidnischen« Kulte wurzelten nach wie vor in der Bevölkerung, selbst dort, wo es in der Nähe Kirchen gab. Die Versuche der Priester, die alten Götter zu dämonisieren, mußten noch über viele Jahrzehnte fortgesetzt werden. Während das Christentum in Holstein im Zuge der Eroberung des Landes eingeführt wurde, blieb der Norden, das heißt das Gebiet jenseits eines breiten Ödlandgürtels beiderseits der Eider, mehr als zweihundert Jahre länger »heidnisch« als der Süden der Jütischen Halbinsel. Der skandinavische Einfluß – auch die Verbindung mit den Slawen im Ostseeraum – und die ungebrochene Tradition bäuerlicher Kultur in festen, deutlich abgegrenzten Siedlungsgebieten brachten es mit sich, daß sich die (nord-)germanischen Religionspraktiken bis ins 11. Jahrhundert, teilweise noch darüber hinaus, erhielten.

Wir müssen uns vor Augen führen, daß noch im 11. Jahrhundert – dem Zeugnis Adams von Bremen (ca. 1075) zufolge – im zentralen germanischen Heiligtum von Uppsala Menschenopfer üblich waren. Es ist auch anzunehmen, daß bei den Germanen (wie bei den meisten indogermanischen Völkern) die Religion, die Bindung an die Götter, nicht so sehr Ausdruck individueller Frömmigkeit, sondern vor allem eine Sache der politischen Gemeinschaft war. Am treffendsten wird man die religiöse Praxis als Stammeskult bezeichnen können. Daraus erklärt sich auch, daß im Norden durchweg dieselben Götter verehrt wurden, daß sich aber die einzelnen Stämme jeweils *einem* Gott besonders zuwandten. Die Thingstätten, die ja für politisches Leben stehen, waren zumeist auch religiöse Mittelpunkte oder befanden sich in der Nähe von Kultstätten mächtiger Götter.

Als Anhänger einer polytheistischen Religion dürften die Nordgermanen, wie vor ihnen die Römer, jeder neuen Religion, so auch der christlichen, mit Toleranz und Aufgeschlossenheit gegenübergestanden haben. Da aber die Religion für die Germanen vor allem stammesspezifisches Kultverhalten war, mußte der Übergang zu einer neuen Religion mit großen Widerständen verbunden sein. Dabei sind politisch und sozialpsychologisch bedingte Reaktionen zu berücksichtigen.

Das Christentum forderte den ganzen Menschen; es ließ ihm letztlich keinen Raum mehr, die alten Sippengötter weiter zu verehren. Wer also ernst mit seinem christlichen Glauben machen wollte, mußte sich in Opposition zum Glauben von Sippe und Volk stellen. Das war für jene besonders schwer, die Führungsfunktionen hatten; der männliche Adel leitete seine Vorrechte auch religiös ab. Ein Bruch mit der alten Religion bedeutete also auch, die Sozialstruktur in Frage zu stellen. Auch theologische Reaktionen müssen angenommen werden. Die Anhänger der neuen Religion mußten Überzeugungsarbeit leisten und bewirkten mit ihrer Propaganda oft eine Radikalisierung in der Auseinandersetzung.

Archäologische Forschungen haben ergeben, daß es vor allem die wohlhabenden (adligen?) Frauen waren, die sich als erste zum Christentum bekannten, während die Männer noch lange Zeit am alten Glauben festhielten. Die Parallele zur Entwicklung in Rom ist unübersehbar. Bekannten sich die Könige – aus politischen Gründen oder auch aus Überzeugung –

6

Die älteste Urkunde des Landesarchivs Schleswig-Holstein (6): Erzbischof Adalbert von Hamburg beurkundet unter anderem, daß die Frau Rikquur ihre Erbgüter in Dithmarschen und Stade der Hamburger Kirche übertragen hat, um ein Sühnegelöbnis zu erfüllen. Die Pergamenturkunde ist am 16. Juli 1059 ausgestellt worden.

Die Nordwand der Kirche in Schenefeld (7), deren unterer Teil möglicherweise auf den Gründungsbau des 9. Jahrhunderts zurückgeht; damit wäre sie der älteste noch aufrecht stehende Kirchenbaurest im Lande und eine der wenigen Spuren aus der Frühzeit des Christentums im Norden.

7

Viele Details der romanischen
Steinmetzarbeiten, die sich besonders
zahlreich in der Landschaft Angeln
erhalten haben, sind schwer zu deuten.
Bei den Tympana, den geschmückten
Giebelfeldern über den Kirchenportalen,
werden Motive aus dem Alten und dem
Neuen Testament miteinander
verbunden. Hier, über dem Südportal
der Kirche in Thumby (8), sind Adam
und Eva als Schlangen zu erkennen,
die durch das Kreuz erlöst werden.
In Ulsnis (9) sind in der Mitte der
triumphierende Christus, links Abel und
rechts Kain zu sehen, der vom Teufel
geschoben wird.

8

9

zum Christentum, liefen sie Gefahr, gestürzt zu werden, falls sie nicht
Zugeständnisse an den Volksglauben machten und zum Beispiel an den
Opferritualen teilnahmen.

Das Schicksal des Dänenfürsten Harald Klak, der sich mit seiner Familie im
Jahr 826 in Ingelheim taufen ließ, kann in diesem Zusammenhang gesehen
werden. Und König Ingi Steinkelson von Schweden mußte noch in der
zweiten Hälfte des 11. Jahrhunderts fliehen, um dem Zorn seines Thing-
volkes zu entgehen; er hatte sich geweigert, als König am Opferfest der
Svear in Uppsala teilzunehmen. Wenn das »Ernteheil« des christlichen
Königs versagte, war der neue Glaube allemal gefährdet, wie sich in Schweden noch zu Beginn des 12. Jahrhunderts zeigte. Christenverfolgungen,
Neuerrichtungen von bereits zerstörten »heidnischen« Heiligtümern waren die Folge. Mißtrauen gegenüber dem neuen Glauben auf der einen
Seite und die Notwendigkeit, mit verständlichen Mitteln das Christentum
zu offerieren, auf der anderen Seite – das ist die Situation im Norden bis ins
12. Jahrhundert hinein. Und der Norden begann spätestens an der Eider.
Denn bis in diesen Raum reichten auch die Auswirkungen von Thronwir-
ren in Dänemark, bei denen die Glaubensfrage ins Feld geführt wurde (so
besonders am Ende des 9. Jahrhunderts).

Wichtig waren auch die Handelsbeziehungen. Da die noch überwiegend
»heidnischen« skandinavischen Reiche mit dem rigoros christianisierten

Die Tympana über dem Nordportal in Sörup (10) und dem Südportal in Norderbrarup (11) zeigen Christus, der den Schlüssel dem Apostel Petrus und das Buch (die Schriftrolle) dem Apostel Paulus übergibt.
Dasselbe Motiv findet sich auch über dem Südportal in Munkbrarup (12); vergleiche Seite 38.

Frankenreich in engen Handelsbeziehungen standen und zunehmend auf diese angewiesen waren, mußten sie den religiösen Vorstellungen ihrer Handelspartner Rechnung tragen, und die Mindestleistung dafür war Toleranz gegenüber dem Christentum. Die Bereitschaft, sich anzupassen, wuchs. Schließlich wurde es aus verschiedenen Gründen opportun, den neuen Glauben zu akzeptieren.

Wie konnte man einem Volk die Forderungen eines neuen Glaubens nahebringen, die den bisher gültigen sittlichen Vorstellungen eklatant entgegenstanden? Friedfertigkeit und Bereitschaft zum Leiden und zur Versöhnung waren den Germanen fremd. Die Verletzung der Ehre sollte nicht mehr gerächt, sondern hingenommen werden? War das einem Herrscher zuzumuten? Dieser Jesus, »der weiße Krist«, den es zu verehren galt, war doch ein »Verlierer«, und seine Gefolgsleute hatten versagt. Was war daran verehrungswürdig? Zunächst hatte sich der Christengott als Nothelfer zu bewähren, denn die Gestalt des Nothelfers oder »Freundgottes« war den Germanen bekannt. Sie trugen Amulette mit deren Symbolen, von denen sie Heil erwarteten. Vor allem Thor muß als Nothelfer angesehen werden. Sein Amulett, der Hammer, war weit verbreitet. Ihm machte nun das Zeichen des Christentums, das Kreuz, Konkurrenz. Die Hersteller solcher Amulette profitierten davon.

Oberflächlich betrachtet mußten der Kreuzestod und seine bildliche Dar-

13

14

15

16

17

18

19

20

21

22

23

24

stellung germanischen Vorstellungen fremd erscheinen. Die nordgermanischen Opferriten kannten aber den Hängetod, der eine Möglichkeit der Anknüpfung ergab. Das Opfer wurde an einem Baum gehenkt und ihm dann ein Ger durch die Seite gestoßen. Die Gestalt des römischen »Offiziers« Longinus, der Jesus mit seiner Lanze in die Seite sticht, konnte deshalb zu einer »populären« Gestalt werden. Folgende Vorstellung erscheint also als möglich, ja als wahrscheinlich: Durch Christi Eingreifen werden die Menschen zu Mit-Söhnen Gottes und dadurch nicht nur zu dessen angenommenen Verwandten, sondern zu »Gesippen« untereinander. Bei günstigen politischen Konstellationen wurde der Glaubenswechsel des Königs zum auslösenden Moment, ihm folgte die Gefolgschaft und schließlich das »Volk«. Dieser Prozeß dauerte oft Jahrzehnte und war häufig mit Rückfällen verbunden.

Ein weiteres Merkmal des Übergangs, zugleich ein Mittel, das von den Missionaren genutzt wurde, war die Übertragung des Charismas, der Heilskraft. Sie fand ihren Ausdruck auch in bildlichen Darstellungen: Die alten Götter werden überwunden durch Übertragung ihres Charismas auf die Träger des neuen Glaubens. Zugleich werden die alten Götter zu Dämonen und entsprechend dargestellt. Der christliche Kult mit seiner eindrucksvollen Pracht, die zunächst nur in Bischofskirchen erfahrbar war, hielt jetzt auch Einzug in das Dorf. Während der Missionszeit wurden fast ausschließlich Erwachsene getauft. Erst nachdem sich Kirchengemeinden gebildet hatten, taufte der örtliche Pfarrer auch Kinder.

Ein besonderer Aspekt bei der Einführung des Christentums im Norden ist die Stabilisierung der Macht des Königtums gegenüber dem auf dem Thing dominierenden Adel und den rivalisierenden Königssippen. In Skandinavien und vor allem in der angelsächsischen Hagiographie wurde deshalb die Rückführung der eigenen Königsherrschaft auf einen Königsheiligen dazu benutzt, den Herrschaftsanspruch durchzusetzen. Dabei war die stirps regia jeweils mitgeheiligt. Aus dem merowingischen Bereich ist der Typ des Adelsheiligen überliefert, der oft genug den Adelsstatus der Familie erst etablierte und ihn ideologisch legitimierte.

Der Anfang des Christentums in Dänemark wird mit dem Jahr 965 datiert, mit der Taufe des Königs Harald Blåtand (Blauzahn). Diese ist in der Überlieferung verbunden mit der Eisenprobe Poppos. Tatsächlich verkündet Haralds Runenstein in Jellinge, daß er die Dänen zu Christen gemacht habe. Erzbischof Adaldag (937–988) setzte für Schleswig, Ripen und Aarhus Suffraganbischöfe ein, ohne daß die Grenzen ihrer Diözesen feststanden oder gar schon die Mission erfolgt war. Es handelte sich hierbei um den Versuch, die Machtstellung Adaldags als Erzbischof von Hamburg und Bremen im Kreise der Großen des Reiches auszubauen, und nicht um die Beschreibung realer kirchlicher Verhältnisse. Ähnlich verhielt es sich mit dem Bistum Oldenburg, das über Jahrzehnte nur dem Namen nach bestand (worauf noch näher einzugehen ist). In der Folgezeit wurden weitere Bischöfe für Schleswig geweiht, ohne daß diese ihren Sprengel betreten konnten. Dem dänischen König Sven Gabelbart (988–1014) werden von Adam von Bremen Christenverfolgungen nachgesagt, allerdings zu Unrecht. Den Hintergrund für diese Vorwürfe Adams bilden politische und kirchenpolitische Auseinandersetzungen, die sich daraus erklären, daß König Sven Missionare aus England holte und damit die geistliche Herr-

Eine kleine Auswahl der zahlreichen im Ursprung mittelalterlichen Kirchen des Landes:

Brodersby (13) verkörpert den Grundtyp der Angeliter Kirchen (spätes 12. Jahrhundert).

Die alte Wallfahrtskirche in Kliplev, Nordschleswig (14), stammt aus dem späten 16. Jahrhundert, geht aber auf eine ältere Holzkirche zurück. Der Glockenturm entstand um 1300 und gilt als das älteste erhaltene Holzgebäude Dänemarks.

St. Laurentius in Munkbrarup (15) gehört zu den bedeutenden Granitquaderkirchen des späten 12. Jahrhunderts.

Auch St. Georg in Oeversee (16) entstand im 12. Jahrhundert.

Die besterhaltene Granitquaderkirche Angelns ist St. Marien in Sörup; sie wurde um 1180 gebaut (17).

Die Vizelinkirche in Ratekau (18) gehört zu den guterhaltenen Feldsteinkirchen des späten 12. Jahrhunderts in Ostholstein.

Auch St. Marien in Norderbrarup (19) birgt reiche Schätze aus romanischer Zeit.

St. Martin in Morsum/Sylt (20) entstand im frühen 13. Jahrhundert.

Die ehemalige Guts- und Patronatskirche in Haseldorf (21) gilt als der bedeutendste spätromanische Backsteinbau der Elbmarschen (um 1230).

St. Petri in Bosau (22) stand zu Vizelins Zeit auf einer Insel; der heutige Bau geht auf einen romanischen Vorgänger zurück.

Zu den ältesten Kirchen im Herzogtum Lauenburg gehört St. Marien in Gudow, Mitte 12. Jahrhundert (23).

Auch für St. Johannis in Nieblum auf Föhr (24), eine Backsteinkirche des 13. Jahrhunderts, wurden die Granitquader eines Vorgängerbaus verwendet.

26

27

25

28

Longinus und Christus am Kreuz (26)
Rätselhaft ist die Darstellung einer Frau,
die, vom Teufel gelenkt, zwei Schlangen
nährt (27). Adam und Eva am Baum der
Erkenntnis (28)
Der Taufstein in der Kirche von Husby,
Angeln (25), entstand um 1200 und weist
Stilelemente auf, die ihn mit dem
Djurslandmeister Horder in Verbindung
bringen. Auch hier sind Motive aus dem
Alten und dem Neuen Testament
vermengt.

schaft Hamburg-Bremens (hinter der die weltliche des Reiches stand)
ignorierte.

Der eigentliche Auf- und Ausbau der mittelalterlichen Kirche im Norden
begann mit Knut dem Großen (1014–1035). Knut regierte ein Großreich,
das von der Ostsee bis zum Irischen Meer reichte. Auch er stützte sich auf
die englische Kirche und mißachtete zunächst die Ansprüche des Hamburger Erzbischofs. Später kam es zu einer Verständigung, die historisch von
großer Bedeutung ist, da sie weit über kirchenorganisatorische Fragen
hinausging. Unter der Vermittlung des Erzbischofs schlossen im Jahr 1035
Kaiser Konrad II. (1024–1039) und Knut der Große Frieden. Der Kaiser gab
Knut »die Stadt Schleswig zum Unterpfand des Freundschaftsbundes mit
der jenseits der Eider liegenden Mark. Seit der Zeit gehörte sie den dänischen Königen« (»dedit ei Sliaswig civitatem cum marcha, quae trans
Egdoram est, in fedus amicitiae, et ex eo tempore fuit regum Daniae«), wie
Adam von Bremen berichtet.

Bis über die Mitte des 11. Jahrhunderts hinaus waren die Bischöfe in
Schleswig und Ripen (wenn sie überhaupt in ihren Sprengeln wirken
konnten) als Missionsbischöfe tätig. Einen gegliederten Klerus oder auch
Kirchenabgaben gab es nicht. Mit dem Tod Knuts des Großen (1035) brach
das nordische Großreich wieder auseinander. Rasch aufeinanderfolgende
Herrscher gelangten auf den dänischen Thron. König Sven Estridsen (1047
bis 1076), ein Neffe Knuts, dessen fünf Söhne nach ihm den Thron innehat-
ten, war auf die Kirche angewiesen, weil er kein Königssohn war. Er
bedurfte der Kirche, um seine Herrschaft zu sichern und zu legitimieren.

Möglicherweise war die Verehrung der Heiligen Drei Könige im Norden verbunden mit der Etablierung und Durchsetzung von Königsmacht in ursprünglich nicht zur Königssippe gehörenden Familien.

Adalbert von Bremen (1034–1076), der in der nordischen Kirchengeschichte traditionell einen hervorragenden Platz einnimmt, betrieb Reichs- und Machtpolitik zugleich. Sein Plan eines Herzogtums Hamburg-Bremen scheiterte genauso wie der Versuch, ein Patriarchat über die nordische Kirche zu etablieren und gleichzeitig einen Erzbischof für Skandinavien einzusetzen. Adalbert wollte damit auf Bestrebungen König Svens eingehen. Der Versuch, in Schleswig eine Synode zu veranstalten, um die kirchenpolitischen Probleme im Norden zu regeln, scheiterte am Widerstand der dänischen Bischöfe.

1066 erfolgte der Sturz Adalberts, sein Einfluß auf die Reichspolitik sank, seine Pläne in Sachsen scheiterten; die Wendenmission erlitt schwere Rückschläge. 1066 wurde Haithabu in einem Wendensturm endgültig zerstört. Daß Adalberts Politik langfristig gescheitert war, offenbarte sich, als 1104 das Erzbistum Lund für die nordischen Reiche eingerichtet wurde. Damit war der Einfluß der hamburgisch-bremischen Kirche, der im Norden ohnehin nie sonderlich groß gewesen war, endgültig abgeschnitten. Es kam jetzt zu einer engen Zusammenarbeit zwischen Königs- und Bischofsmacht, die beide Seiten stärkte und straffte. Mit der Gründung des Erzbistums Lund und der damit verbundenen unmittelbaren Anbindung an die römische Kurie kann die Christianisierung als strukturell vollendet angesehen werden. Der Einfluß der cluniazensischen Reform erleichterte die

Die Taufe in Sörup (29) ist aus Kalkstein, stammt aus Gotland (13. Jahrhundert) und wird dem Meister Calcarius zugeschrieben. Eine ähnliche Taufe befindet sich in Eckernförde-Borby. Die besondere Wertschätzung der Heiligen Drei Könige ist auf beiden Taufen auffällig (30, 31).
Der gekreuzigte Christus stellt bei den Steinmetzarbeiten im Norden eher die Ausnahme als die Regel dar (32).

33

34

35

36

Durchsetzung. Erst jetzt wird das Christentum – anders als in der Missionszeit – zu einem bestimmenden Faktor im nordischen Volksleben.

Klöster, sonst für die Durchsetzung des Christentums wichtige Einrichtungen, gewannen erst seit Ende des 11. Jahrhunderts Einfluß in Schleswig-Holstein. Die schon zur Zeit Knuts des Großen in Schleswig (St. Michaelis) ansässigen Mönche sind durch Quellen nicht gut zu belegen. Seit 1066, das heißt seit der Zerstörung Haithabus, dürften die Bischöfe auch in Schleswig residiert haben. Eine Domgeistlichkeit (ein Domkapitel also) kann aber erst um 1075 entstanden sein, weil vorher die wirtschaftlichen Voraussetzungen fehlten. Es ist verblüffend, daß innerhalb von weniger als hundert Jahren, vom Ende des 11. bis zum Ende des 12. Jahrhunderts, im Bistum Schleswig eine perfekte Pfarrorganisation geschaffen wurde, die mit wenigen, siedlungsgeschichtlich bedingten Modifikationen bis heute besteht.

Zwar müssen auch für das Schleswiger Gebiet vereinzelt Holzkirchen (»Stabkirchen«) als Vorgängerbauten angenommen werden, in denen dann auch Holzzuber als Taufgefäße vermutet werden können, doch die eigentliche Durchsetzung des Christentums ist verbunden mit dem Bau von Steinkirchen, und zwar in der archaischen Form, die heute noch bei vielen Kirchen Jütlands zu erkennen ist. Diese Einheitlichkeit der Architektur läßt aber auch auf einen konzentrierten politischen und zugleich theologischen Willen schließen.

Als eine der letzten Regionen Schleswigs dürfte das Christentum in die Landschaft Angeln Einzug gefunden haben; in ihr haben sich überdies zahlreiche sakrale Kulturdenkmäler aus romanischer Zeit erhalten. Deshalb lohnt es sich, dieser Region gesonderte Aufmerksamkeit zuteil werden zu lassen. Nach Jahrhunderten der Verödung, das heißt der Bewaldung, wurde das Land im 7. Jahrhundert erneut durch Jüten und Sachsen besiedelt. Die neuen Siedler knüpften – verbunden mit der spärlichen Restbevölkerung – an die kultischen Praktiken der Völkerwanderungszeit an. Sie stabilisierten diese innerhalb kurzer Zeit, so daß die alten religiösen Zentren wiederbelebt wurden, zumal da grundsätzlich kein Bruch in der Religion eingetreten war, sieht man von völkerwanderungszeitlich spezifischen Verfeinerungen ab.

Das Christentum verdrängte nun in einem sehr langsamen Prozeß die germanischen Religionsvorstellungen. Die ersten Kirchen waren wahrscheinlich Holzbauten, da alle anderen Gebäude im Lande auch aus diesem Material bestanden. Erst von dem Augenblick an, als sich mit der Durchsetzung des Christentums politische Interessen verbanden, gab es eine architektonische Zäsur. Das »Christentum von oben« setzte den Steinbau durch. Der neuen Religion wurde ein grundsätzlich neues Baumaterial zugeordnet, nicht aber ein neues architektonisches Modell; denn die neuen Kirchen waren kaum anders aufgebaut als die hölzernen Bauernhäuser der Gegend.

Folgende Prinzipien können festgestellt werden: rechteckiges Schiff und eingezogener Chor, im Schiff ein Norder- und ein Südertor. Diese Tore hatten in der religiösen Praxis Funktionen, die später verlorengingen, weshalb viele dieser Tore zugemauert wurden. Es ist anzunehmen, daß Umzüge, Prozessionen um die Kirche herum und durch die Kirche üblich waren wie auch bei den heidnischen Kulten, die ja oft genug an derselben Stelle stattgefunden hatten. Dabei werden Bildwerke eine Bedeutung ge-

37

Die ältesten Taufen wurden aus den im Lande vorhandenen Granitfindlingen gefertigt. Die sogenannten Löwentaufen gehen möglicherweise auf die Schleswiger Dombauhütte zurück. Die Löwentaufe in Munkbrarup (33) ist eine im Detail schwer zu interpretierende Arbeit. Der Löwe erscheint hier schwerlich als Symbol der Glaubensstärke, sondern eher als Sendbote des Bösen.

Auf der Granittaufe in der St. Johanniskirche zu Nieblum, Föhr (34), halten gleich zwei Löwen einen Menschen gepackt, der aber wiederum auf einem Löwenkopf steht.

Die Taufe im bei Flensburg gelegenen Rüllschau (35) zeigt auf der Kuppa Kreuze und Lilien; sie stammt aus dem frühen 13. Jahrhundert und trägt einen barocken Taufdeckel (1692).

Schon früh waren Steintaufen eine Handelsware; die ersten kamen aus Nordostjütland oder aus Gotland. Seit dem Spätmittelalter wird Namur der Hauptlieferant für Taufen aus dunklem Stein, meist Marmor, so zum Beispiel die spätgotische Taufe in St. Annen, Dithmarschen (36); auch diese trägt einen Deckel aus der Barockzeit in Form einer Krone.

Der triumphierende Christus mit dem Schwert (!); Detail aus dem Löwentaufstein in Munkbrarup (37).

38

39

An der aus dem 12. Jahrhundert stammenden Kirche in Ulsnis geben zwei Bildquader, die sich heute an der nordöstlichen bzw. an der südöstlichen Ecke befinden, ebenfalls Rätsel auf. Ein Vergleich mit romanischen Arbeiten aus Ostjütland erlaubt die Deutung, daß es sich bei der »Schlangenfrau« (38) um Eva handelt.
Das Paar (29)stellt mit einiger Wahrscheinlichkeit Adam und Eva bei (oder nach) der Vertreibung aus dem Paradies dar.

habt haben, deren Spuren wir heute noch finden. Sie im einzelnen zu deuten fällt uns aber schwer, weil wir die Bildsprache des Frühchristentums im Norden nicht mehr verstehen. Aber auch jene Christen, die etwa hundert Jahre nach der Einführung der neuen Religion ihre Kirchen umzubauen begannen, verstanden schon nicht mehr die Bildsprache ihrer teilweise noch heidnischen Vorfahren. Deshalb scheuten sie sich nicht, die Steinmetzarbeiten zu entfernen und, da das Material wertvoll war, die Steine anderweitig zu vermauern.

Die kunsthistorische Forschung hat nachgewiesen, daß viele der Bildwerke im Norden, besonders auch in der von der Schleswiger Dombauhütte beeinflußten Region Angeln, in einer Tradition zu betrachten sind, die auf die langobardische Schule zurückgeht. So können die im Lande unbekannten Löwen nur auf künstlerische Überlieferung zurückgeführt werden. Dennoch erhielten sie im Volksglauben schnell eine konkrete Bedeutung, die allerdings nicht lange Bestand hatte. Die überwiegend in Granit gestalteten Bildwerke sind nicht leicht zu interpretieren, nicht zuletzt deshalb, weil sie zumeist aus ihrem ursprünglichen Zusammenhang gerissen – das heißt bei Umbauten an andere Plätze gelangt – sind. Die Intention der Schöpfer der Bildwerke und die ihrer Auftraggeber dürfte sich kaum rekonstruieren lassen; noch weniger sind die Konflikte der Menschen beim Übergang zum Christentum auszumachen.

Bei den Tympana (den geschmückten Giebelfeldern über den Türen und Portalen) sind alt- und neutestamentliche Motive zu erkennen. Zur ersten Gruppe gehören Wesen, die Adam und Eva als Schlangen zeigen. Daneben gibt es eine Darstellung von Kains Brudermord an Abel. Kain wird dabei vom Teufel gelenkt; auch diese »Erbsünde« wird durch Christi Tod gesühnt. Häufiger sind die Tympana mit neutestamentlichen Motiven; dabei dominiert das Bild von der Stiftung der Kirche durch Übergabe des Schlüssels und des Buches (der Schriftrolle) an die Apostel Petrus und Paulus.

Der Gestaltung der Taufen nachzugehen, denen für die Phase der Christianisierung und für die Zeit des frühen Christentums eine erhebliche Bedeutung zukommt, ist besonders reizvoll. Sowohl die Granittaufen, die zumeist im Lande selber entstanden sein dürften, als auch die aus Kalkstein gefertigten, die aus Gotland importiert wurden, stellen wichtige Quellen für die Erforschung des frühen Christentums dar; sie sind geeignet, die spärlichen schriftlichen Quellen zu ergänzen. Wir erkennen auf den Steinen einerseits die hohe Wertschätzung der Heiligen Drei Könige, aber auch Anzeichen für die Dämonisierung der alten Götter. Die Löwenfiguren in den Plastiken sind besonders rätselhaft, weil sie oft positiv im Sinne des Christentums, das heißt als kräftige Verteidiger der neuen Religion erscheinen, nicht weniger oft aber auch als Symbole für die Gefährdung des christlichen Glaubens interpretiert werden müssen. Bevorzugte Motive auf den Angeliter Granitarbeiten sind neben Adam und Eva, den Löwen sowie der Kirchenstiftung noch der triumphierende Christus, Drachen als Verkörperung des Bösen, Simsons Kampf mit dem Löwen und allerlei Teufel; ferner Dämonenköpfe und abstrakte Symbole. Ins Auge fällt auch die Ornamentik, die in der nordischen, wikingerzeitlichen Tradition steht. Im Gebiet des ehemaligen Bistums Schleswig stammen 184, das sind 84 Prozent, der alten Kirchen aus romanischer Zeit. In Holstein sind nur etwa zwanzig Kirchen aus dieser Epoche erhalten. Im alten Bistum Schleswig

gibt es noch mehr als hundert Taufsteine und Weihwasserbecken aus
Granit; in Holstein sind es nur vier. Damit erfahren wir eine steinerne
Markierung der südlichen Grenze des Nordens an der Eider, die auf die
spezifische Christianisierung Skandinaviens zurückzuführen ist. Für den
Historiker wird die Bedeutung des Jahres 1104 – das Gründungsjahr des
Erzbistums Lund – damit noch zusätzlich erhärtet.

Nach dem Sieg König Heinrichs I. über die Slawen in der Schlacht bei
Lenzen im Jahr 929 gerieten auch die Abotriten – die Elb- und Ostseesla-
wen, die auch Wenden genannt werden – in eine Abhängigkeit vom
Deutschen Reich. In Ostholstein waren es die Wagrier mit dem Zentrum
Oldenburg, das im Mittelalter noch einen Zugang zur Ostsee hatte, somit
von Adam von Bremen zu Recht als »Civitas Aldinburg maritima« bezeichnet wurde, und die Polaben mit dem Zentrum Ratzeburg. Die abotritischen
Teilfürsten unterstanden zugleich dem in der Festung Mecklenburg residierenden Großfürsten aus dem Geschlecht der Nakoniden. Um 1100
verlegten die Herrscher dieses Geschlechts ihre Residenz von Mecklenburg
nach Alt-Lübeck.

Mit der Abhängigkeit vom Deutschen Reich begannen die ersten Übertritte
abotritischer Fürsten und Adliger zum Christentum. Die eigentliche Sla-
wenmission setzte aber erst unter Kaiser Otto I., dem Großen (912–973),
ein. Die tributäre Abhängigkeit der Abotriten vom Reich stabilisierten
Grenzmarken; für Ostholstein war die Mark der Billunger zuständig. Um
die Mitte des 10. Jahrhunderts wurde für Oldenburg, das nicht nur Residenz des wagrischen Fürsten, sondern auch ein slawisches Kultzentrum
war, ein Missionsbistum eingerichtet; treibende Kraft war dabei Erzbischof
Adaldag von Hamburg-Bremen. Doch die politischen Verhältnisse ließen
es erst Jahrzehnte später zu, von Oldenburg aus tatsächlich Missionsarbeit
zu betreiben.

Um 970 dürfte in Oldenburg die erste Kirche, wahrscheinlich mit einem
Mönchskloster verbunden, entstanden sein. Von hier aus verbreitete sich
das Christentum, gestützt auf weitere Kirchenbauten in verschiedenen
Gauen des slawischen Landes, ohne daß schon von einer christlichen
Bevölkerung gesprochen werden kann. Die Herrschaft der fremden Markgrafen, oft verbunden mit der Ausbeutung der Bevölkerung, brachte auch
nationale Gegensätze mit sich. Die tributpflichtigen Wenden warteten auf
eine günstige Gelegenheit, um die Zwangsherrschaft und damit auch die
neue Religion wieder abzuschütteln. Der erste große Slawenaufstand – bei
dem Hamburg zerstört wurde – erfolgte im Jahr 983. Die Nachfolger Ottos
des Großen waren zwar bemüht, das Christentum in den slawischen Gebieten zu erhalten, doch zeigte sich bald, daß der Rückschlag ein nahezu totaler
war, da auch die Missionsarbeit im Norden zusammenbrach. Im Jahr 1000
klagte der Bischof von Schleswig, Ekkehard, nach der Zerstörung der
dänischen Bistümer: »Mein Bistum ist durch die Heiden verheert [. . .], die
Kirche steht verlassen, und ich habe keinen Sitz.«

Mit dem zweiten großen Aufstand, der von den Liutizen ausging und im
Jahr 1018 zur Verjagung der christlichen Fürsten Wagriens führte, war
nicht nur das vorläufige Ende der Mission verbunden, sondern auch erstmals eine Christenverfolgung. Erst um die Mitte des 11. Jahrhunderts
konnte die Wendenmission wiederaufgenommen werden, erlitt aber bereits 1066 den nächsten schweren Rückschlag in einem Slawenaufstand, in

40

41

42

Schon etwa hundert Jahre nach der
Erbauung der romanischen Kirchen
wußten die Menschen nichts mehr mit
der Bildersprache des 12. Jahrhunderts
anzufangen. Die Bildquader, so auch die
Kämpferlöwen vom Schleswiger Dom
(40), wurden aus ihrer ursprünglichen
Umgebung entfernt und anderweitig
verwendet. Eine ganze Löwengruppe
landete in den Fundamenten des
nördlichen Treppenturms. Ähnlich
erging es zahlreichen Plastiken in
Norderbrarup (41). In Fahrenstedt wurde
sogar ein Tympanon mit heidnisch
anmutenden Figuren (oben ein Drache)
verbaut (42).

43

45

Im Haddebyer Noor wurde die älteste
Bronzeglocke nördlich der Alpen
gefunden; sie stammt aus dem
9. Jahrhundert (43).
Die Vita und das Martyrium des Heiligen
Ansvarus im Ratzeburger Dom, 1681
übermalt (44).
Das Ansvarus-Kreuz bei Einhaus aus
dem 15. Jahrhundert (45).

44

dessen Verlauf weite Teile des nordelbischen Siedlungsgebietes geplündert
und verwüstet wurden, so auch der Handelsplatz Haithabu. Dem Aufstand
von 1066 fiel nicht nur der Slawenfürst Gottschalk, der ein eifriger Ver-
breiter des Christentums war, zum Opfer, sondern auch der Ratzeburger
Abt Ansverus, der zusammen mit achtzehn Mönchen in der Nähe des
Dorfes Einhaus gesteinigt wurde und so den Märtyrertod fand.
Die nächste Phase der Wendenmission ist verbunden mit dem Kreuzzugs-
gedanken. Entsprechend muß auch das Missionswerk Vizelins gesehen
werden, der 1127 Priester in Wippenthorp, dem späteren Neumünster,
geworden war. Er begann in der eigenen Gemeinde sofort mit der Missionsarbeit, da die Menschen nur dem Namen nach Christen waren, tatsächlich aber am alten »Aberglauben« festhielten, wie Helmold von Bosau
überliefert. Nachdem Kaiser Lothar auf Vizelins Rat hin auf dem Segeberger Kalkfelsen eine Burg hatte errichten lassen, an deren Fuß auch ein
Kloster entstand, verfügte Vizelin über zwei Stützpunkte für seine Mission
bei den Slawen. In einer Urkunde vom 26. Juni 1136 beauftragte Erzbischof
Adalbero Vizelin und seine Mitarbeiter ausdrücklich mit der Wendenmission im Gebiet bis zur Peene. Dieser nahm seine Arbeit in einer politisch
besonders unruhigen Zeit auf. Daß Heinrich von Badwide, der Graf von
Holstein, 1138/39 die Slawen in einem Feldzug geschlagen, Wagrien damit
Holstein einverleibt hatte, brachte nur für wenige Jahre Ruhe. Die Streitigkeiten zwischen Welfen und Staufern wirkten sich auch im Norden aus.
Am meisten schadete der Mission aber der Wendenkreuzzug von 1147, zu
dem Bernhard von Clairvaux aufgerufen hatte.

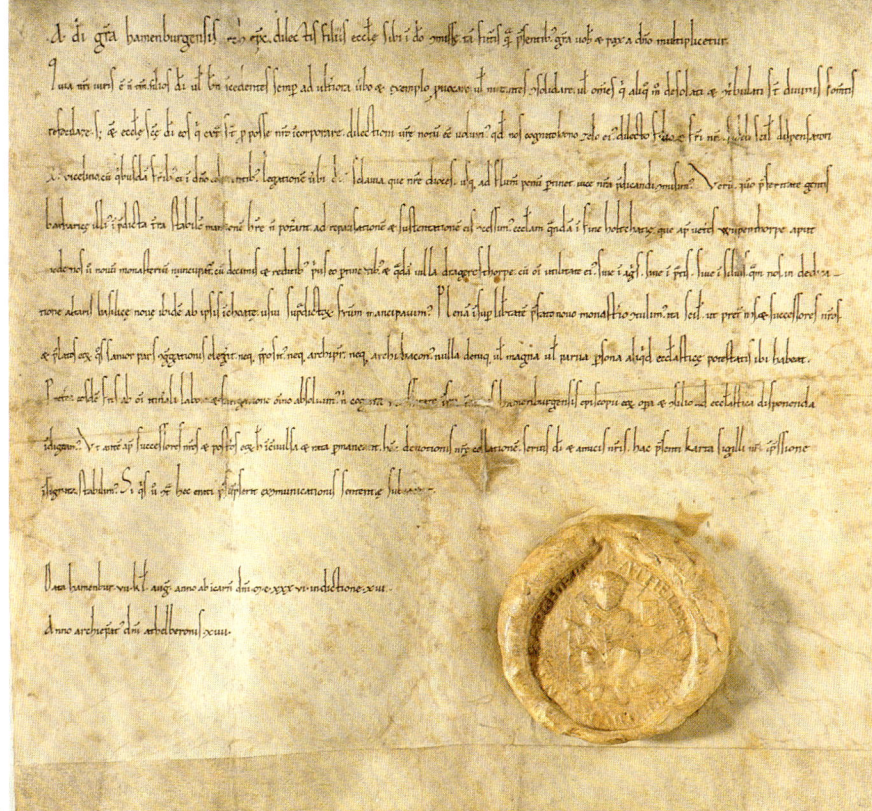

46

Im September 1149 wurde Vizelin zum Bischof von Oldenburg geweiht. Er und der Bischof von Mecklenburg wurden, wie Helmold von Bosau schreibt, »in ein Land voller Entbehrung und Hunger geschickt, wo der Teufel seinen Sitz hatte und alle unreinen Geister wohnten«. Der Streit wegen der Investitur verzögerte die Übernahme des Krummstabes für Oldenburg bis 1150. Da Vizelin bereits 1154 in Neumünster starb – nachdem er etwa ein Jahr lang nach einem Schlaganfall, durch den er die Sprache verloren hatte, auf dem Krankenlager zubringen mußte –, war seine eigentliche Missionszeit von kurzer Dauer und, wie Helmold, sein Biograph, zugibt, nicht sonderlich erfolgreich. Dennoch verbindet sich die endgültige Durchsetzung des Christentums in Wagrien mit seinem Namen; er wurde zum »Apostel der Wenden«.

Zusammenfassend kann festgestellt werden: Drei Phasen der Christianisierung können in Schleswig-Holstein unterschieden werden. Die erste begann um 800 und wirkte sich nur in Holstein, genauer, in Stormarn, Dithmarschen und dem Holstengau aus. Die Bekehrung zum Christentum ging einher mit der Unterwerfung der nordelbischen Sachsen. Spuren aus dieser frühen Phase haben sich kaum erhalten. Im 10. Jahrhundert begann von Norden her eine allmähliche friedliche Ausbreitung des neuen Glaubens, die aber bis zum Sturz Adalberts von Bremen und dem großen Wendensturm des Jahres 1066 längst nicht alle Landschaften erreicht hatte. Zu Beginn des 12. Jahrhunderts setzte die dritte Phase der Christianisierung ein. Sie erreichte das gesamte Gebiet Schleswig-Holsteins und führte zum Ende des Jahrhunderts zu einer stabilen Kirchenorganisation.

47

Urkunde vom 26. Juli 1136 (46), mit der Erzbischof Adalbero von Hamburg Vizelin und seine Klosterbrüder beauftragte, das Wendenland bis zur Peene zu missionieren; zugleich wurden ihnen die Kirche in Neumünster und ein Dorf übertragen. Bischof Vizelin in einer Plastik des frühen 16. Jahrhunderts; sie befindet sich in der Kirche von Bosau (47).

Haithabu, ein wirtschaftliches und kulturelles Zentrum im 10. und 11. Jahrhundert

Die Geschichte der Christianisierung hatte bereits gezeigt, daß die im engeren Sinne »historische« Zeit, das heißt der Anfang einer kontinuierlichen schriftlichen Überlieferung, in Schleswig-Holstein sehr spät beginnt, nämlich an der Wende vom 8. zum 9. Jahrhundert. Noch spärlicher sind die Informationen, wenn es um politische und wirtschaftliche Fragen geht, so daß die wichtigsten Quellen für diese Zeit aus der archäologischen Forschung stammen. Im Norden wird eine Politik erkennbar, die auf die Schaffung eines Herrschaftsgebietes nördlich der Eider schließen läßt. Die Errichtung des Danewerks, dessen Anfänge möglicherweise bereits vor der Völkerwanderungszeit liegen, begann in seiner mittelalterlichen Form bereits im 8. Jahrhundert. Bei Grabungen an einem mit einer Feldsteinmauer versehenen Teilstück des Walles wurden 1983 Eichenplanken entdeckt, die sich mit Hilfe der Dendrochronologie (Jahresringanalyse) in das Jahr 740 datieren lassen. Daraus folgt, daß diese Sperre des Nord-Süd-Handels- und Heerweges an der geographisch engsten Stelle der Jütischen Halbinsel zwischen Nord- und Ostsee – sofern man die Eider-Treene-Niederung im Westen und die Schlei im Osten einbezieht – bereits lange gebaut wurde, bevor das fränkische Reich nach Norden vorstieß. Eine Verteidigung gegen slawische Völker ist zu diesem Zeitpunkt ganz und gar unwahrscheinlich. Welche Auseinandersetzungen zwischen nordelbischen Sachsen und jütischen Stämmen zu derartig groß angelegten Verteidigungsanlagen geführt haben, ist noch unbekannt.

Der Kampf in und um Nordelbingen wurde gegen Ende des 8. Jahrhunderts vielschichtiger, blieb aber weiterhin undeutlich. Denn mit der Einbeziehung der nordelbischen Region des sächsischen Stammesgebietes in das fränkische Reich unter Karl dem Großen begann zwar die historische Zeit Schleswig-Holsteins, aber damit noch keineswegs die politische Geschichte eines eindeutig zu definierenden Volkes oder Stammesverbandes. Tatsächlich wurden nur Teile eines nach Norden zunächst nicht klar begrenzten Gebietes in das Frankenreich einbezogen, und zwar mit der Absicht, daraus eine Grenzmark zu errichten. Dazu reichten aber die eigenen Kräfte nicht aus; deshalb suchte Karl der Große die Hilfe der slawischen Abotriten, um die aufständischen Sachsen nördlich der Elbe niederzuwerfen. Im Jahr 798 kam es auf dem Schwentinefeld bei Bornhöved zwischen den Sachsen und den Bundesgenossen Karls des Großen zum Kampf, in dem die Sachsen geschlagen wurden. Eine Vertreibung (»Umsiedlung«) von Teilen der Bevölkerung war die Strafe für den Widerstand und für das Festhalten an heidnischen Bräuchen. Die zwangsweise Christianierung der verbliebenen Bevölkerung schloß sich an. Der für die politische und wirtschaftliche Integration Nordelbingens in das Frankenreich wichtigste Ort wurde – nicht zuletzt wegen seiner verkehrsgünstigen Lage – Esesfeld (Itzehoe).

Detail aus dem Skarthe-Stein (Busdorf), auf dem ⟨HITHABU⟩ (HITHABU) als Name der Siedlung erscheint (1). Der Skarthe-Stein trägt die Inschrift: »König Sven setzte den Stein für seinen Gefolgsmann Skarthe, der nach Westen gezogen war, aber nun den Tod fand bei Haithabu« (2). Auch der Erik-Stein nennt Haithabu: »Thorulf, der Gefolgsmann Svens, errichtete diesen Stein für seinen Genossen Erik, der den Tod fand, als die Krieger Haithabu belagerten. Und er war Steuermann, ein wohlgeborener Krieger.« Beide Steine wurden um das Jahr 1000 errichtet (3).

4

Gewandnadel, Haithabu-Fund (4)
Teilstück der um 1175 entstandenen
Waldemarsmauer (5)
Der Alte Heerweg bei Kropp (6)

Die Expansion der Franken nach Norden erfolgte etwa zur selben Zeit wie ein Vorstoß des Dänenkönigs Göttrick nach Süden. Von ihm erfahren wir, daß er im Jahr 808 den slawischen Handelsplatz Reric (der noch nicht eindeutig lokalisiert werden konnte) zerstört und die dort aktiven Kaufleute in ein Wik, das heißt einen Handelsplatz, Sliestorp an der Schlei geführt habe, an jenen Ort also, der in anderen Quellen Haithabu genannt wird. Damit zeichnet sich ein Ringen zwischen drei Mächten oder Völkern um das Gebiet ab, das im wesentlichen das heutige Schleswig-Holstein ausmacht: Von Norden drangen jütische und dänische Gruppen bis an die Eider vor; von Osten her waren mit immer neuen Vorstößen slawische (wendische) Stämme aktiv, und von Süden her vollzog sich jenes Unternehmen, in dem Karl der Große den sächsischen Stammesverband der fränkischen Herrschaft zu unterwerfen suchte (vgl. auch die Karte 1 im Anhang).

Über einen längeren Zeitraum hinweg und höchstwahrscheinlich friedlich vollzog sich die Ansiedlung der Friesen entlang der Westküste. Diese hatte mit der Anlage von Stützpunkten begonnen, die dem Schutz des Handels und der Schiffahrt dienten. Friesische Kaufleute waren es auch, die den Handelsplatz Haithabu als erste für die Verbindung nach Osten benutzten. Die letzte Phase des sächsischen Widerstandes gegen die fränkische Vorherrschaft fiel zusammen mit den ersten Überfällen der Wikinger auf wirtschaftlich lohnende Ziele an den Küsten der mittel- und westeuropäischen Reiche. In Schleswig-Holstein verbindet sich kaum ein Name oder ein Begriff so eng mit der Wikingerzeit wie die Geschichte des Handelsplatzes Haithabu. Der Name steht für ein Wik, ein Seehandelsvicus, das heißt einen mittelalterlichen Handelsplatz, der noch nicht unbedingt den Charakter einer Stadt zu haben brauchte. In den Quellen erscheinen für diesen Ort auch Namen wie Haddeby und Hedeby (Ort auf der Heide) oder Sliestorp und Sliaswig.

Auf der Suche nach einer günstigen Verbindung zwischen Nord- und Ostsee – und um den gefährlichen Weg um das Skagerrak zu vermeiden – bot sich die Fahrt entlang der Nordseeküste von Dorestadt an der Rheinmündung bis zur Eidermündung an; für die Schiffe der Wikingerzeit waren die Eider und auch deren Nebenfluß Treene schiffbar bis Hollingstedt. Von Hollingstedt bis zum Haddebyer Noor am Ende der Schlei – und das heißt bis zu einem geschützten Platz an der Ostsee – waren es nur etwa 15 Kilometer Landweg. Geographische und politische Überlegungen waren bestimmend für die Gründung Haithabus als Stützpunkt für die Fernhandelskaufleute; sein Aufstieg zum führenden Wirtschaftszentrum im Ostseeraum ist aber nur mit der politischen Konsolidierung der Reiche im Norden und Osten und der wirtschaftlichen Expansion des Frankenreichs zu erklären.

Im Verlauf des 9. und 10. Jahrhunderts entwickelte sich Haithabu zu einer bedeutenden städtischen Siedlung. Von der günstigen Lage am Rande der skandinavischen und slawischen Welt einerseits und als Tor zum kontinentalen Europa andererseits profitierten nicht nur die Kaufleute; bald entwickelte sich auch eine blühende Handwerkersiedlung mit breit gefächerter Produktion. Haithabu umfaßte eine Fläche von etwa 24 Hektar, war also etwa gleich groß wie die Kaufleutesiedlung in Köln um dieselbe Zeit. Im 10. Jahrhundert lebten 1000 bis 2000 Menschen in der Stadt.

5

6

7

8

9

Wikingerzeitliche Schwerter aus
Haithabu (7)
Ein aus Mecklenburg stammendes
Reliquiar in Form eines kieloben
liegenden Schiffes war das
architektonische Vorbild für die Gebäude
des neuen Wikinger-Museums in
Haddeby (8, 9).

Die archäologische Forschung hat für Haithabu in den letzten Jahrzehnten
zum Teil überraschende Funde hervorgebracht. Diese Ausgrabungen – die
spektakulärste war die Bergung eines wikingerzeitlichen Handelsschiffes
und die Analyse des Hafens – haben dazu beigetragen, daß die Vorstellungen vom Leben in einer Stadt des Nordens erheblich erweitert wurden. Das
Forschungsprojekt Haithabu ist von zentraler Bedeutung, weil es an keiner
anderen Stelle im Norden Europas im frühen Mittelalter einen »vergleichbar großen, archäologisch zugänglichen Siedlungsraum [gibt], in dem
Wohnbebauung und Gräberfelder, Höhen- und Seebefestigungen, gestaf-
felte Landwehren, umfangreiche Hafenanlagen sowie Zeugnisse kirchlicher und weltlicher Herrschaft vereinigt sind« (Kurt Schietzel). Bisher sind
nur etwa fünf Prozent der gesamten Siedlungsfläche durch Grabungen
erschlossen worden. Trotz einer großen Vielfalt an Fundmaterial, dessen
Auswertung noch nicht abgeschlossen ist, lassen sich gesicherte Aussagen,
etwa über die wirtschaftlichen und sozialen Strukturen, noch nicht machen. Die politische Entwicklung Haithabus läßt sich bisher nur auf schriftliche Quellen (einschließlich der Runensteine) stützen. Auch für die christliche Missionierung konnten bisher nur wenige archäologische Zeugnisse
beigebracht werden, darunter allerdings ein sehr gewichtiges: eine im
Hafengelände entdeckte frühmittelalterliche Bronzeglocke.
Gegen Ende des 9. Jahrhunderts errichtete eine schwedische Dynastie ein
kleines Königreich an der Schlei, dessen Zentrum Haithabu war. Nach dem
Zug König Heinrichs I. nach Norden, der ihn bis nach Schleswig führte,
geriet die schwedische Wikingerherrschaft in Haithabu in sächsische Ab-

10

11

12

hängigkeit. Danach wurde die Stadt von Harald Blauzahn erobert, der die schwedische Dynastie beseitigte, selbst aber eine Abhängigkeit vom Deutschen Reich anerkannte.

Für Holstein und Stormarn wurde die Entscheidung Kaiser Ottos I. bedeutsam, diese Gebiete 961 dem Herzogtum Sachsen, das heißt den Billungern, zu unterstellen. Unter Otto II. reichte der Herrschaftsbereich des Reiches bis an die Schlei. Aber bereits 983, mit dem Tode Ottos II., war es mit der Stabilität im Norden wieder vorbei. Die Abotriten verwüsteten Holstein, und Harald Blauzahn mußte einer Revolte unter Führung seines Sohnes Sven Gabelbart weichen.

Die Blütezeit des Handelsplatzes Haithabu fällt in das 10. Jahrhundert. Die Stadt erhielt einen umfangreichen Wall und einen bedeutenden Hafen, von dem aus der Verkehr zu allen wichtigen Handelsplätzen im Ostseeraum aufgenommen wurde. Das 11. Jahrhundert brachte den Niedergang der Stadt; 1066 erfolgte die endgültige Zerstörung im großen Wendensturm. Die Stadt wurde danach nicht wieder aufgebaut; dafür wurde auf dem Nordufer der Schlei die Siedlung Schleswig gegründet, die sehr früh über einen Hafen verfügte. Mit dem Bau des Doms wurde bereits im 11. Jahrhundert begonnen. Für einige Jahrzehnte konnte Schleswig als Handelsplatz das Erbe Haithabus übernehmen; dann wurde die Stadt an der Schlei von Lübeck als zentralem Handelsplatz an der Ostsee abgelöst.

Unter Knut dem Großen (1018–1035), der mit dem Gewinn der Kronen Englands, Schottlands, Dänemarks und Norwegens für kurze Zeit ein nordisches Großreich schuf, wuchs der Druck von Norden gegen das

Blick in eine der Ausstellungshallen des Wikinger-Museums (10).
Ein Bootsbauer bei der Rekonstruktion eines Wikingerschiffes (11).
Der kleine Sigtrygg-Stein (12) ist ein Gedenkstein für einen Angehörigen einer schwedischen Familie, die in Haithabu um die Mitte des 10. Jahrhunderts herrschte: »Asfrid, die Tochter Odinkars, machte diese Denkmäler für König Sigtrygg, ihren und Knubas Sohn. Gorm ritzte die Runen.«

13

14

Deutsche Reich. Kaiser Konrad II. mußte sich mit Knut arrangieren; dies geschah auf zweierlei Weise: durch eine dynastische Verbindung zwischen Konrads Sohn Heinrich und Knuts Tochter Gunhild und durch den Verzicht auf die Nordmark. Adam von Bremen schreibt, daß diese Vereinbarung zwischen dem Kaiser und dem König der Dänen und der Angelsachsen durch die Vermittlung des Bremer Erzbischofs Adalbert zustandegekommen sei. Das Großreich Knuts brach bereits um die Mitte des 11. Jahrhunderts auseinander. Auf den dänischen Thron gelangte Sven Estridsen (1047–1074), dessen Geschlecht für 300 Jahre über Dänemark und Schleswig herrschte.

Die Tendenz, sich vom Einfluß des Reiches zu lösen, zeigte sich auch in kirchlichen Dingen. Adalbert von Bremen war als Erzbischof nicht nur auf die Ausbreitung des Christentums bedacht, er versuchte auch, seine Ansprüche als Metropolit für den gesamten Norden politisch durchzusetzen. Wäre ihm das gelungen, hätte er seine Pläne in der Reichspolitik besser verwirklichen können; unter anderem wollte er ein Territorialfürstentum bilden, das von der Ems bis zur Eider reichen und sich auf zwölf schon bestehende oder noch zu schaffende Bistümer stützen sollte. Doch seine Machtbesessenheit stieß zunehmend auf den Widerstand der sächsischen Opposition. 1066 erfolgte sein Sturz; im selben Jahr, in dem ein riesiger Aufstand der Wenden zur Verwüstung großer Teile Holsteins und Schleswigs und zur Vernichtung all dessen führte, was in langer Missionsarbeit an kirchlichem Aufbau geleistet worden war.

Der von Adalbert beklagte Einfluß der englischen Kirche auf den Norden nahm nach dessen Tod, 1072, weiter zu. Das unterstrich die Eigenständigkeit der Kirche im Norden und vor allem ihre Unabhängigkeit vom Bremer Erzbischof. Am Ende erreichte König Erich I. Eiegod, daß der Papst im Jahr 1104 das Bistum Lund (im damals noch dänischen Schonen) zum Erzbistum erhob. Diesem waren auch die Bistümer Ripen und Schleswig unterstellt. Damit war das wichtigste Band, das bis dahin Schleswig und Holstein verknüpft hatte, zerrissen.

Auch der Versuch des Wendenfürsten Gottschalk, mit Unterstützung der von ihm geförderten Kirche und in Anlehnung an die Sachsen, in Wagrien ein Großreich zu errichten, fand im Jahr 1066 ein Ende. Gegen ihn erhob sich ein Fürst Kruto, der Gottschalk erschlug und systematisch das Christentum ausrottete. Seine Gewaltherrschaft, von der Helmold von Bosau in seiner Slavenchronik nur Schreckliches zu erzählen weiß, dauerte bis 1090. Alle Teile des Landes »trugen das harte Los der Knechtschaft, solange Kruto lebte. Voll war das Land von Raubgesindel, das mit Mord und Verschleppung unter dem Volk Gottes hauste. Sie verschlangen die Sachsenstämme mit gierigem Rachen.« Helmold berichtet sogar davon, daß es zu Auswanderungen gekommen sei.

Heinrich, der nach Dänemark entflohene Sohn des ermordeten Gottschalk, ging allerdings bei seinen Versuchen, das Land zurückzuerobern, mit den Bewohnern der Küstenregion nicht sanfter um. Schließlich mußte Kruto ihn ins Land lassen; bei einem Gelage im Anschluß an Verhandlungen wurde Kruto, Helmolds Chronik zufolge, von einem dänischen Ritter erschlagen. Heinrich brach in der Schlacht auf der Schmilauer Heide bei Ratzeburg im Jahr 1093 den letzten Widerstand der Slaven. Danach suchte er die Politik seines Vaters fortzusetzen.

Schwertgriff aus Haithabu, oben der Originalfund, unten eine Rekonstruktion (13, 14).
Schmuck aus der Wikingerzeit, darunter auch Amulette wie der Thorshammer und das Kreuz (15).

15

1

Politik mit Bibel und Schwert:
Die Herrschaft der Schauenburger

Zum Nachfolger des letzten Billungers (Magnus) als Herzog von Sachsen wurde 1106 von Heinrich V. Lothar von Supplinburg eingesetzt, der damit auch Herr über Holstein wurde. Von einer Grafschaft Holstein kann erst von diesem Zeitpunkt an gesprochen werden. Im Jahr 1111 setzte Lothar von Supplinburg Adolf von Schauenburg als Graf von Holstein und Stormarn ein. Mit wenigen Unterbrechungen waren die Schauenburger über nahezu 350 Jahre als Grafen für die Geschicke Nordelbingens mitbestimmend.

Adolf I. (1111–1130) sicherte von Hamburg aus seinen Einflußbereich sehr geschickt gegen die wendischen Fürsten in Wagrien, aber auch gegen Knut Laward, den Königssohn und Statthalter in Schleswig. Als Knut sich anschickte, nach dem Tode des Wendenfürsten Heinrich seinen Machtbereich nach Süden über das von Kaiser Lothar zugestandene Maß (Belehnung mit Wagrien) auszudehnen, trat ihm Adolf militärisch erfolgreich entgegen. Knut Laward war bestrebt, als Jarl ein hohes Maß an Selbständigkeit zu erlangen; deshalb trachtete er danach, sich möglichst weit aus der Abhängigkeit vom dänischen König zu lösen und sich im Gegenzug deutschem Einfluß zu öffnen, so zum Beispiel, indem er deutsche Ratgeber heranzog und deutsche Handwerker ansiedelte. Seine Aktivitäten, die durchaus als Versuch, Schleswig an Holstein anzulehnen, verstanden werden dürfen, machten ihn zu einem De-facto-Jarl/Herzog von Schleswig, zugleich aber auch zu einem Rivalen bei der Bewerbung um den dänischen Thron. Doch er fiel den Ränken um die Herrschaft im Norden zum Opfer; am 7. Januar 1131 wurde er bei Ringstedt auf Seeland im Auftrag seines Vetters Magnus ermordet. Knut Laward steht auch in enger Verbindung mit den Anfängen der Schleswiger Stadtgeschichte; er war ein Förderer der flandrischen, niederrheinischen und friesischen Kaufleute und ihrer Aktivitäten im Ostseehandel. Die Knutsgilden, privilegierte Kaufmannsgenossenschaften, haben hier ihren Ursprung.

Die Bestrebungen Schleswigs nach einer Sonderstellung im dänischen Reich stießen kaum auf Widerstand seitens der königlichen Gewalt. Waldemar I. der Große, ein Sohn Knut Lawards, wurde 1157 dänischer König und übernahm ein zerrüttetes Reich, das er aber durch Eroberungen im slavischen Ostseeraum zu stärken vermochte. Auf die Entwicklung in Schleswig nahm er kaum Einfluß.

Holstein geriet 1137 in den Strudel der Auseinandersetzungen zwischen Staufern und Welfen im Reich. Graf Adolf II., ein Parteigänger der Welfen, verlor für einige Jahre seine Position und mußte sie an Heinrich von Badwide, einen Schützling der Staufer, abtreten. Mit dem Aufstieg Heinrichs des Löwen in Sachsen war auch die Wiedereinsetzung der Schauenburger in Holstein verbunden (1134); sie konnten ihre Herrschaft auf das

Hamburg im 11. Jahrhundert, Modell im Museum für Hamburgische Geschichte (1). Oben im Bild sind die Hammaburg, der Heidenwall und der Bischofsturm zu erkennen, in der Mitte die Siedlung der Kaufleute und Handwerker (das Wik), links davon die Alsterburg, unten die Neue Burg. Auf etwa dieser Stufe der Siedlungsgeschichte wurde die Stadt zur »Residenz« Adolfs I.

Der »Satruper Reiter« (2), ein Granitquader mit der Reliefdarstellung eines Reiters an der Nord-West-Ecke des Satruper Kirchenschiffs (um 1200), wird als »ältester Ritter« in Schleswig-Holstein angesehen.

2

3

Blick auf die Ratzeburger Dominsel (3); rechts der um 1220 vollendete Dom und das Domkloster, ebenfalls aus dem 13. Jahrhundert; links die schloßartige ehemalige Dompropstei, ein Bau, der in den Jahren 1764 bis 1766 als Ausdruck mecklenburgischer Territorialgewalt über diesen Distrikt entstand.

inzwischen eroberte ostholsteinische Gebiet ausdehnen. Heinrich von Badwide wurde mit der Grafschaft Ratzeburg entschädigt. Mit dem Namen Heinrichs des Löwen verbinden sich auch in Schleswig-Holstein zahlreiche Entscheidungen und Ereignisse von historischem Rang. Nicht nur die Gründung der neuen Stadt Lübeck, sondern auch die Wiedererrichtung des Bistums Ratzeburg und die Erbauung des Ratzeburger Doms (begonnen 1160) gehen auf ihn und seine Anhänger und Vasallen im Norden zurück. Erst jetzt konnte Graf Adolf II. von Schauenburg die Besiedlung Ostholsteins mit deutschen Kolonisten planmäßig vorantreiben. Neben Sachsen wurden Niederländer, Friesen und Westfalen aus den alten nordelbischen Gebieten in Wagrien ansässig, zumeist unter Führung holsteinischer Adliger oder verbunden mit sogenannten Lokatoren. Innerhalb kurzer Zeit wurden slawische Siedlungs-, Wirtschafts- und Sozialstrukturen durch west- und norddeutsche ersetzt; dazu gehörte auch die Gründung von Städten, so neben Lübeck auch Plön und Eutin (seit 1350 Residenzort der Bischöfe von Lübeck). Im Kolonisationsgebiet Ostholsteins entwickelte sich sehr früh eine Konkurrenz zwischen Bibel und Schwert, das heißt zwischen Geistlichkeit und Ritterschaft; daraus entstanden – bis heute sichtbar – ausgedehnte Rittergüter einerseits und bedeutende Klostergrundherrschaften (die Probstei sei hier genannt) andererseits.

Die Erschließung Ostholsteins zog auch Veränderungen in den westlichen Landesteilen nach sich. Niederländer, die wegen ihrer Erfahrung im Deichbau und wegen ihrer Mobilität gern als Siedler ins Land geholt wurden, fanden nicht nur in der Gegend um Eutin eine neue Heimat, sondern auch

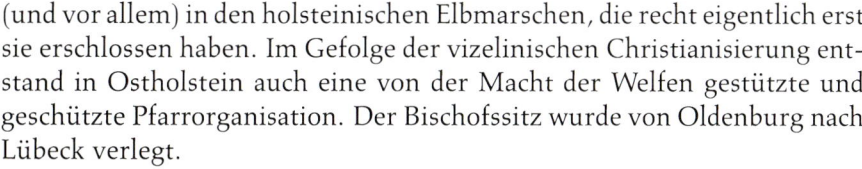

(und vor allem) in den holsteinischen Elbmarschen, die recht eigentlich erst sie erschlossen haben. Im Gefolge der vizelinischen Christianisierung entstand in Ostholstein auch eine von der Macht der Welfen gestützte und geschützte Pfarrorganisation. Der Bischofssitz wurde von Oldenburg nach Lübeck verlegt.

Der Sturz Heinrichs des Löwen, 1180, hatte auch im Norden Veränderungen zur Folge, da Kaiser Friedrich Barbarossa das Herzogtum Sachsen aufteilte; in Westfalen fiel die herzogliche Gewalt an den Kölner Erzbischof, mit den östlichen Gebieten wurden die Askanier belehnt. Graf Adolf III. von Holstein (1164–1201) hatte rechtzeitig die Partei des Welfen verlassen und sich dem Kaiser angeschlossen; damit sicherte er sich den Besitz seiner Grafschaft. Adolf III. baute Hamburg zur Handels- und Residenzstadt aus und sorgte für wichtige Handels- und Schiffahrtsprivilegien. Das hohe Maß an Unabhängigkeit, das er sich gegenüber seinem Lehnsherrn erworben hatte und das einherging mit der Vernachlässigung des Landesadels, fand ein jähes Ende, als sich König Knut VI. und sein Statthalter in Schleswig, Herzog Waldemar, vorgeblich als Parteigänger der Welfen, gegen Graf Adolf wandten. Neben der Reinhardsburg (Rendsburg) gingen rasch alle festen Plätze des Landes verloren, Graf Adolf wurde 1201 bei Stellau (Kellinghusen) geschlagen und in Hamburg gefangengenommen. Er wurde gezwungen, auf Holstein und Stormarn zu verzichten und sich auf den Stammsitz der Schauenburger an der Weser zurückzuziehen. Hatte König Knut VI. von Dänemark Holstein als Parteigänger der Welfen erobert, so sicherte sich sein Nachfolger, König Waldemar II., diesen Besitz

Der Innenhof des Domklosters (4); trotz der umfangreichen Renovierungen gegen Ende des 19. Jahrhunderts ist der romanische Ursprung zu erkennen. Gedenkstein für Heinrich von Badwide, den Grafen von Ratzeburg und Begründer des Bistums (5). Die Inschrift auf dem Stein (etwa 1164) lautet: »Zu Zeiten König Konrads und des Sachsenherzogs Heinrich kam Graf Heinrich nach Ratzeburg und schuf dort als erster für das Christentum eine Grundlage. Seine Seele ruhe in Frieden. Amen.«
Teil des Kreuzgangs im Ratzeburger Domkloster (6)

als Anhänger des Staufers Friedrich II. Auf dem Hoftag zu Metz, 1214, trat der deutsche König »alle Grenzlande jenseits der Elde und Elbe, die zum Römischen Reich gehören, und was im Wendenland der Dänenkönig erobert hat«, also ganz Holstein und Mecklenburg, an Waldemar II. ab. Was von den Zeitgenossen offenbar gelassen hingenommen wurde, erregte die Historiker des 19. Jahrhunderts um so heftiger. Besonders F. C. Dahlmann und G. Waitz, die deutsche Nationalisten und schleswig-holsteinische Patrioten zugleich waren, hoben in ihren Darstellungen die »Schande« des Jahres 1214 hervor.

Doch der deutschen »Schande« folgte eine dänische auf dem Fuße: Am 7. Mai 1223 wurde König Waldemar II. »der Sieger«, auf der Insel Lyo (im Kleinen Belt), von einem Vasallen, Graf Heinrich von Schwerin, während einer Jagdgesellschaft überrumpelt und nach Dannenberg an der Elbe entführt, wo er bis zum 21. Dezember 1225 gefangengehalten wurde, ohne daß der dänische Adel Anstrengungen unternahm, ihn zu befreien. Während der Verhandlungen über die Freilassung – bei denen unter anderem neben Lösegeldforderungen die Abtretung Holsteins und Schleswigs bis zur Eider zur Bedingung seitens des Deutschen Reiches gemacht wurde – ergriff Adolf IV., der Sohn des vertriebenen Schauenburgers, die Initiative, um die Herrschaftsrechte in Holstein mit Unterstüzung mehrerer norddeutscher Fürsten zurückzuerobern. Nachdem es ihm gelungen war, Albrecht von Orlamünde, den Statthalter Waldemars in Nordelbingen, in einem Gefecht bei Mölln zu besiegen und gefangenzunehmen, schloß sich auch Lübeck der Opposition gegen den Dänenkönig an.

Waldemar setzte unmittelbar nach seiner Freilassung die Vorbereitungen in Gang, um sein altes Herrschaftsgebiet zurückzuerobern. Im Herbst 1226 begann der Kampf, der zur folgenschwersten Schlacht führte, die je auf dem Territorium Schleswig-Holsteins ausgetragen wurde. Während der König mit seinem Heer vor Rendsburg lagerte, versammelte sich in der

Zwei Siegel der Schleswiger Knutsgilde aus dem 13. Jahrhundert (7). In dieser Gilde schlossen sich die von Knut Laward geförderten Schleswiger Kaufleute zusammen. Das ältere Siegel (links) zeigt den Gildeheiligen Knut Laward als Herzog zu Pferde; auf dem jüngeren (rechts) ist ein Königsbild an die Stelle der Abbildung des Herzogs getreten, entweder, um den Herzog durch den »ranghöheren« heiligen König Knut zu ersetzen, oder um den Königsschutz für die Gilde zu symbolisieren.

7

Festung das Heer der Nordelbinger, zu dem auch die Grafen von Schwerin, Dannenberg und Hallermund sowie der Bischof und die Bürger von Lübeck stießen. Graf Adolf »gründete« das Kloster Preetz neu und stattete es aus; ferner leistete er öffentlich mehrere Gelübde, die im Falle des Sieges zu erfüllen waren. Nach Anfangserfolgen des Dänenkönigs in Dithmarschen und in Holstein fand die Partei Herzog Adolfs eine Verstärkung, die für die Landesgeschichte für 400 Jahre Folgen hatte: Herzog Albrecht von Sachsen trat der Koalition bei und gewann den Anspruch auf Ratzeburg, Lauenburg, Dannenberg und das Land Hadeln; hier liegt der Anfang des Herzogtums Sachsen-Lauenburg (Sachsen, Engern und Westfalen).

Am 22. Juli 1227 kam es bei Bornhöved zur Entscheidungsschlacht: König Waldemar wurde vernichtend geschlagen. Spätere Quellen berichten, daß der Verrat der auf Waldemars Seite kämpfenden Dithmarscher, die den Dänen in den Rücken gefallen seien, schlachtentscheidend gewesen sei. Daß die Verluste hoch waren und daß auch die beteiligten Parteien ein Bewußtsein für die Bedeutung des Kampfes hatten, geht aus den zeitgenössischen Quellen hervor. Vor allem die Tatsache, daß Graf Adolf sich an

Kaiser Friedrich II., der als deutscher König die Grenzlande jenseits der Elde und Elbe abgetreten hatte, bei seiner Krönung zum König von Jerusalem (1229, nicht 1228); historisierender Stahlstich von 1841 (8). Kaiser Friedrichs Politik war stärker auf den Mittelmeerraum als auf den Norden des Reiches gerichtet.
Augustalis, Goldmünze Kaiser Friedrichs II. (9). Die Vorderseite zeigt den Kaiser mit Lorbeerkranz und Feldherrnmantel (Paludamentum), die Rückseite zeigt den Reichsadler.

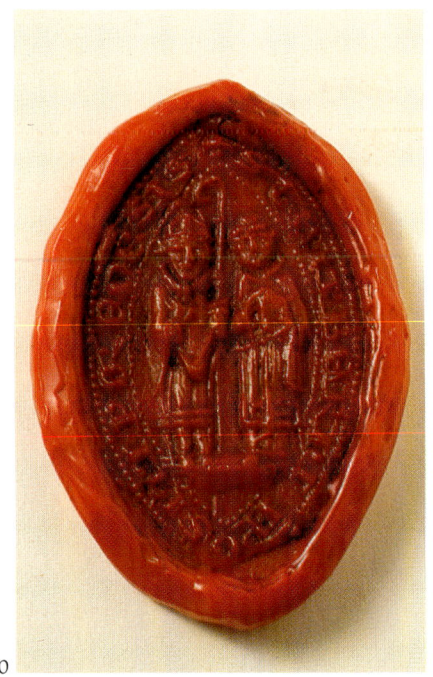

10

Vor der Schlacht von Bornhöved (1227)
gründete Graf Adolf IV. das Kloster
Preetz (11) neu. Es wurde von 1325 bis
1340 aus Backstein an der Stelle
errichtet, an der in den Jahren 1261 bis
1286 das alte Kloster gebaut worden war.
Siegel des Klosters Preetz aus dem Jahr
1211 (10)

11

Reste des ehemaligen
Benediktinerklosters Cismar (12), das als
Johanniskloster 1177 in Lübeck
begründet wurde und 1231 strafweise
nach Cismar verlegt werden sollte; der
Umzug erfolgte aber erst 1245. Nach der
Reformation fiel das Kloster mit seinem
ausgedehnten Landbesitz an die Herzöge
von Gottorf, die es vielfältig umbauen
ließen (siehe auch 15).

12

13

einem Kreuzzug (nach Livland) beteiligte, 1239 als Franziskanermönch in das von ihm gestiftete Hamburger Maria-Magdalenen-Kloster eintrat, nach Rom pilgerte, sich zum Priester weihen ließ (seine erste Messe soll er in Bornhöved gelesen haben) und bis zu seinem Tod (1261) als Mönch im Kieler Marienkloster ein frommes (aber keineswegs Politik-abstinentes) Leben führte, deutet darauf hin, daß es sich bei der Schlacht bei Bornhöved um sehr viel mehr als um eine »Fehde« gehandelt hat.

König Waldemar verlor sein Ostsee-Imperium, wurde aber für Dänemark und längerfristig auch für Schleswig-Holstein zu einem der großen Reformer. Er setzte durch, daß 1241 das Jyske Lov (das jütische Recht) angenommen wurde, eines der großen Rechtgebungswerke, das in Schleswig bis zur Einführung des Bürgerlichen Gesetzbuches von 1900 Gültigkeit hatte.

Der Ausgang der Schlacht bei Bornhöved schuf auch und vor allem die Voraussetzung für den Aufstieg Lübecks und für die Übernahme der Führungsrolle in der Hanse. Die neue politische Situation erwies sich als ein ideales Feld für die Entfaltung bürgerlicher Wirtschaftsaktivitäten.

Herzog Adolf IV. festigte die Herrschaft der Schauenburger in Holstein, so daß es ihm und seinen Nachfolgern ohne nennenswerten Widerstand des Adels möglich war, Erbteilungen im Land nach deutschem Erbrecht vorzunehmen. Es entstanden Linien in Kiel, Segeberg, Itzehoe, Plön, Rendsburg

Die Schlacht bei Bornhöved, Miniatur aus der Sächsischen Weltchronik, um 1300; Handschrift der Universitätsbibliothek Bremen (13). Die Schlacht, in der Graf Adolf IV. am 22. Juli 1227 mit den verbündeten norddeutschen Fürsten und Städten den dänischen König Waldemar schlug, gilt als die historisch bedeutendste militärische Auseinandersetzung in Schleswig-Holstein.

Zwei Urkunden Adolfs IV. (14, 15). In der oberen bestätigt Adolf IV. 1229 dem Lübecker St. Johanniskloster Zuwendungen seines Vaters und verkauft darüber hinaus drei Dörfer und einen Wald an das Kloster.
Die untere Urkunde stammt aus dem Jahr 1238. Die bereits 1231 verfügte Strafverlegung des St. Johannisklosters von Lübeck nach Cismar wird wiederholt. Zugleich wird Cismar mit Grundbesitz ausgestattet. An beiden Urkunden hat sich das Reitersiegel des Grafen erhalten.

und jene, die im Stammgebiet der Schauenburger an der Weser und in der Herrschaft Pinneberg regierten. Angesichts dieser Zersplitterung wird es erklärlich, warum sich im Land kein politischer und kultureller Mittelpunkt, keine »Landeshauptstadt« herausbildete.

Herzog Adolf sorgte auch dafür, daß die Niederlage des dänischen Königs bei Bornhöved nicht zu einem dauerhaften Bruch wurde, indem seine Tochter Mechthild im Jahr 1237 den zweiten Sohn König Waldemars, den mit Schleswig belehnten Herzog Abel, heiratete. Dieser lebte mit seinem Bruder, König Erich Plogpenning (1241–1250), im Streit, der mit einem politischen Mord endete. Nach verheerenden Kriegszügen, bei denen sich die Koalition von Bornhöved fortsetzte, wurde König Erich 1250 auf Geheiß seines Bruders festgenommen und bei Missunde auf der Schlei umgebracht. Aber auch Abel, durch Brudermord zum König aufgestiegen, fand einen gewaltsamen Tod: Er wurde 1252 in Eiderstedt von den Friesen besiegt und auf der Flucht erschlagen. Der Kampf zwischen den Königen von Dänemark und den Grafen von Holstein – unterstützt von Lübeck – um die Selbständigkeit des Herzogtums Schleswig, das sich eng an Holstein anlehnen sollte, war damit aber noch nicht beendet. 1261 kam es auf der Lohheide bei Schleswig zu einer weiteren Schlacht, in der das dänische Heer geschlagen wurde.

Unter den Schauenburgern nach Adolf IV. gibt es nur wenige bedeutende Persönlichkeiten, Graf Gerhard III. (um 1295–1340) aus der Rendsburger Linie gehört sicherlich dazu. Ihm gelang erstmals die Vereinigung Holsteins mit Schleswig. In einer Schwächephase der dänischen Politik gewann er, ohne selbst nach dem Thron zu greifen, eine dominierende Position im Norden. Auf sein Betreiben hin wurde Herzog Waldemar V., ein naher Verwandter, König von Dänemark; tatsächlich bestimmte aber »de groote Geert«. Er ließ sich von König Waldemar das Herzogtum Schleswig als freies und erbliches Fahnenlehen übertragen. Seine Macht wurde kaum geringer, als er das Herzogtum nach einem erneuten Umsturz in Dänemark an Waldemar abzutreten hatte, dafür aber Nordjütland als Pfandbesitz und Fünen zu Lehen erhielt. In seiner und König/Herzog Waldemars Regierungsphase bildete sich infolge der Einwanderung des holsteinischen Adels nach Schleswig und dessen Verschmelzung mit dem dänischen Adel die Schleswig-Holsteinische Ritterschaft heraus. Graf Gerhard aber überspannte seine Macht, indem er sich gegen die Hanse und gegen den dänischen Adel zugleich wandte. Als er während eines Heerzuges nach Jütland erkrankte, kam es zu einer Verschwörung gegen ihn; eine Gruppe Adliger schlug »den seken man uppe sinen bedde dot, darto sinen capellan unde dre knappen«, wie eine lübische Chronik berichtet. Mit dem Tod Gerhards III. brach ein stolzes, aber künstliches, weil auf der Schwäche des dänischen Königtums errichtetes politisches Gebäude zusammen.

Vor allem Lübeck war daran interessiert, daß in Dänemark wieder stabile Verhältnisse eintraten. Aber auch in Holstein bedurfte es angesichts des sich ausbreitenden Raubrittertums, das die Handelswege der Städte zeitweilig empfindlich störte, einer straffen landesherrlichen Regierung.

Waldemar IV. Atterdag (1340–1375), der auf einem Fürstentag zu Lübeck als dänischer König eingesetzt wurde, war einer der ehrgeizigsten, aber auch rücksichtslosesten Herrscher auf dem dänischen Thron. Als Politiker und Feldherr gleichermaßen begabt, begann er, die Wiederherstellung der

17

Grabplatte Adolfs IV. im Kreuzgang des ehemaligen Franziskanerklosters Kiel (16). Der Graf ist als »Bruder Adolf« in der Tracht eines Minoritenmönchs dargestellt. In den Händen trägt er (vermutlich) ein Kirchenmodell. Adolf IV. hatte dem Kloster Neumünster die ihm zustehenden Novalzehnten, das heißt die Pachtzinsen aus neugerodetem Land, abgetreten. In einer Urkunde vom 15. Oktober 1238 (17) bestätigte der Bremer Erzbischof Gerhard II. diese Schenkung. Das Siegel des Erzbischofs hängt an einer Seidenschnur.

16

18

19

20

dänischen Reichseinheit ins Werk zu setzen, und zwar durch Unterdrük-
kung der Stände im Innern und durch Kriegszüge nach Außen. Er besiegte
die Schauenburger Grafen, unterwarf die Utlandfriesen und eroberte und
plünderte weite Gebiete des Herzogtums Schleswig, das er aber als Ganzes
nicht in seine Gewalt bringen konnte. »Er trieb Leistungen ein, Geld,
Schiffe und anderes, was seine Augen begehrten, so daß Furcht, Schrecken
und Erstarren über alle kam, wo er durchzog«, heißt es in einer dänischen
Chronik.

Besonders schwer waren die Schläge, die er der Hanse zufügte, auf deren
Betreiben er zum König gewählt worden war. 1361 eroberte er Wisby, ein
Zentrum des hansischen Ostseehandels, und vernichtete 1362 eine Flotte
der Hanse vor Helsingborg. Der Einfall in Schweden hatte territoriale
Abtretungen zur Folge, die seine Macht weiter steigerten. Doch der Widerstand gegen das gewalttätige Regime Waldemars formierte sich. 1367
beschlossen auf einem Hansetag Schweden, Mecklenburg und die Schauenburger Grafen einen Rachefeldzug gegen den Dänenkönig. Die verbündeten Heere drangen weit nach Jütland vor; die Sundschlösser wurden
erfolgreich belagert. 1370 wurde zwischen dem dänischen Reichsrat und
den Hansestädten der Friede von Stralsund geschlossen, dem Waldemar IV., der das Land bereits vor Eröffnung der Kampfhandlungen verlassen hatte, um im Reich Bündnispartner gegen seine Gegner zu gewinnen,
1371 beitrat. Der Stralsunder Vertrag enthielt die Bedingung, daß künftig
nur ein König in Dänemark regieren sollte, der mit Zustimmung der
Hansestädte gewählt worden war.

21

22

Blick auf das 1582–1587 erbaute Schloß
Glücksburg (18). Im Vordergrund sind
Spuren des 1209 gegründeten Zister-
zienserklosters (»Rudekloster«) zu
erkennen, weil im Winter 1986/87 kein
Wasser aufgestaut war.
Siegel Graf Gerhards III., 1333, auf dem
nur das Nesselblatt für Holstein im
Schild zu sehen ist (19).
Graf Gerhard VI. führt erstmals ein
Siegel (1395), auf dem die Schleswiger
Löwen und das Nesselblatt für Holstein
vereint sind (20).

Am 25. Januar 1368 schlossen die Grafen
Heinrich und Nikolaus von Holstein mit
acht Rittern und vier Knappen in Wismar
ein Bündnis mit Herzog Albrecht von
Mecklenburg und seinen Söhnen
Heinrich und Magnus gegen König
Waldemar von Dänemark und König
Haakon von Norwegen (21).
Im Jahr 1315 wurde Graf Adolf zu
Segeberg von Hartwig von Reventlow
ermordet. Die Bildtafel (1595) in der
Marienkirche zu Segeberg (22) erinnert
an das Ereignis und die Sühne des
Mörders, die aus einer Pilgerfahrt nach
Rom bestand.

23

24

25

In der aus dem 13. Jahrhundert
stammenden ehemaligen Wall-
fahrtskirche St. Marien in Büchen
befinden sich sehr ausdrucksvolle
Gewölbemalereien des 14. Jahrhunderts.
Auf dem Fresko (23) ist eine Szene zu
sehen, die zum Kreis der Legenden um
den Heiligen Klemens gehört. Papst
Klemens I. war im Jahr 100 mit einem
Anker um den Hals ins Meer geworfen
worden.
Das Martyrium des Apostels Petrus (24).
Das Martyrium der Apostel in der
Vierung des Mittelschiffs; der obere
Bogen ist der sogenannte Musikan-
tenbogen (25).

Detail aus dem Beyer'schen Epitaph in
der Marienkirche zu Flensburg (1591).
Der Ausschnitt zeigt den östlichen Teil
der Stadt Flensburg mit der Duburg (26).
Sakramentshaus aus der Mitte des 15.
Jahrhunderts im St. Johannis-Kloster
Schleswig (27).

Die Holsteiner Grafen setzten den Kampf fort, gerieten aber in Bedrängnis,
als König Waldemar nach einem Vorstoß entlang der Küste den wichtigsten Handelsplatz im Herzogtum Schleswig, die Stadt Flensburg, eroberte.
1373 wurde der Friede zu Flensburg geschlossen, durch den die Grafen von
Holstein ihren Einfluß in Jütland und in Nordschleswig einbüßten.
Beim Tod Waldemar Atterdags, 1375, war die Erbfolge in Dänemark nicht
geregelt. Ansprüche erhoben Albrecht von Mecklenburg, mit dem die
Schauenburger verbündet waren, und Waldemars Tochter Margarete, die
mit König Haakon VI. von Norwegen verheiratet war. Sie konnte den
dänischen Thron für ihren unmündigen Sohn Olaf (1375–1387) erwerben.
Die Holsteiner Grafen profitierten zunächst von der Krise im Norden,
indem sie sich nach dem Tode Herzog Heinrichs von Schleswig, des letzten
Nachkommen Abels, Teile von Nordschleswig und die Städte Tondern und
Hadersleben sicherten. Da von den zahlreichen Schauenburger Linien nur
noch die Rendsburger übriggeblieben war, zeichnete sich jetzt die Vereinigung Holsteins und Schleswigs unter einem Schauenburger dieses Zweiges
ab. Am 15. August 1386 fand auf dem Reichstag zu Nyborg die Belehnung
mit dem Herzogtum Schleswig an Gerhard VI. durch König Olaf statt.
Sowohl die Form der Belehnung (durch Übergabe der Fahne) als auch die
Tatsache, daß Gerhard VI. als erster Herrscher die Wappen von Schleswig
(die Löwen) und von Holstein (das Nesselblatt) vereint (auch auf seinem
Siegel erscheinen sie in einem viergeteilten Schild), belegt, daß es sich bei
diesem Rechtsakt um eine erbliche Belehnung gehandelt hat, unabhängig
von der Tatsache, daß es darüber keine Urkunde gibt.

26

Königin Margarete setzte allerdings alles daran, Verwirrung in die staatsrechtlichen Verhältnisse zu bringen. Nach dem Tode König Olafs trat keine Vakanz auf dem dänischen Thron ein, sondern es folgte ein von Margarete adoptierter Großneffe, Erich von Pommern. Während der Zusammenschluß der drei nordischen Königreiche in der Kalmarer Union (1397–1523) zu einer Machtkonzentration des Nordens wurde, gerieten die Schauenburger in eine ernste Krise. Bei ihren Versuchen, die Friesen und Dithmarscher zu unterwerfen, fielen 1403 Graf Albrecht und 1404 in der Schlacht am Oswaldustage (4. August) Gerhard VI. Dem politischen Druck auf die Erben Gerhards folgte 1410 der militärische. Erich von Pommern nahm Flensburg ein und sicherte die Stadt durch die Errichtung der Duburg. 25 Jahre dauerte der erneute Kampf um das Herzogtum Schleswig. Während dieser Zeit wurde die Rechtsposition der Schauenburger 1415 und 1424 durch Entscheidungen des dänischen Reichsrates und des Kaisers (Sigismund) geschwächt. Erst als 1426 die Hansestädte, deren Privilegien durch Erich verletzt worden waren, den Kampf auf seiten der Schauenburger aufnahmen, kam es zu einer Wende. Jetzt führte Graf Adolf VIII. die Geschicke seines Hauses und die seiner Verbündeten. 1431 eroberte er Flensburg zurück und zwang König Erich schließlich zum Frieden von Vordingborg (15. Juli 1435). Nachdem 1439 Erich von Pommern abgesetzt worden war (bis 1441 verlor er drei Kronen), war am 30. April 1440 der Weg frei für die so lang umkämpfte erbliche und unbeschränkte Belehnung eines Schauenburgers mit dem Herzogtum Schleswig, das aber dänisches Lehensherzogtum blieb.

27

»Von der gefährlichen und vielfältigen Verenderung deß Regiments, so sich in der Stadt Lübeck zugetragen, gute Nachrichtung«

Das in der Titelzeile ausgedrückte Ziel verfolgte Superintendent Hermannus Bonnus mit seiner »Lübecksche(n) Chronica«, die 1539 erstmals in niederdeutscher Sprache erschien und sich offenbar so großer Beliebtheit erfreute, daß sie fast hundert Jahre später noch ins Hochdeutsche übersetzt und veröffentlicht wurde (1634). Im folgenden wird der Chronist mehrmals als Zeuge bemüht.

Bevor die Stadt, die heute den Namen Lübeck trägt, gegründet wurde, gab es seit dem 11. Jahrhundert bereits eine Stadt Liubice, und zwar circa vier Kilometer nördlich der jetzigen Altstadt an der Stelle, wo die Schwartau in die Trave mündet. Die archäologische Erschließung dieses Platzes, der heute Alt-Lübeck genannt wird, ist noch nicht abgeschlossen; doch schon jetzt steht fest, daß es sich auf dem Höhepunkt der Entwicklung gegen Ende des 11. und zu Beginn des 12. Jahrhunderts um die Hauptresidenz der Abotritenfürsten gehandelt hat. Zur Burg gehörte auch eine aus Stein errichtete Hofkapelle. Vor den Wällen lag eine Handwerkersiedlung und auf dem gegenüberliegenden Ufer der Trave die Siedlung der Fernkaufleute.

Die intensiv betriebene Altstadt-Archäologie in Lübeck selbst hat unter anderem das überraschende Ergebnis erbracht, daß die Anfänge der Stadt nicht – wie lange aufgrund mißverständlicher Angaben bei Helmold von Bosau vermutet – nach der Zerstörung Alt-Lübecks (1138 durch eine Flotte wendischer Nachbarfürsten), sondern bereits im 10. Jahrhundert anzusetzen sind. Nun weist Helmold allerdings auch darauf hin, daß auf jener Halbinsel zwischen der Trave und der Wakenitz der von ihm als »Feind Gottes« verachtete Fürst Kruto einen Burgwall aufgeworfen habe; als Ortsname wird »Bucu« genannt. Und Hermannus Bonnus, der Chronist, erwähnt an diesem Ort eine Fischersiedlung. Dieser Ort Buku lag am alten Handelsweg, der vom Binnenland an die Ostsee führte und später als Salzstraße bezeichnet wurde. Die Bewohner Bukus profitierten offenbar vom Aufschwung Alt-Lübecks, denn sie konnten stabile Häuser errichten, deren Bauholz zum Teil bei späteren Hausbauten im 13. Jahrhundert wiederverwendet wurde. Der eigentliche Aufschwung begann aber damit, daß die Fernhandelskaufleute nach der Zerstörung ihrer Siedlung Liubice in Buku Schutz suchten.

Diese Siedlung wurde 1143 von Graf Adolf II. von Holstein neu »gegründet«; sie erhielt den Namen der abotritischen Fürstenburg, der bei den Fernhändlern bekannter war als Buku. Aus dem Burgwall an der Schwartau-Mündung wurde »Olden-Lubeke«. Um eine Neugründung handelte es sich aber insofern, als das neue Lübeck eine Stadt des Reiches wurde, das jetzt erstmals einen Zugang zum weitgespannten Ostseehandel gewann. Lübeck wurde schnell bekannt und zog Kaufleute nicht nur aus dem Rheinland und Westfalen an, sondern auch von Plätzen, die im Herrschaftsbereich Heinrichs des Löwen lagen, so zum Beispiel Bardowick.

3

4

Dieser suchte die Prosperität seiner Städte zu schützen, indem er die Aktivitäten seines schauenburgischen Lehnsmannes bremste. Als Lübeck im Herbst 1157 abbrannte, hatte Heinrich der Stadt bereits das Marktrecht entzogen; die von Graf Adolf erschlossenen Salzquellen in Oldesloe waren auf des Herzogs Geheiß hin verstopft worden, weil hier eine Konkurrenz für Lüneburgs Monopolstellung zu entstehen drohte.

1159 gab Graf Adolf dem Druck des Löwen nach und überließ ihm die Stadt, die erst danach richtig aufblühte. Aus Schleswig vertriebene Kaufleute (die Stadt war 1156 zerstört worden) und kapitalkräftige Fernhändler aus dem Westen kamen nach Lübeck und sorgten für einen raschen Auf- und Ausbau. Lübeck profitierte aber noch von einer weiteren Veränderung. Die hochbordige, großräumige und gedeckte, aber schwer manövrierfähige Kogge hatte das kleinere, offene, aber wendige Knarr verdrängt. Koggen erreichten nur mit Mühe Schleswig und konnten die Eider- und Treenefahrt schon gar nicht bewältigen. Auch aus diesem Grund schied Schleswig als »Konkurrenz« aus. Lübeck wurde rasch zum bedeutendsten Umschlagplatz für die typischen Ostseeprodukte wie Salzfisch, Wachs und Pelze; parallel dazu wurde die Stadt zum wichtigsten Exporthafen für Lüneburger Salz.

Mit dem wirtschaftlichen Aufschwung ging ein kultureller einher. Schon 1160 begannen die Bürger mit dem Bau des Domes; weitere Kirchen und Klöster kamen hinzu. Lübeck erhielt auch früh wichtige Privilegien: 1179 bekam die Stadt das Münzrecht, 1188 erteilte Kaiser Friedrich Barbarossa einen Freibrief, seit 1201 gab es eine Ratsverfassung, 1216 wurde die erste Stadtmauer gebaut, und 1226 erklärte Kaiser Friedrich II. Lübeck zur »reichsfreien«, das heißt dem Kaiser unmittelbar unterstehenden Stadt. Das Ergebnis der Schlacht bei Bornhöved, in der das dänische Heer geschlagen wurde (1227), schuf die politischen Rahmenbedingungen, um diese Freiheit auch zu sichern.

An der Stelle, an der in Alt-Lübeck bis zur Zerstörung im 12. Jahrhundert eine Kirche gestanden hat, wurde ein Denkmal errichtet (1).
Die Ausgrabungen in Alt-Lübeck sind noch nicht abgeschlossen; hier werden Wall und Graben der Abotriten-Residenz freigelegt (2).
Lübecks Stadtsiegel im 12. Jahrhundert mit der Hansekogge (3).
Torzieher aus Bronze vom Hauptportal des Lübecker Rathauses (um 1350). Abgebildet sind der Kaiser (in der Mitte) als Garant der Reichsfreiheit und die sieben Kurfürsten (4).

Schon im 12. Jahrhundert gab es in der Stadt Steinhäuser, deren Mauern teilweise noch erhalten sind (wenn auch verbaut), so im Heiligen-Geist-Hospital. Seit dem 13. Jahrhundert wurde der Siedlungsraum enger bebaut, und zwar nach zwei großen Bränden ausschließlich in Stein; jetzt entstanden die Lübecker Dielenhäuser aus Backstein mit dem Giebel zur Straße. Von hier aus trat die Backsteinarchitektur ihren Siegeszug im gesamten Ostseeraum an. Die jüngsten Grabungen in der Lübecker Altstadt haben auch verdeutlicht, daß die enge Besiedlung die Seuchengefahr drastisch erhöht haben muß, da die Brunnen immer wieder von den dicht danebenliegenden Kloaken verunreinigt wurden. Seit 1291 verfügte Lübeck zwar über eine Zentralwasserleitung aus Baumstämmen mit Innenbohrung, da aber das Trinkwasser aus der anderweitig verunreinigten Wakenitz genommen wurde, setzten sich die Epidemien fort.

Die Großkaufleute des 13. Jahrhunderts lenkten als Unternehmer und Reeder vom Kontor aus ihre Geschäfte, ohne selbst die Märkte fremder Städte aufsuchen zu müssen. Dadurch entstand ein Netz von Stützpunkten, aus dem sich dann die Hanse als Städtebund entwickelte. Um 1300 war Lübeck mit 15 000 bis 20 000 Einwohnern bereits die größte Stadt an der Ostsee und von der wirtschaftlichen und politischen Bedeutung her eine Weltstadt.

Das lübische Recht, 1225 erstmals aufgezeichnet, wurde von den meisten Städten im Ostseeraum übernommen. Auch die holsteinischen Städte hatten durchweg lübisches Recht; deshalb war Lübeck bis zur Einrichtung des holsteinischen Vierstädtegerichts (1496) die oberste Berufungsinstanz. Die fünf Hauptkirchen Lübecks bestanden bereits um die Mitte des 13. Jahrhunderts, doch wurden sie in den folgenden Jahrhunderten zu großen gotischen Hallenkirchen um- und ausgebaut. St. Marien, die Hauptpfarrkirche und die Kirche des Rates, erfuhr den reichsten Ausbau und übertraf an Größe und Pracht schon bald den bischöflichen Dom.

5

6

Der Reichtum der Kaufleute vermehrte sich ständig; dabei gewannen der Getreidehandel von Ost nach West und der Tuchhandel von West nach Ost an Bedeutung. Auch der Handel mit Wein ist bereits im 13. Jahrhundert bezeugt. Der bürgerliche Wohlstand erlaubte großzügige öffentliche Bauten wie das in ursprünglicher Form erhaltene Heiligen-Geist-Hospital aus dem späten 13. Jahrhundert. Gleichzeitig wuchs aber auch die politische Bedeutung der Stadt. Sie sicherte sich ihre Handelswege durch Gewinn von Pfandbesitz oder durch Zukauf. So erwarb sie 1329 Travemünde, wodurch eine Kontrolle des Wasserweges bis zur Ostsee möglich wurde. Wichtig für die Sicherung der Landverbindung nach Hamburg und für die Kontrolle der Stecknitzfahrt war auch der Pfandbesitz der Stadt Mölln (von 1359 bis 1683).

In der Hanse war die Vormachtstellung Lübecks so lange gefährdet, wie Dänemark versuchte, seinen Einfluß im Norden auszudehnen; bis zum Frieden von Stralsund (1370) hatte die Stadt die Hauptlast des Kampfes gegen König Waldemar zu tragen. Danach aber beherrschte sie als Königin der Hanse den gesamten Ostseehandel. Lübecks Ratsherren und Bürgermeister regierten nicht nur die Stadt, sondern lenkten auch die wirtschaftlichen und politischen Geschicke Nordeuropas. Das zeigte sich, als im Jahr 1375 Kaiser Karl VI. die Stadt besuchte und den Rat als »die Herren von Lübeck« anredete. Und doch zeichnete sich bereits in diesen Jahren die Krise ab: Die wachsende Bedeutung der Sundfahrt schränkte die alte Verbindung zwischen Hamburg und Lübeck ein. Englische und dann auch niederländische Kaufleute traten auf den Plan und zeigten sich besonders interessiert an Verbindungen mit Städten im östlichen Teil des Baltischen Meeres, und zwar an Lübeck vorbei. Das hansische Tuchmonopol bekam ein Loch.

Innere Unruhen wie der Knochenhaueraufstand von 1386 kamen hinzu. Die Pest von 1350 hatte große Opfer gefordert; der Strom von Kolonisten

7

8

9

Der Heilige Olaf, der Schutzpatron der Bergenfahrer (5). Die Plastik wurde 1472 für das Kompaniehaus der Bergenfahrer angefertigt. Olaf war als Olaf II. Haraldsson König von Norwegen (995–1030).
Ansicht von Lübeck im 17. Jahrhundert (6). Meisterstück im St. Annen-Museum, Lübeck
Ein sogenannter Heringsalm, ein Eichmaß, aus dem Jahr 1469 (7)
Getreidescheffel für Roggen und Hafer aus dem 15. Jahrhundert (8)
Bronzegewichte von der Lübecker Stadtwaage, 1471 (9)

10

11

12

Das Heiligen-Geist-Spital, dessen Hauptbauperiode in die Zeit von 1276 bis 1286 fällt, in dem aber noch Reste älterer Gebäude enthalten sind (10). An diesem wichtigen Bauwerk der norddeutschen Backsteingotik ist bis in das 19. Jahrhundert hinein gebaut worden. Es war eine der großen Einrichtungen der Lübecker Kranken- und Armen-Fürsorge.
Das Innere der gotischen Hallenkirche im Heiligen-Geist-Hospital mit Wandmalereien des 14., 15. und späten 19. Jahrhunderts (11).
Das Burgtor, ehemals Innentor der Burgbefestigung aus dem 13. Jahrhundert (12). 1444 wurde das Torgebäude um ein Geschoß erhöht; 1685 erhielt es eine barocke Haube.

aus dem Westen, die zu Lübecks Größe beigetragen hatten, war verebbt. Jetzt kam es darauf an, das Erreichte politisch und wirtschaftlich zu verteidigen. Den Lübecker Ratsherren und Bürgermeistern gelang es, die Errungenschaften für die eigene Stadt und ihren Anhang für noch annähernd zwei Jahrhunderte zu schützen; doch die Anzeichen des Niedergangs häuften sich.
In wirtschaftlicher Hinsicht war nun »Schutz der bürgerlichen Nahrung« angezeigt, Protektionismus also, zunächst nur gegen nichthansische Konkurrenten. Dann aber behandelten sich die Hansestädte auch untereinander als »Gäste«, als Fremde. Die Zünfte grenzten sich ab, und das dahinterstehende Denken griff auch auf die Politik des Rates über, in dem nicht mehr aktive Kaufleute dominierten, sondern deren Nachkommen, die ein Rentnerdasein auf hohem wirtschaftlichen und sozialen Niveau führten. Der Antagonismus zwischen Rat und Bürgerschaft nahm zu. Zwar gab es auch immer wieder herausragende Persönlichkeiten, die sich als geschickte Diplomaten auf dem Felde hansischer Politik erwiesen, so vor allem Hinrich Castorp; dennoch kann im 15. Jahrhundert nicht uneingeschränkt von einer Blütezeit der Hanse und Lübecks gesprochen werden; es handelte sich eher um eine »künstliche Nachblüte« (Fritz Rörig).
Solange die Sund-Schiffahrt gestört, die Landverbindung zu Hamburg gesichert werden konnten und der Stecknitzkanal, der im letzten Jahrzehnt des 14. Jahrhunderts seinen Betrieb aufgenommen hatte, nicht zu teuer wurde (Zölle und Gebühren, die die Herzöge von Sachsen-Lauenburg erhoben), war Lübecks Monopolstellung nicht gefährdet.

13

14

Das Holstentor von der »Feldseite« (13).
Das Tor war ursprünglich (das heißt im
späten 15. Jahrhundert) nur der mittlere
Teil einer sehr viel größeren
Gesamtanlage. Als Vorbild dienten
flandrische Brückentore.
Darunter ein Mandat des Rates der Stadt
Lübeck von 1709, das die Kontrolle der
Ein- und Ausreisenden regelte.
Mauerturm am Krähenteich aus dem 13.
Jahrhundert (13), in dem im 17.
Jahrhundert ein Wohnhaus errichtet
wurde. Der Mauerturm war Teil der
mittelalterlichen Stadtmauer.

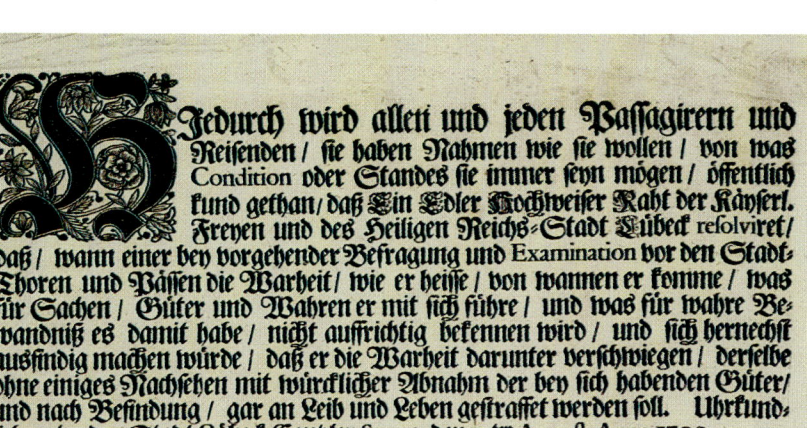

Ein Beitrag zur gesicherten Verbindung zum wichtigsten Partner Hamburg
war auch der Pfandbesitz von Bergedorf, in den Lübeck 1370 gelangt war.
Als es 1420 zu Streitigkeiten mit dem Lauenburger Herzog kam, wurde
Bergedorf von Truppen beider Hansestädte erobert und blieb bis 1868 in
»beiderstädtischem« Besitz. Im 15. Jahrhundert erweiterte Lübeck seinen
Einflußbereich durch Erwerb von Pfandbesitz erheblich, so konnte es Kiel
als Konkurrenten vorübergehend ausschalten. Der Wohlstand war enorm
und führte in der Stadt zu großartigen Bauten, der politische Einfluß aber
ging zurück; denn auch die Parteinahme in den nordischen Auseinandersetzungen brachte nur kurzfristig eine Stabilisierung der eigenen Macht-

VERA EFFIGIES GEORGII WOLWEVER CONSVLIS OLIM LVBECENSIS SEDITIOSI ET CONIVRATORVM ANTESIGNANI, QVI TANDEM IN DVCA TV BRVNSVVICENSI WOLFENBVTTEL DEBITASLVIT POENAS IN QVATVOR DISSECTVS PARTES ET CVM AD SVPPLICIVM DVCERETVR, AD VIVVM EXPRESSVS. AÑ. DÑI: 1.5.3 7. DIE LVNA ANTE MICHAELIS.

15

Spottbild auf Jürgen Wullenwever (15), entstanden nach dessen Hinrichtung (1537), wie der Galgen (links) ausweist. Wullenwever stammte aus Hamburg (geboren 1492) und kam als Kaufmann nach Lübeck, wo er sich bald politisch betätigte. Nach der Durchsetzung der Reformation wurde er zunächst Mitglied des Bürgerausschusses zur Kontrolle des Rates, in dem ausschließlich die Patrizier das Sagen hatten. 1533 bis 1535 war Wullenwever Bürgermeister. Während seiner kurzen Amtszeit versuchte er, die Vorherrschaft Lübecks und der Hanse im Ostseeraum wiederherzustellen; dabei verwickelte er die Stadt in die Grafenfehde und unterlag 1535 dem dänischen König Christian III. Er wurde vom Bremer Erzbischof gefangengenommen, an den Herzog von Braunschweig ausgeliefert und nach zweifelhaftem Prozeß 1537 in Wolfenbüttel enthauptet und geviertelt, wie die Inschrift ausweist.

position, so zum Beispiel gegenüber König Christian II., der den Niederländern den Sund zu öffnen versprochen hatte. Tatsächlich hatte die wirtschaftliche Entwicklung die hansische, speziell lübische Protektionspolitik längst überholt; die hansischen Privilegien hatten ihren Sinn, ihre Anziehungskraft für die Handelspartner verloren.

Als 1494 das Nowgoroder Kontor der Hanse von Iwan III. gewaltsam geschlossen wurde, war ein weiteres Signal gesetzt für den Kampf um die Aufrechterhaltung schwindender Macht; der Brügger Stapel, einst ein Eckpfeiler hansischer Wirtschaft, war schon zuvor im tatsächlichen Sinne des Wortes versandet. Während die fürstlichen Partikularstaaten erstarkten, besonders im Verlauf der Reformation, und damit den Einfluß der Hanse einzuschränken vermochten, schwand die Attraktivität der Hanse immer mehr. Lübeck befand sich eindeutig in der Defensive und reagierte konsequent mit einem Ausbau seiner Befestigung: In dieser Periode lübischer Geschichte entstanden das Holstentor und das Burgtor (um 1470). Die Stadt verlor ihre europäische Stellung und igelte sich ein.

Die Reformation brachte Lübeck stärker in Verlegenheit als die Herzogtümer Schleswig und Holstein. Die Reichsfreiheit band an den Kaiser, und der war und blieb katholisch. Zudem saßen Bischof und Domkapitel de jure in der Stadt; dem hatte die Obrigkeit, das heißt der Rat, Rechnung zu tragen. Nicht so »das Volk«, in dem die neue Lehre rasch Zulauf hatte, nicht zuletzt deshalb, weil in Holstein dem Luthertum tolerant begegnet wurde. Lübeck fand zum Protestantismus nicht, weil die Oberschicht vom neuen Glauben überzeugt war, sondern weil es zum Druck von unten kam: Steuererhöhung nur, wenn die neue Lehre eingeführt wird. Am Ende mußte sich der Rat trotz allen politischen Finessierens dem Druck der Masse beugen. Da aber Mitglieder des Rates geflohen waren und den Kaiser zu unterstützen versuchten, wurde der Kampf um die Einführung der Reformation in Lübeck auch ein politischer.

Jürgen Wullenwever, ein Kaufmann aus Hamburg, der seit 1530 einer der führenden Männer im Rat geworden war, übte großen Einfluß auf den »gemeinen Mann« aus. 1537 wurde er Bürgermeister. Er verfocht eine Politik, die sich sowohl gegen Schweden als auch gegen Dänemark richtete und die die Kräfte der Stadt Lübeck bei weitem überspannte. Seine Gegner waren an allen Enden erfolgreich: die Belagerung Lübecks durch Herzog Christian von Schleswig-Holstein, danach die Niederlage der lübischen Flotte bei Svendborg und die Stabilisierung der Verhältnisse in Schweden im Sinne der Aufständischen. Wullenwevers offensiver Plan, sich auf die Seite des gefangenen Dänenkönigs Christian II. zu stellen, damit Macht über Dänemark auszuüben und durch Kontrolle über den Sund die Vormachtstellung der Hanse wiederherzustellen, war gescheitert; er mußte seine Position im Rat aufgeben und fand schließlich im Lager seiner Feinde durch Henkershand einen unwürdigen Tod (1537).

Im Gedächtnis des Volkes blieb Wullenwever eine populäre Gestalt, wobei dem volkstümlichen Wollen des Mannes eher Rechnung getragen wurde als seinem politischen Können. Hermannus Bonnus, Zeitgenosse Wullenwevers, fällte über ihn ein hartes, aber durchaus gerechtfertigtes Urteil: »Es ist Jürgen Wullenwever von Natur nicht ein ungeschickter Mann gewesen, wann er es zum besten hätte brauchen können, denn es sind die fürnemsten und grössesten Gebrechen an ihm gewesen, daß er gantz unbeständig in seinem Fürnehmen war, und jederman seines Anhangs glaubete, darzu auch niemand deß Raths für gut hielt, und wollte alles nach seinem Kopfe haben [. . .], deshalb hat er zum letzten gröblich anlauffen müssen. «

Die Niederlage Lübecks in der Grafenfehde bedeutete einen jähen Sturz und leitete den raschen Niedergang der Hanse ein. Denn es gelang der lübischen Diplomatie nicht mehr, verlorenes Terrain zurückzugewinnen. Der Kampf gegen Schweden, der um die Narwa-Fahrt und Handelsprivilegien geführt wurde, schwächte die Kräfte der Stadt noch mehr. Sieben Jahre dauerte der Krieg, und der Friede von Stettin, 1570, brachte nur auf dem Papier Erfolge. Lübeck war nicht mehr imstande, seine Rechte durchzusetzen. Schweden hatte die Hanse im Kampf um die Ostseeherrschaft abgelöst.

Auch im Norden und Westen verlor die Hanse und mit ihr besonders Lübeck an Einfluß. Die Bergen-Fahrt ging zurück, als das dortige Kontor dänischer Herrschaft unterworfen wurde (1558). Und mit der Schließung des Stahlhofs in London (1599) gingen wertvolle Positionen im England-Handel verloren.

Die Hanse war schon so gut wie tot, bevor sie sich 1630 stillschweigend auflöste. Doch die großen Städte fanden jeweils für sich Anschluß an die veränderten Konjunkturen. Lübeck konnte im 17. Jahrhundert seine Rußlandfahrt erweitern und die Spanienfahrt neu aufbauen; sie wurde bald zur lukrativsten Unternehmung überhaupt, und dies trotz zahlreicher Übergriffe durch feindliche Flotten. Zu Beginn des 17. Jahrhunderts entstand eine mächtige Wallanlage zur Stadtbefestigung, die verhinderte, daß Lübeck im Dreißigjährigen Krieg und in den Nordischen Kriegen des 17. und 18. Jahrhunderts – von hohen Geldzahlungen abgesehen – in Mitleidenschaft gezogen wurde. Die Stadt wahrte im Frieden von Münster und Osnabrück ihre Unabhängigkeit; zugleich fand der Bund der drei verbliebenen Hansestädte, neben Lübeck auch Bremen und Hamburg, Anerkennung. Seit dem 17. Jahrhundert ist die Entwicklung Lübecks nicht mehr als nordost-europäische Geschichte zu fassen, sondern nur noch als Stadtgeschichte. Die schweren Verfassungskämpfe, in deren Verlauf die Bürgerschaft, hier vor allem die Kaufleute, die Vorherrschaft des Patriziats im Rat beseitigte, bestimmten die innenpolitische Entwicklung. Unter Einschaltung einer kaiserlichen Kommission kam 1669 der sogenannte Bürgerrezeß zustande, der als Verfassungsurkunde bis 1848 die Grundlage für das öffentliche Leben bildete. Die drückende Schuldenlast der Stadt, die sich bis 1720 noch mehrte, löste Unruhen aus. Der Widerspruch schien kaum auflösbar: gedrückte Verhältnisse der öffentlichen Hand einerseits und zunehmender Wohlstand des Großbürgertums andererseits. Erst im 18. Jahrhundert zogen wieder geregelte Verhältnisse ein, wenn auch insgesamt Zunftzwänge und Gildenordnungen ein Wiederaufleben der alten Größe der Stadt verhinderten. Hamburg hatte Lübeck in wirtschaftlicher und politischer Hinsicht längst überflügelt.

Das 18. Jahrhundert brachte für Lübeck eine Phase der Konsolidierung; es gelang, die Schulden aus dem 17. Jahrhundert abzutragen. An seinem Ende war die Stadt wieder wohlhabend. Im Reichsdeputationshauptschluß von 1803 konnte sie ihre Neutralität als Freie Hansestadt bewahren und davon vorübergehend während der napoleonischen Handelsblockade profitieren.

16

17

18

Lübeck hatte sich während seiner
Blütezeit zu einem beachtlichen
Territorium entwickelt. Während einige
Dörfer dem Stadtgebiet zugeschlagen
wurden, gerieten andere als Pfandbesitz
unter Lübecker Herrschaft. Die
Fischersiedlung Gothmund (16) gehört
zum Stadtgebiet. Die Häuser stammen
zum Teil aus dem 18. Jahrhundert.
Das Armenhaus St. Jürgen in Klein
Grönau (10 km südlich von Lübeck)
wurde im 13. Jahrhundert als
Aussätzigenhaus durch eine Stiftung
Lübecker Bürger errichtet (17). Es gehört

19

zu den wenigen erhaltenen
mittelalterlichen Siechenhäusern in
Norddeutschland. Die Kapelle entstand
im Jahr 1409, im späten 15. Jahrhundert
wurde das Stiftsgebäude erneuert.
Von 1359 bis 1683 war Mölln Lübecker
Pfandbesitz. Im Bild der Hof des
Stadthauptmanns (18); das Gebäude
wurde unter Verwendung
mittelalterlicher Teile im Jahr 1550
erbaut. Das Haus ist also sichtbarer
Ausdruck der Herrschaft Lübecks.
Das Möllner Rathaus (19) stammt aus
dem 14. Jahrhundert und ist außerhalb
Lübecks das bedeutendste mittelalterliche
Rathaus in Schleswig-Holstein.

Teil der Erweiterungsbauten des
ehemaligen St. Annen-Klosters (20),
Blick vom Krähenteich aus. Dieser Teil
des 1532 im Zuge der Reformation
aufgelösten Klosters wurde nach 1601 als
Armenhaus, später als Zucht- und
Spinnhaus genutzt.
Das darunter befindliche Mandat nimmt
die sogenannten Bettelvögte in Schutz,
deren Aufgabe darin bestand, Bettler in
den Straßen aufzugreifen und in das
Zuchthaus einzuliefern, wo sie
Zwangsarbeit zu verrichten hatten. Die
Bevölkerung half den Bettlern und
suchte die Vögte in ihrer Tätigkeit zu
behindern.
Gerichtssitzung des Rates im ehemaligen
Ratssaal des Rathauses, Meisterstück des
Malers Hans von Hemßen, 1625 (21).
Tragestuhl für Ratsherren, datiert 1643
(22).

NOTIFICATION.

Demnach E. Hochw. Rath dieser Käyserl. freyen Reichs-Stadt
Lübeck mißfällig vernommen, daß dem unterm 6ten Nov. 1743 wegen der
Bettler publicirten Mandato zuwider, die hiesigen Bettel-Voigte unter dem
nichtigen Vorwand einer Unkenntlichkeit in Wegnehmung der Bettler von den
Gassen zum öftern gehindert und gestöhret werden; Als hat E. Hochw. Rath
zuvorderst beliebet, daß zur Hebung dieses Vorwurfs sothane Bettel-Voigte mit dem Zeichen
A auf dem Camisol kenntlich gemachet werden sollen; Hiernächst aber alle Bürger und Einwohner dieser Stadt hiedurch ernstlich erinnert, und denenselben bey obrigkeitlicher Ahndung
nochmahls geheissen und anbefohlen, künftighin die Bettler so wenig zu beschützen, als den
Bettel-Voigten bey Wegführung solcher Leute auf irgend eine Art, weiter einige Hindernisse
in den Weg zu legen, noch sich an ihnen zu vergreifen, und mit Thätlichkeiten zu begegnen,
sondern in diesem und anderen Stücken, obangezogener Verordnung sich jederzeit gemäß zu be-
zeigen. Wornach sich ein jeder zu achten, und für Schaden und Strafe zu hüten hat.
Publicatum Lubecae d. 14. Novemb. 1755.

20

21

22

23

24

25

Die Neutralität sollte sichtbar zum Ausdruck gebracht werden; deshalb wurden ab 1803 die Festungswälle geschleift. Die Stadt war praktisch wehrlos. Das wurde ihr 1806 zum Verhängnis, als General Blücher nach der Niederlage der preußischen Armee bei Jena und Auerstedt mit seinem Kontingent nach Norden auswich, sich trotz Protests in Lübeck festsetzte, um sich dort gegen die Franzosen zu verteidigen. Blüchers Mißachtung der Neutralität hatte schreckliche Folgen. Die Stadt wurde für drei Tage nach Blüchers Kapitulation der Plünderung preisgegeben.

Auch danach blieb sie in der Gewalt der Franzosen und hatte sich am Wirtschaftskampf gegen England zu beteiligen; mit Dekret vom 10. Dezember 1810 wurde sie Teil des französischen Kaiserreiches. Die Wirtschaft brach in dieser Zeit völlig zusammen; der Wohlstand wurde vernichtet. Dies kam am sichtbarsten in der Tatsache zum Ausdruck, daß die Armenpflege, seit Jahrhunderten auf sozial vorbildliche Weise organisiert, eingestellt werden mußte. Die Bevölkerungszahl ging um 21 Prozent zurück. Die Tilgung der Schulden aus der Franzosenzeit (circa zehn Millionen Mark) dauerte bis 1881.

Lübeck behielt auch nach 1815 als Mitglied des Deutschen Bundes seine unabhängige Position. Da aber Dänemark außer Schleswig-Holstein auch noch das Herzogtum Lauenburg (von Hannover) hinzugewonnen hatte (1816), sah Lübeck seine traditionellen Verkehrsverbindungen nach Hamburg gefährdet. Der dänischen Regierung lag daran, Kiel als Hafen und Stadt zu fördern, und zwar auf Kosten Lübecks. Um die Stadt herum legte sich ein Zollgürtel, der erst nach internationalem Protest lockerer ge-

26

schnallt wurde. Der geographisch günstigen Lage als Ostseehafen stand die politisch ungünstige gegenüber. Dänemark verweigerte die seit 1834 geplante und dringend benötigte Eisenbahnverbindung zwischen Hamburg und Lübeck. Erst 1847 wurde eine Verbindung nach Büchen und damit Anschluß an die Linie Hamburg–Berlin zugestanden (1851 eingeweiht); die direkte Verbindung nach Hamburg wurde 1865 eröffnet. Es war ein Gebot politischer Vernunft, sich nach 1866 dem Norddeutschen Bund und damit dem ungeliebten Preußen, 1868 sogar dem noch weniger geschätzten Zollverein anzuschließen und 1871 unter deutlicher Beschränkung der Souveränitätsrechte Teil des Deutschen Reiches zu werden.

Mit dem Bau des Nord-Ostsee-Kanals drohte Lübeck erneut eine handels- und schiffahrtspolitische Benachteiligung zugunsten Hamburgs. Der alte Stecknitzkanal war zwar immer noch in Betrieb, entsprach aber keineswegs den modernen Anforderungen. Mit dem Bau des Elbe-Trave-Kanals, der zum größten Teil von Lübeck finanziert wurde, gelang es der Stadt, ihre Position als leistungsfähiger Ostseehafen zu bewahren. Der Erste Weltkrieg und die Bestimmungen des Versailler Vertrages sowie die Entwicklung in Rußland brachten allen deutschen Häfen Nachteile. Erst nach den Krisenjahren begann wieder eine Phase der Konsolidierung.

Lübeck verlor seine Unabhängigkeit erst 1937; das Groß-Hamburg-Gesetz verfügte, daß die alte Freie Hansestadt Teil der preußischen Provinz Schleswig-Holstein wurde. Auch nach 1945 änderte sich daran nichts. Das schwer zerstörte Lübeck mußte sich jetzt auf die bescheidenste Phase in seiner Geschichte konzentrieren. Der Verlust des mecklenburgischen Hinterlan-

Das »Altdeutsche Restaurant« in der Straße »An der Untertrave« (23) bestand seit dem 13. Jahrhundert (historisches Foto); es wurde im Zweiten Weltkrieg zerstört. Seit 1644 verfügte es über eine Weinstube, die 1904 an das Thaulow-Museum in Kiel verkauft wurde. Das Mobiliar der historischen Weinstube befindet sich heute im Landesmuseum Schloß Gottorf und ist Teil der ständigen Ausstellung (24).

Lübecker »Stübchen«, ein Eichmaß für Wein, aus dem Jahr 1487 (25). Es faßt 3,6375 Liter.

Die Schlacht am Burgtor am 6. November 1806 zwischen preußischen Truppen unter Blücher und französischen Truppen unter Bernadotte. Zeitgenössisches Gemälde im St. Annen-Museum (26).

27

28

Die brennenden Türme des Lübecker
Doms (27) nach einem Bombenangriff in
der Palmsonntagnacht des Jahres 1942
(historisches Foto).
Der Torso der Marienkirche inmitten
von Trümmern; sie wurde 1942 zerstört
(28).
Nachdem Lübeck seine Altstadt
weitgehend wiederhergestellt hat, die
Spuren des Krieges also kaum noch
sichtbar sind, tat die Hansestadt am 17.
September 1987 einen wichtigen Schritt,
um mit einer weiteren schweren
Hypothek aus der Zeit nach 1933 fertig
zu werden: die Verleihung der
Ehrenbürgerwürde an den Rabbiner Felix
F. Carlebach. Sie war auch gedacht als
Geste der Aussöhnung mit den Juden im
allgemeinen und als späte Anerkennung
der Leistungen der Familie Carlebach für
die Hansestadt im besonderen (29).
Blick über den Markt vom Rathaus auf
St. Marien (30).

29

des, der Status der Zonengrenzstadt, der nur mühsam mögliche Aufbau
neuer Wirtschaftsstrukturen und die schweren Bombenschäden der Palmsonntagnacht 1942 machten und machen einen Aufstieg zu alter Größe
nahezu unmöglich.

Inzwischen ist die Stadt wiederaufgebaut und gibt mit ihren zwar dezimier-
ten, aber immer noch zahlreichen Kulturschätzen Zeugnis von Macht und
Reichtum in vergangenen Jahrhunderten. Im März 1987 kam auch der
größte Teil der Bestände des Lübecker Stadtarchivs an die Trave zurück,
nach 45jährigem »Exil«. Das 1986 mit der DDR abgeschlossene Kulturab-
kommen hatte dies ermöglicht. Damit steht eines der vielseitigsten und
reichhaltigsten nordeuropäischen Stadtarchive wieder der Forschung zur
Verfügung.

Die Anfänge der Oldenburger Herrschaft

Unter dem letzten Schauenburger, Adolf VIII., Graf von Holstein und Herzog von Schleswig, erfolgte ein intensiver Ausbau der Landesherrschaft, begleitet von einer starken Einwanderung deutscher Adliger, Bauern und Handwerker in das Herzogtum Schleswig. Adolf VIII. schlug 1448 die ihm angebotene dänische Königskrone aus und unterstützte die Wahl seines Neffen, Christian von Oldenburg. Von diesem ließ er sich den besonderen Lehenscharakter Schleswigs bestätigen. Christian wurde 1460 auch der Erbe in Holstein und Schleswig.

Das Jahr 1460 stellt in zweifacher Hinsicht einen Epocheneinschnitt für die schleswig-holsteinische Geschichte dar: Die Wahl der Oldenburger zu Herzögen von Schleswig und Holstein war der Anfang einer dauerhaften Personalunion mit Dänemark. Mit dieser Wahl war aber auch die Ausstellung des Ripener Privilegs am 5. März 1460 verbunden, das als eine Wahlkapitulation interpretiert werden darf.

Diese Urkunde – aus der meist nur ein Satz zitiert wird: »dat se bliven ewich tosamende ungedelt« (von ihm blieb im 19. Jahrhundert nur noch als Kampfruf »Up ewig ungedeelt«) – bildet zusammen mit der »Tapferen Verbesserung« vom 4. April 1460 (in der die Privilegien der Ritterschaft erweitert und bestätigt und Einzelheiten über künftige Fürstenwahlen festgelegt wurden) die erste Verfassungsurkunde für einen ständischen Staat, das heißt für die starke, ja dominierende Stellung der Stände, besonders des Adels im Lande. Zugleich ist sie die staatsrechtliche Festlegung auf eine Art Realunion der beiden Herzogtümer Schleswig und Holstein untereinander.

Der Adel erreichte in wirtschaftlicher und politischer Hinsicht seinen Höhepunkt im 16. Jahrhundert. Aber von 1460 an bis zur Etablierung des Absolutismus in Dänemark – und dem Wirksamwerden seiner Folgen nach 1660 auch in den Herzogtümern – war das politische Klima im Lande dadurch bestimmt, daß die Landesherren die Macht des Adels einzuschränken suchten, während die Ritterschaft bemüht war, die wirtschaftliche (finanzielle) Schwäche der Fürsten auszunutzen, um die grundsätzlichen Privilegien zu stabilisieren und zu erweitern.

Die Beurteilung der hier skizzierten Konstellation erfolgt in der Historiographie sehr unterschiedlich. Während den einen die Dominanz der Ritterschaft als der Egoismus partikularistischer Sonderinteressen gilt, denen die Raison des modernen Staates entgegenzusetzen war, betonen die anderen die dem ständischen Prinzip innewohnenden Kräfte einer im Ansatz demokratischen Verfassungsstruktur. Da für beide Positionen quellenmäßig akzeptable Belege anzufügen sind, heben sie sich am Ende auf, so daß die Frage nach dem, was wünschbar gewesen wäre, historisch nicht beantwortet werden kann.

Nachbildung der (Schleswig-)Holstein-Karte von Marcus Jordanus (1), der aus Krempe stammte und Mathematik-Professor in Kopenhagen war, im »Theatrum Orbis Terrarum« des Abraham Ortelius, 1579 (kolorierter Kupferstich).

2

Christian I., der erste Oldenburger auf dem dänischen Königsthron (2). Er wurde 1460 auch zum Herzog von Schleswig und zum Grafen von Holstein gewählt und mußte das Ripener Privileg ausstellen, in dem er der Schleswig-Holsteinischen Ritterschaft weitgehende Zusagen machte. Das Ölgemälde aus dem alten Flensburger Rathaus ist eine Kopie und geht wahrscheinlich auf eine Tapetenmalerei von Hans Knieper zurück (1582/84).

3

4

Herzog Adolf VIII. lehnt die ihm 1448 angebotene dänische Königskrone ab und weist auf seinen Neffen Christian von Oldenburg: Das Gemälde des Gottorfer Hofmalers Jürgen Ovens ist ein frühes Beispiel für Historienmalerei, bei der die Landesgeschichte und nicht die Antike als Thema gewählt wird (3).

Das Ripener Privileg vom 5. März 1460 (4) blieb mehr als 400 Jahre lang die Grundlage für die staatsrechtlichen Verhältnisse der Herzogtümer Schleswig-Holstein. Die Position der Stände, das heißt des Adels, der Prälaten und der Städte, wurde durch diese Urkunde besonders gestärkt.

Im 15., vor allem aber im 16. Jahrhundert war die Macht der Ritterschaft so stark, daß eine Regierung der Fürsten gegen das Land unmöglich war. Die Wappen der großen schleswig-holsteinischen Adelsfamilien (von links nach rechts): Rantzau, Schack, Buchwaldt, Ahlefeldt, Sehestedt, Brockdorff, Thienen, Rumohr, Holck, Reventlow, Blome und Qualen (5). Segeberg mit der Burg auf dem Kalkberg Ende des 16. Jahrhunderts. Kupferstich von Braun und Hogenberg (6).

Die Hansestädte, vor allem Lübeck, hatten versucht, die Wahl Christians zum Herzog und Grafen zu verhindern. Sie sahen, da Christian auch König der Union wurde, ihre Machtposition im Ostseebereich gefährdet. Zusammen mit einigen holsteinischen Adligen hatten sie die Kandidatur Ottos von Schauenburg aus der machtlosen Pinneberger Linie unterstützt, der nach holsteinischem Erbrecht zwar Anspruch auf die Nachfolge Adolfs VIII. geltend machen konnte, aber keine Aussicht auf das Herzogtum Schleswig hatte. Der Großadel hatte aber ein Interesse an der Verbindung Schleswigs und Holsteins, und somit gab es keine Alternative zu Christian; das hatte schon Adolf VIII. erkannt und deshalb versucht, die Ansprüche der Pinneberger so weit wie möglich einzugrenzen.

Die Hansestädte setzten, als ihre politischen Mittel versagt hatten, das ein, worüber Kaufleute am ehesten verfügen: Geld. Und Geld brauchte der König von Dänemark mehr als alles andere. Er mußte Otto von Schauenburg entschädigen, damit dieser auf seine Ansprüche verzichtete. Da er auch seinem Bruder, Graf Gerhard von Oldenburg, eine Summe versprochen hatte, die er nicht aufzubringen vermochte, mußte er diesen, der sich schon in den Besitz der wichtigen Festung Rendsburg gebracht hatte, als Statthalter in Schleswig und Holstein einsetzen. Graf Gerhard versuchte, daraus eine selbständige Position zu machen, indem er seine Machtbasis durch die Rückgewinnung verpfändeter fürstlicher Ämter und Burgen ausdehnte und sich an »dat gemene Volk«, die Bauern, wandte, um sie gegen den Großadel aufzuhetzen und ihnen auf längere Sicht Abgabenerleichterungen zu versprechen. Je stärker Gerhards Position wurde, desto enger rückte die Ritterschaft gegen ihn zusammen und übte schließlich soviel Druck auf den König aus, daß dieser sich entschloß, militärisch gegen seinen Bruder vorzugehen. Dafür brauchte er die Hilfe Lübecks, die sich die Hansestadt teuer bezahlen ließ: Sie gelangte in den Pfandbesitz der wichtigen holsteinischen Ostseehäfen Kiel, Neustadt und Heiligenhafen.

Graf Gerhard wurde 1470 gezwungen, das Land zu verlassen; die Elbmarschen und Itzehoe, die eines der Zentren der Anhängerschaft Gerhards

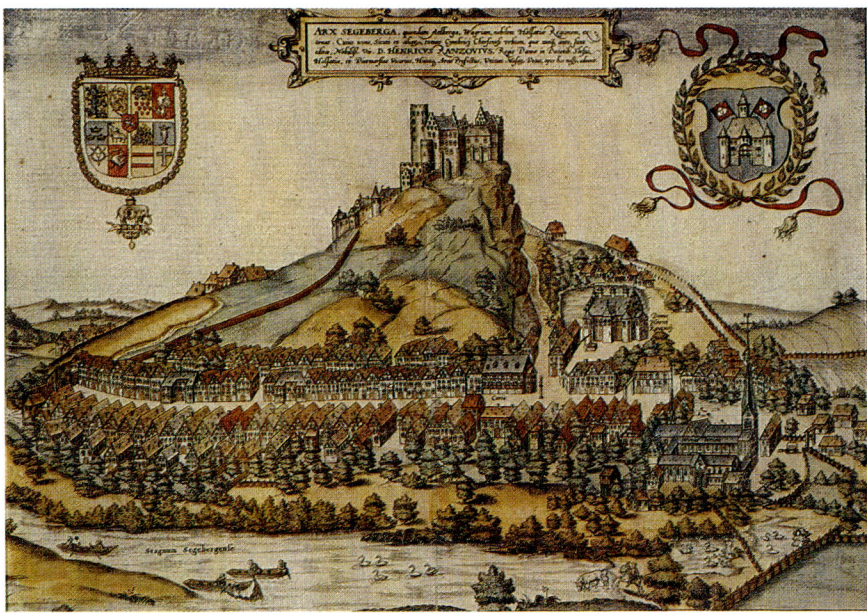

6

bildeten, wurden unterworfen. Die Kremper Marsch verlor ihr hollisches und erhielt sächsisches Recht; damit dehnte sich der Einfluß des Adels auch in den Marschen aus. Sowohl gegen die Elbmarschen wie auch gegen Nordfriesland, einem weiteren Zentrum Gerhards, fand König Christian die Unterstützung Hamburgs; die Hansestadt suchte den Getreidehandel durch ein besonderes Stapelrecht an sich zu ziehen und wollte sich deshalb der Konkurrenz durch Husum, das zu einem wichtigen Hafenplatz an der Westküste geworden war, entledigen.

Die anfänglich ablehnende Haltung der Hansestädte gegen König Christian verwandelte sich zunehmend in eine zustimmende, besonders als deutlich wurde, daß der Dänenkönig die Krone Schwedens nicht gewinnen konnte. Einen Erfolg besonderer Art erreichte Christian anläßlich einer Begegnung mit dem Deutschen Kaiser Friedrich III. in Rothenburg ob der Tauber: die Belehnung mit Dithmarschen unter gleichzeitiger Erhebung Holsteins zum Herzogtum. Erst gegen Ende seiner Regierungszeit begann der König und Herzog, sich gegen die Vormachtstellung des Adels zu wenden; er kam aber über Anfangserfolge nicht hinaus.

Christian starb 1481 und hinterließ zwei Söhne: Johann (Hans) und Friedrich. Der ältere, Hans, sollte das Erbe in Dänemark antreten, während Friedrich in den Herzogtümern regieren sollte. Doch als Hans es ablehnte, auf seinen Anspruch in Schleswig und Holstein zu verzichten, wählten die Stände beide Brüder zu Herzögen. Die Folge war die erste Landesteilung nach 1460; sie wurde 1490 vollzogen, nachdem Friedrich mündig geworden war. Dabei sollte zwar die staatsrechtliche Einheit gewahrt bleiben, doch wie bei den Schauenburgern die Teilung in Holstein dauernd und auch für die Erben gültig sein.

Die wichtigsten Schlösser und die dazugehörigen Ämter wurden nach Maßgabe der Steuereinkünfte in zwei etwa gleich große Teile geteilt. Daraus ergaben sich

a) der nach der Hauptburg benannte Segeberger Teil mit Segeberg, Oldesloe, Haseldorf, Hanerau, Rendsburg, Flensburg, Sonderburg, Apenrade, Alsen, Ärö und Fehmarn und

b) der ebenfalls nach der Hauptburg benannte Gottorfer Teil mit Schloß Gottorf, Schleswig, Tondern, Hadersleben, Nordfriesland, Stapelholm, Eckernförde, Kiel, Plön, Oldenburg, Neustadt, Lütjenburg, Neumünster, Itzehoe, Steinburg und Trittau.

Als Jüngerer hatte Friedrich die Wahl; er entschied sich für Gottorf.

Die Teilung brachte also nicht zwei in sich geschlossene Territorien zustande und schon gar nicht eine Trennung Schleswigs von Holstein, sondern wies nur Besitzansprüche und damit Einkünfte zu. Die Regierung des Landes erfolgte durch beide Herzöge gemeinsam mit den Ständen, die das Land als Ganzes repräsentierten. Gemeinsam wandten sich auch beide Fürsten gegen Dithmarschen. Doch ihr Versuch, das Land zu unterwerfen, endete am 17. Februar 1500 in der Schlacht bei Hemmingstedt in einer militärischen Katastrophe.

Goldnobel König Johanns (Hans) von Dänemark, geprägt 1496 (7).
König Friedrich I., Ölgemälde auf Holz nach dem 1539 gemalten Porträt von Jacob Binck aus dem alten Rathaus in Flensburg (8).
Schloß Gottorf, die sogenannte Königshalle im Südflügel der Anlage, um 1520 (9).

»Ditmerschen, dat schölen Buren sin?
It mögen wol wesen Heren«

Nachbildung der Karte Peter Böckels aus dem »Theatrum Orbis Terrarum« des Abraham Ortelius, Antwerpen 1590, kolorierter Kupferstich (1). Die Karte wurde 1559 erstmals als großformatiger Holzschnitt in Antwerpen veröffentlicht; Anlaß war die Eroberung des Landes. Peter Böckel war als Geometer, Kartograph und Maler lange Jahre im Dienst der Herzöge von Mecklenburg. Vom Original der Karte ist nur ein Exemplar (in Wien) erhalten geblieben. Die Kupferstichversionen (wie die hier abgebildete) stützen sich auf die von Böckel vermessenen Einzelheiten, abstrahieren aber stärker; sie waren im 16. und 17. Jahrhundert weit verbreitet.

Die Bauernrepublik Dithmarschen hat bis in die frühe Neuzeit hinein eine Sonderrolle in der schleswig-holsteinischen Geschichte gespielt. Selbst als es den Fürsten 1559 nach zahlreichen vergeblichen Anläufen gelungen war, das Land zu unterwerfen, behielt es viele Sonderrechte bis in unser Jahrhundert; vor allem blieb es eine der wohlhabendsten Regionen Nordelbingens. Von der ersten Erwähnung im Jahr 782 als »Thiadmaresgaho« bis heute sind die Grenzen Dithmarschens unverändert (sieht man von der Gewinnung neuen Landes aus dem Wattenmeer ab).

Dithmarschen gehörte zu den sächsisch besiedelten Gebieten Nordelbingens und hat sicherlich an den Veränderungen des Herzogtums Sachsen in karolingischer Zeit Anteil gehabt; genauere Nachrichten allerdings fehlen darüber. Im 12. Jahrhundert wurden die politischen und rechtlichen Verhältnisse des Landes deutlicher. Dithmarschen war Teil der Grafschaft Stade, die Helmold von Bosau in seiner Slawenchronik »cometia utriusque ripae«, die beide Ufer (der Unterelbe) umfassende Grafschaft, nennt. Doch aus der Tatsache, daß die Erwähnung Dithmarschens in den Annalen meist verbunden ist mit dem Hinweis auf die Ermordung oder Vertreibung von ungeliebten Landesherren oder deren Beauftragten, geht hervor, daß sich kaum eine der amtsrechtlichen herrschaftlichen Institute und ihre Inhaber haben durchsetzen können und daß statt dessen ältere volksrechtliche Strukturen obsiegten.

Hatte das Land zwischen Eider und Elbe sich insgesamt in verfassungsgeschichtlicher Hinsicht einen urtümlichen Charakter bewahrt, der geprägt war vom Weiterbestehen einer germanisch anmutenden Welt, so gilt dies in noch stärkerem Maße für Dithmarschen, das — bedingt durch seine geschützte geographische Lage — zu einem historischen Residuum wurde. Das starre Festhalten am Althergebrachten und die vehemente Abwehr gegen von außen herangetragene Neuerungen haben wesentlich dazu beigetragen, daß Dithmarschen auf der Grundlage uralter Selbstverwaltungsinstitute ein bäuerlicher Freistaat wurde. Das geschah nicht in ruhiger, ungestörter Entwicklung, sondern in einem Prozeß, der immer wieder unterbrochen wurde durch Phasen der Unterwerfung. So wirkten Heinrich der Löwe und nach seinem Sturz die Erzbischöfe von Bremen, die Grafen von Holstein, die Bischöfe von Schleswig und die Könige von Dänemark auf Dithmarschen ein. Ein hohes Maß an Flexibilität zwischen Anpassung und Abwehr verhinderte aber, daß sich fremde Mächte auf Dauer im Lande festsetzten. Die Lehnsabhängigkeit vom Bremer Erzbischof wurde akzeptiert, weil seine Macht geringer eingeschätzt wurde als die der Grafen von Holstein.

Der Ausbau der inneren Organisation in Kirchspielen und der zunehmende Wohlstand, der vor allem aus der Kultivierung der Marsch resultierte, stärkten den Einfluß der »Geschlechter«. Bei diesen handelte es sich um Familienverbände, deren Ursprung im Dunkel liegt, die aber höchstwahr-

SEPTENTRIO.

HOLSATIAE PARS.

Thoeningen

Miliare Thieti

De Eijder fluuius

In beim
S. Anne
Hors F.
Berch word
Wallem

Thonlebe
Londen
Tor flich ten
Kieuns moer
Thont delue

Wollersem
Paludes
Hollinckſte
Paludes

Krempel
Kleue
Swijnhuſen
Palen

Neſſerdick
Grunen
Fedderring
Holſter
Scalckholt

Stel
Paludes
Henſte

Hein
Hciſte

Stulp
Steller berg
Steller zee
Tellinckſte
Oſter burſte

Heijwiſche
Arbor mire magnitudinis
Schelrau

Nickerken
Hauerwiſche
Weddingsfe
Reerſtal
Sudersbuttel
Delſte

Weſſchnburen
Paludes
Oſter borſtel
Loukeun

Thodenwiſche
Weſſel
Holm
Ganshorn
Iude marls

Wennewich
Richelha uen
Nordhor ſte
Skirum
Loukeun

OCCIDENS.

Surdick
Heſenbuttel
Niewiſche
Heijde
Roſt
Thorhedt
Bracke
Ooſterwaldt
Arke beck
Aiuersdorp

Remsbuttel
Grotenbuttel
Loe
Hennickſte
Ketels buttel
Baert ſlecht
Fijler zee
Fijl
Delim
Paludes
Zeertsbuttel
Delbrug
Tensbuttel

Dickhuſen
Weruen
Buſen

OCEANI GER MANCI PARS.

Epenwurde
Boeren
Nimdorp
Ber geſte
Meldorp
Wolmers dor l
Verne winckel
Marien burg
Krumſte

Amerſwurdt
Elpersbuttel
Buttel
Baltenbrugge
Windber jer zee
Wind burg
Paludes
Surharſte
Iutkeharſte
Rab
Eggeſte

Nieske
Buſwort
Gudendorp
Freeſte
Breckel
Burgholt
Bouckholt

Baerlt
Weſtdorp
Hindorp
Hupen
Buecholt

Treuenewordt
Kannemoer
Paludes
Bordorper zee
Kuden
Bucklenborch

Krumme weſe fl.
Helſe
Darne werdt
Henninckbuttel
Paludes

Merne
Thorwiſche
Roſthaſen
Edellaken
Kuden zee
Oſter moer

Dickhuſen
Vettenbuttel
Nieuhuſen

Katrepel

Ouwenbuttel

Northuſen
Brunsbuttel

Niewerck

Ritzebuttel
HALEN.
Elbis De elbe fluuius

KIEDINGE
MERIDIES.

THIET MAR SIAE, HOL SATICAE RE GIONIS PAR TIS TYPVS. Auctore Petro Boeckel.

1

Sühne und Vergleich des Landes
Dithmarschen mit Herzog Adolf VIII.
vom 21. April 1456 (2). In dieser
Urkunde versichern die »Vögte,
Schließer, Geschworenen und Ratgeber
und das ganze gemeinsame Land zu
Dithmarschen«, daß sie sich mit dem
Herzog »to ewigen tyden hebben
versonet, gesatet und in enen ewigen
vasten vrede gesettet«. Der Herzog will
die Privilegien der Dithmarscher
bestätigen, diese versichern dafür, daß sie
die Feinde des Herzogs nicht
unterstützen werden. Die Urkunde
wurde mit dem großen Landessiegel und
15 Kirchspielsiegeln versehen; die
Gegenurkunde des Herzogs wurde am
22. April 1456 unterzeichnet.

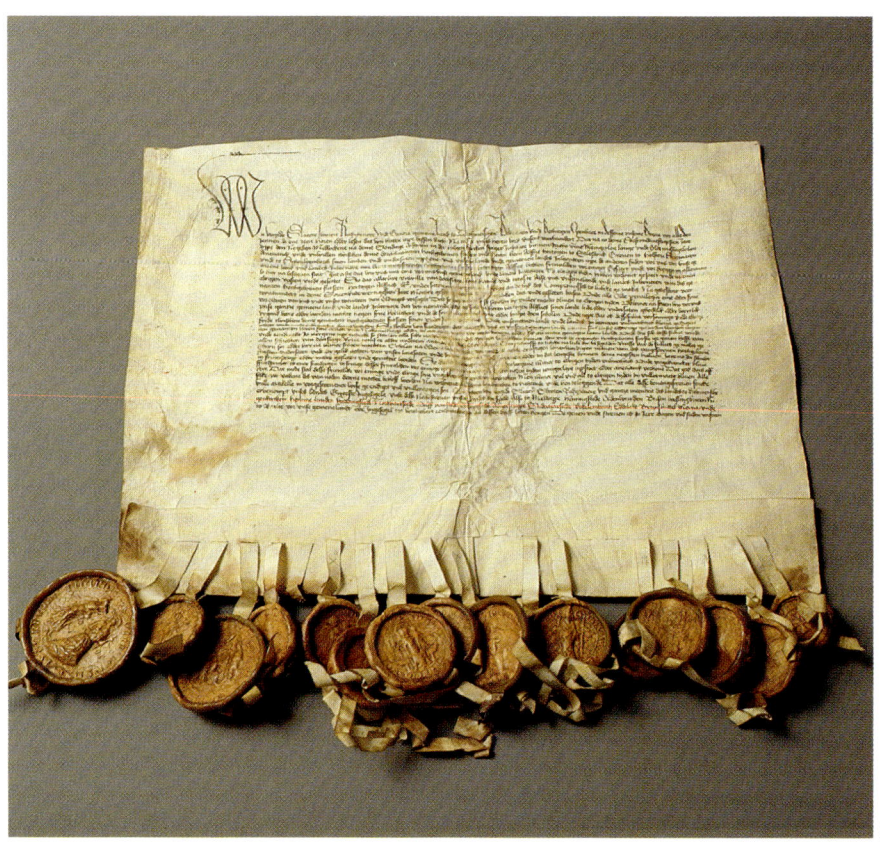

2

Spuren der Marienburg bei Dellbrück
(3). Zu erkennen sind noch die Reste der
Wälle (1403/04).

3

4

Papst Sixtus IV. bestätigt am 14. März 1476 dem Bremer Erzbischof den Besitz Dithmarschens (4) und stellt sich damit gegen die Entscheidung Kaiser Friedrichs III., König Christian von Dänemark mit Dithmarschen zu belehnen. Zugleich bestätigt der Papst die dithmarsische Verfassung mit der Regentschaft der 48 Richter (»iudices maiores«), die neben die Vögte treten und denen ausdrücklich zugebilligt wird zu herrschen (»regere« und »gubernare«). Das Ansehen und die Amtsgewalt der Achtundvierzig wurden durch die Urkunde des Papstes ungemein gestärkt.

scheinlich während des 12. Jahrhunderts in der Marsch als Siedlungsverbände entstanden sind. Sie bildeten eine Art Landesaristokratie aus, die – ausgehend von agrarischen Aufgaben – zugleich auch militärische Funktionen wahrnahm. Die Gebote der Blutrache und der Nemede, der Eideshilfe des Geschlechts vor Gericht, durch die auch Gewalttätigkeiten gedeckt werden konnten, fanden erst im 16. Jahrhundert ein Ende.

Von etwa 1300 an gibt es in Dithmarschen eine ständelose Gesellschaft, bewirkt durch die integrierende Macht der Geschlechter, die ihre Organisationsform auch auf die Geestregionen ausgedehnt hatten. Der Adel mußte entweder das Land verlassen oder seine Privilegien aufgeben. Dennoch wurde aus dem Land kein Geschlechterstaat. Vielmehr lag die Staatlichkeit bei den Kirchspielorganen. Die oberste Gerichtsbarkeit hatte sich zunächst in den Händen eines vom Bremer Erzbischof eingesetzten Vogts befunden, aber schon gegen Ende des 13. Jahrhunderts sprachen fünf einheimische Vögte im Namen des Erzbischofs Recht. Die letzte Instanz in Angelegenheiten, die das Land insgesamt betrafen, war die »Meynheyt des ganzen Landes«, ein Thing ohne Exekutive. Im Verlauf des 14. Jahrhunderts wurden die Kirchspiele zur entscheidenden Ebene politischer Artikulation; über deren politische Autonomie hinaus entwickelte sich Dithmarschen zu einer föderativen Republik der Kirchspiele. 1447 fand diese politische Ordnung ihren Niederschlag in einem »Landrecht«, für dessen Wahrung ein Kollegium von 48 Richtern verantwortlich war. Diese auf Lebenszeit gewählten Richter und Ratgeber (die später als Verweser und seit 1510 als Regenten und Herren bezeichnet wurden) stellten bis 1559 die Landesobrigkeit dar.

5

6

Während sich die Hansestädte, vor allem Hamburg, mit den Dithmarschern friedlich zu arrangieren suchten, weil die Geschlechter der südlichen Kirchspiele Handel und Schiffahrt auf der Unterelbe beeinträchtigen konnten, trachteten die Grafen von Holstein und die Herzöge von Schleswig immer wieder danach, das Land zu unterwerfen. Gerhard III. der Große wurde bei einem solchen Versuch im Jahr 1319 bei Wöhrden geschlagen. Aber ein dauerhafter Friede erwuchs aus dieser Niederlage nicht. 1403 fielen Herzog Gerhard IV. und Graf Albrecht von Holstein mit ihren Truppen in Dithmarschen ein. Sie errichteten bei Dellbrück eine Burg, die Marienburg, mit Ringwällen und einem festen Blockhaus als Stützpunkt und Zwingburg und zogen plündernd durch das Land, bis am Ende beide Fürsten den Tod fanden. Der eine wurde auf der Flucht erschlagen, der andere fiel zusammen mit zahlreichen Adligen in der Schlacht an der Hamme am Oswaldustag (4./5. August) 1404. Der Sieg der Dithmarscher stärkte die innenpolitische Entwicklung des Landes; die Niederlage der Schauenburger aber hatte weitreichende negative Folgen für Schleswig und Holstein in ihrem Verhältnis zu Dänemark.

Graf Adolf VIII. suchte sich mit Dithmarschen zu arrangieren und schloß 1456 einen Vergleich, den er auch von seinem präsumptiven Nachfolger, König Christian I., siegeln ließ. Doch damit war der vereinbarte »ewige Friede« keineswegs stabilisiert. 1474 gab Kaiser Friedrich III. Dithmarschen als Lehen an Christian I.; zugleich wurden Holstein, Stormarn, Wagrien und Dithmarschen zu einem Herzogtum des Reiches erhoben. Gegen diese Entscheidung intervenierten die Dithmarscher gemeinsam mit

7

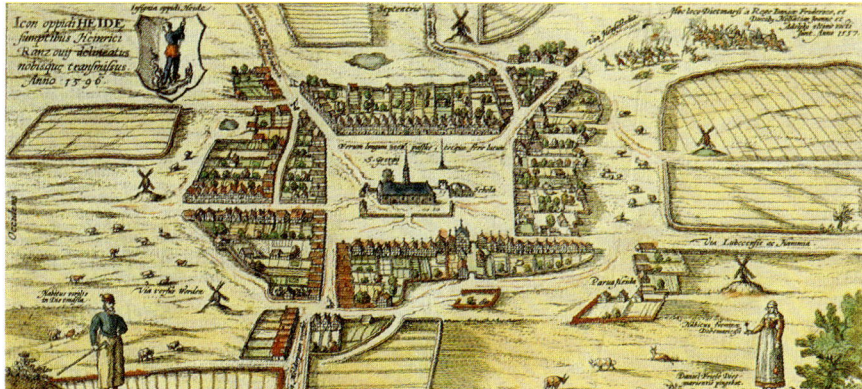

8

9

10

dem Erzbischof von Bremen. Papst Sixtus IV. wurde erfolgreich einge-
schaltet; er bestätigte in einer Urkunde vom 14. März 1476 die Bremische
Kirche im Besitz Dithmarschens. Die Urkunde enthält zugleich eine Anerkennung der Verfassungsrealität, in der die Position des Erzbischofs
schwach und die der Achtundvierziger stark ist. 1487 erfolgte der Widerruf
der Belehnung der Herzöge von Holstein mit Dithmarschen durch den
Kaiser. Damit wollte sich aber Christians I. Nachfolger, König Johann,
nicht abfinden. Als die Gegensätze diplomatisch nicht zu lösen waren, kam
es erneut zum Krieg. Anlaß waren Streitigkeiten um die für den Heringsfang wichtige Insel Helgoland, in deren Verlauf König Johann und Herzog
Friedrich ultimative Forderungen an die Bauernrepublik richteten, die als
unannehmbar zurückgewiesen wurden.

Am 11. Februar 1500 fielen die Fürsten nach gründlicher Vorbereitung mit
einem 12 000 Mann starken Heer in Dithmarschen ein. Als Kerntruppe
kämpfte ein legendärer etwa 4000 Mann starker Söldnerverband, die
»schwarze Garde«, unter Führung des Obersten Thomas Schleintz (»Jun-
ker Slentz«). Am 17. Februar gelang es dem Heeresaufgebot der Dithmarscher, das aus nur etwa 6000 Mann bestand, dieser gewaltigen Übermacht
in der Schlacht bei Hemmingstedt innerhalb von drei Stunden, unter
geschickter Ausnutzung der geographischen Verhältnisse und der Witte-
rungsbedingungen, eine vernichtende Niederlage beizubringen. Die
»schwarze Garde« wurde ebenso niedergemacht wie ein großer Teil der
schleswig-holsteinischen Ritterschaft. Das 400 Jahre nach der Schlacht
errichtete Denkmal auf der Dusenddüwelswarf erinnert an dieses Ereignis;

Die Schlacht bei Hemmingstedt in einer
phantasievollen Darstellung des 19.
Jahrhunderts (5) in Anlehnung an eine
Abbildung aus Hermann Hamelmanns
Oldenburgisches Chronicon, 1599.
Porträt König Johanns (6). Ölgemälde
auf Holz; vermutlich nach einer
Tapetenmalerei von Hans Knieper
(1581/84).

Meldorf im Jahr 1598. Kolorierter
Kupferstich von Braun und Hogenberg
(7).
Heide im Jahr 1596. Kolorierter
Kupferstich von Braun und Hogenberg
(8).
Das im Jahr 1900 aus Anlaß der 400.
Wiederkehr der Schlacht bei
Hemmingstedt errichtete Denkmal auf
der Dusenddüwelswarf (9, 10).

Porträt des Marcus Swin mit seiner Frau, 1522 (11). Das Bild zeigt den Großbauern Swin in der Kleidung und der Pose eines großen Herrn des 16. Jahrhunderts, während seine Frau zwar reichen Schmuck trägt, aber sonst in der traditionellen Tracht einer Bäuerin aus Dithmarschen abgebildet ist (vergleiche 19). Marcus Swin stellte sich mit diesem Porträt auf die gleiche Stufe mit Edelleuten und Ratsherrn, von denen ähnliche Bilder überliefert sind, und dies zu Recht, denn er gehörte zum obersten Ratskollegium der 48 Richter (Großbauern), die das Land Dith-marschen regierten. Marcus Swin war auch Mitglied der Delegation, die nach der Niederlage von 1559 den Frieden mit den siegreichen Fürsten aushandelte und dabei wesentlich dazu beitrug, daß dem Land auch künftig ein hohes Maß an Unabhängigkeit zugestanden wurde.

Neun Jahre nach der Niederlage der Dithmarscher gegen die Fürsten ließ Marcus Swin in seinem Haus in Lunden einen Pesel bauen, das heißt einen kombinierten Wohn- und Schlafraum, wie er bis in das frühe 19. Jahrhundert üblich war (12); erst danach entstanden Räume, die einer neuen Wohnform verpflichtet waren. Der Swinsche Pesel galt als der letzte intakte Raum dieser Art in Norderdithmarschen, als er 1841 für den Kreis erworben wurde. Dennoch hat er Brände und Auslagerungen überstehen müssen, so daß sein heutiger Zustand (aufgebaut im Museum Meldorf) in wesentlichen Teilen Rekonstruktion ist (wenn auch originalgetreu).

11

12

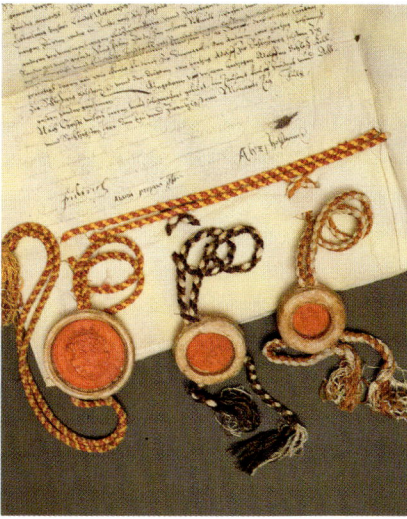

13

»Im Namen der heiligen unzerteilten
Dreifaltigkeit« wurde Dithmarschen am
21. Juli 1589 dreigeteilt. Jeder der
siegreichen Fürsten erhielt ein Drittel:
König Friedrich, Herzog Adolf (Gottorf)
und Herzog Johann (der Ältere,
Hadersleben). Damit war die
»Regentenzeit«, das heißt die Herrschaft
der 48 Richter/Großbauern, beendet.
1571 wurde nach dem Tode Herzog
Johanns aus der Drei- eine Zweiteilung.
Daraus ergab sich trotz allen Festhaltens
an Traditionen allmählich doch eine
unterschiedliche Entwicklung zwischen
Norder- und Süderdithmarschen.
Abgebildet sind die erste und die letzte
Seite der Teilungsurkunde sowie die drei
fürstlichen Siegel (13).

15   16   17

der Schlachtruf der Dithmarscher ist darauf in Stein gemeißelt: »Wahr di Gahr, de Bur kümt« (Wehr dich, Garde, der Bauer kommt).

Die Auswirkungen der Schlacht von Hemmingstedt auf die Politik in Nordeuropa waren erheblich; sie beschleunigten den Zerfall der Kalmarer Union. Für Dithmarschen brachte der Sieg nur für 59 Jahre Unabhängigkeit. Denn 1559 gelang es König Friedrich II. von Dänemark, Herzog Adolf von Gottorf und Herzog Johann dem Älteren von Hadersleben nach mehreren schweren Gefechten, die Dithmarscher endgültig zu unterwerfen.

Das Land wurde zunächst in drei, nach dem Tode Johanns (1580) in zwei Teile geteilt, behielt aber dank der klugen Verhandlungsführung der Achtundvierziger, allen voran des Großbauern Marcus Swin, ein hohes Maß an Selbständigkeit. Die Bauern blieben im Besitz ihrer Höfe; es wurde ihnen kein fremder Adel vorgesetzt; statt dessen wurden sie selbst an der Regierung beteiligt, weil sich die siegreichen Fürsten verpflichteten, die Verwaltung des Landes nur mit Personen aus der bäuerlichen Führungsschicht auszustatten. Dithmarschen war zwar während der folgenden Jahrhunderte eng an die Politik der Herzogtümer Schleswig und Holstein gebunden, durfte aber für mehr als 300 Jahre, bis zur Einverleibung Schleswig-Holsteins in das Königreich Preußen, und in Teilbereichen auch darüber hinaus – so die Selbstverwaltung in den Kirchspielen –, seine relative Unabhängigkeit behaupten.

Der Wohlstand des Landes blieb gewahrt, ja, er nahm noch zu, wie die erhaltenen Zeugnisse Dithmarscher Wohnkultur der bäuerlichen Führungsschicht ausweisen. Sie waren an Mustern orientiert, die in Renaissanceschlössern zu finden waren. Selbst wenn man annimmt, daß nur weniger als zwei Prozent der Gesamtbevölkerung in solchen Verhältnissen lebten, bleibt es doch bemerkenswert, daß die aus einer Sonderentwicklung Dithmarschens erwachsene Unabhängigkeit sich auch auf einen breiten Teil der Gesamtbevölkerung positiv auswirken konnte.

18

Die St. Laurentiuskirche in Lunden mit dem Geschlechterfriedhof (14).
Gräber und Stelen des Lundener Geschlechterfriedhofs (15, 16, 17).
Der Sühnestein des Peter Swin (18), eines Achtundvierzigers aus dem Geschlecht der Wurthmannen, der 1537 im Auftrag der Russebolingmannen von gedungenen Mördern erschlagen wurde.

Trachten aus Dithmarschen, Eiderstedt und Nordfriesland im 16. Jahrhundert (19). Kolorierter Kupferstich von Braun und Hogenberg.
Innenraum der Kirche von St. Annen (20), die 1571 neu aufgebaut wurde, und zwar als »Privatkirche« der dithmarsischen Geschlechter. Die Geschlechter-Logen, in diesem Fall die der Heim oder Heims, erinnern an Patronatsstühle in Adelskirchen. Der Altar von 1642 ist eine Arbeit von Klaus Heim. Die Döns des Boie Lau in Westerbüll/Dithmarschen, 1792 (21). »Döns« wurden Wohnstuben genannt, die von der Küche her mit einem gußeisernen Ofen, dem »Bilegger«, beheizt werden konnten. Seit dem 19. Jahrhundert wurden Räume dieser Art mit niederländischen Fliesen getäfelt, vorausgesetzt, die wirtschaftlichen Verhältnisse ließen es zu, was nur für eine Minderheit angenommen werden darf.

20

21

1

Das Zeitalter der Reformation und der Landesteilungen

Nach der schweren Niederlage der Fürsten und des schleswig-holsteinischen Adels in der Schlacht bei Hemmingstedt war deren Autorität im Norden erschüttert. Ob die Nachricht vom Sieg der Dithmarscher Bauern der Bundschuhbewegung im deutschen Südwesten, aus der 1525 der Bauernkrieg hervorging, Auftrieb gegeben hat, wie manchmal behauptet wird, dürfte kaum zu belegen sein. Die Schwächung der dänischen Königsmacht wurde von den Hansestädten nicht ungern gesehen. Sie unterstützten den schwedischen Kampf um Unabhängigkeit und damit Schritte auf dem Weg zum Ende der Kalmarer Union.

Herzog Friedrich hielt Schleswig und Holstein aus den nordischen Kämpfen heraus, wozu es einer besonders festen Haltung bedurfte, nachdem 1513 der Sohn Johanns, Christian II., dänischer König geworden war. Das Urteil über diesen Herrscher, der als machiavellistisch galt, obgleich er die Schriften seines italienischen Zeitgenossen kaum gekannt haben dürfte, fällt durchweg negativ aus. Seine humanistische Bildung wird gerühmt, mehr noch aber werden seine Skrupellosigkeit und Grausamkeit betont. Er strebte innere Reformen an, besonders förderungswürdig galten ihm der Bauernstand und das Bürgertum. Damit ging einher eine scharfe Konfrontation mit dem Adel und der Geistlichkeit. »Sein Mißtrauen und seine unbändige Laune konnten in wilde Raserei ausbrechen und machten ihn bald ebenso gefürchtet, wie er sonst beliebt war« (Carl Grimberg).

Doch spätestens das Stockholmer Blutbad vom 8. November 1520, das Christian anrichtete, als er mehr als 80 führende Adlige, Ratsherren und Bürgermeister, allen voran zwei Bischöfe, in der schwedischen Hauptstadt enthaupten ließ, setzte der Beliebtheit ein Ende, denn »das war ein gräßlicher und unbarmherziger Mord«, wie es in Olavus Petris Schwedischer Chronik heißt. Die Absicht Christians war es, dem schwedischen Reich die Führungsschicht zu nehmen; doch es stand schnell eine neue zur Verfügung. Christian verlor den schwedischen Thron und 1523 auch den dänischen und den norwegischen. Er war der Schwager Kaiser Karls V. und glaubte, unter dessen Schutz auch die Rechte seines Onkels und Mitregenten in den Herzogtümern einengen zu können. Tatsächlich war seine Lage, nachdem er sich auch durch rigorose Beschränkung von Rechten der Hanse die Städte zu Feinden gemacht hatte, so schwach, daß er auf die Unterstützung Schleswig-Holsteins angewiesen war. Diese aber wurde ihm vom Herzog und von der Ritterschaft verweigert. Im Vergleich von Bordesholm (1522) mußte Christian die Neutralität der Herzogtümer anerkennen und den Ständen weitreichende Zugeständnisse machen. Er versuchte, sich durch Anlehnung an Frankreich neue außenpolitische Rückendeckung zu verschaffen, was den Norden mit Sicherheit in die Auseinandersetzung zwischen den Häusern Habsburg und Valois gezogen hätte.

König Christian III. hatte schon 1536 die Reformation in Dänemark eingeführt und daraufhin in seinen Burgen und Schlössern protestantische Fürstenkapellen errichten lassen. Nach seinem Tode (1559) wurde Herzog Johann der Ältere Ratgeber der Königinwitwe Dorothea. Er regte an, die Kapelle in Schloß Sonderburg den Erfordernissen der protestantischen Lehre anzupassen. Damit wurde die Renaissance-Kirche in Schloß Sonderburg zum ältesten erhaltenen protestantischen Kirchenraum in Dänemark und Schleswig-Holstein (1). König Christian II. von Dänemark (2), Ölgemälde auf Holz, vermutlich nach einer Tapetenmalerei von Hans Knieper (1581/84). Der »grausame Christian« war ein außerordentlich begabter, aber eigenwilliger und unberechenbarer Herrscher, dem es zeitweilig gelang, die Rolle eines Bürgerkönigs zu spielen.

3

Johann Rantzau (1492–1565) auf
Breitenburg (3) war während einer
ausgedehnten Reise in Jerusalem zum
Ritter des Heiligen Grabes geschlagen
und danach von Papst Leo X. in
Privataudienz empfangen worden; er
hatte sich damit als Katholik bewährt.
Als Hofmeister des Prinzen Christian
nahm er 1521 am Wormser Reichstag teil
und schloß sich dabei der lutherischen
Lehre an, die er auch in den Herzogtümern unterstützte. Lithographie nach
einem älteren Gemälde.
Der ehemalige Augustinermönch
Heinrich von Zütphen (4) war einer der
ersten, der die Lehre Luthers in den
Herzogtümern predigte. Er wurde 1524
in Heide/Dithmarschen als Ketzer
verbrannt. Ölgemälde des 16. Jahrhunderts.
Titelseite der Schleswig-Holsteinischen
Kirchenordnung von 1524 (5).
Johannes Bugenhagen, der Verfasser
zahlreicher protestantischer
Kirchenordnungen, Kupferstich (6).

In dieser Situation ergriff Herzog Friedrich die Initiative. Unter Johann
Rantzaus Führung besetzten seine Truppen Dänemark. Die dortigen
Stände boten ihm die Königskrone an (Christian war für abgesetzt erklärt
worden); am 26. März 1523 wurde Herzog Friedrich in Viborg zum dänischen König ausgerufen, und am 24. April huldigten ihm die schleswig-
holsteinischen Stände als ihrem alleinigen Herzog.

Das Schicksal Christians blieb aber noch für einige Jahrzehnte auch Teil der
schleswig-holsteinischen Geschichte; deshalb sei es in knappen Zügen
erzählt. Nachdem er die schwedische Krone an Gustav Wasa verloren hatte
(1523), versuchte er von den Niederlanden aus sein Reich zurückzugewinnen; er warb ein Söldnerheer, um gegen seinen Rivalen Friedrich vorzugehen. Dieses lief aber auseinander, weil er den Sold nicht bezahlen konnte.
Als er 1531 in Norwegen landete, dort auch zunächst Erfolge aufzuweisen
hatte, wurde er aufgrund eines Täuschungsmanövers, das seiner selbst
würdig gewesen wäre, gefangengenommen und verbrachte die folgenden
17 Jahre auf Schloß Sonderburg in zwar fürstlicher, aber doch strenger
Gefangenschaft. Erst nachdem er auf den Thron verzichtet hatte, konnte er
sich freier (aber nicht frei) bewegen. Er starb 1559 in Kalundborg.

In den Niederlanden hatte sich Christian II. als Verteidiger des Katholizismus gegen das Luthertum empfohlen, das inzwischen Eingang in Schleswig-Holstein gefunden hatte und von Friedrich I. geduldet wurde. Darüber
hinaus hatte er – wie schon während seiner Regierung – den holländischen
Kaufleuten Avancen für den Ostseehandel gemacht und sich damit erneut
gegen die Hanse gestellt.

Friedrich I. ging zwar als Sieger aus dem Konflikt hervor, doch mit einem
folgenschweren Zugeständnis, das seine nichtadligen Untertanen, vor allem die Bauern, ausbaden mußten. Für den geleisteten Beistand verlieh er
der Ritterschaft am 6. Mai 1524 auf einem Landtag in Kiel unter anderem
die volle Gerichtsbarkeit über ihre grundherrlichen Untertanen, also auch
das Halsgericht, und leistete das Versprechen, künftig alle Ämter nur an
Mitglieder der Ritterschaft zu vergeben. Der dänische Staatsrat entfiel als
Berufungsinstanz für das Herzogtum Schleswig. Die Ritterschaft erhielt
ferner Steuerfreiheit, und den Ständen wurde das Steuerbewilligungsrecht
zuerkannt. Der Herzog verpflichtete sich weiterhin, jährlich zwei Landtage
einzuberufen (in Flensburg und Kiel). Für den Adel selbst gab es als
wichtigste Instanz das Adlige Landgericht. Die Macht der Stände war damit
auf ein bisher nie gekanntes Ausmaß angewachsen. Zugleich gewannen die
Hansestädte noch einmal die Bestätigung ihrer durch Christian II. aufge-
hobenen oder reduzierten Privilegien.

Die Einführung und das Durchsetzen der Reformation war in Schleswig-
Holstein nicht mit wesentlichen strukturellen Veränderungen verbunden.
Christian (später als Christian III. dänischer König), Sohn Friedrichs I.,
und sein Hofmeister Johann Rantzau waren auf dem Wormser Reichstag
1521 zugegen und fühlten sich veranlaßt, für Luthers Auffassung des
Evangeliums einzutreten. In der Folgezeit traten auch lutherisch beeinflußte Geistliche in den Herzogtümern auf, so 1522 Hermann Tast in
Husum. König Friedrich erließ 1524 die Verfügung, daß niemandem aus
seiner Religionszugehörigkeit Nachteile entstehen sollten, vielmehr sollte
ein jeder sich in seiner Religion so verhalten, wie er es gegenüber Gott mit
reinem Gewissen verantworten könnte.

Und doch hat auch die Reformation in Schleswig-Holstein einen Märtyrer hervorgebracht, und zwar in Dithmarschen; Heinrich von Zütphen, ein ehemaliger Augustinermönch aus der Provinz Geldern in den Niederlanden, der in Wittenberg Theologie studiert hatte und über Antwerpen und Bremen nach Meldorf als Prediger der lutherischen Lehre gelangt war, wurde aufgrund einer Intrige, vor allem der Lundener Franziskanermönche, im Dezember 1524 gefangengenommen und nach einer fragwürdigen Gerichtsverhandlung in Heide am 10. Dezember als Verächter der Gottesmutter Maria, der Schutzpatronin Dithmarschens, zum Tode verurteilt und als Ketzer unter Beteiligung der führenden Geschlechter des Landes in einem wahren Martyrium verbrannt.

1533 kam Christian III., König Friedrichs Sohn, an die Regierung, und unter seiner Herrschaft breitete sich der Protestantismus in Schleswig-Holstein und in Dänemark so konsequent aus, daß sich die Einführung und Durchsetzung der neuen Konfession vor allem mit dem Namen dieses Herrschers verbindet. Die bereits seit längerem offenkundigen Beispiele sittlicher Verfehlungen bei den Geistlichen, besonders in den Klöstern (Trunksucht und andere Formen der Lasterhaftigkeit), die Ablehnung des Ablaßhandels durch verantwortungsbewußte Geistliche und die massive Kritik an der bis ins Groteske gesteigerten Kommerzialisierung des Reliquienkultes, so zum Beispiel in Cismar und Bordesholm, hatten die Bereitschaft, Luthers Lehre anzunehmen, stark gefördert.

Nach Husum an der Westküste wurde Hadersleben an der Ostküste zu einem Zentrum des Protestantismus. Hier entstand 1528 mit den Haderslebener Artikeln (»Artickel vor de Karkheren up den Dorpern«) die älteste evangelische Kirchenordnung des Nordens. Bei seinen Bemühungen, den Protestantismus durchzusetzen, stand König Christian III. mit der Berufung Johann Bugenhagens ein erfahrener Organisator zur Seite. Mit seinen Kirchenordnungen für Dänemark und danach für Schleswig-Holstein, die auf dem Landtag zu Rendsburg am 9. März 1542 Zustimmung fanden, wurde er zum »Reformator des Nordens«.

Mit der Reformation und der Schaffung eines evangelischen Volkslebens ging auch eine Verbreiterung des höheren Schulwesens einher. Die Gelehrtenschulen wurden zu Zentren humanistischer Bildung unterhalb der Ebene der Universitäten, so die Bordesholmer Gelehrtenschule sogar zum Vorgänger respektive Vorbereiter der Kieler Universität. Dem niederen Schulwesen hingegen, auf das zwar auch Schulordnungen zielten, brachte die Reformation kaum nennenswerte Fortschritte; vor allem auf dem Lande, wo die Gutsherren das Sagen hatten und auch über die Einstellung von Pastoren an ihren Kirchen (über die sie das Patrimoniat hatten) entscheiden konnten, blieb das Schulwesen, von Ausnahmen abgesehen, mangelhaft.

Die Reformation wurde in Schleswig-Holstein in niederdeutscher Sprache eingeführt. Sie bewirkte aber schon bald die Ausbreitung des Hochdeutschen, das zur Kirchen- und Amtssprache wurde, auf Kosten des Plattdeutschen und des Plattdänischen. Dieser Prozeß wurde auch gefördert durch den Niedergang der Hanse (deren »Amtssprache« Niederdeutsch war); er begann mit der Grafenfehde (1533–1536), in deren Verlauf sich Lübecks Bürgermeister Jürgen Wullenwever in Abenteuer einließ, die sein politisches und das materielle Vermögen seiner Stadt überspannten.

4

5

6

7

8

Mit der Einführung der Reformation ging auch eine Reform des Schulwesens einher, von der besonders die Gelehrtenschulen profitierten. Aber auch die Unterweisung im Katechismus war eine Folge der Reformation. Hier ein gotisches Schulpult (Küsterstuhl) aus dem 15. Jahrhundert aus Medolden bei Tondern (7), das noch bis ins 19. Jahrhundert hinein benutzt wurde. Auf der Schreibplatte des Pultes Graffiti vom 16. bis zum frühen 19. Jahrhundert (8). Auch »Pennäler« hinterlassen Bleibendes!

1544 erfolgte die zweite Landesteilung unter den Oldenburgern. König Christian III. setzte sich darüber hinweg, daß die Stände, denen vor allem an der Eigenstaatlichkeit der Herzogtümer gelegen war, gegen die Teilung votiert hatten. Johann Rantzau, der Feldherr und bedeutendste unter den königlichen Ratgebern, legte daraufhin seine Ämter nieder und zog sich auf sein Gut Breitenburg bei Itzehoe zurück. Zwar blieb auch bei dieser Teilung die staatsrechtliche Einheit der Herzogtümer bewahrt, doch es zeigte sich, daß die Ritterschaft trotz aller Privilegien sich nicht gegen das fürstliche Erbrecht und den daraus folgenden landesherrlichen Partikularismus durchzusetzen vermochte. Nur widerwillig fanden sich die Stände mit der von Christian III. für sich und seine Stiefbrüder vorgesehenen Teilungsregelung ab. Der jüngste der Brüder wurde mit geistlichen Fürstentümern (Schleswig und Hildesheim) versorgt.

Mit den anderen beiden kam es zu einer echten Teilung: Adolf, der als erster wählen konnte, entschied sich für Gottorf und damit für die Herrschaft über das Schloß und das Amt Gottorf, ferner das Amt Hütten, Moorkirchen (in Angeln), Stapelholm, Eiderstedt, Amt Husum, Amt Apenrade, die Ämter Kiel, Neumünster, Oldenburg, Trittau, Cismar und Neustadt. Herzog Johann der Ältere erhielt Schloß, Stadt und Amt Hadersleben, das Amt Törning, Tondern, Osterharde-Föhr, Lügumkloster, Nordstrand, Amt und Stadt Rendsburg, Amt Bordesholm und Fehmarn. Der König selbst behielt Schloß Sonderburg auf Alsen, Ärö, Sundewitt, das Rudekloster (Glücksburg), Segeberg, Oldesloe, Heiligenhafen, Großenbrode, Plön, Amt Steinburg mit den Elbmarschen, Itzehoe, Krempe und Wilster, die Klöster Reinfeld, Ahrensbök und Segeberg.

Die Teilungspolitik der Oldenburger war auch Anlaß, die lehnsrechtlichen Probleme für Holstein und Schleswig zu klären. Auf Betreiben Herzog Adolfs verlieh 1547 Kaiser Ferdinand I. dem Herzogtum Holstein den Status der Reichsunmittelbarkeit. Mit der Reichsstandschaft erhielt Holstein auch Sitz und Stimme auf dem Reichstag; eine ähnlich klare Regelung war für Schleswig nicht möglich. Daß es sich bei diesem Herzogtum um ein Lehen unter der Krone Dänemarks handelte, stand außer Zweifel; kontrovers aber sahen der König und seine brüderlichen Mitregenten in Schleswig die Frage, welche Rechte und Pflichten – so zum Beispiel die Erbfolge oder das Problem der Heeresfolge für Dänemark – damit verbunden waren. In der Praxis ergab sich, daß Schleswigs Verhältnis zu Dänemark dem Holsteins zum Deutschen Reich entsprach, mit einer Ausnahme: Während Holstein ein Teil des Reiches war, sollte Schleswig nicht unmittelbar mit dem Dänischen Reich vereinigt werden dürfen.

Eine historisch folgenschwere Konstellation ergab sich 1564, als König Friedrich II. eine weitere Teilung vornahm. Aus dem königlichen Anteil übertrug er ein Drittel an seinen Bruder Johann (den Jüngeren) – der erst ein Jahr nach der Landesteilung von 1544 geboren worden war –, und zwar im Herzogtum Schleswig die Ämter Sonderburg und Norburg mit der Insel Ärö, ferner einen Teil der Halbinsel Sundewitt, im Herzogtum Holstein die Ämter Plön und Ahrensbök.

Was 1544, wenn auch widerwillig, von den Ständen hingenommen worden war, fand jetzt nicht mehr deren Zustimmung. Sie weigerten sich, beiden Landesherren zu huldigen; dabei verwiesen sie auf das in ihren Privilegien verankerte Wahlrecht, betonten aber auch die Gefahren, die dem Lande

durch vielfache Teilungen drohten. Unterstützt wurden sie von Herzog
Adolf, dem Gottorfer, dessen Machtbewußtsein sehr viel deutlicher ausge-
prägt war als das seiner Brüder und der deshalb eher an einer Straffung zu
seinen Gunsten als an einer weiteren Zersplitterung interessiert war.
Tatsächlich huldigten die Stände nur Friedrich II. Johann (Hans) der Jüngere wurde damit zum »abgeteilten Herrn«; er und seine zahlreiche Nach-
kommenschaft waren nicht an der gemeinschaftlichen Regierung beteiligt,
besaßen auch weder Finanz- noch Militärhoheit; kurz: Sie waren (und
wurden) nicht souverän. Da aber Hans der Jüngere die Belehnung sowohl
mit den schleswigschen Anteilen durch den dänischen König (1580) als
auch mit den holsteinischen durch den Kaiser (1590) erhielt, wurde dieser
Zweig des Oldenburger Hauses in die Erfolge der Hauptlinien einbezogen,
was sich im 19. Jahrhundert vor allem in den Ansprüchen der Augustenburger niederschlug.

Ungeachtet der staatsrechtlichen Zurücksetzung entwickelte Herzog Hans
der Jüngere eine sehr wirkungsvolle kleinstaatliche Politik, bei der auch
frühmerkantilistische Prinzipien zur Geltung kamen. Aus seiner ausgedehnten Bautätigkeit ist Schloß Glücksburg, das 1582 bis 1587 von einem
Flensburger Baumeister errichtet wurde, erhalten geblieben und zu einem
Wahrzeichen Schleswig-Holsteins geworden. Das Schloß, das am Platz des
alten Rudeklosters gebaut wurde und erst durch Aufstauung eines Baches
den Charakter einer mittelalterlichen Wasserburg erhielt, imponiert durch

Das Gemälde (Öl auf Leinwand) in St.
Nicolai zu Mölln entstand 1585 und ist
eine der ersten Darstellungen einer
evangelischen Taufhandlung (9). Rechts
im Bild eine Szene nach dem Bibelwort:
Lasset die Kindlein zu mir kommen;
links ist das Taufbecken der Kirche in
Mölln aus dem Jahr 1509 zu sehen.

9

10

11

12

seine klare und schmucklose Gliederung, die Zusammenfügung von drei parallelen Langhäusern, denen vier Ecktürme angefügt wurden. Zusammen mit dem wenig später entstandenen Schloß Ahrensburg, das Peter Rantzau errichten ließ und das ganz ähnlich strukturiert ist, gehört es zu den bedeutendsten Beispielen der Renaissance-Architektur in Schleswig-Holstein.

Kaum, daß sich Fürsten und Stände mit der durch die weitere Landesteilung entstandenen Situation hatten abfinden können, trat erneut ein dynastisches Erbfolgeproblem auf, dessen Regelung aber für die folgenden etwa 150 Jahre klare, wenn auch nicht ausschließlich harmonische Verhältnisse im Lande schuf. Am 2. Oktober 1580 starb der allseits geachtete, weil politisch kluge, friedfertige und gelehrte, dem Humanismus verpflichtete Herzog Johann der Ältere (Hadersleben), ohne Nachkommen oder eine gesicherte Erbfolgeregelung zu hinterlassen.

Herzog Adolf verlangte das gesamte Erbe, während König Friedrich II. für eine Teilung eintrat. Seine Position setzte sich am Ende im Flensburger Abkommen vom 19. September 1581 durch. Zwar wurden auch dem »abgeteilten Herrn« Johann dem Jüngeren einige ehemalige Kirchengüter zugesprochen, doch im wesentlichen wurden die Herzogtümer Schleswig-Holstein 1581 in einen königlichen und in einen herzoglichen Anteil aufgeteilt und gleichzeitig die gemeinsamen Aufgaben der Landesregierung und das Verhältnis zu den Ständen präziser definiert.

Den königlichen Anteil bildeten künftig das Törninglehn (Nordwest-Schleswig) und die wichtigen größeren Ämter Hadersleben, Flensburg, Rendsburg, Segeberg, Steinburg sowie die Landschaft Süderdithmarschen. Der herzogliche Anteil bestand aus dem Amt Tondern und den kleineren Ämtern Apenrade und Lügumkloster, aus Husum und Schwabstedt, Gottorf und Hütten, Kiel, Bordesholm und Neumünster, Oldenburg und Cismar, Reinbek, Trittau, Tremsbüttel und Steinhorst, ferner den reichen Landschaften Nordstrand, Eiderstedt, Norderdithmarschen und Fehmarn. Der herzogliche Anteil bestand in dieser Form bis 1721. Im Verlauf des 17. Jahrhunderts entwickelte sich zwischen Kopenhagen und Gottorf ein Dualismus; während die dänischen Könige danach trachteten, die Herzogtümer insgesamt in ihren Machtbereich einzubeziehen, suchten die Gottorfer Herzöge nach mehr Souveränität. Diese glaubten sie unter dem Schutz jener Großmacht zu finden, die mit Dänemark verfeindet war: Schweden.

Bei alledem handelte es sich um Fragen der Politik großer Herren, an denen das Volk kaum Interesse haben konnte. Im Gegenteil, da sich aus dieser Machtkonstellation Kriege ergaben, mußte es Sache des Volkes sein, auf Ausgleich zu drängen. Die politische Macht »des Volkes« war aber minimal; die entscheidenden Fragen wurden von den Fürsten und den Ständen, besonders dem Adel, entschieden. Es waren im wesentlichen dynastische Gegensätze, an denen sich die Ritterschaft des Landes orientierte, um dann im Zweifelsfall für die eigenen Interessen zu votieren. Die Epoche der frühen Neuzeit wurde eindeutig bestimmt durch feudalistische Strukturen. Nationale Gegensätze zwischen Dänen und Deutschen sind zu diesem Zeitpunkt kaum anzutreffen. Deshalb ist es angebracht, die komplizierten staatsrechtlichen Verhältnisse Schlewig-Holsteins noch einmal, und zwar in der klassischen Formulierung von Otto Brandt, zusammenzufassen.

Der König von Dänemark war
1. als Träger der dänischen Krone Oberlehnsherr von Schleswig
2. Herzog von Schleswig und Holstein in Gemeinschaft mit dem Gottorfer Herzog, wobei er für Holstein die Stellung eines Lehnsmannes des Deutschen Kaisers einnahm, und zwar war er
a) Mitregent des Gemeinschaftlichen Anteils und
b) Regent des Königlichen Anteils beider Herzogtümer.
Der Herzog von Gottorf war dementsprechend
1. Lehnsmann des dänischen Königs als Herzog von Schleswig
2. Herzog von Schleswig und Holstein in Gemeinschaft mit dem Dänischen König, wobei er für Holstein als Lehnsmann des Deutschen Kaisers auftrat, und zwar war er
a) Mitregent des Gemeinschaftlichen Anteils und
b) Regent des Herzoglichen Anteils beider Herzogtümer.
Außer den regierenden Linien spielten die »abgeteilten Herrn«, die nicht an der gemeinschaftlichen Regierung beteiligt waren, aber vom König von Dänemark und vom Deutschen Kaiser jeweils mit Schleswig und Holstein belehnt wurden, eine Rolle im Lande. Die gemeinschaftliche Regierung bezog sich auf die adligen Güterdistrikte, die Städte in landständischen Angelegenheiten, Landgericht und Landtag, die Landesverteidigung, Kirchenangelegenheiten und die Gesetzgebung in grundsätzlichen Fragen. Die Einheit des Landes blieb auch nach der Teilung von 1581 erhalten.

König Christian III., Ölgemälde auf Holz, Kopie eines älteren Porträts (10). Christian III. hatte die Herzogtümer entgegen dem Ratschlag der Ritterschaft, besonders Johann Rantzaus, in drei »Linien« geteilt: die königliche, die Gottorfer und die Haderslebener.
König Friedrich II., Ölgemälde auf Holz, nach einem Kupferstich von Strunck (11). Friedrich II. nahm eine weitere Landesteilung vor, indem er aus dem königlichen Anteil seinem jüngeren Bruder Territorien abtrat. Da Johann der Jüngere nicht als Landesherr von den Ständen anerkannt wurde, bürgerte sich für diese Linie die Bezeichnung »abgetrennte Herrn« ein.
Herzog Johann (Hans) der Jüngere, Gemälde, etwa 1620 entstanden (12). Johann der Jüngere war der Begründer der Linie Schleswig-Holstein in Sonderburg.
An Herzog Johann den Älteren erinnert das große Wappenschild an der Front des von ihm 1569 gestifteten Hospitals in Hadersleben (13).
Wappentafel Herzog Johanns des Jüngeren in der Schloßkapelle zu Sonderburg (14).

13

14

Heinrich Rantzau (1526–1598),
Lithographie nach einem Kupferstich (1).
Heinrich Rantzau, »das Licht und Leben
Holsteins«, diente drei dänischen
Königen als Ratgeber, Amtmann und
Statthalter. Er war als Politiker,
Kaufmann und Gelehrter gleichermaßen
berühmt. In der zweiten Hälfte des 16.
Jahrhunderts galt Heinrich Rantzau als
der eigentliche Herrscher in den
Herzogtümern.
Schloß Ahrensburg, 1595 nach dem
Vorbild von Glücksburg von Peter
Rantzau (1535–1602) erbaut (2).
Charakteristisch für die »Rantzauzeit«
sind die drei nebeneinanderstehenden
Giebelhäuser.
Der sogenannte Tempel von Nordoe (3),
den Heinrich Rantzau 1578 auf einem
Hügel über der Kremper Marsch
errichten ließ, angeblich, um eine Wette
zu gewinnen: Die Spitze des »Tempels«
ist höher als die des Kirchturms von
Krempe.
1577/78 ließ Heinrich Rantzau das
ehemalige Herrenhaus (heute Kloster)
Nütschau (4) bauen – ein klassischer
Rantzau-Bau. Peter Rantzau war im
Jahre 1570 auch der Bauherr von Schloß
Troyburg bei Tondern (5), das heute nur
noch Ruine ist.

»... daß die Bücher von dem Adel und den Waffen, hinwieder der Adel und die Waffen von den Büchern hertzlich geliebet, verehret und befodert werden«

Dem Wedeler Pastor und Dichter Johann Rist schwebte eine Symbiose von Schwert und Buch vor, als er in einem Widmungsschreiben für Detlev von Ahlefeldt auf Haseldorf diesem bescheinigte, daß er dem Idealbild nahegekommen sei, weil er sich während einer fünfjährigen Bildungsreise auch wissenschaftlichen Studien unterzogen habe. »Darff man sich demnach gar nicht einbilden, daß die Vollenkommenheit eines Cavalliers (wie man heut zu Tage nicht allein die jenige, die eines hochadelichen Gemüthes und Geblütes sind, sondern auch wol arme und unschüldige Fincken-Ritter pflegt zu nennen) nur im Balgen und Schlagen, Ringen und Springen, Sauffen und Rasen und derogleichen theils unchristlichen, theils unnützlichen Thorheiten und Eitelkeiten bestehe; denn, wenn dieses gelten solte, wäre kein auffschneiderischer Landläuffer so schlim, schlecht und gering, der nicht durch stetiges treiben obgedachter schönen Verrichtungen für einen sehr trefflichen und vollenkommen Cavallier konte gehalten und außgerufen werden.« Rist beschreibt hier sehr anschaulich die beiden Pole, zwischen denen sich adliges Leben vollzog. Wir können annehmen, daß die überwiegende Zahl der schleswig-holsteinischen Adligen eher zu den »Finkenrittern« zu zählen war, was auch von Detlev von Ahlefeldt, dem Adressaten der Ristschen Belehrung, in seinen 1678 verfaßten Memoiren vielfach bestätigt wird.

In diesem Zusammenhang muß aber auch darauf hingewiesen werden, daß sich die politische und wirtschaftliche Position des Adels im Laufe des 17. Jahrhunderts im Zuge der Ausbreitung des Absolutismus veränderte. Das zeigte sich offenbar im gottorfischen Einflußbereich früher als im königlichen. Denn bereits 1624 notierte der Gottorfer Hofprediger Jacob Fabricius der Jüngere in seinem Tagebuch, daß Gottschalk von Wensin, herzoglicher Rat und Amtmann, in einem Gespräch ausgeführt habe: »Idt mut einer vom adel ietzund woll stafferet sin, de sin brodt tho hofe verdenen schall. In olden tiden, wen einer ein latinisch wort wuste mit inthowerpen, so was he ein grot man. Jetzundes is dat kinderspill; nu mut einer fast den doctoren idt gelik dhon können. Man gedenke, wat idt einem von adel köstet, de sine kinder schall studeren laten. He mut præceptores holden tho huss, in scholen, up universiteten. Darna geit up de peregrination so ein grotes. Dar möten se alle ehre exercitia lehren. Kommen se darna tho hofe, möten se fast von nien an lehren. Dar geit eine gude tidt up, 40 jahr fast, ehe se weten, wat noch ehr glück is, wor se ehr eigenes hebben schölen. Mine söhne hebben mi in alles woll geköstet in de 15 000 thl.« Eine »standesgemäße« Erziehung war also teuer geworden und nicht mehr für jeden Adligen erschwinglich.

Die zweite Hälfte des 16. Jahrhunderts gilt als die wirtschaftliche und kulturelle Glanzzeit des schleswig-holsteinischen Adels. Vor allem die

2

3

4

5

Gelting gehört seit dem Mittelalter zu den bedeutendsten Besitzungen im Herzogtum Schleswig (6). Das heutige Schloß (Herrenhaus) weist im Turm und im Ostflügel Baureste des späten 16., im Westflügel des 17. und im Mitteltrakt des 18. Jahrhunderts auf.
Bildnis Heinrich Blomes (1616–1676), königlicher Oberschenk, Amtmann zu Rendsburg. Gemälde von Broder Matthiesen, 1656 (7).
In der Frühen Neuzeit haben Väter (nur) Söhne und Mütter (nur) Töchter, wie an diesem Detail des Rantzau-Gestühls von 1578 in der Eckernförder Nicolaikirche ersichtlich, das stellvertretend für zahlreiche Beispiele der Zeit steht (8).
Altersporträt Detlev von Ahlefeldts (1617–1686), unbekannter Maler (9).

6

7

Familie Rantzau war wegen ihrer herausragenden Vertreter Johann und Heinrich so dominierend, daß auch von einem »rantzauischen Jahrhundert« gesprochen wird, womit zum Ausdruck kommt, daß als mächtigster Mann in den Herzogtümern nicht einer der Landesfürsten angesehen wurde, sondern Heinrich Rantzau (1525–1598), Johanns Sohn. Als »das Licht und Leben Holsteins« wurde er zu einer europäischen Berühmtheit. Er diente drei dänischen Königen – Christian III., Friedrich II. und Christian IV. – als Ratgeber, Amtmann und Statthalter; er war aber auch ein selbstbewußter Anwalt der schleswig-holsteinischen Ritterschaft, wenn es um die Verteidigung ständischer Privilegien ging. Er bewirtschaftete 21 Güter mit großem Erfolg, erzielte in Geld- und Handelsgeschäften europaweit Gewinne, er gründete Manufakturen und betrieb Mühlen. Bei alledem profitierte er von der Steuer- und Zollfreiheit des Adels und von der Abhängigkeit seiner Gutsuntertanen (Leibeigenschaft).
Heinrich Rantzau war aber auch Humanist, ein international respektierter Gelehrter und Sammler von Büchern und Kunstwerken. Er war als Bauherr richtungweisend und wirkte stilbildend als Auftraggeber für Gold- und Silberschmiedearbeiten. Er verfaßte selbst historische Abhandlungen, regte aber auch andere zu bedeutenden Arbeiten an, so Georg Braun und Franz Hogenberg zur Veröffentlichung ihres Städtebuchs »Civitates Orbis Terrarum«, dem wir unter anderem die Ansicht der schleswig-holsteinischen Städte im Zustand des späten 16. Jahrhunderts verdanken.
Die Glanzzeit des schleswig-holsteinischen Adels wird neben den Rantzaus auch durch Vertreter der Familien Ahlefeldt, Blome, Buchwaldt, Brock-

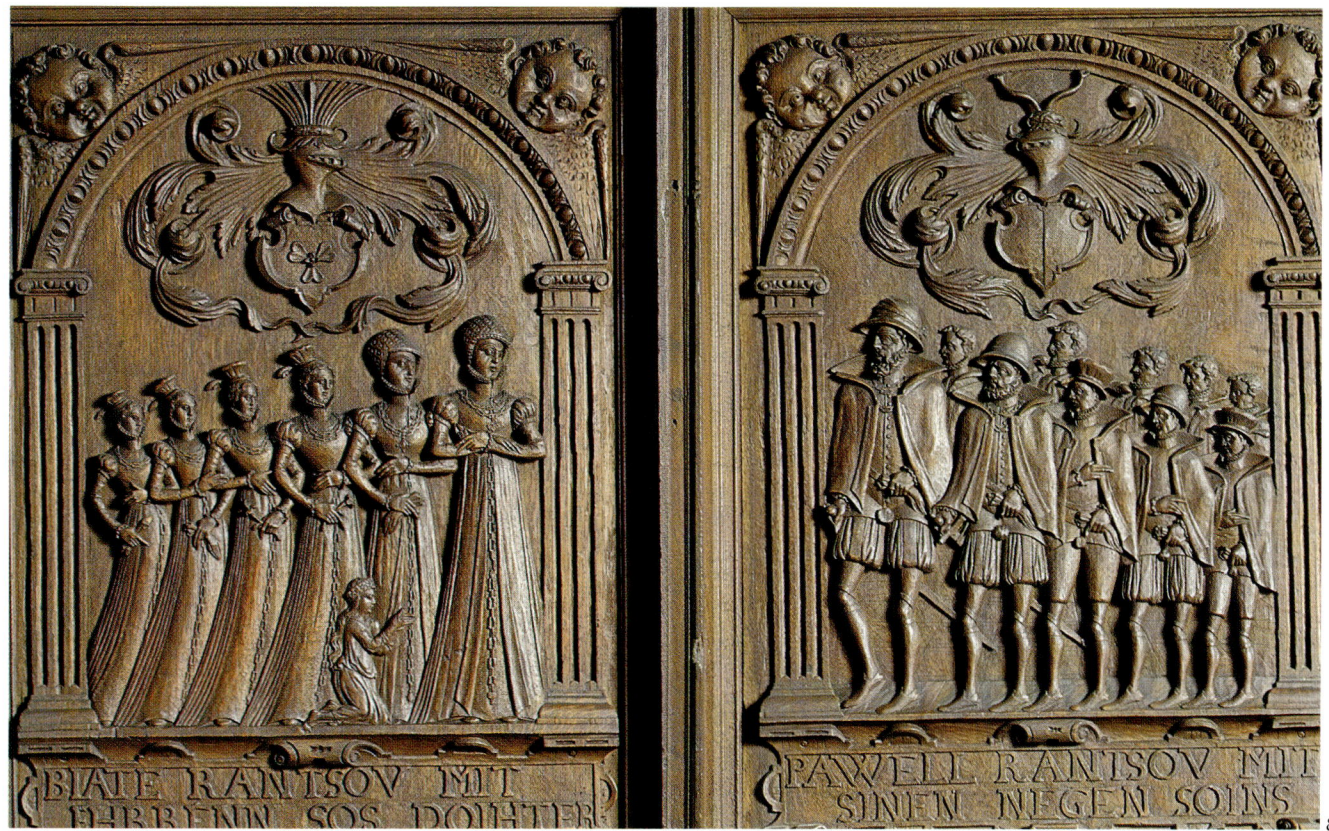

BIATE RANTSOV MIT HERREN SOS DOHTER

PAWELL RANTSOV MIT SINEN NEGEN SOINS

8

dorff, Pogwisch, Qualen, Reventlow und Rumohr repräsentiert. Sie hatten neben ihren Gütern meistens auch Häuser in den Städten, so daß sie auch von der bürgerlichen Kultur beeinflußt wurden. Die reiche Ausstattung der protestantischen Kirchen in den Städten – durch die Patronatsherren oder aufgrund von Stiftungen für die Bürgerkirchen – legt noch heute Zeugnis ab von der Macht, dem Einfluß und Reichtum des Adels.

Heinrich Rantzau begründete den neuen Stil des Herrenhauses als Kompaktbau aus drei parallel gestellten Häusern, der die mittelalterlichen Burganlagen ablöste. Von diesen Renaissancebauten sind allerdings nur wenige in annähernd ursprünglicher Form erhalten geblieben. Auch für die Innenausstattung und die Gegenstände des täglichen Lebens gibt es kaum historische Belege. Selbstverständlich hatte der Adel verzierte Möbel, die aus Werkstätten des Landes stammten oder aus den Niederlanden eingeführt wurden. Dafür bilden Detlev von Ahlefeldts Memoiren und Briefe aus dem 17. Jahrhundert eine der wichtigsten Quellen. Aus ihnen erfahren wir, daß zwar Luxusgüter gekauft wurden – so zum Beispiel ein Clavichord und feine Wäsche in Amsterdam, wo man sich auch porträtieren ließ –, doch gleichzeitig wird auch die Unbequemlichkeit und Dürftigkeit des Lebens auf den umgebauten Rittersitzen erkennbar.

Für die Goldschmiede war der Adel allerdings neben dem städtischen Patriziat die wichtigste Kundengruppe. Silber- und Goldschmuck sowie Tafelgerät müssen in reicher Zahl angeschafft worden sein. Bei der Familie Ahlefeldt spielten auch Bücher eine Rolle, wie ein erhaltenes Bibliotheksverzeichnis der väterlichen Sammlung belegt; es handelte sich dabei um

9

10

11

theologische, juristische und historische Werke, zu denen auch solche über die Landwirtschaft kamen, ferner griechische und römische Klassiker und schließlich alchimistische Literatur, denn der Vater befaßte sich mit chemischen Experimenten. Daß sich der Adel von angesehenen Ärzten in Hamburg behandeln ließ, geht ebenfalls aus der Ahlefeldtschen Korrespondenz hervor. Ob die Erstellung von Horoskopen, die von gelehrten Vertretern der sephardischen Juden angefertigt wurden, allgemein verbreitet war, kann nicht festgestellt werden. Eine Ausnahme war Detlev von Ahlefeldt dabei sicherlich nicht! Da die »Spökenkiekerei« im Jahrhundert der Hexenverfolgungen mit großer Wahrscheinlichkeit weit verbreitet war, machten weder der Adel noch die Höfe eine Ausnahme.

Bis in den Dreißigjährigen Krieg hinein hielt die wirtschaftliche Blüte des Adels und der freien Großbauern an. Die Privilegien der Ritterschaft wurden sorgfältig verwahrt, doch neue kamen kaum hinzu. In unruhigen Zeiten wurde die Privilegienlade nach Hamburg geschafft; hinter den Festungswällen der Stadt schien sie sicherer als auf einem der Adelssitze. Der Dreißigjährige Krieg mit zwei Plünderungszügen bis nach Jütland hinauf, aber mehr noch der sogenannte »Polackenkrieg«, der Kampf zwischen Schweden und Dänemark, der 1657 bis 1660 in zwei Phasen ausgetragen wurde und in dessen Verlauf 1658 eine Koalitionsarmee, bestehend aus Österreichern, Brandenburgern und Polen, ins Land rückte, um die Schweden daraus zu vertreiben, brachte lange nachwirkende wirtschaftliche Not mit sich. Eine Spätfolge waren die zahlreichen Güterkonkurse bis zum Ende des 17. Jahrhunderts.

Jetzt bekamen die »adligen Jungfrauenklöster«, jene vier, die im Zuge der Reformation nicht aufgelöst worden waren, Itzehoe, Preetz, St. Johannis vor Schleswig und Uetersen, wieder größere Bedeutung. Der Adel hatte sie auch nach der Reformation beibehalten, »damit darin erwachsene adeliche Jungfrawen in dem Stande, die Zeit deren Lebens ihrem Gott dienen und Unterhalt haben könnten, die junge Jungfrawen aber in wahrer Gottesfurcht und guten Sitten auferzogen werden mochten«, wie es in den Klosterordnungen von 1625 und 1636 heißt. Diese Klöster gehörten (und gehören immer noch) der Ritterschaft, die auch die Klosterpröpste stellte, das heißt die Aufsichtsbeamten, die nun die Gruppe der Prälaten bei den Landtagen bildete. Solange die Herrschaft der Stände lebendig war, bedeutete dies eine zusätzliche Stärkung des Adels. In Phasen wirtschaftlicher Bedrängnis gewann die Funktion der Klöster als Versorgungsinstitut unverheirateter Töchter wieder an Aktualität.

Die Mitte und zweite Hälfte des 17. Jahrhunderts wurden in der Landesgeschichte geprägt durch den dänisch-gottorfischen Dualismus. Er war mit Tendenzen verbunden, den Absolutismus auch in den Herzogtümern, in denen er nicht wie in Dänemark offiziell (1660) eingeführt worden war, praktisch anzuwenden und dabei die politische Macht der Stände zu schmälern. So verloren viele der Privilegien ihre Bedeutung, da sie nicht mehr durchgesetzt werden konnten; Landtage fanden nicht mehr statt. Der Adel mußte sich entscheiden, entweder Dienste bei Hofe zu suchen, das heißt, Ämter zu erwerben, die einträglich waren – aber nicht mehr die Position der Ritterschaft, sondern nur noch die des Königs oder des Herzogs stärkten –, oder sich auf das Landleben, auf die Bewirtschaftung der Güter zu konzentrieren. Der Adlige als »Rat von Haus aus« war nicht mehr gefragt;

12

13

statt seiner bedienten sich die Landesherren jetzt juristisch gebildeter Räte meist bürgerlicher Provenienz, die die politischen Geschäfte betrieben und sich dabei auch gegen den Adel wandten.

Detlev Ahlefeldt trauert in seinen Memoiren den alten Zeiten unter König Christian IV. nach, der noch im Lande präsent war und den Adel um sich scharte. Die folgende Geschichte mag dies verdeutlichen: »Es hatte der damalige Oberschenk, Herr Heinrich Blome, Herrn Generallieutenant Bauer, den Cammerjunker Bertram Rantzau, mich und andere zu eben solcher Zeit zu sich in den Weinkeller zu Glückstadt zu Gaste gebeten, und waren eben in voller Arbeit, daß ein Glas von dem besten und des Königes Mundwein brav herum ging, da wir gewahr wurden, daß die Thür von der heimlichen Wendelstiege, darauf man aus des Königes Schlafkammer in den Weinkeller gehen konnte, und wozu der König selber den Schlüssel hatte, geöffnet ward, und sahen des Königes kleinen Hund die Stiege herunterlaufen. Darob wir dann nicht wenig erschraken, weil wir leichtlich muthmaßen konnten, daß der König nicht weit wäre, allein wir resolvirten uns alsobald, stunden auf und trunken, ein jedweder ein großes Glas in der Hand haltend, mit lauter Stimme auf unseres lieben Königes Gesundheit, den Gott lange erhalten wolle, sonder eins nach der Wendelstiege zu sehen. Der liebe König, der dieses bald von oben herab sahe und hörte, blieb mitten auf der Wendelstiege stehen, sah diesem Spiel zu, bis die Gesundheit zu Ende war und redete uns alsdann mit diesen Worten an: ›Kumpens, sauft nur brav herum, habt ihr Hälse, ich habe Wein, und wollen sehen, wer am längsten mit einander aushalten soll,‹ – und ging damit wiederum zurücke, sonder einiges Zeichen des Zornes noch ungnädigen Anblick hierüber zu geben.«

Die Nachfolger Christians IV. regierten von Kopenhagen aus auch die Herzogtümer; sie kamen nur noch selten ins Land. Die Räte, Amtmänner und andere Bedienstete mußten in die dänische Hauptstadt reisen, weil ihr König sie nicht mehr zu Landtagen einlud.

Von den Kriegsfolgen und den damit verbundenen wirtschaftlichen Nöten erholte sich der Adel erst nach Beendigung der Wirren des Nordischen Krieges. Zu einer neuen Blüte der Adelskultur kam es dann wieder in der gesamtstaatlichen Zeit im späten 18. Jahrhundert.

Die »Bunte Kammer« in Ludwigsburg (10). Bisher konnten weder der Auftraggeber noch die Künstler der Emblemmalerei eindeutig ermittelt werden. Mit einiger Wahrscheinlichkeit kann Graf Friedrich Christian von Kielmannsegg, der von 1672 bis 1690 Besitzer von Ludwigsburg war, als Auftraggeber angenommen werden. In der Tür der »Bunten Kammer« sind Bilder des Vorgängerbaus zu sehen, der noch den Namen Kohöved trug (11). Der Name Ludwigsburg geht auf Friedrich Ludwig von Dehn zurück, der von 1762 bis 1771 Statthalter in den Herzogtümern war.

Das ehemalige Benediktinerinnenkloster – nach der Reformation adliges Jungfrauenkloster – St. Johannis in Schleswig (12). Die Kirche stammt aus dem späten 12., die Klostergebäude im Kern aus dem 14. und 15. Jahrhundert mit Ergänzungen und Umbauten bis in die Gegenwart. Neben St. Johannis in Schleswig standen der Ritterschaft noch die Klöster Itzehoe, Preetz und Uetersen zur Verfügung.

Blick auf die Loge der Priorin mit dem Bülow'schen Wappen, 1711 (13).

1

Der Dualismus von königlicher und herzoglicher Macht

Nach der Landesteilung von 1581 erwiesen sich Herzog Adolf I. (1544–1586) und seine Nachfolger machtbewußter als ihre königlichen Gegenspieler, die allerdings über mehr tatsächliche Macht verfügten. Herzog Adolf schuf in Schleswig-Holstein den ersten frühmodernen Verwaltungsstaat auf absolutistischer Grundlage. »Die Gottorfer Herzöge waren es, die in Übereinstimmung mit der Entwicklung in anderen deutschen Territorien aus den lockeren Formen des mittelalterlichen Ständestaates Schritt für Schritt und zielbewußt einen immer komplizierter werdenden Apparat von Zentral- und Lokalbehörden aufbauten« (Otto Brandt). Die Vertreter der Ritterschaft paßten als prinzipielle Opponenten nicht in dieses Konzept; sie wurden durch landesfremde Adlige oder durch bürgerliche Räte ersetzt. Der Aufstieg des Johann Adolf Kielmann zum Grafen von Kielmannseck (1612–1676) stellt ein besonders prägnantes Beispiel für diesen Prozeß dar.

Die wirtschaftliche Grundlage des Gottorfer Gebiets war schwerlich ausreichend, um die weitgesteckten Ambitionen der Herzöge tragen zu können. Herzog Adolf baute nicht nur seine Hauptresidenz zu einem bedeutenden Spätrenaissanceschloß aus, sondern ließ auch die Schlösser Reinbek, Tönning sowie das Haus Schloß vor Husum, das später als Witwensitz der Herzöge diente, errichten und konnte damit nach innen und außen seine Macht demonstrieren, ganz im Sinne absolutistischer Repräsentation. Herzog Johann Adolf (1590–1616), der die Regierung nach seinen früh verstorbenen Brüdern übernahm, setzte die Politik seines Vaters fort. Mit den Herzögen Friedrich III. und Christian Albrecht (1616–1659 und 1659–1694) erreichte die Politik, die auf Souveränität und damit auf Abgrenzung gegenüber den in den Herzogtümern mitregierenden Königen von Dänemark bedacht war, ihren Höhepunkt. In diese Phase fällt aber auch der Aufstieg der bereits von den Zeitgenossen bewunderten Gottorfer Kultur.

Herzog Friedrich III. war ein selbstbewußter, aber im Grunde gänzlich unkriegerischer Fürst, dessen Interessen den Künsten und der Wissenschaft galten. Er sorgte dafür, daß die Gottorfer Bibliothek und die Kunstkammer zu vielbesuchten und gepriesenen Einrichtungen wurden. Den Grundstock für die Sammlungen hatten die Schätze der aufgelösten Klöster in Cismar, Lügumkloster und besonders in Bordesholm gebildet, doch sie wurden ständig erweitert und systematisiert. Hinzu kam – einer Mode der Zeit folgend – die Münzsammlung. Doch bei aller Sammelleidenschaft wurde daraus nicht ein Raritäten- und Kuriositätenkabinett (wie an anderen Höfen meist üblich), sondern eine Sammlung von hohem wissenschaftlichen Rang. Sie befindet sich nicht mehr im Lande, sondern wurde nach dem Nordischen Krieg als Beutestück nach Kopenhagen gebracht.

Schloß Gottorf, Ausschnitt aus einer Vedute des 18. Jahrhunderts (1).
Herzog Adolf, Gemälde eines unbekannten Meisters des 16. Jahrhunderts (2).
Herzog Johann Adolf, Reliefbildnis aus Alabaster (3). Detail aus dem Aufsatz des »Fortunakamins« (1615) im Schloß vor Husum.

4

Einzelstücke wie der berühmte Gottorfer Globus, ein Werk des Hofmathematikers Adam Olearius, gelangten auf Veranlassung Peters des Großen nach Petersburg. Die naturwissenschaftlichen Studien und die Experimente mit mechanischen Werken bildeten neben astronomischen, geographischen und historischen Forschungen den Schwerpunkt der wissenschaftlichen Bemühungen Friedrichs III.

Um die wirtschaftliche Basis für das Land zu vergrößern, griff Herzog Friedrich zu einem bereits seit Beginn des Jahrhunderts von den Schauenburgern in der Herrschaft Pinneberg praktizierten und 1616 auch von König Christian IV. verfolgten Projekt, der Ansiedlung von Glaubensflüchtlingen aus den Niederlanden. Mit den Mennoniten gab es bereits Erfahrungen in Eiderstedt. Jetzt entstand der Plan, am Zusammenfluß von Treene und Eider eine neue Stadt anzulegen, in der nach holländischem Beispiel Handel und Gewerbe sich frei entfalten und am Ende dem Lande Wohlstand bringen sollten. Seit 1619 kam es zu Verhandlungen mit interessierten Ansiedlern, dann wurde für die neue Stadt, nach ihrem Begründer Friedrichstadt genannt, geworben; nachdem auch noch der Widerstand der Bevölkerung in den umliegenden Gemeinden ausgeräumt war, konnte 1621 mit finanzieller Unterstützung des Herzogs gebaut werden, und zwar streng nach niederländischen Mustern.

Die ersten Siedler waren Remonstranten, evangelisch-reformierte Christen, die bestimmte Lehren des Calvinismus ablehnten und deshalb zeitweilig in den Niederlanden verfolgt wurden. Sie waren lange Zeit tonangebend in der Stadt; hinter ihnen blieb während des 17. Jahrhunderts der

5

Herzog Friedrich III., Gemälde eines unbekannten Meisters, um 1640 (4). Herzog Friedrich war ein friedfertiger Fürst, der sich lieber mit Kunst und Wissenschaft als mit der Kriegführung befaßte.
Friedrichstadt, die Stadtgründung Herzog Friedrichs am Zusammenfluß von Treene und Eider, hier als Kellinghusener Fayence (5).
Bürgerstube aus Friedrichstadt, um 1625 (6). Der Raum, heute aufgebaut im Städtischen Museum Flensburg, weist bis ins Detail seinen niederländischen Ursprung aus.

6

politische Einfluß der Mennoniten, der Katholiken, der Sozinianer (der polnischen Brüder, die die Dreieinigkeit leugneten), der Quäker und der Juden auf die Geschicke der Stadt zurück. Die religiöse Toleranz war Teil der Stadtverfassung, die ansonsten an der aristokratischen Republik Amsterdam orientiert war. Während des 17. Jahrhunderts war Niederländisch die »Amtssprache«, erst im 18. Jahrhundert setzte sich die deutsche Sprache als führende durch. Bei den Remonstranten wird aber bis heute der Gottesdienst in niederländischer Sprache abgehalten.

Trotz großer Anstrengungen erfüllten sich weder die Erwartungen der neuen Bürger noch die des Herzogs; der Stadt blieb der wirtschaftliche Durchbruch versagt, nicht zuletzt deshalb, weil auch der zweite große Versuch scheiterte, die schwierigen wirtschaftlichen Verhältnisse positiv zu korrigieren. Die Aufnahme weitgespannter Handelsverbindungen, zum Beispiel nach Persien, schlug fehl, und die Schulden waren am Ende eher vermehrt als behoben. Doch stellt die Entsendung einer Gesandtschaft nach Moskau und Persien während der Jahre 1633 bis 1638 eine bedeutende Unternehmung dar; und in gewisser Weise war sie auch langfristig erfolgreich (wenn auch nicht im Sinne des Gottorfer Herzogs): Adam Olearius, der an dieser Reise teilgenommen hatte, verfertigte nicht nur die erste Grammatik der persischen Sprache, sondern vor allem eine der bedeutendsten Reisebeschreibungen aller Zeiten, ein literarisches Kunstwerk, das bis heute Beachtung findet: die »Vermehrte New Beschreibung Der Muskowitischen Und Persischen Reyse«. Sie erschien in dieser Fassung 1656 in Schleswig und wurde zuletzt 1978 wiederveröffentlicht.

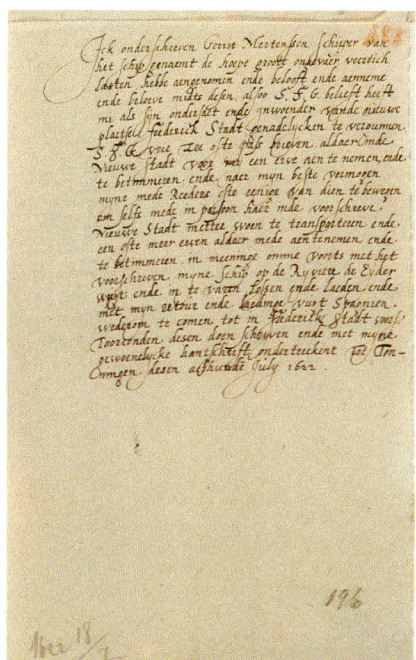

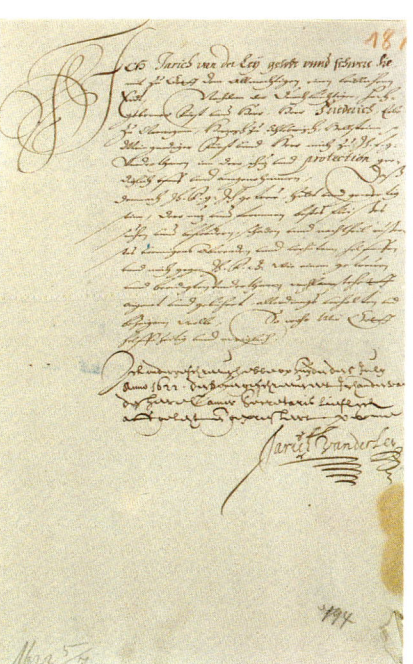

Friedrichstadt hat bis heute seinen niederländischen Charakter bewahrt, hier Blick auf den Middelburgwall (7). Zwei Treueide auf den Landesherrn aus der Gründungszeit Friedrichstadts, oben in niederländischer, unten in deutscher Sprache (8).

9

10

Das Innere des reich mit Intarsien
ausgestalteten Herzoglichen Betstuhls
(Fürstenloge), 1609 bis 1613 von A.
Salgen und J. Gower eingerichtet (9).
Es handelt sich um eines der bedeutend-
sten Kunstwerke der Spätrenaissance
im Norden. Eigenhändig verfaßtes
Dienst- und Treuegelöbnis des
Hofmathematikers und Polyhistors
Adam Olearius, ohne Datum (10).

Friedrich III. rief auch 1652 den sicherlich größten schleswig-holsteinischen Maler des 17. Jahrhunderts an seinen Hof, den aus Tönning stammenden Jürgen Ovens. Die Gründung einer Universität sollte das landes-
herrliche Streben Friedrichs krönen, doch die Pläne konnten während
seiner Regierungszeit nicht mehr realisiert werden. Denn trotz mancherlei
Bemühungen, so auf dem damals üblichen Wege dynastischer Eheschlie-
ßungen seiner zahlreichen Kinder, war es ihm nicht gelungen, sein Land
aus den großen Kriegen des Jahrhunderts herauszuhalten. Der Dreißigjährige Krieg, vor allem das Eingreifen des dänischen Königs, war gegen
Friedrichs Willen zu einem Kapitel auch der schleswig-holsteinischen Geschichte geworden. Der für die Entwicklung der Herzogtümer noch folgen-
schwerere Schwedisch-Polnische Krieg, 1655 bis 1660, war allerdings auch
auf Entscheidungen der gottorfischen Politik zurückzuführen. Die Verbindung der Tochter Friedrichs III., Hedwig Eleonore, mit König Carl X.
Gustaf von Schweden war als bewußter Akt der Konfrontation mit Dänemark einerseits und als Wegbereitung vermehrter Souveränität für Gottorf
andererseits zustande gekommen. Damit begann jene Phase der gottorfischen Geschichte, die den herzoglichen Anteil an Schleswig-Holstein zunächst zu einer Domäne Schwedens und danach Rußlands werden ließ. Sie
endete mit dem Herauswachsen der älteren Gottorfer Linie aus Schleswig-
Holstein (die jüngere, bischöflich lübeckische mit der Residenz Eutin ging
im Großherzogtum Oldenburg auf). Herzog Karl Peter Ulrich wurde 1762
als Peter III. russischer Zar, und seine und der Zarin Katharina II. Nachkommen regierten das russische Reich bis 1917.

11

Der erste bedeutende Gegenspieler der Gottorfer war König Christian IV. (1588–1648). Er gilt bis heute als einer der populärsten Könige, in Dänemark und in Schleswig-Holstein gleichermaßen, obgleich seine Politik das Land in den Dreißigjährigen Krieg hineinzog und ihm damit viel Unglück bereitete.

Doch zuvor erwies sich König Christian auch als Stadtgründer. Im Jahr 1616 begann er, die Stadt und Festung Glückstadt zu errichten, am rechten Elbufer etwa 50 Kilometer unterhalb Hamburgs an der Einmündung des Rhin in die Elbe gelegen. Zuvor war die Kremper Marsch eingedeicht worden. Die Stadt wurde sorgfältig geplant und systematisch angelegt mit dem Ziel, ein Wirtschaftszentrum an der Elbe zu schaffen, das Hamburg Konkurrenz machen, ja es langfristig dem Dänenkönig unterwerfen sollte. Zugleich sollte Glückstadt zum Ausgangspunkt für eine Politik werden, die auf ein stärkeres Engagement in den Angelegenheiten des Reiches zielte. Ansatzweise läßt sich aus den Planungen auch die Absicht erkennen, Glückstadt in den Rang einer Hauptstadt des königlichen Anteils der Herzogtümer zu erheben. Tatsächlich wurde es ja für lange Zeit Sitz der königlichen Regierung, des Statthalters und der Kanzlei.

Dem Beispiel der Schauenburger in der Herrschaft Pinneberg folgend, die in Altona erfolgreiche Peuplierungspolitik betrieben hatten, wurden auch in Glückstadt Religionsflüchtlinge angesiedelt, denen man für die damaligen Verhältnisse in Europa außergewöhnlich tolerante Privilegien einräumte; dies galt insbesondere für die Remonstranten und die Mennoniten, aber auch für »allerhand frembdes volckes und vieles ungereimbtes

Im Epitaph für Jürgen Ovens und seine Frau – er wurde 1691 in der St. Laurentius-Kirche in Tönning, der Geburtsstadt des Künstlers, errichtet – sind im oberen Stück sein Selbstporträt und das Porträt seiner Frau eingearbeitet (11). Die Gemälde entstanden um 1650. Ovens, der längere Zeit in den Niederlanden gearbeitet hatte, war von Herzog Friedrich 1652 nach Gottorf gerufen worden. In zahlreichen Gemälden suchte er den Ruhm der Herzöge und ihrer Familie herauszustellen (siehe auch 3, Seite 80, 21, Seite 121 und 22, Seite 122).

12

13

14

Porträt König Christians IV. von Dänemark (12) nach der Seeschlacht auf der Kollberger Heide (1. Juli 1644), bei der er selbst das Kommando des Schiffes »Dreifaltigkeit« führte und das rechte Auge verlor. Danach ließ der König sich nur noch im Profil abbilden. Das Gemälde befindet sich im Rathaus zu Glückstadt.
Prospekt von Glückstadt, von der Elbe aus gesehen. Kupferstich, 1730 (13)
Ausschnitt aus der Gründungsurkunde der Stadt Glückstadt vom 22. März 1617 mit dem Stadtwappen, der Fortuna, und dem königlichen Siegel (14).

gesindelein«, worunter deutsche und sephardische Juden, Katholiken und Reformierte verstanden werden müssen. Das Stadtwappen, das bereits in der Gründungsurkunde verliehen wurde, zeigt ein Bild der Fortuna. Doch diese brachte nicht das erhoffte Glück. Die erste Aufbauperiode nahm schon 1625/26 ihr gewaltsames Ende, als Schleswig-Holstein nach der Niederlage Christians IV. gegen Tilly und Wallenstein bei Lutter am Barenberge zum Kriegsschauplatz wurde. Portugiesische Juden hatten dem wirtschaftlichen Aufbau einige Impulse verliehen, weil sie sich offenbar viel von dieser Neugründung versprachen; doch schon bald suchten sie nach neuen Orten für ihre Aktivitäten, denn sie hatten schnell festgestellt, daß Glückstadt weder Glück brachte noch eine wirkliche (Handels-) Stadt war.

Die Festung an Rhin und Elbe hatte sich 1627/28 erfolgreich gegen den Ansturm kaiserlicher Truppen verteidigt; deshalb wollte König Christian sie nach dem Frieden von Lübeck ausbauen. Damit wurde 1630 Graf Christian von Pentz, ein Schwiegersohn des Königs, beauftragt, der sich lange Jahre als Offizier, Gouverneur, Diplomat und Amtmann in den Diensten des Königs bewährt hatte, bis er unter dessen Nachfolger, Friedrich III., in Ungnade fiel. Das von ihm in Auftrag gegebene monumentale Reiterbild seines Vaters (es gilt als das größte dieser Art im Lande) schmückt heute das Glückstädter Rathaus.

Trotz erweiterter Privilegien für die Fremden, trotz der Aufnahme von Verhandlungen mit dem Hof in Madrid über die Spanien- und Portugalfahrt und trotz der Einrichtung eines besonderen Glückstädter Elbzolls, der Hamburg treffen und der Finanzierung des weiteren Ausbaus dienen sollte, blieb der Stadt langfristig der erstrebte Erfolg versagt. Im Jahr 1643 war Glückstadt zwar eine der größten Städte im Herrschaftsbereich des dänischen Königs, aber von einem wirtschaftlich prosperierenden Gemeinwesen konnte nicht die Rede sein. Nach den Kriegen gegen Schweden (mit negativem Ausgang für Dänemark) ging das Interesse an Glückstadt zurück. Die Nachfolger Christians IV. richteten ihre Aufmerksamkeit auf

Die Lage Glückstadts an der Unterelbe,
mit dem Hinterland der Kremper- und
der Wilstermarsch (15). Rechts unten der
Plan der Festung mit der Stadt-
erweiterung nach Süden, 1640–1648.
Kupferstich aus Casper Danckwerths,
»Newe Landesbeschreibung«,
Husum 1652. Blick über den Hafen
von Glückstadt auf den sogenannten
Königshof, das erste Wohnhaus König
Christians IV. (1867 umgebaut; der
Turm in alter Form erhalten), rechts
das Alte Brückenhaus (16).

den Ausbau ihrer Residenzstadt Kopenhagen und hatten deshalb kaum
noch Mittel für die Stadt an der Unterelbe übrig, die sich für die folgenden
zwei Jahrhunderte mit der bescheidenen Rolle einer Festungs-, Garnisons-
und Beamtenstadt begnügen mußte. Der Plan Christians IV., Hamburg
durch Glückstadt auszuschalten, blieb eine historische Episode.
Die Gottorfer Herzöge lehnten sich an jene Macht an, die sich im 17. Jahrhundert anschickte, Dänemark das Dominium Maris Baltici, die Vorherrschaft im Ostseeraum, streitig zu machen. Deshalb war die Aussicht, daß

Marquard von Pentz auf einem monumentalen Reiterbild im Treppenaufgang des Glückstädter Rathauses (17). Pentz war einer der wichtigsten Ratgeber Christians IV. im Kalmarer Krieg gegen Schweden und organisierte im Dreißigjährigen Krieg als Generalkriegskommissar die Operationen in Norddeutschland. In der Schlacht bei Lutter am Barenberge wurde er 1626 verwundet und starb wenige Monate später. Das Gemälde wurde 1648 von seinem Sohn Christian in Auftrag gegeben, als dieser Gouverneur von Glückstadt war.
Im Jahr 1628 erreichte der große Krieg auch die Herzogtümer. Im Juli 1628 wurden Krempe und Glückstadt durch die Truppen Tillys belagert. Glückstadt hielt der Belagerung stand.
Zeitgenössischer Kupferstich (18)

17

die Herzogtümer angesichts ihrer staatsrechtlichen Konstruktion von den Streitigkeiten unbehelligt bleiben würden, gering; daß sie aber zu einem militärischen Hauptaustragungsort des Konflikts werden sollten, war nicht vorhersehbar. Der Ausbruch des Religionskrieges in Deutschland brachte für Gustaf II. Adolf von Schweden und für Christian IV. von Dänemark gleichermaßen die willkommene Gelegenheit, ihren Konflikt auf Reichsboden auszufechten; die konfessionelle Frage diente überwiegend als Vorwand, was bei den Auseinandersetzungen mit den dänischen Reichsräten deutlich wurde.
König Christian war als Herzog von Holstein kreisausschreibender Fürst für den Niedersächsischen Kreis und als solcher verantwortlich für die militärische Organisation der Landesverteidigung im Rahmen der Reichs-

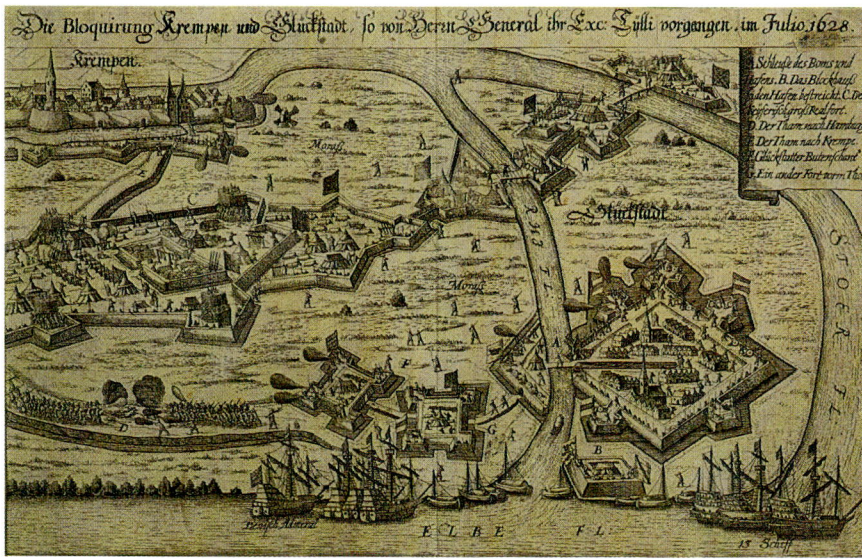

18

exekutionsordnung. Trotz der eingehenden Warnungen des dänischen
Reichsrates benutzte er die Herzogtümer als Basis für seine Reichspolitik,
wobei er auf die Unterstützung Englands, der Niederlande, ja sogar Frankreichs vertraute, um gegen den Kaiser anzutreten. Sein Ziel war es, eine
entscheidende Rolle in der Reichspolitik zu spielen. Die Niederlage gegen
Tilly und Wallenstein machte diese Pläne rasch zunichte. Nach der verlore-
nen Schlacht bei Lutter (nordwestlich von Goslar) zog er sich nach Norden
zurück, verfolgt von seinen Gegnern. Die kaiserlichen Truppen rückten bei
Trittau auf holsteinischen Boden vor. Damit begann für die Herzogtümer
ein Jahrhundert der Kriegswirren mit schweren wirtschaftlichen und sozialen Folgen.
Der Einmarsch des Wallensteinschen Heeres hatte nicht nur die Erstür-
mung der Breitenburg bei Itzehoe und damit die Plünderung der Rantzau-
schen Bibliothek zur Folge, sondern auch die Kapitulation Rendsburgs, des
wichtigsten Tors zum Herzogtum Schleswig. Nur die Festung Glückstadt
hielt der Belagerung stand. Als die erwartete Unterstützung von den
westlichen Verbündeten ausblieb, mußte König Christian seine weitgesteckten Pläne aufgeben. Im Frieden von Lübeck, 1629, konnte er zwar sein
dänisches Reich retten, nicht aber die schweren Kriegsschäden von den
Herzogtümern abwenden. Schwerer noch als die Wirren des Dreißigjährigen Krieges traf das Land – zumindest an seiner Westküste – die Sturmflut
vom 11. und 12. Oktober 1634. Etwa 15 000 Menschen und zahlloses Vieh
fanden den Tod in den Fluten. Die Insel Nordstrand wurde zerrissen und
verlor unter anderem 17 Kirchen. Nur Pellworm und wenige Halligen,
etwa ein Viertel der ursprünglich besiedelten Fläche, blieben bewohnt.
Herzog Friedrich III. betrieb auch in diesem Fall merkantilistische Peuplierungspolitik. Wieder wurden niederländische Kolonisten, die sich zum
Deichbau verpflichtet hatten, angesiedelt; diesmal waren es in ihrer Heimat bedrängte Katholiken.
Der erste Höhepunkt im Ringen der beiden skandinavischen Mächte wurde
im Schwedisch-Polnischen Krieg erreicht, in den Dänemark 1657 mit
einem Feldzug gegen das seit 1648 von Schweden regierte Fürstbistum
Bremen eintrat. König Friedrich III. glaubte seinen Rivalen Carl X. Gustaf
in Polen gebunden und hoffte deshalb, rasch vollendete Tatsachen schaffen
zu können. Doch in einem beispiellosen Gewaltmarsch rückte das schwedische Heer von Westpreußen aus nach Westen vor, vertrieb die dänischen
Truppen aus dem Bistum Bremen und verfolgte sie bis nach Jütland. Als die
stärkste Festung auf der Jütischen Halbinsel, Frederiksodde (heute Fredericia), fiel, kam dies einer Katastrophe gleich. Im Februar 1658 froren die
Belte zu; Carl X. Gustaf nutzte die Gelegenheit und ging mit seinen
Truppen über das Eis nach Fünen und von dort über die Inseln Langeland,
Lolland und Falster nach Seeland. Damit war auch die dänische Hauptstadt
unmittelbar bedroht.
Friedrich III. mußte sich den harten Bedingungen des Friedens von Roskilde unterwerfen. In ihm waren auch für die Herzogtümer wichtige
Bestimmungen enthalten: Der dänische König hatte das Amt Schwabstedt
(das Territorium des ehemaligen Bistums Schleswig, das sich der König
ohne Absprache mit dem Herzog angeeignet hatte) an den Gottorfer abzutreten; vor allem aber wurde die dänische Lehnshoheit über den herzoglichen Anteil Schleswigs aufgehoben, das heißt, der Gottorfer erhielt das

19

König Carl X. Gustav von Schweden
(19). Kupferstich aus Samuel de
Pufendorfs »Sieben Bücher von denen
Tathen Carl Gustavs, König in
Schweden«, Nürnberg 1697. Carl Gustav
war nach dem Thronverzicht Christines
schwedischer König geworden. Seine
Kriege von 1655 bis 1660 sollten
Schweden die uneingeschränkte
Vorherrschaft im Ostseeraum bringen.
Als Schwiegersohn Herzog Friedrichs III.
war Carl Gustav mit Schleswig-Holstein
dynastisch verbunden.

Bildnis König Friedrichs III. von Dänemark (20), Ölgemälde auf Holz, um 1660. Das Bild wird Abraham Wuchters oder seiner Schule zugeschrieben. Friedrich III. war der Kontrahent Carls X. Gustav. Ihm gelang es, gestützt auf die Bürgerschaft Kopenhagens, der Belagerung durch die Schweden zu trotzen und damit den Bestand seines Reiches zu bewahren. 1660 stimmte die Bürgerschaft zu, in Dänemark ein Erbkönigtum und die Einherrschaft, das heißt den Absolutismus, einzuführen. Davon waren indirekt auch die Herzogtümer betroffen.

20

Recht der Landeshoheit, die lang angestrebte Souveränität, für die es nur zwei, wenngleich sehr wesentliche, Einschränkungen gab: Das Herzogtum Schleswig durfte nicht ganz oder teilweise veräußert und die Union mit Dänemark mußte aufrechterhalten werden.

Der Friede von Roskilde hatte nicht lange Bestand. Bereits ein halbes Jahr später griff Carl X. Gustaf Dänemark von neuem an, diesmal mit dem Ziel, das Königreich ganz zu zerschlagen. Ihm schwebte vor, die dänischen Inseln seinem Reich einzuverleiben, die Halbinsel Jütland aber ganz seinem Schwiegervater, dem Herzog von Gottorf, zu übergeben. Doch dieser Plan scheiterte vor allem am Widerstand des Kopenhagener Bürgertums, das dem schwedischen Überfall und der langen Belagerung standhielt, während der dänische Reichsadel wenig dazu tat, für die Unabhängigkeit Dänemarks zu kämpfen. Unterstützt wurde König Friedrich diesmal von einer Koalition; Österreich, Polen und Brandenburg waren gemeinsam daran interessiert, den Unruhestifter aus dem Norden in die Schranken zu weisen, wobei die Partner im einzelnen sehr unterschiedliche Ziele verfolgten. Die Koalitionsarmee, die unter der Führung des Großen Kurfürsten Friedrich Wilhelm von Brandenburg im Herbst 1658 in die Herzogtümer einrückte, die Schweden vertrieb und im Laufe dieses Feldzugs auch die Inseln Alsen und Fünen eroberte, brachte zwar einen wichtigen Entsatz für Kopenhagen, hatte aber für die Herzogtümer schlimme Folgen. Zu den Verbündeten gehörte auch ein polnisches Kontingent, das besonders barbarisch im Lande hauste, weil es offenbar Freund und Feind nicht auseinanderzuhalten vermochte und weit mehr Schäden anrichtete als der Dreißigjährige

Krieg. Deshalb blieb der Krieg gegen Schweden als »Polackenkrieg« lange Zeit im Gedächtnis der Bevölkerung haften.

Der Einsatz einer niederländischen Flotte sowie weitere Erfolge der Koalition gegen Schweden und der Tod Carls X. Gustaf führten schließlich zu den Friedensschlüssen von Oliva (bei Danzig) und Kopenhagen (1660), die nicht viel mehr als die Bestätigung des Status quo ante brachten. Innenpolitisch vollzog sich aber in Dänemark ein wichtiger Schritt. 1660 wurden das Erbkönigtum (auch in der weiblichen Linie) und die Alleingewalt des Königs (Enevælde), das heißt der Absolutismus, in einer als Revolution bezeichneten Aktion eingeführt. Das Revolutionäre bestand in der Tatsache, daß sich die Stadt, also das Bürgertum, mit dem König gegen die Macht des Adels wandte. Das Königsgesetz (Kongelov) von 1665 schrieb diesen Wandel fest. Der Einfluß des Reichsrates war damit ausgeschaltet. Was unter König Friedrich III. bereits vorsichtig begonnen hatte, wurde unter Christian V. (1670–1699) massiv fortgesetzt, nämlich die De-facto-Anwendung von Prinzipien des Kongelovs auf die Herzogtümer. Christian V. erschien nicht mehr persönlich, um die Huldigung der Stände entgegenzunehmen, sondern entsandte einen Beauftragten. Beschwerden ignorierte er, und nach 1675 berief er Landtage für die Herzogtümer nicht mehr ein. Neue Steuern, darunter auch eine monatliche Kontribution, wurden ohne Bewilligung der Stände angeordnet und durchgesetzt. Noch weitere Übergriffe gegen die Landesprivilegien, vor allem gegen die 1460 in Ripen festgelegten staatsrechtlichen Grundlagen für die Herzogtümer, verhinderte Graf Friedrich von Ahlefeldt auf Gravenstein und Langeland, der spätere dänische Großkanzler, als Statthalter in Schleswig-Holstein (seit 1663).

Herzog Friedrich III. von Gottorf, der während des Schwedisch-Polnischen Krieges vergeblich versucht hatte, die Neutralität seines Territoriums durchzusetzen, war bereits 1659 gestorben, während sein Sohn und Nachfolge, Christian Albrecht, sich im schwedischen Lager aufhielt. Nur aufgrund der Fürsprache Frankreichs und Englands und mit Duldung der Verbündeten Dänemarks behielt Gottorf die im Kopenhagener Vertrag vom 2. Mai zugesprochene Souveränität. Christian Albrecht suchte, beraten von dem erfahrenen Kanzler Johann Adolf von Kielmannseck, den Ausgleich mit Dänemark, ohne aber die Anlehnung an Schweden aufzugeben. Die Heirat mit Friederike Amalie, der Tochter König Friedrichs III., sollte helfen, die Differenzen zu beheben.

Doch die versöhnliche Phase der gottorfisch-dänischen Beziehungen war mit dem Regierungsantritt Christians V. bereits vorbei. Dieser suchte nach einer Gelegenheit, den Rivalen wieder unter die dänische Lehnshoheit zu zwingen. Sie ergab sich 1675 nach dem Sieg des Großen Kurfürsten von Brandenburg über ein schwedisches Heer bei Fehrbellin. Christian V. ließ den Herzog, der es abgelehnt hatte, den König im Kampf gegen Schweden zu unterstützen, gefangennehmen und die Festung Tönning besetzen. Schließlich zwang er ihn am 10. Juli 1675 zum Rendsburger Vergleich, durch den alle Souveränitätsrechte aufgehoben wurden und der Herzog der dänischen Botmäßigkeit stärker unterworfen wurde als je zuvor. Als Christian Albrecht gegen das Verhalten des Königs protestierte, besetzte dieser die gottorfischen Anteile Schleswigs. Zwar wurde der Herzog durch die Bestimmungen der Friedensschlüsse von Fontainebleau und Lund 1679

21

Bildnis Herzog Christian Albrechts (21), gemalt von Jürgen Ovens, um 1660. Christian Albrecht hatte ein schweres Erbe anzutreten, als sein Vater noch während des Schwedisch-Polnischen Krieges starb und er selbst sich im Lager des Schwedenkönigs befand. Nur dank der geschickten Staatsführung durch Johann Adolf von Kielmannsegg gelang es, den herzoglichen Anteil zu erhalten. Doch auch nach der Eheschließung mit einer dänischen Prinzessin blieb der Dualismus zwischen den beiden Oldenburger Linien bestehen und führte zu kriegerischen Ereignissen.

22

23

Bildnis Kanzler Johann Adolf von Kielmannseggs, gemalt von Jürgen Ovens (22).
König Karl II. von England räumt dem Gottorfer Herzog Handelsprivilegien ein und garantiert ihm die Neutralität, 1667 (23).
Siegel Herzog Friedrichs IV. (24)

wieder in seine alten Rechte eingesetzt, doch war damit der dänischen »Reunionspolitik« noch kein Ende bereitet. 1684 wurde der Gottorfer Anteil Schleswigs erneut besetzt und erst 1689 auf Druck des Kaisers, Englands und der Niederlande, nach Abschluß des Altonaer Vergleichs, wieder geräumt.

Erst der Ausgang des Nordischen Krieges (1700–1721) führte zum definitiven Verlust Schleswigs für den Herzog von Gottorf. König Friedrich IV. (1699–1730) begann den Krieg – der gemeinsam mit Rußland und Polen geführt wurde, um die Vormachtstellung Schwedens zu brechen – mit der erneuten Besetzung des herzoglichen Anteils von Schleswig und der Belagerung Tönnings. Als aber schwedische Truppen von Wismar aus in Holstein einrückten und Karl XII. von Schweden auf Seeland landete und Kopenhagen bedrohte, mußte König Friedrich IV. sich in den Frieden von Traventhal (18. August 1700) fügen und die Souveränität und Gleichberechtigung des Herzogs noch einmal anerkennen.

Herzog Friedrich IV. (1694–1702), Christian Albrechts Sohn, fiel während des Feldzugs in Polen als Befehlshaber der schwedischen Reiterei bei Klissow. Als daraufhin für den zu diesem Zeitpunkt erst zweijährigen Nachfolger eine Vormundschaftsregierung eingesetzt werden mußte, geriet das gerade halbwegs gesicherte Herzogtum in einen unheilvollen Strudel. Der aus Hessen stammende Abenteurer Georg Heinrich von Görtz, dem es gelungen war, die erfahrenen Räte zu verdrängen und sich selbst an die Spitze der Regierung zu setzen, richtete das Land außen- und innenpolitisch zugrunde.

1712 wurde Schleswig-Holstein erneut zum Kriegsschauplatz, als der schwedische Feldherr Magnus Graf Stenbock mit seinen Truppen einrückte, nachdem er eine dänische Armee in Mecklenburg geschlagen hatte. Altona wurde am 8. und 9. Januar 1713 eingeäschert, weil es sich geweigert hatte, den Schweden die verlangte Brandschatzung zu zahlen. Auf dem weiteren Marsch über Itzehoe, durch Dithmarschen und Eiderstedt bis nach Flensburg erpreßte Stenbock riesige Kontributionen. Das von ihm zu

24

Ihro Königl. Majestät zu Schweden/ ꝛc. ꝛc.
Meines allergnädigsten Königs und Herrn/
GENERAL en CHEF und Ober=COMMANDEUR
über Dero in Teutschland stehende Armée,
Graff MAGNUS STENBOCK.

Ich hätte zwar vermeynet/ daß/ nachdem Ich durch ein öffentliches Manifest versprochen/ ernstliche Anstalt zu verfügen/ daß bey dem March der Königlichen Schwedischen Armée in Holstein überall gute Ordres solten gehalten werden/ so viel als müglich ist/ und Krieges=Raison
an die Hand giebet/ die Einwohner in besagtem Hertzogthum ruhig auff ihren Gründen und
ihrem Haab und Guth würden besitzen geblieben seyn/ Weilen Ich aber/ wider Vermuthen/ sehr ungern vernehmen muß/ daß unterschiedliche Einwohner die Dörffer verlassen/ und alles das Ihrige/ ja
auch gar die Fourage, mit sich weggeführet haben/ Als habe Ich für nöthig und Christlich zu seyn er-
achtet/ Alle und Jede/ in vorerwehntem Fall wohlmeynend zu warnen/ daß Sie bey ihren Gründen
und Gütern ruhig mögen besitzen bleiben/ Widrigen Falls wird Niemanden befremden/ wann die
ledig gelassene Häuser und Höfe/ nach üblichem Gebrauch in dergleichen Fällen/ verbrannt/ verwüstet
und verheeret werden. Welches Allen und Jeden/ so es angehet/ zur Nachricht dienet. Gegeben im
Haupt=Quartier zu Schwartau/ den 20/ 31. December, Anno 1712.
MAGNUS STENBOCK.
[L.S.]

25

Beginn seines Feldzugs in den Herzogtümern veröffentlichte Mandat (vom 31. Dezember 1712) signalisiert, was die Bevölkerung zu erdulden hatte. Den Schweden folgte eine russisch-sächsische Armee unter Peter dem Großen, die Stenbock nach Eiderstedt abdrängte, wo er am 16. Mai 1713 zu Hoyersworth kapitulieren mußte. Die Festung Tönning hielt der Belagerung bis zum 7. Februar 1714 stand. König Friedrich IV. hatte schon vor der Kapitulation Stenbocks mit einem Okkupationspatent den Gottorfer Anteil Schleswigs in Besitz genommen. Diesmal fanden die Gottorfer keine Verbündeten mehr, die sich für die Herausgabe des okkupierten Gebietes einsetzten. Der König ließ sich nach Beendigung des Nordischen Krieges am 3. und 4. September auf Schloß Gottorf als alleinigem souveränen Landesherrn huldigen. Die Einverleibung des Herzogtums Schleswig in das dänische Königreich wagte Friedrich mit Blick auf die Machtkonstellation in Europa nicht.

Die Gottorfer waren damit auf ihren holsteinischen Anteil zurückgeworfen, einen Zwergstaat, der etwa zwei Fünftel des Herzogtums ausmachte,

Mandat des schwedischen Generals Magnus Stenbock vom 31. Dezember 1712, in dem er die Bewohner der Orte, die er zu brandschatzen beabsichtigt, auffordert, ihre Häuser und Höfe nicht zu verlassen (25).

Medaille auf die Anwesenheit Peters des Großen in Hamburg und Altona (26).

Medaille (Vor- und Rückseite) zum Gedenken an die Einäscherung Altonas durch General Stenbock am 8. und 9. Januar 1713 (27).

Blick auf das wiedererbaute Altona, Holzstich von Johann Peter Wolff, um 1760 (28).

26

28   27

29

Herzog Karl Friedrich, Gemälde eines
unbekannten Malers (29). Der Herzog ist
dargestellt in schwedischer Uniform und
in ähnlicher Pose wie König Karl XII. von
Schweden auf dem Gemälde von Axel
Sparre (1712).
Herrenhaus Hoyersworth in Eiderstedt
(30). Hier kapitulierte Stenbock am 16.
Mai 1713.
Johann Hartwig Ernst von Bernstorff,
»der ältere Bernstorff« (31), Lithographie
nach einem Gemälde auf Schloß
Rosenburg.
Herzog Karl Peter Ulrich von Schleswig-
Holstein-Gottorf als Zar Peter III.,
1762 (32).
Großfürst Paul von Rußland, mit dessen
Zustimmung 1773 für Schleswig-
Holstein die »gesamtstaatliche Zeit«
begann (33).
Kiel mit dem Schloß (34), Miniatur nach
C. F. Bünsow, um 1825.

wobei es nicht einmal eine territoriale Geschlossenheit gab. Dieses tief
verschuldete staatliche Gebilde wurde vom Kieler Schloß aus regiert, denn
Gottorf, der Stammsitz der Linie, befand sich jetzt in dänischer Hand. Daß
die »Gottorfer Frage« noch für weitere 50 Jahre einen Unruhefaktor in der
europäischen Politik darstellte, lag nicht etwa an der Gefahr, die von diesem
Kleinstaat ausgegangen wäre, sondern ausschließlich an der dynastischen
Verflechtung, die die Gottorfer Linie der Oldenburger mit Schweden und
Rußland verband. Die Eheschließung Herzog Karl Friedrichs mit Anna
Petrowna, der Tochter Peters des Großen, 1725, brachte es mit sich, daß
den Gottorfern, die nach wie vor ihre Ansprüche auf Schleswig geltend
machten, potentiell ein mächtiger Verbündeter für ihre Sache zur Seite
stand. Erst als der Einfluß der »Gottorfer Partei« am Zarenhof nachließ,
mußte sich Karl Friedrich mit der Rolle eines in Kiel residierenden Duodez-
fürsten begnügen.
Eine neue Perspektive erhielt die Gottorfer Angelegenheit, als Zarin Elisa-
beth Herzog Karl Peter Ulrich, Karl Friedrichs Sohn, 1742 zum russischen
Großfürsten und damit zum Thronfolger ernannte, während zur gleichen
Zeit Fürstbischof Friedrich von Lübeck, aus der jüngeren Gottorfer Linie,
die Anwartschaft auf den schwedischen Thron erwarb. Karl Peter Ulrich,
ein Bewunderer Friedrichs II. von Preußen, den er mit seiner Militärspiele-
rei zu kopieren suchte, war besessen von der Absicht, Schleswig für sein
Haus zurückzuerobern. Sobald er 1762 als Peter III. Zar geworden war,
ging er militärisch gegen Dänemark vor. Seine Ermordung verhinderte den
Krieg und schuf die Voraussetzungen für eine friedliche Lösung der »Got-

30

torfer Frage«. Katharina die Große fand sich bereit, auf ihren seit 1742
»großfürstlich« genannten Anteil von Holstein zu verzichten. Ihr Ratgeber, der aus Apenrade stammende Caspar von Saldern, unterstützte sie
darin.

Nach zähen Verhandlungen, die auf dänischer Seite von Graf Johann
Hartwig Ernst von Bernstorff (»der ältere Bernstorff«) geführt wurden,
kam es am 22. April 1767 im Kopenhagener Vertrag zwischen Rußland und
Dänemark zu einer Vereinbarung, die – vorbehaltlich der Zustimmung des
Großfürsten Paul, die erst nach Erreichen der Volljährigkeit erfolgen
konnte – unter anderem vorsah: Der König von Dänemark tritt die Grafschaften Oldenburg und Delmenhorst (die 1667 an Dänemark gefallen
waren) an den Großfürsten Paul ab; dafür verzichtet dieser zugunsten des
Königs auf seinen Besitz in Holstein und bestätigt die Zugehörigkeit ganz
Schleswigs zur dänischen Krone. Dänemark übernimmt sämtliche Schulden des großfürstlichen Anteils und verpflichtet sich, Oldenburg und
Delmenhorst schuldenfrei zu übergeben. Die beiden Grafschaften sollen
nach Zustimmung durch den Kaiser zum Herzogtum erhoben und dann an
die jüngere gottorfische Linie in Eutin übertragen werden.

Nach nochmaligen schwierigen Verhandlungen stimmte Großfürst Paul
am 1. Juni 1773 im Vertrag von Zarskoje Selo den in Kopenhagen getroffenen Vereinbarungen zu. Am 16. November fand die feierliche Übertragung im Kieler Schloß statt. Damit waren die Herzogtümer Schleswig-
Holstein und die Königreiche Dänemark und Norwegen in einem Gesamtstaat vereint.

31

32

33

34

> »Wird allen und jeden, welche sich in unsere Stadt
> zu wohnen begeben werden, von was Glauben sie auch
> seyn mögen, imgleichen der Griechischen Religion zugethanen,
> nur die eintzige Socinianer ausgenommen,
> eine vollenkomene Gewissens-Freyheit und Exercitium
> ihrer Religion verstattet«

Mißtrauen und Ressentiments gegen Fremde und Fremdes, gepaart mit Neugier, sind in den meisten Gesellschaften ein ganz natürliches menschliches Verhalten. Toleranz hingegen ist eine Kulturleistung. Daran gilt es zu denken, wenn die Rolle von religiösen Minderheiten in der Geschichte Schleswig-Holsteins betrachtet wird. Daß diese Gruppierungen hier besonders angesprochen werden sollen, hat einen einfachen Grund: Seit dem frühen 17. Jahrhundert haben die Schauenburger Grafen in der Herrschaft Pinneberg, dann die Könige von Dänemark und die Gottorfer Herzöge Glaubensflüchtlinge in ihren Ländern aufgenommen – lange bevor die Kurfürsten von Brandenburg oder die Landgrafen von Hessen Gelegenheit hatten, ihren Ruf als tolerante Landesherren zu erwerben.
Es geht im folgenden ausschließlich um religiöse Minderheiten, nicht um ethnische wie die dänische in Schleswig oder die nordfriesische Volks-

Die Menno-Kate bei Bad Oldesloe (1). Das Haus ist der einzige Überrest der 1627 zerstörten Mennonitensiedlung Wüstenfeld. Menno Simons, der Begründer der Mennoniten, betrieb hier eine Druckerei für seine Schriften. Das Haus beherbergt heute ein kleines Mennoniten-Museum. Im Garten hinter der Kate befindet sich eine Menno-Simons-Gedenkstätte.
Bethaus der Mennoniten in Friedrichstadt, seit 1708 (2).
Medaille, geprägt von der Altonaer Mennonitengemeinde anläßlich des 25jährigen Dienstjubiläums von Pastor B. G. Roosen, 1870 (3).

gruppe (die erklärtermaßen keine Minderheit sein will). Die Zigeuner seien lediglich erwähnt; sie waren in Schleswig-Holstein genausowenig gelitten wie anderswo, sieht man von dem Versuch der Gottorfer ab, im späten 16. Jahrhundert »aus christlichem Mitleiden die umbtreibende bloße und nackende Rotte Zigner, welche man Tartarn nennt« in Norderdithmarschen »einzulogieren«. Auf anhaltenden Protest der Einwohner wurde diese Entscheidung zurückgenommen und statt dessen 1609 verfügt, daß die Einwohner »hinfüro mit Beherbergung, Einlogirung und Gleitung solcher Tartarn nicht mehr beschwert und belästigt werden sollen«, da sich herausgestellt habe, daß es sich bei den »Tartarn um ein boßhafftig Volck« handele.

Daß Menno Simons, der Begründer der Mennoniten, sich in der Nähe von Oldesloe aufhalten und dort (in der sogenannten Mennokate) seine Schriften drucken konnte, ist zwar ein Zeichen von Toleranz oder von religiösem Interesse seiner Gönner, doch entstand daraus noch nicht unmittelbar eine Minderheit. Nach Mennos Tod (1561) gab es nur eine Gemeinde, die aber bald unterging. Die Mennoniten kamen in größerer Zahl erst gegen Ende des 16. Jahrhunderts nach Schleswig-Holstein, nachdem sie in den Niederlanden verfolgt wurden. Die Reaktion bei den Landesherren, bei der lutherischen Geistlichkeit und bei der Bevölkerung war sehr unterschiedlich. Die Fürsten waren zwar einerseits an der Ansiedlung der niederländischen Exulanten interessiert, fürchteten aber andererseits eine Wiederholung der »Schwärmerei« und Zustände wie in Münster.

2

Die religiöse Einheit des Landes war für die Fürsten zunächst auch eine politische Notwendigkeit. Deshalb wurde zum Beispiel im Dithmarscher Landrecht von 1567, dessen Bestimmungen 1591 vom Eiderstedter Landrecht übernommen wurden, geboten, den »Wedderdoppern, sacramentierenden und andern inschlickenden vervörerischen Secten« zu begegnen, sie anzuzeigen und sie, sofern sie an ihrem »Irrwahn« festhalten wollten, des Landes zu verweisen. Dieses Los hatten einige Mennoniten in Eiderstedt hinzunehmen. Erst im frühen 17. Jahrhundert erfolgte ein allmählicher Wandel gegenüber den »stillen Täufern«, wie generell gegenüber »fremden Religionsverwandten«.

Zunächst muß davon ausgegangen werden, daß um 1600 Schleswig-Holstein insgesamt rein lutherisch war. Nach den im Augsburger Religionsfrieden 1555 vereinbarten Regeln bestimmte der Landesherr die Konfession seiner Untertanen. Andersgläubige hatten zwar das Recht auf Abzug, aber keinen Anspruch auf Toleranz. Die Landesherren hatten das Recht, die Religionsausübung Andersgläubiger im Rahmen einer klar begrenzten Privilegierung zu erlauben. Dies geschah seit dem frühen 17. Jahrhundert überwiegend in religiösen Freistätten, meist städtischen Neugründungen. Den Anfang machte der bis 1640 schauenburgische Marktflecken Altona; es folgten Glückstadt und Rendsburg als königliche Städte und Friedrichstadt auf herzoglichem Gebiet. Nach 1634 kamen Nordstrand und im 18. Jahrhundert noch Christiansfeld als Herrnhuter-Kolonie in Nordschleswig hinzu.

In Hamburg und Altona hielten sich seit Ende des 16. Jahrhunderts niederländische und französische Reformierte auf, die am 15. Juni 1602 von Graf Ernst von Schauenburg das Recht erhielten, in Altona eine Gemeinde zu gründen. 1603 wurde dort die erste reformierte Kirche auf schleswig-

3

4

5

Die Remonstrantisch-Reformierte Kirche in Friedrichstadt (4). Nach der Zerstörung Friedrichstadts konnte die Kirche erst 1852/54 wiedererrichtet werden, und zwar als spätklassizistische Saalkirche. Blick vom Lesepult auf die Orgel. Noch heute werden in dieser Kirche Gottesdienste in niederländischer Sprache gehalten. Begründer der Remonstrantischen Bruderschaft war Jacobus Arminius Oudewater.
Grabstein (1707) auf dem Friedhof hinter der Remonstranten-Kirche (5).

holsteinischem Boden gebaut. Die Gottesdienste fanden in französischer, niederländischer und deutscher Sprache statt. Im Privileg von 1602 wurde dem Pfarrer aufgetragen, er solle sich »des Scheltens enthalten und die Augsburgischen Konfessionsverwandten und die Päpstischen nicht angreifen, die gottesdienstlichen Bräuche anderer nicht tadeln und keine Ursache zu einiger Trennung geben; er und seine Zuhörer sollen sich der christlichen Liebe gegen jedermann befleißigen.« Diese Anweisung wurde von den Königen und Herzögen für ihre Bereiche übernommen und kehrte in leicht abgewandelter Form bis in das 18. Jahrhundert hinein wieder.

Zur gleichen Zeit wurde in Hamburg eine Verordnung gegen fremde Religionsangehörige wiedergedruckt, in der es unter anderem hieß: »Die verstockten Kalvinisten haben 20 und mehr Jahre hier bei uns gewohnt, haben Handel und Kaufmannschaft getrieben, wollen nicht zur Kirche und zum Abendmahl des Herrn gehen, wollen nicht hören, wollen sich nicht weisen lassen, sondern bleiben halsstarriglich bei ihrem einmal gefaßten Wahn und Irrtum; [...] also greulich ärgern und betrüben sie fromme Christen.« So nahe beieinander lagen Unduldsamkeit und erste Ansätze zur Toleranz.

Es gilt aber grundsätzlich darauf hinzuweisen, daß die Toleranz keineswegs das primäre Motiv der Landesherren bei der Aufnahme von Religionsflüchtlingen war. Der wichtigste Grund für diese Politik waren wirtschaftliche Interessen. Bei den Exulanten handelte es sich zumeist um kenntnisreiche und fleißige Kaufleute und Handwerker, die Handel und Gewerbe zu fördern vermochten.

In Glückstadt und Friedrichstadt sind bereits im Gründungsjahr Reformierte aus den Niederlanden nachweisbar. Eine deutliche Zunahme erfuhren die Gemeinden durch den Zustrom von Hugenotten nach der Aufhebung des Edikts von Nantes. Die Folge waren zumeist Spaltungen der Gemeinden in französische und deutsche; sie wurden im 18. Jahrhundert getrennt privilegiert. Die Integration der Reformierten erfolgte durchweg um die Wende vom 17. zum 18. Jahrhundert, was an ihrer grundsätzlichen Stellung als Minderheit nichts änderte.

Bei der Gründung Friedrichstadts, 1621, kam den Remonstranten eine führende Rolle zu. Ihr Begründer war Jacob Arminius (eigentlich Haarmensz, 1560–1609), nach dem sie auch Arminianer genannt wurden. Die Remonstranten hatten eine »Remonstratie« gegen die Prädestinationslehre Kalvins verfaßt, womit sie ihre Sonderrolle im Rahmen des Kalvinismus definierten. Ihre Verfolgung in den Niederlanden war nur kurzfristig (bis etwa 1630); danach kehrte ein Teil der nach Holstein geflohenen und in Friedrichstadt angesiedelten Remonstranten nach dort zurück, nicht zuletzt, weil sich die wirtschaftliche Entwicklung der Stadt nicht so gestaltete, wie sie sich erhofft hatten.

Die Remonstranten repräsentierten mehr als jede andere religiöse Ausrichtung das Prinzip des freien Denkens und der weitherzigen Gesinnung in Glaubensfragen; bei ihnen gehörte die Duldung Andersgläubiger zum Programm. Sie bildeten in der Folgezeit häufig einen Hort für Sektierer, die in anderen Teilen Europas verfolgt wurden. In Friedrichstadt waren sie bis zum Beginn des 18. Jahrhunderts die führende wirtschaftliche und politische Gruppe, bis sie von den Lutheranern abgelöst wurden. Auch in Glückstadt spielten die Remonstranten bei der Entwicklung der Stadt eine wichtige Rolle.

Quantitativ und qualitativ bedeutend bei der Etablierung der religiösen Freistätten waren auch die Mennoniten. Diese gemäßigte Richtung der Wiedertäuferbewegung hatte es zu Beginn ihres Auftretens in den Herzogtümern schwer, sich gegen die in Mißkredit geratene Täuferbewegung in Münster abzugrenzen. Zudem waren ihre Mitglieder auch untereinander in steter Bereitschaft zum Sektierertum. In Altona, Glückstadt und Friedrichstadt hatten sie erstmals die Möglichkeit, weitgehend unangefochten ihre Glaubensüberzeugungen zu leben. Es gelang ihnen auch, ihr Verhältnis zur Obrigkeit zu klären; den Mennoniten wurden Ausnahmebestimmungen eingeräumt: Sie waren von der Verpflichtung, Eide zu schwören, entbunden; statt dessen sollte ihr »Ja« oder »Nein« eidesgleiche Bedeutung haben. Sie waren frei von öffentlichen Verpflichtungen. Vor allem waren sie vom Waffendienst in jeder Form befreit; sie leisteten statt dessen besondere Steuerzahlungen. Die Zugeständnisse für die Ausübung ihres Gottesdienstes waren auf Friedrichstadt (respektive Altona und Glückstadt) beschränkt. Sie verfügten aber über alle Bürgerrechte sowie über Handels- und Gewerbefreiheit.

Für kurze Zeit belebten auch die Quäker die religiösen Auseinandersetzungen in Schleswig-Holstein. Zur Bildung einer Gemeinde kam es aber nur in Friedrichstadt. 1673 beklagte sich der lutherische Pastor Friedrich Fabricius über die »Dreistigkeit« der Quäker, die »zur Beschimpfung des heiligen Predigtamtes (sogar) ein Weibsbild auftreten ließen, das, in aller zustürzenden Leute Gegenwart, vor allen Nationen dieser Stadt öffentlich pre-

6

7

8

digte und dadurch begann, schon einige Leute an sich zu ziehen«. Was den Pastor Fabricius so empörte, gehörte zu den Grundsätzen der Quäker: die Gleichberechtigung der Frau. Ihre Ablehnung von Krieg, Eid und Sklaverei und ihre Kritik an Luxus, Trunk und hohlen Formen des Hoflebens erregten offenbar weniger Anstoß. Das Recht auf freie Religionsausübung erhielten die Quäker erst 1706. Nach 1770 ist eine Gemeinde in Friedrichstadt nicht mehr nachzuweisen.

Bei der Bestätigung der Privilegien für die Stadt Altona, nach deren Zerstörung durch die Schweden, 1713, war allen Religionsgemeinschaften Glaubensfreiheit zugesichert worden; ausgenommen blieben lediglich die Sozinianer (siehe das Zitat in der Titelzeile). Bei dieser Religionsgemeinschaft, deren Name auf den aus Siena stammenden Fausto Sozzini zurückgeht, der sich 1579 in Polen niederließ und dem dort bereits verbreiteten Unitarismus neue Impulse gab, handelte es sich um Christen, die das Dogma der Dreieinigkeit Gottes ablehnten (daher die Bezeichnung »Unitarier«); sie nannten sich auch »Polnische Brüder«, »Antitrinitarier« oder auch »Photinianer«. Der polnische Humanismus hatte die Verbreitung der Lehren Sozzinis gefördert, so daß es einige Zentren dieser Glaubensgemeinschaft in Polen gab, bis ihre Angehörigen 1658 von König Johan Casimir des Landes verwiesen wurden, weil sie sich während der schwedischen Besetzung 1655/56 unter den Schutz des Schwedenkönigs gestellt und sich damit als »Verräter« erwiesen hatten. Dieses Los teilten sie mit den Juden, die noch strenger verfolgt wurden.

Eine Gruppe dieser Flüchtlinge gelangte 1662 auch nach Friedrichstadt, wo sie sich den Remonstranten anschloß. Ihr Ziel, eine eigene Gemeinde zu gründen, schlug fehl, weil sie vom Hofprediger Christian Albrechts als »gotteslästerliche« Sekte bezeichnet wurden. Der Herzog wies sie daraufhin aus. Auch in den anderen religiösen Freistätten war für die Sozinianer kein Platz. Daran änderte sich auch im 18. Jahrhundert nichts.

Zu den religiösen Minderheiten müssen in Schleswig-Holstein auch die Katholiken gezählt werden. Mit der Durchsetzung der Reformation war der römische Katholizismus im Lande gänzlich abgeschafft worden. Seine, wenn auch lokal begrenzte, Wiederzulassung war schwieriger als die Duldung der protestantischen Sekten. Auch hier waren es kommerzielle Gründe, die Graf Adolf XIV. von Schauenburg 1592 bewogen, den in Hamburg als Kaufleute tätigen Katholiken in Altona katholische Gottesdienste zu gestatten. Bald entwickelte sich daraus eine von Jesuiten betriebene Mission, die so offensiv war, daß das Privileg vorübergehend zurückgenommen wurde. In Glückstadt erhielten Katholiken erst 1658 die Erlaubnis, eine Gemeinde zu gründen, die aber auch hier wegen Übereifers der Jesuiten zwischenzeitlich wieder entzogen wurde. Herzog Friedrich III. von Gottorf ließ bei der Gründung von Friedrichstadt die Ansiedlung von Katholiken von Anfang an zu. Die von der Infantin Isabella von Spanien in Aussicht gestellte Begünstigung im Handel mit den Spanischen Niederlanden hatte ihn dazu veranlaßt.

Die umfangreichste katholische Kolonie entstand nach 1652 auf der Insel Nordstrand. Wieder war es Friedrich III., der die Voraussetzungen dafür schuf: Er war interessiert an der Eindeichung der Insel, die 1634 in der großen Sturmflut entstanden und seither unbedeicht dem Meer ausgesetzt war. Ein Unternehmenskonsortium (die sogenannten Hauptpartizipanten)

wurde Eigentümer von Nordstrand. Es handelte sich um katholische Bürger aus Brabant. Sie erhielten für sich und ihre Gefolgsleute völlige Religionsfreiheit auf der Insel; neben ihnen durften nur noch Lutheraner und
Reformierte (beide als Minderheiten!) vertreten sein. Die enge geistliche
und wirtschaftliche Verbindung mit Utrecht führte dazu, daß die Katholiken auf Nordstrand in den Jansenismusstreit hineingezogen wurden. Vorübergehend fanden führende französische Jansenisten wie Antoine Ar-
nauld dort Zuflucht. Nach der päpstlichen Bulle »Unigenitus« von 1713
kam es zur Spaltung der Katholiken. Während sich die Mehrheit der
Hauptpartizipanten der Utrechter altkatholischen Kirche anschloß, deren
Bischof sie sich auch juristisch unterstellt hatte, versuchten die jesuitischen
Missionare, die römisch-katholische Richtung durchzusetzen. Klagen vor
dem Gottorfer Obergericht gaben den Jansenisten recht. Seither waren
(und sind) auf der Insel Nordstrand beide Konfessionen vertreten, die sich
heftig befehdeten. Bis 1826 waren die römischen Katholiken nur geduldet,
während die Jansenisten die eindeutig Privilegierten waren.

9

10

Fassade der Katholischen St. Josephs-
Kirche in Altona, Große Freiheit (6).
Die Altkatholische Kirche in Süden/
Nordstrand, die mit dem sich
anschließenden Pfarrhaus eine Einheit
bildet (7). Im Kern handelt es sich
um einen Bau des 17. Jahrhunderts,
also aus der Gründungszeit. Die Kirche
wurde 1887 renoviert. Modell des
spätmittelalterlichen und
frühneuzeitlichen Deichbaus im
Nissen-Haus in Husum (8).
Die Portugiesische Synagoge in der
Altonaer Bäckerstraße um 1774,
Gemälde (9). Von der Synagoge ist nur
der Zierstein über dem Portal erhalten
geblieben (10).
Thora-Vorhang aus Altona (um 1790)
mit dem Monogramm
König Christians VII. (11).

11

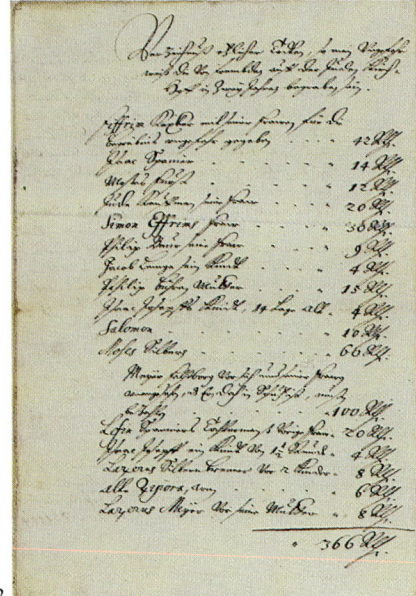

12

13

Für die jüdischen Bewohner Hamburgs und Altonas war nicht nur das Leben teurer als für die Christen, sondern auch der Tod. Verzeichnis der an den Landesherrn zu zahlenden Begräbnisgebühren aus dem 17. Jahrhundert (12).

Grabdenkmäler auf dem portugiesischen Teil des jüdischen Friedhofs in der Altonaer Königstraße (13). Nicht nur die Pyramidenform, sondern auch die Schrift unterscheidet die Gräber der sephardischen von denen der aschkenasischen (deutschen) Juden. Die Inschriften sind, von einzelnen hebräischen Wörtern abgesehen, in spanischer, portugiesischer oder lateinischer Sprache; sie stammen aus dem 17. und 18. Jahrhundert.

Grabstelen der aschkenasischen (deutschen) Juden auf dem jüdischen Friedhof in Altona (14). Die Inschriften der Gräber aus dem 17. und 18. Jahrhundert sind ausschließlich in hebräischer Sprache und Schrift abgefaßt.

14

15

16

17

Noch schwerer als die Katholiken hatten es die Juden, Privilegien für eine freie Religionsausübung zu erhalten. Die sephardischen Juden, die aus Spanien und Portugal vor der Inquisition geflohen waren, kamen seit dem Ende des 16. Jahrhunderts nach Hamburg, wo sie sich als »Portugiesische Nation« niederließen. 1611 kauften sie in Altona ein Grundstück für ihren Friedhof. Dort entstand offenbar um dieselbe Zeit auch eine Synagoge; eine solche wird jedenfalls 1612 in einem Religionsstreit erwähnt. Während die portugiesischen Juden beim Hamburger Senat in hohem Ansehen standen (es handelte sich durchweg um wohlhabende Kaufleute mit weitreichenden Handelsbeziehungen), trachtete die Bürgerschaft danach, sie zu vertreiben, ihnen zumindest jede Religionsausübung zu untersagen.

Die Gründung Glückstadts, 1617, war für viele der portugiesischen Juden ein Anlaß, Hamburg zu verlassen, um sich in Glückstadt unter königlichen Schutz zu begeben. Sie zogen weitere Familien nach. Um 1630 entstand eine Synagoge. Deutsche (aschkenasische) Juden fanden erst im 18. Jahrhundert Aufnahme in der Stadt.

Zu den frühesten Niederlassungen deutscher Juden gehört die auf dem adligen Gut Wandsbek (vor 1614); diese Gemeinde wurde im Laufe des 17. Jahrhunderts weiter privilegiert. Um die Mitte des 18. Jahrhunderts zog der größte Teil nach Altona ab. In Hamburg wurden deutsche Juden nicht geduldet; einige hielten sich um 1640 heimlich in der Stadt auf, wurden aber 1649 »ausgeschafft« und mußten sich in Altona niederlassen. Glückel von Hameln, die 1646 in Hamburg geboren wurde, berichtet in ihren Memoiren vom Leben jüdischer Menschen in Hamburg und Altona

Die Synagoge in Lübeck ist neben der in Köln die einzige in Deutschland, die die NS-Herrschaft überdauert hat und als Synagoge, wenn auch ihres architektonischen Schmuckes beraubt, weiterbesteht (15).
Das historische Foto, vor 1938 aufgenommen, zeigt die Lübecker Synagoge in ihrem ursprünglichen Zustand von 1880 (16).
Die Mikwe, das Ritualbad, in der ehemaligen Synagoge zu Rendsburg, 1845 (17).

Der spartanisch eingerichtete Betsaal der Herrnhuter Brüdergemeinde in Christiansfeld (18). Die Kirche wurde 1777 gebaut und bietet Platz für tausend Menschen. Noch heute wird der Fußboden mit Sand bestreut.
Der Eingang zum »Gottesacker«, dem Friedhof der Herrnhuter (19).
Im Tode sind alle gleich. Auf dem Gottesacker finden deshalb die Verstorbenen die gleiche Behandlung: Männer und Frauen erhalten in getrennten Reihen den gleichen Stein (20).
Die vierteilige Sanduhr an der Kanzel der evangelisch-lutherischen Kirche zu Ockholm, 17. Jahrhundert (21).

während des 17. Jahrhunderts. In Friedrichstadt fanden Juden seit 1675 Aufnahme und genossen wie die christlichen Konfessionen Religionsfreiheit. Eine große Provinzgemeinde entstand seit 1693 im Rendsburger Stadtteil Neuwerk, der geradezu ein jüdisches Ghetto wurde. König Christian V. setzte die Ansiedlung der Juden zum Teil gegen den Widerstand der Bürger durch. Er wies auch den Stadtkommandanten an, der Gemeinde »einen Musketenschuß von den Festungsmauern entfernt« einen Begräbnisplatz zuzuweisen. Aufgrund dieser Entscheidung erhielten die Rendsburger Juden ihren Friedhof in Westerrönfeld.

Seit 1681 gab es auch in Lübeck Schutzjuden; in Moisling siedelten sich schon 1656 Juden an; hier entwickelte sich ein bedeutendes jüdisches Gemeindeleben. Noch 1813 beschloß die Stadt Lübeck, die Juden aus der Stadt und nach Moisling zu verjagen. Erst die Emanzipation (1848) führte den größten Teil der Moislinger Juden nach Lübeck zurück.

Neben den genannten entstanden im späten 17. oder frühen 18. Jahrhundert noch jüdische Gemeinden in Burg auf Fehmarn, Elmshorn, Kiel und Bad Segeberg. Das Motiv für die Duldung der Juden bestand noch weniger als für die christlichen »Religionsverwandten« in religiöser Toleranz, sondern ausschließlich in wirtschaftlichen Interessen. Die portugiesischen Juden waren als Großkaufleute oder als Ärzte nützlich und die deutschen Juden als Händler und Faktoren. Sie alle brachten als »Schutzjuden« Geld in die Kassen der Fürsten oder der Städte.

Die letzte religiöse Minderheit, die es zu betrachten gilt, bilden die Herrnhuter, die zur pietistischen Bewegung gehörten. Schon im 17. Jahrhundert

18

hielten pietistische Strömungen in den Herzogtümern Einzug, teilweise mit dem Ziel, die lutherische Orthodoxie zu beeinflussen, teilweise aber auch in der Absicht, neben die evangelische Lehre zu treten. Da von den religiösen Freistätten aus ohnehin sehr unterschiedliche Traktate verbreitet wurden, war auch für die Schriften Philipp Jakob Speners, Jakob Böhmes oder August Hermann Franckes Platz. Der mystisch-spiritualistische Flügel des Pietismus, dessen wichtigster Vertreter Friedrich Breckling war, wollte die Offenbarung des Johannes zur Grundlage für den Glauben machen. Konventikel entstanden besonders in den Städten, getragen von wohlhabenden Bürgern. Seinen größten Einfluß erlangte der Pietismus mit Regierungsantritt König Christians VI. (1730), der selbst pietistisch erzogen worden war. Am Hof wie auch in der Kirchenleitung wurde der Hallesche Pietismus die bestimmende theologische Richtung. Die Herzogtümer blieben davon nicht unberührt.

19

Pietisten können nicht generell als religiöse Minderheit angesehen werden, da sie sich um die Mitte des 18. Jahrhunderts organisatorisch im Rahmen der Kirche bewegten. Lediglich die sektiererisch auftretenden Gruppen, deren wichtigste die Herrnhuter waren, gehörten dazu. Daß diese nicht wie die offiziell geförderten Halleschen Pietisten, sondern wie eine Minderheit behandelt wurden, geht auch aus den Auflagen hervor, die bei Verhandlungen mit königlichen Vertretern über eine Niederlassung in Schleswig-Holstein gemacht wurden: Verpflichtung auf die Augsburger Konfession, keine Verbindung mit Nikolaus Graf Zinzendorf, keine Beziehungen zu Herrnhut, Zurückhaltung bei der Religionsausübung, Mission nur in außereuropäischen Ländern (das heißt in den dänischen Kolonien). Da diese Bedingungen nicht einzuhalten waren, war die Existenz der Oldesloer Brüdergemeine »Pilgerruh« nur von kurzer Dauer (1737–1741).

20

Die von Herrnhuter Wanderpredigern betriebene Erweckungsbewegung fand besonders in Nordschleswig zahlreiche Anhänger, doch konnte dies noch nicht die Gründung einer Kolonie bewirken. Es waren wieder wirtschaftliche Motive, die zur Aufnahme der Herrnhuter führten. Die aufklärerisch gesinnten Politiker in Kopenhagen, die auf merkantilen Fortschritt sannen und für die konfessionelle Uniformität keine Bedeutung mehr hatte, wandten sich ausgerechnet an die streng antiaufklärerisch eingestellten Pietisten aus Herrnhut mit dem Antrag, »ob nicht die Gemeine an einem Orte in den Herzogthümern sich niederlassen und einige Fabriquen von Leinwand-Wolle und Leder-Bereitung einrichten wolle. Behufige Freyheit und Unterstützung zum Bau pp. werde man ihnen ertheilen«. Dieses Angebot nahmen die Herrnhuter an; 1771 wurde eine königliche Konzession erteilt, an der auch der Sturz Struensees nichts änderte. Die Kolonie wuchs rasch zu einer kleinen Stadt heran; sie erhielt – eine Verbeugung vor König Christian VII. – den Namen Christiansfeld. Es waren überwiegend Handwerker, die sich hier niederließen und sogar fabrikähnliche Betriebe gründeten. Gleichzeitig entstand in Christiansfeld das Herrnhuter Missionszentrum.

21

Adam Struensee, Generalsuperintendent für die Herzogtümer (der Vater des Kabinettsministers Johan Friedrich Struensee) hatte sich vergeblich bemüht, die Gründung einer Herrnhuter Kolonie zu verhindern. Er vertrat den Standpunkt eines aufgeklärten Lutheraners: »Die Toleranz ist gut, wenn sie nur gehörig eingeschränket wird.«

1

Schleswig-Holstein im Gesamtstaat:
Die Reform der Landwirtschaft

Fast gleichzeitig mit der Vereinigung der Herzogtümer Schleswig und Holstein wurden auch die durch die Teilungspolitik in der Linie Johanns des Jüngeren (der abgeteilten Herrn) entstandenen schwierigen Besitzverhältnisse bereinigt. Das königliche Haus erwarb einige Restbesitzungen (Ärö), vor allem aber nach dem Aussterben der Plöner Linie (1761) die Ämter Ahrensbök, Traventhal, Reinfeld und Rethwisch; schließlich kam noch Glücksburg hinzu (1779). Nur die Augustenburger Linie mit Besitzungen auf Alsen und die Becksche Linie (genannt nach dem Gut Beck bei Minden), die seit 1826 die Glücksburgische genannt wurde, hatten noch neben dem königlichen Haus Bestand.

1768 wurde auch ein Streit beendet, der sich über Jahrhunderte hingezogen hatte: Die rechtliche Stellung Hamburgs zum holsteinischen Landesherrn war unklar, weil die seit dem 13. Jahrhundert de facto bestehende Reichsfreiheit zwar vom Kaiser (1510) und vom Reichskammergericht (1618) bestätigt, dies aber von den Herzögen nicht akzeptiert worden war. Mehrfach hatten die dänischen Könige vergeblich versucht, die Stadt zur Anerkennung ihrer Oberhoheit zu zwingen. Der Gottorfer Vergleich vom 27. Mai 1768 beendete den Konflikt. Hamburg erließ beiden Herzögen ihre Schulden (5,4 Millionen Mark) und wurde dafür als Kaiserliche Freie Reichsstadt mit allen Rechten eines unmittelbaren Reichsstandes anerkannt.

Für die Herzogtümer gab es zwei oberste Verwaltungsbehörden: das Gottorfer Obergericht für Schleswig und die Holsteinische Landesregierung in Glückstadt (die ehemalige großherzogliche Regierung in Kiel und die Glückstädter Kanzlei waren zusammengelegt worden). Diesen beiden Behörden waren die Ämter und Landschaften unterstellt. Als Oberste Instanz in Justiz- und Verwaltungsangelegenheiten fungierte die Deutsche Kanzlei in Kopenhagen, und als Zentralbehörde für alle Wirtschafts- und Steuersachen war die Rentekammer auch für die Herzogtümer zuständig.

Die königliche Gewalt war in Schleswig-Holstein durch den Statthalter vertreten, der in Gottorf residierte und über das alte herzogliche Schloß noch ein wenig Glanz breitete. Von 1730 bis 1762 hatte diese Stellung Markgraf Friedrich Ernst von Brandenburg-Kulmbach inne, der vom König mit dem Gut Drage beschenkt wurde. Es stand nach Kassierung der Freigrafschaft Rantzau zur Disposition, die von 1640 bis 1726 als Reststück des Schauenburger Erbes eine gewisse Selbständigkeit genossen hatte. Das vom Markgrafen in Drage errichtete Schloß Friedrichsruh-Drage ist längst abgerissen. Nur der Orgelprospekt der Schloßkirche, heute in der kleinen Dorfkirche Moldenit, blieb erhalten. Auf den Markgrafen folgte Friedrich Ludwig von Dehn (bis 1768), der das Gut Kohöved besaß, das um 1740 umgebaut wurde und seit 1768 Ludwigsburg hieß. Am längsten, nämlich

Noch im 16. Jahrhundert waren die Burgen und Schlösser durch Wälle und Gräben vom Vorgelände abgeriegelt; der Zugang war nur durch Tore und über Brücken möglich. Im Laufe des 17. und 18. Jahrhunderts entwickelten sich daraus aufwendig gestaltete Torhäuser, die nicht weniger charakteristisch für die Herzogtümer sind als die Herrenhäuser selbst. Das Torhaus von Krieseby, 1749, ist ein Beispiel dafür (1).

Der Vorgängerbau von Schloß Ludwigsburg, Kohöved, hier als bemalte Türfüllung in der »Bunten Kammer« des Schlosses, zeigt Brücke und Tor (2).

2

An den Statthalter Friedrich Ernst Markgraf von Brandenburg-Kulmbach und sein Schloß Drage erinnert nur noch der Orgelprospekt von 1741 aus der Schloßkapelle, der sich heute in der kleinen Dorfkirche zu Moldenit/Angeln befindet (3).
Louisenlund (4), die ehemalige Sommerresidenz des Landgrafen Karl von Hessen, der von 1768 bis 1836 Statthalter war.
Andreas Peter Graf von Bernstorff (»der jüngere Bernstorff«) (5), Königin Karoline Mathilde von Dänemark (6) und Johann Friedrich (Graf von) Struensee (7), Lithographien nach älteren Gemälden aus »Billeder af berømte Danske Mænd og Kvinder«, die in drei Bänden von 1867 an in Kopenhagen erschienen.

von 1768 bis 1836, fungierte Landgraf Karl von Hessen als Statthalter in den Herzogtümern. Er war der Schwager Christians VII. und der Schwiegervater Friedrichs VI.; ein volkstümlicher, an Wissenschaften und Okkultismus gleichermaßen interessierter Mann, der Schloß Louisenlund als Sommerresidenz errichten ließ.

Damit waren die Voraussetzungen für eine planvolle, die Herzogtümer und Dänemark als Einheit begreifende Politik gegeben. Der Gesamtstaat konnte – eine kluge Führung vorausgesetzt – eine Außenpolitik betreiben, die sich, grundsätzlich neutralistisch, darauf konzentrierte, im europäischen Mächtekonzert das Bestehende zu sichern. Für eine solche Politik traten ganz besonders Johann Hartwig Ernst (der Ältere) Graf Bernstorff und dessen Neffe Andreas Peter (der Jüngere) Graf Bernstorff ein, deren Wirken allerdings 1770 für zwei Jahre durch eine kurze, aber ausgesprochen stürmische Phase unterbrochen wurde, in der Johann Friedrich (Graf) Struensee die Geschicke des Gesamtstaates im Sinne des aufgeklärten Absolutismus schneller voranzutreiben suchte, als es dem Willen seiner Umgebung entsprach. Struensee sollte dennoch nicht als »gewissenloser Emporkömmling« angesehen werden, sondern eher als ein überdurchschnittlich begabter Vertreter seiner Zeit. Er hatte zwar die Gelegenheit, das Land in einem großangelegten Modernisierungsprozeß voranzubringen, ihm fehlte aber die privilegierte Stellung Kaiser Josephs II., mit dem er sonst am ehesten zu vergleichen wäre. Seine Affäre mit der Königin Karoline Mathilde – nach modernen Gesichtspunkten angesichts der Geisteskrankheit König Christians VII. verständlich, nach dem Ehrenkodex

3   4

der Zeit aber zutiefst strafwürdig – hat sich dem Gedächtnis der Nachwelt
länger eingeprägt als seine politischen Leistungen.

Ende 1772, nach der barbarischen Exekution Struensees, des »verhaßten
Usurpators, der als Freidenker und Doktrinär durch teils notwendige, teils
viel zu weit gehende fortschrittliche Maßnahmen den Staat bis ins Innerste
erschüttert hatte« (Otto Brandt), wurde Bernstorff der Jüngere zurückge-
rufen und konnte bis zu seinem Tode, 1797, eine für den Gesamtstaat
außerordentlich segensreiche Politik betreiben. Die »Ära Bernstorff«
wirkte sich auch auf die Herzogtümer positiv aus, nicht zuletzt, weil mit ihr
ein großer ökonomischer Fortschritt verbunden war, dem dann aber in der
napoleonischen Zeit ein besonders jäher Absturz folgte.

Schleswig-Holsteins Wirtschaft war bis in die jüngste Zeit abhängig von
Krisen und Konjunkturen der Landwirtschaft. Als besonders charakteristisch gilt die ostholsteinische Gutswirtschaft, die im Verlauf des 15. Jahrhunderts durch den Kauf von Bauernstellen und die Niederlegung von
Dörfern durch die Ritter entstanden war. Aus diesem Akkumulationspro-
zeß, der oft genug mit Gewalttätigkeiten verbunden war, entwickelte sich
eine Wirtschaftsform, als deren Hauptmerkmal die Leibeigenschaft angesehen werden muß. Den wirtschaftlich abhängigen Hintersassen wurde die
Abwanderung in die Städte untersagt und damit die Schollenbindung
aufgezwungen. Die Verpflichtung zu unterschiedlichen Abgaben und die
Einschränkungen in den persönlichen Belangen der Gutsuntertanen verfe-
stigten sich allmählich zu einer (in extremen Fällen) der Sklaverei vergleichbaren sozialen Struktur. Daneben gab es auf dem schleswig-holsteinischen Mittelrücken und an der Westküste sowie in den Elbmarschen und
in Lauenburg ein Bauerntum, das mehr oder weniger als frei anzusehen,
jedenfalls nicht dem Status der Leibeigenschaft unterworfen war. Besonders die Bauern an der Westküste, in Dithmarschen, Eiderstedt und Nordfriesland standen den adligen Unternehmern in wirtschaftlicher Hinsicht
nicht nach. Sie betrieben Landwirtschaft auf besonders lukrative Weise,
indem sie Produktion und Vermarktung verbanden. So reederten Bauern
eigene Handelsschiffe, um ihre Produkte nach England oder in die Niederlande zu verkaufen. In den Elbmarschen waren die Gutsherren stets genötigt, ihre tatsächlichen oder vermeintlichen Rechte gegen die untertänigen
Bauern in zum Teil langwierigen Prozessen durchzusetzen, die bis zum
Reichskammergericht gingen.

Seit dem 13. Jahrhundert hatte auch die Klosterwirtschaft eine gewisse
Bedeutung für die Landwirtschaft; mit ihr waren Modernisierungen, aber
auch strukturelle, meist durch adlige Stiftungen verursachte Veränderungen verbunden. Diese nahmen aber quantitativ bis zur Reformation nicht
in dem Maße zu, daß sie auch für die Folgezeit konstitutiv gewesen wären.
Einen wesentlichen Aufschwung nahm die schleswig-holsteinische Landwirtschaft im 16. Jahrhundert. Das Zeitalter Heinrich Rantzaus verlieh
nicht nur dem Adel Glanz, sondern brachte auch vielen freien und halb-
freien Bauern Wohlstand. In Westeuropa waren für landwirtschaftliche
Produkte gute Preise zu erzielen. Die Folge war eine Intensivierung des
Ackerbaus einerseits und der Milch- und Weidewirtschaft andererseits.
Viele Güter spezialisierten sich auf Ochsen- und Schweinemast; andere,
besonders in Ostholstein, konzentrierten sich auf den Getreideanbau.
Schließlich waren die Elbmarschen erfolgreich bei der Errichtung von

5

6

7

Vortheile der Frohnen.

1. Für den Guthsherrn.

Es ist schwer für Tagelohn Menschen, noch schwerer Zugvieh in der Erndte und Saatzeit zu erhalten, man muß also mehr Zugvieh halten, wenn die Frohnen abgeschaft sind, und da sind kaum 4 Pferde das ganze Jahr hindurch nicht so nutzbar als 100 an zwei Erndtetagen.

2. Für die Unterthanen.

In einiger Entfernung von großen Handelsorten wird dem Landmann der Geldverdienst schwer; er kann also mit minderm Drucke Dienste leisten, als Geld zahlen.

3. Vortheile der Frohnen, welche nur in wenig cultivirten Ländern statt finden.

(1) Wird bei einem zur Indolenz geneigtem Volke vermittelst der Frohnen eine größere Summe erzwungen, als sonst würde verrichtet worden seyn.

(2) Dienen die Frohnen oft dazu, eine zweckmäßige Cultur schneller auszubreiten.

Nachtheile der Frohnen.

Für den Guthsherrn,

1) Der Aufwand, welchen die hierzu erforderliche Aufsicht nothwendig macht, mit andern Worten der Verlust der regie Kosten,

2) Frohnarbeit ist schlechter als Miethsarbeit, so wie diese schlechter ist als eigne Arbeit.

Für den Landmann,

1) Der Zeitverlust und die Ermattung von Menschen und Vieh, durch die Weite des Weges, ehe sie zu dem Orte kommen, wo gearbeitet werden soll.

2) Die Vernachlässigung seiner eigenen Wirthschaft, durch die Abwesenheit seines Gesindes und Zugviehes, zumal in denen Zeit-
8 punkten, wo er derselben am bedürftigsten ist.

In seinem Buch »Historischer Versuch über die Leibeigenschaft«, das 1797 in Hamburg erschien, hat Chr. Detlev Karl Rantzau (Ascheberg) die Vor- und Nachteile der Fronarbeit zusammengefaßt (8).
Eine klare Abgrenzung zwischen Herrenhaus und Schloß ist kaum möglich. In der Regel ist davon auszugehen, daß zum Herrenhaus in unmittelbarer Nähe die Wirtschaftsgebäude des Gutes gehören, die im 18. Jahrhundert auch architektonisch als Einheit behandelt werden, wie das Beispiel Hasselburg (9)

9

10

»Holländereien« für die Milch-, Butter- und Käseverarbeitung. Späte Zeugen dieser wirtschaftlichen Blüte sind die großen Gutsscheunen sowie die Haubarge und andere Großhöfe, besonders an der Westküste. Kaum weniger wichtig für den wirtschaftlichen Aufschwung des Landes – als dieser Unternehmergeist der Gutsherren und der freien Bauern in dieser Zeit – dürften die Maßnahmen gewesen sein, die zur Sicherung und Erweiterung des fruchtbaren Marschlandes an der Küste führten. Der Deichbau, getragen von Friesen und zugewanderten Niederländern, war eine wichtige Voraussetzung für die wirtschaftliche Prosperität Schleswig-Holsteins bis ins 18. Jahrhundert hinein.
Der Beginn des 18. Jahrhunderts war duch die Kriegsereignisse negativ beeinflußt, sein weiterer Verlauf brachte dann aber einen bedeutsamen Aufschwung in der Landwirtschaft mit sich. Die Auswirkungen der großen Politik auf das Land waren nach den Friedensschlüssen des Nordischen Krieges vergleichsweise gering; denn die Probleme der nationalen Auseinandersetzungen waren überwiegend ideologische, weniger wirtschaftliche.

Die sogenannte nationale Frage, die einige Gemüter seit dem Ende des 18. Jahrhunderts beschäftigte, war zunächst eher ein Problem vereinzelter Gruppen der Oberschicht als eine Massenbewegung. Die ersten deutsch-dänischen Gegensätze traten im Verlauf der Opposition gegen Struensee und die deutschsprachige Vorherrschaft am Hof in Kopenhagen zutage. Aber selbst die Stärkung des dänischen Reichsadels in der Phase nach Struensee löste noch keine ausgesprochen nationalpolitischen Reaktionen aus. Erst die Agitation der deutschnationalen Schleswig-Holsteiner einerseits und der sogenannten Eiderdänen andererseits lancierten das Austragen nationaler Gegensätze, das bis dahin im Leben der Menschen mit- und untereinander kaum einen Platz gehabt hatte.

Andreas Peter Graf Bernstorff gelang es vorübergehend, durch eine geschickte Politik des Ausgleichs zwischen den dänisch-zentralistischen Maßnahmen und den schleswig-holsteinischen nationalistischen Forderungen ernstliche Konflikte zu verhindern. Er unterstützte in Maßen die Position der Ritterschaft bei ihrem Kampf um die Anerkennung ihrer Privilegien. Auf diesem Wege erreichte er ein erträgliches Verhältnis zwischen den Ständen und den Landesherren, ohne daß die seit Ripen verbriefte Verbindung von Schleswig und Holstein hätte in Frage gestellt werden müssen (wie dänischerseits gewünscht).

Einen wirklichen Einschnitt in den Herzogtümern brachten die Agrarreformen. Seit der Mitte des 18. Jahrhunderts wurden in Schleswig-Holstein (angeregt durch englische Vorbilder) Anstalten unternommen, die Landwirtschaft zu rationalisieren. Die Frage der Rentabilität stellte sich allenthalben und besonders nachdrücklich bei der Gutswirtschaft, und es ergab sich, daß die Leibeigenschaft keineswegs nur vorteilhaft für die Gutsherren war; es waren also nicht nur humanitäre Gesichtspunkte, die zu ihrer Aufhebung führten. Hans Rantzau auf Ascheberg am Plöner See hatte seit 1739 Teile seines Gutes in Zeit- und Erbpachtstellen umgewandelt, was sich für den Gutsherrn und die zwar noch schollengebundenen, aber selbständig wirtschaftenden Bauern gleichermaßen als profitabel erwies. Diesem Beispiel folgend veranlaßte der ältere Bernstorff über die 1768 neu begründete Schleswig-Holsteinische Landkommission die Parzellierung des königlichen Gutsbesitzes und die Aufhebung der Leibeigenschaft auf diesen Gütern.

Eine breite Diskussion über die Vor- und Nachteile der Leibeigenschaft setzte in den sechziger Jahren ein und dauerte bis zur Jahrhundertwende an. Mißhandlungen von Leibeigenen, die schon im 17. Jahrhundert in den Visitationsberichten der Landesherren gerügt worden waren, erregten jetzt auch die Aufmerksamkeit einer breiteren Öffentlichkeit. Zu so schweren Übergriffen wie auf Bürau (bei Oldenburg) 1722, als drei Leibeigene aufgrund der Grausamkeiten des Gutsherrn Heinrich Rantzau den Tod fanden, dürfte es indes nicht allzu oft gekommen sein. Diese Tat wie auch der Versuch, sie zu rechtfertigen, erregte den Abscheu der Zeitgenossen, schärfte aber auch das Bewußtsein für die bedrückende Lage dieser geknechteten Menschen.

In Dänemark war das Stavnsbånd, die Schollengebundenheit, 1788 aufgrund einer königlichen Verordnung auch auf den Adelsgütern aufgehoben worden. Als 1789 auch in Frankreich die Leibeigenschaft nach einem freiwilligen Verzicht der Privilegierten abgeschafft worden war, glaubten

11

12

13

zeigt. In Olpenitz (10) ist die organische Einheit nicht erreicht, weil die mittelalterliche Burganlage, auf der sich das Gut entwickelt hat, dies nicht zuließ. Auf den großen Gütern imponieren die Wirtschaftsgebäude nicht weniger als die Herrenhäuser, so die Gutsscheune in Rastorf, 1724 (11), das Kuhhaus in Damp, 1640 (12), und Ställe und Scheunen in Rixdorf aus dem 18. Jahrhundert (13).

Gründlicher
und wahrhaffter

Bericht/

wegen der

auf dem

Adelichen Guth Bürau

in Hollstein

im Monath Martio 1722.

inhafftirten und gestorbenen
Unterthanen,

Denen bißhero hievon

ausgesprengten und falschen Erzehlungen

entgegen gesetzet/

Nebst

beygefügten glaubwürdigen Documenten,

sub lit. A. B. C.

———————————

Gedruckt im Jahr 1722.

Es hat den Herrn *Hinrich Rantzau* im Martio dieses Jahrs der fatale Zufall betroffen, daß drey zu seinem Adelichen Guth Bürau gehörige Unterthanen, welche er arrestiren und binden lassen, nach Verfliessung weniger Tage, schleunig am kalten Brande gestorben, die vierte mitarrestirte Person aber annoch beym Leben erhalten worden.

Wie nun gemeiniglich in dergleichen Begebenheiten die mehreste Menschen bloß nach dem erschollenen Gerüchte und äusserlichen Ansehen zu urtheilen pflegen, ohne die eigentliche Umbstände und wahre Beschaffenheit der Sachen gründlich zu erwegen; darneben auch es gar selten jemanden an Feinden fehlet, denen es ein besonderes Vergnügen, wann sie nunmehr vermeinen, eine Gelegenheit gefunden zu haben, alles auffs ärgste deuten, und der von Ihnen gehaßten Person dadurch bey jederman eine Verachtung und Abscheu zuziehen zu können: So hat auch den Herrn *Rantzau* es gar nicht befremdden müssen, daß man in- und ausserhalb Landes Ihn als einen Wüterich und barbarischen Unmenschen beschrieen, der, aus lauter Ubermuth und geflissentlicher Boßheit, seine Leute ins Gefängniß legen, auffs härteste binden, und dergestalt zerpeitschen lassen, daß sie theils davon gestorben, oder wenigstens ihnen das Fleisch von den Knochen gefallen, auch die eine Weibes-Person davon abortiren müssen, da er dann ihre unzeitige Leibes-Frucht denen Hunden vorzuwerffen

A 2

———————————

zuwerffen befohlen; darneben die andere Frau mit beiden ausgespanneten Armen an eine Latte gleichsam wie ans Creutz binden lassen, und nicht eher auffgehöret, seine entsetzliche Grausamkeiten auszuüben, biß endlich drey von denen Gefangenen elendiglich ihr Leben darüber eingebüßet.

Man ist keines weges in Abrede, wofern sichs dergestalt in facto verhielte, wäre der Herr *Rantzau* ein solcher Wüterich, welchen GOttes und der Obrigkeit Rache biß ans äusserste Ende der Welt verfolgen, und mit der empfindlichsten Todes-Straffe wieder vom Erdboden vertilgen müste. Allein, da die blosse Beschuldigung und das ausgesprengte Gerüchte, als welches gar offt falsch, betrieglich und nichtig erfunden wird, niemanden zum Todschläger machen kan, der es vorhin nicht ist; sondern nur derjenige mit solchem Nahmen und zugleich mit der auff diese Mißethat verordneten Straffe zu belegen, welcher vorsätzlich, etwa aus Rach-Begierde, Zorn, Frevel, oder um Gewinstes willen den andern ums Leben bringet, dessen der Herr *Rantzau* aber sich in seinem Gewissen gantz unschuldig weiß; und daß ihm solches Laster des Mords und boßhaffter Erödtung in keine Weise beyzumessen, sondern er gerechteste Ursachen gehabt, einige seiner Unterthanen in Hafft zu ziehen, hingegen der traurige Ausgang dieses Handels wieder seine Absicht und Vermuhten lediglich einem aus Irrthum herrührenden menschlichen Versehen und darunter mit verborgenen unvermeidlichen fatalité zuzuschreiben sey, sich hiernechst des mehrern zeigen soll, wann diese Sachen zur Gerichtlichen Untersuch und Erörterung gelangen wird: So könte man auch zwar wohl biß dahin jeden davon erzehlen, glauben und urtheilen lassen, was ihm nur selbst beliebig, zumahlen solches an sich der Warheit überall nichts giebt oder nimmt, ebenwenig der Richterliche Spruch sich auff blosses Geschwätz, sondern auff klaren Beweiß und auff die aus denen Umbständen des facti hergeleiteten vernünfftigen Schlüsse und rechtliche Vermuhtungen gründen muß.

Alldie-

———————————

Alldieweilen aber doch auch, wie leicht zu erachten, dem Hrn. *Rantzau* höchst-schmertzlich fällt, daß man Ihn theils in privat-Gesellschafften, theils gar in öffentlichen Zeitungen, bey hohen und niedrigen, und bey der ehrbahren Welt bereits jetzo, ehe Er noch einmahl durch des Gerichts Urtheil verdammet, als einen grausamen Unmenschen, und der seine Bauren zu Tode gemartert, abmahlen wollen: So wird es, zu Rettung seiner Ehre und Unschuld, ebenfals erlaubet seyn, den wahren Verlauff der Sachen nunmehro durch diese Schrifft kund zu machen, der Zuversicht lebend, wenn selbiger vernünfftig und ohne Vorurtheil erwogen wird, so dann das Splitter-richten bey vielen auffhören oder wenigstens nicht durchgehends mehr Glauben und Beyfall finden werde.

Der geneigte Leser kan hiebey versichert seyn, daß, da die Sache ohnedem binnen kurtzen muß gerichtlich verhandelt werden, man im geringsten nicht gewilliget sey, die wahren Umbstände zu verheelen, zu verneinen, oder zu verdrehen, als wodurch man nachgehends andern nur Gelegenheit zum Gespött geben, und dem Herrn *Rantzau* mehr Schaden als Vortheil schaffen würde.

Vorhero aber wird nöthig seyn, die Lage des Guths Bürau und wie selbiges nach Landes Brauch müsse verwaltet werden, nebst dem Zustand der dazu gehörigen leibeigenen Bauren kürtzlich zu beschreiben, weil ohne diese die Erzehlung des facti undeutlich, und dem Leser unbegreifflich seyn möchte, ob und wie weit der Herr *Rantzau* befugt gewesen, dasjenige anzuordnen und zu befehlen, woraus dieser unglücklicher Ausgang seinen eigentlichen Ursprung genommen.

Es liegt dieses Guth in Wagrien oder dem Oldenburgischen Distrikt des Hertzogthums Hollstein, fast an dessen Gräntzen, und ist von Hamburg 14, von Lübeck 7, und eben so viel Meilen von Kiel entfernet, und kan man zu nasser Jahres-Zeit, der gar schlimmen Wege halber, nicht anders als mit der grösten Beschwerde hin und her reisen. In denen näher gelegenen Oertern aber als Oldenburg, Heiligenhafen, Lütkenburg und Neustadt ist es bekannter

A 3

Im Jahr 1722 wurde Heinrich Rantzau auf Bürau (bei Oldenburg) angeklagt, seine Leibeigenen mißhandelt und drei von ihnen getötet zu haben. Die von ihm herausgegebene Rechtfertigungsschrift zählt die Vorwürfe im einzelnen auf (14). Rantzau wurde schuldig gesprochen. Hütte und Schloß lagen auch in Schleswig-Holstein nahe beieinander: das St. Johannis-Armenstift von 1742 in Damp (15) und Landarbeiter-Häuser aus dem 19. Jahrhundert in Rixdorf (16).

15

16

führende Politiker, aber auch viele Gutsherren, daß in Schleswig-Holstein ein entsprechender Schritt getan werden müsse, nicht zuletzt, um Unruhen vorzubeugen. Bernstorff wollte die Ritterschaft nicht zwingen, drang aber mit Nachdruck darauf, daß von deren Seite Entscheidungen getroffen würden, die zur Aufhebung der Leibeigenschaft führen sollten. Für Probleme, die sich ergeben würden, wenn ein solcher Entschluß nicht gründlich vorbereitet würde, zeigte er kaum Verständnis. Fritz Reventlow auf Emkendorf hatte gewarnt: »Ich kann von meiner Meinung nicht abgehen, daß dem Bauern in Holstein mit der bloßen Freylassung nicht gedient ist; daß gewissermaßen nur die Gutsherren dabey gewinnen können; daß gerade alsdann unter keiner rechtlichen Form den Gutsherren gewehret werden kann, mit ihren Ländereyen, die sie als unstreitiges Eigenthum besitzen, die für die Bauern allerunvortheilhaftesten und zum Theil von einigen schon versuchten Einrichtungen zu machen.«

Eine Kommission der Ritterschaft wurde gebildet und befaßte sich mit den zahlreichen Detailproblemen; am Ende unterbreitete sie dem König am 11. März 1797 den Entschluß, innerhalb von acht Jahren die Leibeigenschaft aufzuheben. Durch königliche Resolution wurde sie dann mit Wirkung vom 1. Januar 1805 abgeschafft. Eine gewisse Abhängigkeit der Bauern vom Gutsherrn blieb allerdings weiter bestehen, denn die Patrimonialgerichtsbarkeit wurde in Holstein erst 1867 aufgehoben.

Das Ende der Leibeigenschaft war aber nur ein Teil des landwirtschaftlichen Reformwerkes. Die Voraussetzungen für eine rentablere Wirtschaft waren die Auflösung der Feldgemeinschaft, die in den Dörfern seit der Kolonisationszeit im 12. Jahrhundert bestand, und die Aufgabe der Dreifelderwirtschaft. Die sogenannten Verkoppelungen (1766/1770 in Schleswig und 1771 in Holstein) setzten den Resten des bäuerlichen Genossenschaftswesens (zum Beispiel dem Flurzwang) ein Ende. Die Allmende, der gemeinsame Besitz des Dorfes, wurde aufgeteilt, zugleich erfolgte eine neue Flureinteilung: Die alten Langstreifengewannfluren wurden in mit bepflanzten Erdwällen umgrenzte gedrungene Rechtecke verwandelt. Auf diese Weise entstanden im späten 18. Jahrhundert die für Ostholstein lange Zeit charakteristischen Knicks; erst die Flurbereinigung während der siebziger Jahre unseres Jahrhunderts hat sie erheblich reduziert. Die Bestimmungen der Forst- und Jagdverordnung von 1784 beendeten den jahrhundertelangen Raubbau am Walde. Die Initiativen Bernstorffs und seiner Anhänger richteten sich auch auf die Kolonisation von Heide- und Moorgebieten. Neusiedler (zum Beispiel aus der Pfalz) wurden mit weitreichenden Versprechungen ins Land gelockt.

Mit großer Aufmerksamkeit verfolgten die Vertreter der Landkommission die Aktivitäten des Glücksburger Hofpredigers, Propst Philipp Ernst Lüders (1702–1786). Lüders beschäftigte sich »in seinen freien Stunden«, wie er betonte, mit der Förderung der heimischen Landwirtschaft. Er legte Versuchsfelder an und propagierte nach eingehenden Experimenten den Anbau von Klee, Korbweiden und Maulbeersträuchern; auch setzte er sich für die Intensivierung der Bienenzucht ein. Vor allem geht auf ihn die Verbreitung des Kartoffelanbaus in Schleswig zurück. Seine Bemühungen haben Johann Heinrich Voß zu einem Gedicht auf die Kartoffel angeregt, für das in der Literatur wohl kaum Parallelen zu finden sein dürften. Zwei Strophen (von acht) seien deshalb zitiert:

17

18

20

19

»Was ist nun für Sorge noch?
Klar im irdnen Napf und hoch
Dampft Kartoffelschmaus für alle!
Unsre Milchkuh auch im Stalle
Nimmt ihr Teil und brummt am Trog!

Aber, Kindlein, hört! ihr sollt
Nicht verschmähn das liebe Gold!
Habt ihr Gold, ihr könnt bei Haufen
Schöne Saatkartoffeln kaufen,
Grad aus Holland, wenn ihr wollt!«

Karl Friedrich Zelter sorgte mit seiner Vertonung im Jahre 1800 dafür, daß die »Kartoffelerndte« auch gesungen werden konnte.
1762 gründete Propst Lüders in Glücksburg die »Dänische Acker-Acade-mie«, worunter nicht eine Forschungs- und Lehrstätte, sondern vielmehr eine Gesellschaft von »Patrioten« zur Förderung landwirtschaftlichen Fort-schritts zu verstehen ist. Bei dieser »Academie« handelte es sich um eine der ersten landwirtschaftlichen Gesellschaften in Europa überhaupt. Da er

Bauernglocken wie die abgebildete (17) sind eine Eigenart der Landschaft Stapelholms. Sie standen (und stehen auch heute noch) auf dem Dorfplatz und hatten die Funktion, die Bewohner zusammenzurufen.
Vierseithöfe gibt es nördlich von Husum sowohl nach Tondern hin als auch in Richtung Flensburg. Sie sind als Endstufe der Bauernhausarchitektur in Schleswig im frühen 18. Jahrhundert entstanden. Der Vierseithof wirkt, meist unterstrichen durch seine Lage auf einer Warf, noch kompakter und monumentaler als der Haubarg in Eiderstedt.
Der Nahnshof im Christian-Albrechts-Koog aus dem Jahr 1778 (18). Die vier Flügel umrahmen einen Innenhof, in dessen Mitte ein Brunnen liegt. Vierseithöfe wie dieser bringen Wohnteil, Stall, Scheune und Wirtschaftsgebäude aufs engste zueinander und trennen sie doch voneinander ab (19). Daß es sich bei den Besitzern des Hauses um wohlhabende Leute gehandelt hat, wird auch an der Tür sichtbar (20).

21

22

Der Haubarg ist kein für Eiderstedt originärer Haustyp, aber hier hat er seine reichste Ausprägung gefunden. Seine Heimat ist in Westfriesland anzunehmen; mit den Friesen und später angesiedelten Niederländern dürfte dieser kompakte Haus- und Hoftyp an die Westküste gelangt sein; in Eiderstedt erhielt er aber Dimensionen, die alle vergleichbaren Formen übertrafen. Zentrum des Haubargs ist der Vierkant in der Mitte, der »tragende« Element in doppelter Hinsicht ist: Die Eichenständerkonstruktion trägt das gewaltige Dach, und die eingezogenen Böden tragen die Ernte, also Heu und Getreide. Die Haubarge entstanden, als neben der Weidewirtschaft noch in nennenswertem Umfang Getreide angebaut wurde. Da dies heute nicht mehr der Fall ist, kommt den Haubargen kaum noch eine Bedeutung für die Landwirtschaft zu. Ein Haubarg in Westerhever, der noch landwirtschaftlich genutzt wird (21), und der »Rote Haubarg« in Witzwort (22), der jetzt weiß ist und ein Restaurant beherbergt.

die Menschen auf dem Lande von seinen Methoden überzeugen wollte, verbreitete er außerdem zahlreiche Schriften.

Auf ähnliche Weise wirkte auch Caspar von Voght (1752–1839), der Hamburger Großkaufmann, der 1785 vor den Toren der Hansestadt das Gut Klein Flottbek kaufte, mit dem Ziel, über die Förderung der Landwirtschaft den Wohlstand der Bevölkerung zu mehren. Auf seinen Reisen in andere Länder hatte er, vor allem in England, die Fortschritte in der Landwirtschaft kennengelernt. Deshalb holte er aus England nicht nur die neuesten landwirtschaftlichen Geräte auf sein Mustergut, sondern auch Fachleute. Regelmäßig veranstaltete er »ökonomische Abende«, bei denen er aktuelle Probleme der Landwirtschaft diskutieren ließ und dazu aufforderte, die Ergebnisse im Lande zu propagieren. Seine große agrarwissenschaftliche Fachbibliothek trug ebenfalls dazu bei, daß moderne Erkenntnisse der Landwirtschaft bei interessierten Agronomen bekannt wurden.

Nach 1812 konnte Voght seine Erfahrungen und Anregungen auch über die von Johann Daniel Lawaetz initiierte »Schleswig-Holsteinische patriotische Gesellschaft« verbreiten, die sich besonders der Aufgabe widmete, »die Ausbreitung der Kenntnisse, die zur Verbreitung der inländischen Gewerbetätigkeit, besonders des Landbaus dienen könnten« zu betreiben. Voght konzentrierte sich auf die Verbesserung des Raps-, Klee- und Kartoffelanbaus und trat in Wort und Schrift für die Fruchtwechselwirtschaft unter Berücksichtigung der Gründüngung ein. Auf seine Initiative geht die erste Baumschule in Holstein zurück, in der zahlreiche Lehrlinge ausgebildet wurden, die später eigene Betriebe errichteten und damit die Tradition der Pinneberg-Rellinger Baumschulen begründeten. Mit Lüders und Voght waren den Reformpolitikern in Kopenhagen zwei Privatleute zur Seite getreten, die als typische Vertreter der Aufklärung praktische Neuerungen mit pädagogischen Aktivitäten verbanden und damit in der Landwirtschaft einen deutlichen Modernisierungsschub bewirkten. Die Anfänge der Reformen fielen in eine Zeit günstiger Konjunktur, doch die Erschütterung der politischen Verhältnisse in der Zeit Napoleons bedeutete auch eine schwere Krise für das Wirtschaftsleben.

Die Folgen des dänischen Staatsbankrotts, 1813, wirkten sich für die Grundbesitzer in den Herzogtümern besonders negativ aus; der Staat verlangte für seinen Reichsbankfonds sechs Prozent vom Wert des unbeweglichen Eigentums. Im selben Jahr wurde Schleswig-Holstein auch wieder zum Kriegsschauplatz, da das Festhalten Dänemarks am Bündnis mit Napoleon zur Folge hatte, daß das Land von einer schwedisch-russisch-preußischen Armee von 57 000 Mann besetzt wurde. Vor allem im strengen Winter 1813/14 wurden die Einquartierungslasten so drückend, daß sich diese Zeit als »Kosakenwinter« im Gedächtnis des Volkes einprägte. Der Kieler Frieden vom 14. Januar 1814 beendete zwar die Besatzung, doch leitete er nicht den erhofften und dringend benötigten wirtschaftlichen Aufschwung ein. Im Gegenteil, die wirtschaftliche und soziale Not steigerte sich noch, als England, bisher der Hauptabnehmer für landwirtschaftliche Produkte, 1815 ein Getreideeinfuhrverbot erließ und importiertes Vieh mit hohen Zöllen belegte. Am härtesten wurden die Schwächsten in der sozialen Kette davon betroffen, die Insten und die Tagelöhner, denen die Aufhebung der Leibeigenschaft zwar persönliche Freiheit, aber keineswegs soziale Sicherheit gebracht hatte.

23

Das Bauernhaus auf Fehmarn wies Eigenheiten auf, die es von anderen Haustypen in Schleswig-Holstein deutlich unterschieden, so die Halbierung der Deel in zwei sehr unterschiedliche Teile. Das letzte Haus dieser Art, der Hof Bockwoldt aus Teschendorf, ist heute im Freilichtmuseum Molfsee bei Kiel zu sehen (23), dazu eine Scheune mit einer Eckeinfahrt, einem »Abraham«, der auch nicht weit verbreitet ist. Charakteristisch für die Insel Fehmarn waren auch die Taubenhäuser, die zu einem »richtigen« Bauernhof gehörten, während der letzten Jahrzehnte aber mehr und mehr verschwanden.

Eine Abendgesellschaft bei Caspar Voght, um 1820, Aquarell/Gouache (24). Ob bei dieser Gelegenheit, auch unter Beteiligung der Damen, über Reformen der Landwirtschaft diskutiert wurde, läßt sich nicht ablesen; doch wird man sich die von Voght initiierten »Patrioten«-Gespräche in ähnlicher Atmosphäre vorstellen dürfen.

24

Die Entwicklung von Handel, Wirtschaft und Verkehr in gesamtstaatlicher Zeit

Die dem Merkantilismus generell eigene Tendenz, alles bis ins Detail zu regulieren, trieb auch im Gesamtstaat schöne Blüten. Die Zollpolitik schwankte zwischen zwei Polen: Aufhebung der Grenze zwischen den Herzogtümern und Dänemark und kleinliche Verordnungen für den Warenverkehr. Nach dem Sturz Struensees, der für eine Liberalisierung eingetreten war, gewannen die Verfechter strenger Zollschranken wieder die Oberhand. Bei alledem zeigte sich, daß der Gesamtstaat nicht imstande war, die wirtschaftliche Integration in den Gesamtstaatsverband zu betreiben.

Von den für die Zeit des Merkantilismus typischen Einzelmaßnahmen wie die Gründung von Manufakturen und Fabriken profitierten die Städte des Landes sehr unterschiedlich. Die Verarbeitung von Tuchen, Garnen und Wolle nahm einen Aufschwung, der zum Beispiel in Neumünster zu einer wirtschaftlich bedeutenden Produktion führte. Auffällig ist, daß in verschiedenen Orten des Landes Fayence-Manufakturen entstanden: Schleswig (1755), Kiel (1758), Krieseby/Eckernförde (1759), Kellinghusen (1763), Rendsburg (1764) und Stockelsdorf (um 1771). Zunächst kamen diese Betriebe nur dem Bedarf nach feinem Geschirr entgegen; sehr schnell eröffnete sich aber auch ein Markt für Massenprodukte, dem vor allem in Kellingshusen Rechnung getragen wurde.

Für die wirtschaftliche Entwicklung der Städte war die Zeit des Gesamtstaats in jedem Fall günstig. Im Jahr 1730 war dem Statthalter in den Herzogtümern in seiner Instruktion ausdrücklich aufgetragen worden, sich um die Städte zu kümmern: »Als sonssten die Wohlfahrt Unserer Fürstenthümer vornehmlich mit darin beruhet, daß die Städte florieren und zunehmen, solches aber nechst Gott von den Commertien und guter Policey großentheils dependiret.« Zu wirklicher Blüte gelangten aber nur zwei, nämlich Altona und Flensburg. Im folgenden soll die Entwicklung der wichtigsten Hafenstädte des »Landes zwischen den Meeren« in einem Streifzug von Altona bis Husum entlang der Westküste und von Flensburg bis Neustadt (denn Lübeck wurde bereits eingehend betrachtet) entlang der Ostküste skizziert werden.

Nach der völligen Zerstörung Altonas durch die Truppen Stenbocks, 1713, schien es zunächst, als sei Hamburg die lästige Konkurrenz losgeworden. Doch der Wiederaufbau vollzog sich sehr schnell; Altona wurde innerhalb weniger Jahrzehnte zur bedeutendsten Gewerbe- und Handelsstadt in den Herzogtümern. Die königliche Regierung förderte den Ausbau des Hafens und sorgte durch Bestätigung und Erweiterung von Privilegien dafür, daß Altona für Kaufleute und Handwerker gleichermaßen attraktiv wurde. Die Freihafenrechte begünstigten einige Gewerbe in besonderem Maße. Im Laufe des 18. Jahrhunderts entstanden Zwillichfabriken und Betriebe zur

Zum zweihundertjährigen Jubiläum des »Schleswig-Holsteinischen Kanals« wurde 1980 die Rathmannsdorfer Schleuse für etwa 1,25 Millionen Mark wiederhergerichtet. Die imponierende Anlage vermittelt auch ohne Schleusentore einen Eindruck von der Leistungsfähigkeit dieser Verbindung zwischen Nord- und Ostsee (1). Wirtschaft vollzieht sich nicht nur im großen. Auch die untergeordneten Tätigkeiten, so die Büroarbeit, hinterlassen Spuren: eine hölzerne Schnupftabakdose (frühes 19. Jahrhundert) mit der Abbildung des Altonaer Rathauses, das im Zweiten Weltkrieg zerstört wurde (2), oder die Streusanddose aus Porzellan der Altonaer Heringscompagnie, um 1760 (3).

2

3

4

5

Während der Handelsherr mit Sorge oder Genugtuung (wer will das entscheiden?) aus den Fenstern seiner Villa in Neumühlen auf die Elbe blickt (5), sitzt seine Frau, Mokka trinkend, im Nebenzimmer und blickt elbaufwärts in Richtung Hamburg (4). Zwei Gemälde eines unbekannten Meisters, um 1840.
Fischmarkt Altona, Lithographie von Wilhelm Heuer, um 1855 (6). Der Altonaer Fischmarkt war ein bedeutender Umschlagplatz nicht nur für Fisch; seine wirtschaftliche Bedeutung war nicht geringer als die des großen Altona-Hamburger Viehmarktes.
Die Glückstädter Reeperbahn von 1833 ist im Freilichtmuseum Molfsee bei Kiel wiederaufgebaut worden. Reeper- oder Seilerbahnen waren besonders in Küstenstädten verbreitet; nicht immer waren sie in ganzer Länge gedeckt, wie das Gemälde von Max Liebermann, 1887, zeigt (7).
Der Roland von Wedel blickt seit 1558 streng auf Handel und Wandel zu seinen Füßen (8).

Samt- und Seidenweberei. Der Gewürz- und Tabakhandel kam hinzu und stellte eine wichtige Ergänzung zur Fischerei und zum Fischhandel dar.
Das im Jahre 1716 erbaute Rathaus wurde zum Mittelpunkt der Stadt, deren Einwohnerzahl ständig anwuchs (1650: 3000; 1710: 12 000; 1803: 23 000). Es wurde im Zweiten Weltkrieg zerstört. Aber auch die Palmaille, eine Prachtstraße, die ihr klassizistisches Gepräge durch den Baumeister Christian Friedrich Hansen erhielt, wurde zu einer europäischen Sehenswürdigkeit. Die Franzosenzeit beendete die wirtschaftliche Blüte Altonas, denn nach 1815 hatte die königliche Regierung kein Interesse mehr, die Stadt als Konkurrenten für Hamburg zu fördern.
Wedel, ein Fährplatz an der Elbe seit dem Mittelalter, blühte im 16. und 17. Jahrhundert auf, als der Ochsenhandel Konjunktur hatte. Als Zeichen der Marktgerechtigkeit hatte der Ort schon im Mittelalter einen Roland aus Holz errichtet, der 1585 durch die farbige Figur aus Sandstein ersetzt wurde, die auch noch gegenwärtig ein Wahrzeichen ist. Wedel erhielt erst 1875 Stadtrecht.

6

7

Glückstadt hatte die Erwartungen seiner Gründer nicht erfüllt; die wirtschaftliche Übermacht Hamburgs bestand ungebrochen. Nicht Glückstadt, sondern Altona entwickelte sich zu einer Wirtschafts- und Handelsmetropole. Der Glückstädter Hafen diente kaum dem Überseehandel, hatte aber bis ins 19. Jahrhundert hinein Bedeutung als Heimathafen einer Flotte von Grönlandfahrern, Walfängern und Robbenschlägern.

Die kleinen Häfen an der Westküste hatten nur eine geringe wirtschaftliche Bedeutung für die Fischerei und die Küstenschiffahrt; im Zuge der Landgewinnung durch Köge im Wattenmeer verloren sie zum Teil auch den Anschluß an schiffbare Gewässer (zum Beispiel Meldorf oder Wöhrden in Dithmarschen).

Tönning war im späten 16. Jahrhundert der wichtigste Nordseehafen der Gottorfer Herzöge; 1590 erhielt die Stadt an der Eider Stadtrecht. 1613 wurde der Hafen ausgebaut und eine Kanalverbindung nach Garding (die Norderbootsfahrt) geschaffen. Die strategisch exponierte Lage der zur Festung ausgebauten Stadt verhinderte ihre Entwicklung zum bedeutenden Hafen- und Handelsplatz; sie wurde in allen Kriegen Objekt von Belagerungen und Besetzungen, bis sie schließlich 1700 von dänischen Geschützen mit einem intensiven Artilleriefeuer belegt und verwüstet wurde. Für den Wiederaufbau stand nur kurze Zeit zur Verfügung, denn bereits 1713 begann eine neue Belagerung durch dänische Truppen, nachdem ein schwedisches Kontingent zur Verteidigung in die Festung aufgenommen worden war. Nach der Kapitulation im Februar 1714 wurde das Festungswerk endgültig geschleift; der Abbruch des Schlosses erfolgte 1735.

In der gesamtstaatlichen Zeit hatte Tönning Gelegenheit, seine günstige Lage als Hafen- und Handelsplatz mit einem reichen landwirtschaftlichen Hinterland auszubauen. Zu einem (kurzfristigen) Aufblühen kam es 1784 nach dem Bau des Schleswig-Holsteinischen Kanals (auch »alter Kanal«, meist aber »Eiderkanal« genannt). Als »Nordseehafen« des Kanals gewann Tönning eine wichtige wirtschaftliche Bedeutung, die sich niederschlug

8

9

10

11

Der kleine Hafen Waverort, östlich von Büsum (9), ist ein Beispiel für einen Hafenplatz, der bis ins frühe 19. Jahrhundert eine lokale wirtschaftliche Bedeutung hatte, aber im Zuge der großen Deichbaumaßnahmen verschwunden ist.

Seit Jahrhunderten versuchen die Menschen an der Westküste, der Nordsee Land abzuringen, das der »Blanke Hans« einst geraubt hat. Dazu war sorgfältige Planung erforderlich, die seit dem 18. Jahrhundert durch exakte Vermessung unterstützt wurde; hier eine Skizze des Breklumer Koogs und der

im Bau des Packhauses am Hafen, eines für damalige Zeiten riesigen dreistöckigen Ziegelbaus, und weiterer Hafen- und Verwaltungsgebäude. Zehn Jahre nach Eröffnung des Kanals passierten etwa 700 Schiffe jährlich die Einfahrt bei Tönning. Nach Errichtung der Kontinentalsperre durch Napoleon I. hatte Tönning kurzfristig Aufgaben wahrzunehmen, die bis dahin Hamburg zustanden, denn die Blockade der Elbe führte dazu, daß der Schiffsverkehr nach dort umgelenkt wurde. Von 1803 bis 1806 wurde die Stadt an der Eider zum zentralen Hafenplatz an der schleswig-holsteinischen Westküste. Doch die wirtschaftliche Blüte währte nur kurze Zeit, denn erst nach 1840 setzte erneut ein reger Schiffsverkehr nach England ein; der Export von Vieh (Rinder, Schafe) war wieder lukrativ geworden. Die geographisch problematische Lage erlaubte aber kaum, den Hafen für leistungsfähige Großschiffe zu öffnen und damit zu expandieren. Mit der

12

Hattstedter Marsch, die bereits Ende des 15. Jahrhunderts eingedeicht wurden (10).
Der Hafen von Tönning war nur für kurze Zeit, nämlich um die Wende vom 18. zum 19. Jahrhundert, ein bedeutender Nordseehafen. Daran erinnert das große Packhaus von 1783 (11).

Husum ist erst spät Stadt geworden (1603), hatte aber bereits im 16. Jahrhundert überregionale Bedeutung als Hafen und Handelsplatz, wobei der Verbindung mit England besondere Bedeutung zukam. Der Marktflecken Husum um 1590, kolorierter Kupferstich der Zeit (12).
Auch die dem Festland vorgelagerten Inseln wurden im 18. Jahrhundert

13

14

Errichtung von Schutzwehren an der Eidermündung wurde Tönning zunehmend auf einen Hafenplatz für eine Krabbenfischerflotte reduziert.
Husum wurde nach der »groten Manndrenke« von 1362 zum Hafenplatz, denn erst der Untergang Rungholts schuf die Hever und damit für Husum eine freie Verbindung zur Nordsee. Danach aber entwickelte sich dieser Handelsplatz, vor allem seit dem 16. Jahrhundert, rasch zu einem wirtschaftlichen Zentrum an der Westküste. England war besonders interessiert an den wirtschaftlichen Möglichkeiten dieses Ortes, der erst 1603 Stadtrecht erhielt. Eine Fischereiflotte und 40 große Segelschiffe, deren Reeder das »Commercium« bildeten, sorgten für einen regen Handelsverkehr zwischen den Niederlanden und England sowie der Westküste. Husum wurde eine wichtige Station für den Transithandel zwischen West- und Nordosteuropa; die Waren wurden dort gelöscht, über Land nach

Gegenstand geodätischer und kartographischer Bemühungen (13).
Eine besondere Herausforderung an die Leistungsfähigkeit und den Mut des Menschen war von jeher das Leben auf den kleinen Inseln, den Halligen. Das Modell einer Hallig, die aufgegeben werden mußte, weil die Zisterne zerstört worden war, ist im Nissen-Haus in Husum zu sehen (14).

Flensburg gebracht und für den Transport auf der Ostsee umgeschlagen. Mit der Errichtung des herzoglichen Schlosses vor Husum (1576–1582) gewann der Ort an zusätzlicher Bedeutung; das Handwerk, besonders das Kunsthandwerk, trat neben den Handel und brachte dem Marktflecken – und seit 1603 – der Stadt Husum eine Grundlage für soliden Wohlstand. Die Kriege des 17. und 18. Jahrhunderts warfen die aufstrebende Handelsstadt zurück auf das Niveau einer geruhsamen Provinzstadt, in der die Zünfte und Innungen den Lebensrhythmus bestimmten. Ihr größter Sohn, Theodor Storm, hat Husum die »graue Stadt am Meer« genannt; in seinen Erzählungen lebt sie als behagliche Bürgerstadt mit sentimentalen Erinnerungen an einstige Größe fort. Husum ist das Zentrum für die Pflege nordfriesischer Kultur. Das Nissenhaus – als Nordfriesisches Museum aufgrund einer Stifung Ludwig Nissens (1855–1924), eines aus Husum stammenden, in den USA reich gewordenen Auswanderers, 1935 bis 1937 entstanden – beherbergt eine reiche Sammlung natur- und volkskundlicher Zeugnisse der Vergangenheit an der Westküste, darunter auch eine Dokumentation zur Geschichte des Deichbaus und des Lebens auf den Halligen.

Die Wirtschaft der Inseln und Halligen ist von jeher geprägt durch den Kampf des Menschen mit dem Meer. Der »blanke Hans« hat aber nicht nur zu Schutzmaßnahmen herausgefordert, er hat letztlich auch den Wohlstand auf die Nordfriesischen Inseln gebracht. Vom späten Mittelalter bis in die Mitte des 17. Jahrhunderts hinein war der Heringsfang bei der Doggerbank eine wichtige Erwerbsquelle für die Insel- und Küstenbewohner. Als die Heringsschwärme ausblieben, breiteten sich Not und Elend auf den Inseln aus. Eine Eingabe der Sylter an Herzog Johann Adolf von Gottorf aus dem Jahr 1611, in der um Steuererleichterung nachgesucht wurde, zeichnet ein düsteres Bild: »Weilen [...] Wir armen Leute ein dür und mager Eilandt besitzen, das Jarliches durch Sturm und Ungewitter augenscheinlich verringert, und am guten Lande abnimpt, nunmehr vast das großeste Theil unfruchtbar mit Heide und Santdühnen vermenget [...] Unse Nahrung zur Sehewerts auch merklich abgenomen, und Wir in etzlichen Jahren fast unglücklich gefischet, Also daß Unser armes Landt jetz nicht mehr denn 4 Vischer-Schiffe oder Ewers haben, da Wir für wenig Jahren über 20 gehabt, die übrigen aber mit Unserm besten Volke und ihren angewandten Gute und Nahrung in erbermlichen Waßers-Noth umbgekommen, dadurch Arme, Wittwen und Waisen gemacht, die auch darüber in beschwerlicher Schultlast geraten.«

Mit dem Untergang der großen Insel Nordstrand in der Flut des Jahres 1634 war auch für Nordfriesland eine wirtschaftliche Zäsur verbunden. Die Bewohner der Inseln und der küstennahen Marschen wandten sich der Seefahrt als Haupterwerbszweig zu. Zunächst in holländischen Diensten, dann seit 1669 überwiegend auf Hamburger Schiffen, stellten Uthlandfriesen bis zum frühen 19. Jahrhundert den wichtigsten Personalanteil in der Grönlandfahrt. Vom Matrosen bis zum Kommandeur waren zahlreiche Schiffsbesatzungen, die zum Walfang oder zum Robbenschlag ausfuhren, Inselbewohner. Das brachte für die Bevölkerung insgesamt einen Wohlstand, der sich vor allem in der holländisch orientierten Wohnkultur niederschlug. Auch die Sozialstruktur prägte die Tatsache, daß der größte Teil der Männer im Sommer zur See fuhr. In dieser Zeit hatten die Frauen die Geschicke der Familie zu bestimmen; sie waren auch für die weiterhin

15

16

17

Seit der Mitte des 17. Jahrhunderts
gerieten die Bewohner der
Nordfriesischen Inseln in wirtschaftliche Schwierigkeiten, weil die
Heringsschwärme ausblieben. Sie
nahmen daraufhin Dienste bei
niederländischen und Hamburger,
besonders aber Altonaer Gesellschaften
an, die Walfang und Robbenschlag
betrieben. In zunehmendem Maße
wurden die Inselbewohner, aber auch die
Friesen vom Festland, zu Seeleuten in der
Grönlandfahrt, was die wirtschaftliche,
soziale und kulturelle Entwicklung dieser
Region nachhaltig beeinflußte.
Das Haus des Kommandeurs eines
Walfangschiffs, Lorens Petersen de Hahn
aus Westerland/Sylt, 1699, ist ein frühes
Beispiel für die spezifische Entwicklung
einer niederländisch beeinflußten
nordfriesischen Inselkultur. Das Haus
steht heute auf dem Areal des
Freilichtmuseums Molfsee bei Kiel (15).
Besonders stark wurde die kulturelle
Entwicklung auf Föhr durch die
Grönlandfahrt beeinflußt. Davon geben
auch die Grabdenkmäler auf dem
Friedhof von Nieblum/Föhr Zeugnis, so
die Grabstelle Cramer, 1769 (16).
Die Johanniskirche in Nieblum ist
insgesamt ein Hort nordfriesischer
Sonderentwicklung (17).

18

19

20

betriebene Landwirtschaft verantwortlich. Ihre besondere Stellung wird in ihren charakteristischen Trachten sichtbar.

Von den schleswig-holsteinischen Ostseehäfen erlangte während des Mittelalters und der Frühen Neuzeit nur Flensburg eine Position, die in wirtschaftlicher und politischer Hinsicht neben Lübeck ins Gewicht fiel. Seit dem 14. Jahrhundert wurde die Fördestadt von den Landesherren gefördert und nahm vor allem in der zweiten Hälfte des 15. Jahrhunderts einen beachtlichen Aufschwung. Sie gehörte stets zum königlichen Anteil der Herzogtümer, die Duburg war bis zur Mitte des 17. Jahrhunderts eine wichtige Residenz der dänischen Könige. Die Wirtschaft der Stadt profitierte von mehreren Privilegien des 16. Jahrhunderts, so vor allem von dem Recht, Waren aus Amsterdam einzuführen, die über den Nordseehafen Husum in die Stadt gelangten, um sie dann im Handelsverkehr mit den östlichen und nördlichen Ostseestädten weiterzuverkaufen. Ferner hatte Flensburg das alleinige Marktrecht für die Produkte des Sundewitts und der Insel Alsen; seit 1517 durfte die Stadt landwirtschaftliche Produkte aus Jütland und Fünen sowie Fisch aus Ripen einführen und weitervertreiben. Diese Privilegien lockten nicht nur fremde Kaufleute an, sondern auch Handwerker; die Stadt wuchs und wußte ihre Privilegien wohl zu nutzen. Die Flensburger Flotte bestand zeitweilig aus mehr als 200 Schiffen und spielte im Handel zwischen Norwegen, Schweden und dem Baltikum einerseits und den westlichen Handelszentren andererseits eine wichtige Rolle. Der Dreißigjährige Krieg bereitete dem steten Aufschwung ein jähes Ende, und als das Jahrhundert der Kriege zu Ende ging, war Flensburg eine arme Stadt. Daran änderte sich zunächst auch nach Beendigung des Nordischen Krieges wenig; denn die merkantilistisch ausgerichtete dänische Politik förderte vor allem Kopenhagen. Erst nach 1750 bedeuteten die allgemeine wirtschaftliche Konjunktur sowie die Wertschätzung der neutralen dänischen Flagge auch für Flensburg einen neuen wirtschaftlichen Aufschwung: Die Schiffahrt blühte, die Zuckerraffinerie und die Branntweinherstellung belebten die Wirtschaft.

Wie überall in Schleswig-Holstein wurde das Jahr 1807 auch für Flensburg zu einem Wendepunkt. Die dänische Außenpolitik, das heißt das Bündnis mit Napoleon I., hatte die Kontinentalsperre zur Folge, die zum Zusammenbruch von Handel und Schiffahrt im gesamten Land führte. Auch vom dänischen Staatsbankrott blieb Flensburg nicht verschont; um 1825 war die Stadt dem Ruin nahe. Die Erholung setzte dann nach 1835 ein, als der Westindienhandel den Aufbau der bis heute profitablen Rumindustrie mit sich brachte.

Kappeln erhielt erst 1870 Stadtrecht. Seine wechselvolle Geschichte hatte 1667 einen Höhepunkt, als den Versuch der Herren von Rumohr auf Roest, die Einwohner des Fleckens Kappeln zu Leibeigenen zu machen, 62 Familien damit beantworteten, daß sie auszogen und mit Unterstützung des Gottorfer Herzogs auf einer Schleiinsel die Stadt Arnis gründeten. Die wirtschaftliche Bedeutung von Kappeln war gering. Der Ort verdient aber Erwähnung, weil er Zeugnis gibt von einer Methode, Fischfang zu betreiben, die in der frühen Neuzeit überall in Europa verbreitet war: die Heringszäune in der Schlei.

In anderem Zusammenhang war bereits darauf hingewiesen worden, daß Schleswig nur für kurze Zeit (nach dem Untergang Haithabus) eine Rolle

Da die Männer während der Sommermonate von Föhr abwesend waren, kam den Frauen die Aufgabe zu, die Landwirtschaft zu betreiben und darüber hinaus selbständige Entscheidungen zu treffen. Sie verfügten deshalb über eine außerordentliche soziale Stellung. Dies kommt auch in ihrer reichen Tracht zum Ausdruck, die bereits im 19. Jahrhundert Künstler anregte, so auch C. L. Jessen für seine Trachtenstudien aus Föhr von 1859 (18). Noch heute werden diese Trachten bei besonderen Anlässen getragen, so im Jahr 1987 bei einer Hochzeit (19).

Die Innenräume der Kommandeurs- und Kapitänshäuser waren von niederländischer Kultur beeinflußt. Das wird besonders durch die Fliesen augenfällig, wie hier in einem Interieur des Sylter Heimatmuseums in Keitum (20).

Flensburg profitierte seit dem 16. Jahrhundert wirtschaftlich davon, daß es königliche Stadt war und eine wichtige Verbindung zwischen Kopenhagen und den Herzogtümern bildete. Daraus erwuchsen zahlreiche Handelsprivilegien. Der Südermarkt war ein wichtiger Umschlagplatz für landwirtschaftliche Produkte aus dem Sundewitt. Aquarell von F. W. Otte, um 1830 (21). Schwieriger als in Flensburg waren die wirtschaftlichen Verhältnisse in Schleswig, das über keinen vergleichbar günstigen Hafen verfügte. Die Entwicklung der Stadt an der Schlei wurde deshalb stark bestimmt durch den Hof in Gottorf. Das ehemalige Kalandshaus von 1481, das als Fassade erhalten ist, während das eigentliche Gebäude 1928 abgebrochen wurde (22).

21

22

als Wirtschaftszentrum spielen konnte; Lübeck war an seine Stelle getreten. Die Versuche der Gottorfer Herzöge, von ihrem Territorium aus einen weitgespannten Handel bis nach Persien aufzunehmen, scheiterten. Deshalb blieb Schleswig eine bescheidene Residenzstadt ohne nennenswerte wirtschaftliche Bedeutung.

Erwähnung verdient auch Eckernförde, das zwar bereits im 13. Jahrhundert Stadtrecht besaß, aber kaum städtische Selbständigkeit gewann; vielmehr war der Adel der Umgebung dominierender Faktor in der Stadt. Erst im 18. Jahrhundert gab es auch für Eckernförde eine wirtschaftliche Blüte dank des gut organisierten Getreide- und Weinhandels der Brüder Otte. Sie waren auch die Initiatoren für die Fayence-Manufaktur, die in Krieseby gegründet, 1765 aber nach Eckernförde verlegt wurde. Berühmtheit erlangte die Stadt erst im Zeitalter der Erhebung, als bei Eckernförde ein dänisches Kriegsschiff zerstört und ein anderes erbeutet wurde (1849).

Kiel geht auf eine schauenburgische Stadtgründung des 13. Jahrhunderts zurück. Die Lage war in mehrfacher Hinsicht ideal: Der Platz war abgelegen von der offenen See, vor jeglichem Wind geschützt und zugleich durch Sümpfe nach Süden hin landeinwärts gesichert; die den Hafen bildende Förde war so tief, daß auch große Schiffe ohne künstliche Maßnahmen auf ihr verkehren konnten. Die Stadt war bereits im 14. Jahrhundert durch Befestigungen, im 15. Jahrhundert auch durch eine zusammenhängende Mauer gegen Überfälle geschützt. Als Hauptresidenz der Schauenburger Grafen (seit 1250) war Kiel nur für wenige Jahrzehnte begünstigt. Die Mitgliedschaft in der Hanse konnte wenig dazu beitragen, die wirtschaftliche Stellung der Stadt zu verbessern; sie wurde trotz eines kurzfristigen Aufschwungs im 14. Jahrhundert nie zu einer bedeutenden Handelsstadt. Der Transithandel ging an der Kieler Förde vorbei; vor allem fehlte es an einer eigenen gewerblichen Produktion, die den Handel hätte beleben können. Wie in Eckernförde hatte auch in Kiel der Adel eine städtischer Selbständigkeit entgegenwirkende Position inne. Im 17. Jahrhundert gab es 77 adlige Hausbesitzer; diese Attraktivität erklärt sich aus der Tatsache, daß Kiel seit dem 14. Jahrhundert der zentrale Platz für alle Geldgeschäfte

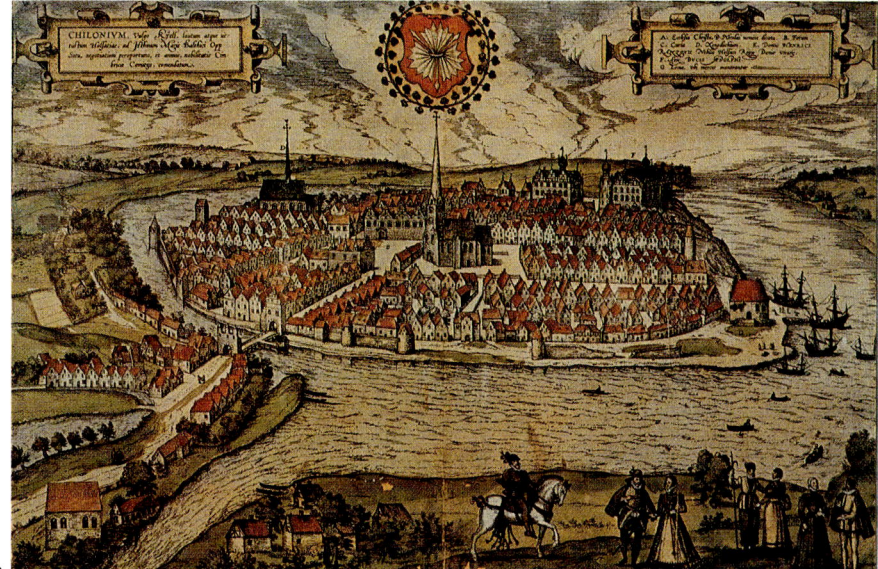

23

24

Die heutige Landeshauptstadt Kiel ist verhältnismäßig spät als Stadt in Erscheinung getreten. Wirtschaftlich lag die Stadt »tom Kyle« eher an der Peripherie, obgleich sie während der Schauenburger Herrschaft durchaus die Rolle eines zentralen Platzes gespielt hatte. Kiel um 1588 in einem kolorierten Kupferstich von Braun und Hogenberg (23).

Das Siegel der Stadt Kiel, 1242 (24) Heringszäune gab es bis zum 18. Jahrhundert in vielen Flußläufen Europas, so auch in der Trave, wie in der Darstellung Lübecks aus dem 17. Jahrhundert zu erkennen ist (25, vergleiche Seite 67). Nur in Kappeln hat sich bis heute ein solcher Heringszaun erhalten; er wird als Kulturdenkmal gepflegt.

im Lande war. Der Kieler Umschlag, der stets Anfang Januar stattfand, war Ort und Termin für alle Schuldangelegenheiten der Bürger, des Adels und der Fürsten. Der Charakter der alten Residenz- und Hafenstadt ist heute nicht mehr zu erkennen, die Entwicklung zur Großstadt im 19. Jahrhundert und die Zerstörungen des Zweiten Weltkriegs haben nur wenig Spuren überdauern lassen.

Da Neustadt zwar ein gut befestigter Platz, aber in wirtschaftlicher Hinsicht noch weniger Bedeutung hatte als Kiel, gemessen vor allem an Lübeck, darf genügen, es im Verlauf des Streifzugs entlang der Küste lediglich zu erwähnen.

Rendsburg hatte seine Bedeutung als Hafen- und Handelsstadt mit internationalen Verbindungen bereits im Spätmittelalter verloren. Seitdem war es immer mehr zur zentralen Festungs- und Garnisonsstadt geworden, von der kaum noch Impulse für die Wirtschaft ausgingen. Neumünster, im Mittelalter durch sein Kloster geistlicher Mittelpunkt, entwickelte sich erst im 19. Jahrhundert zur Industriestadt.

Hamburg und Lübeck band seit dem Mittelalter keine politische Gemeinsamkeit mehr an Schleswig-Holstein. Andererseits waren sie in wirtschaftlicher Hinsicht so dominierend, daß neben ihnen keine weitere wirtschaftliche Metropole entstehen konnte. Es war das Schicksal der schleswig-

25

26

27

28

holsteinischen Städte, von meist kurzfristigen Blüteperioden abgesehen, Provinzstädte zu bleiben; keine wurde zum wirtschaftlichen, politischen und kulturellen Mittelpunkt des Landes, keine hatte die Qualität einer Hauptstadt der Herzogtümer.

Nach Beendigung des Nordischen Krieges galt das besondere Interesse der dänischen Politik zwar der Förderung der Städte, doch war damit keineswegs die Wiederherstellung der alten ständischen Sonderrechte verbunden; vielmehr zielten die getroffenen Maßnahmen auf die Prosperität des gesamten Landes, zum Nutzen aller Untertanen, aber auch der dänischen Krone. Die Verbesserung der Verkehrswege gehörte zu derartigen Maßnahmen, die im Bau des Schleswig-Holsteinischen (»Eider-«)Kanals gipfelten.

Da die Skagerrak-Fahrt von jeher gefährlich und zeitraubend war, trachteten die Seefahrer und die Landesherren danach, sie durch günstigere Verbindungen zwischen Nord- und Ostsee zu ersetzen. Der Transit zwischen Hollingstedt an einem zur Nordsee fließenden Fluß und Haithabu an der Schlei, dem Zugang zur Ostsee, war im Mittelalter eine solche Verbindung, die geographischen Gegebenheiten folgte und auf künstlich geschaffene Verkehrswege verzichtete.

Die Stadt Lübeck fand als erste eine Verbindung zwischen den beiden Meeren, indem sie mit verhältnismäßig geringen »künstlichen« Eingriffen den Lauf der Flüsse nutzte. Der Stecknitzkanal verband die Stecknitz, einen rechten Nebenfluß der Trave, mit der Delvenau, einem rechten Nebenfluß der Elbe, und somit mittelbar Lübeck über Mölln und Lauenburg mit Lüneburg und Hamburg. Bereits seit dem späten 12. Jahrhundert ist eine Transport-Schiffahrt auf der Stecknitz vom Möllner See bis Lübeck überliefert. Aber erst aufgrund eines Vertrages vom 24. Juni 1390 zwischen der Hansestadt Lübeck und Herzog Erich II. von Sachsen-Lauenburg wurde ein Graben gebaut, der den Anschluß des Möllner Sees an die Delvenau herstellte. Der Herzog verpflichtete sich und seine Erben dazu, »das Wasser, welches Delvenau geheißen wird [. . .] [zu] räumen und tiefen lassen [zu] wollen, wo es Noth tut, also geräumig tief, daß man darauf beladene Schiffe fahren möge, von der Elbe einfahrend bis zur Buchhorster Mühle, und von dieser bis an den See zu Mölln, auf und nieder und also geräumig, daß zwei Schiffe Raumes genug bei den anderen vorbei zu fließen. Diese Schiffe sollen eben so groß sein, als es diejenigen sind, die man aber zwischen Mölln und Lübeck auf der Stecknitz führt.« Herzog Erich verpflichtete sich, die Bauarbeiten zu übernehmen, einen Treidelweg einzurichten und die Eigentümer zu entschädigen. »Auch soll dies vorbenannte Wasser frey sein für alle Leute, besonders für den gemeinen Kaufmann zu ewigen Zeiten zu gebrauchen, sobald sie einen rechten Zollen geben, und was sie pflichtig sind zu der Lauenburg.« Bei der Festlegung der Zolltarife werden in der Urkunde auch die Güter genannt, die auf dem Kanal transportiert werden sollten: Weizen, Roggen, Gerste, Hafer und Leinsamen, Heringe, Käse und Salz, Leinwand, Bretter, Kupfer, Eisen, Stahl und Blei.

Der Herzog versprach, er und seine Erben wollten »dies vorbenannte Wasser, was man auf diesem Wasser fähret und dazu gehörige Leute beschirmen, vertheidigen und vor ungerechter Gewalt bewahren«. Sieben Jahre dauerte die Bauzeit für den elf Kilometer langen »Graben«, die

30

32

29

31

Rendsburg war zwar politisch und militärisch stets eine zentrale Stadt, wirtschaftlich stand sie dagegen eher zurück. Dennoch sind gerade in dieser Stadt im Schnittpunkt zwischen Schleswig und Holstein kulturhistorische Bauwerke erhalten, so das Haus in der Schleifmühlenstraße aus dem Jahr 1541 (26) oder das alte Rathaus, dessen Tür von 1609 von der Bedeutung und wirtschaftlichen Potenz des Ortes in der Frühen Neuzeit zeugt (27).

Noch weniger als die etwa gleichzeitig gegründete Stadt Kiel konnte sich Neustadt als Konkurrenz zu Lübeck entwickeln. Zwar wurde die Stadt zu einer der wenigen festen Plätze des Landes ausgebaut, doch erwuchs ihr daraus kaum eine zentrale wirtschaftliche oder politische Rolle in der Landespolitik. Neustadt konzentrierte sich wirtschaftlich auf Schiffbau, Fischerei, Holz- und Getreidehandel. Auf den letzteren geht der imposante Kornspeicher von 1830 zurück (28).

Der Stecknitzkanal stellte im späten Mittelalter eine bedeutende künstliche Wasserstraße dar. Ein Modell der Palmschleuse zeigt den Ablauf des Schleusenverkehrs bis zum Ende des 19. Jahrhunderts (29); daneben die erhaltene Schleuse im heutigen Zustand (30). In den Stauschleusen mußten die Schiffe warten, bis ausreichend Wasser für die Talfahrt und die im Gegenzug erfolgende Bergfahrt vorhanden war. Modell einer Stauschleuse im Elbschiffahrtsmuseum Lauenburg (31) und eine der wenigen erhaltenen Stauschleusen des alten Stecknitzkanals, hier die Dückerschleuse bei Witzeeze (32).

Vertiefung der Delvenau und den Bau der erforderlichen Schleusen. Am 22. Juli 1398 trafen die ersten Kähne, beladen mit Salz und Kalk aus Lüneburg, in Lübeck ein.

Trotz der bescheidenen Abmessungen war dieser Bau des ersten Kanals in deutscher Hand, der mehr als 500 Jahre in Betrieb blieb, »ein würdiges Denkmal der Weisheit, des Unternehmensgeistes und der Kraftfülle der Vorfahren im vierzehnten Jahrhunderte«, wie 1826 der Direktor der Strom- und Uferbauwerke in Hamburg, Reinhard Woltman, schrieb. An dem Kanal wurde zwar während der Jahrhunderte seines Bestehens ständig gebaut, so daß am Ende 15 Schleusen, davon drei Kasten- oder Kesselschleusen (wie die Palm-Schleuse) und 12 Stauschleusen (wie die Dücker-Schleuse), zu passieren waren, dennoch bedauerte Reinhard Woltman, »daß bis auf unsere Zeiten (1826) nichts würklich ausgeführt ist, um diesen wichtigen Handelszweig zu vervollkommnen und seine Benutzung den Zeiterfordernissen gemäß zu erleichtern und zu erweitern; denn noch ist diese Canalfahrt im Wesentlichen in demselben Zustande, welchen sie gleich bey ihrer ersten Anlage erhielt«. In der Tat war die Technik des Stecknitzkanals bereits im 18. Jahrhundert überholt. Die Kanalfahrt wurde ermöglicht durch das Ablassen des vor den Stauschleusen angesammelten Wasservorrats, durch die wechselweise zeitlich begrenzte Verstärkung des Wasserabflusses und somit der damit bewirkten Auffüllung des Flußbettes. Da oft Wassermangel herrschte, wurde bei den Stauschleusen meist nur an jedem zweiten Tag geschleust. Die zu Tal fahrenden Schiffe glitten dabei auf der abgelassenen Stauwelle bis zur nächsten Schleuse hinab, die aufwärts fahrenden Schiffe wurden während dieses Vorgangs gegen den Strom des abfließenden Stauwassers getreidelt. Die Stecknitzfahrer ließen sich dabei von den Kleinbauern unterstützen, die entlang der Strecke wohnten; sie waren bereit, gegen geringen Lohn die schwere Arbeit des Schleppens auf den Treidelpfaden zu verrichten.

Die Fahrt von Lauenburg bis Lübeck dauerte zunächst drei bis vier Wochen, konnte aber später auf 16 bis 14 Tage und schließlich sogar auf acht bis neun Tage verkürzt werden. Die bei der Kanalfahrt eingesetzten Schiffe waren und blieben klein, da die gewundene Strecke, die geringe Tiefe sowie die meist knapp zur Verfügung stehende Wassermenge eine Vergrößerung kaum zuließen. Im 14. Jahrhundert hatten die Stecknitz-Prahme eine Länge von 10 bis 12 Metern, eine Breite von 2,5 Metern und einen Tiefgang von 0,30 bis 0,40 Metern; ihre Tragfähigkeit betrug etwa 7,5 Tonnen. Bis zum 17. Jahrhundert erhöhte sich die Tragfähigkeit auf 12,5 Tonnen. Erst gegen Ende des 19. Jahrhunderts führten der Ausbau am Kanal sowie technische Verbesserungen an den Schiffen zu einer wesentlichen Leistungsverbesserung: Bei einer Länge von 23 Metern, einer Breite von 4,20 Metern und einem Tiefgang von fast 80 Zentimetern wurde eine Tragfähigkeit von bis zu 30 Tonnen erreicht. Doch nach dem Bau der Eisenbahnverbindung zwischen Lübeck und Büchen (mit Anschluß nach Hamburg und Berlin) war der Kanal kaum noch konkurrenzfähig. Dennoch blieb eine Wasserverbindung entlang der traditionellen Strecke attraktiv. Denn am 16. Juni 1900 wurde ein neuer Kanal zwischen Lübeck und Hamburg eröffnet, der bis heute besteht: der Elbe-Trave-Kanal (Elbe-Lübeck-Kanal). Er wurde auf Betreiben Lübecks eingerichtet, um nach dem Bau des »Kaiser-Wilhelm-Kanals« (Nord-Ostsee-Kanals, Kiel-Kanals) konkurrenzfähig bleiben zu können. Wieder war es vor allem die Hansestadt Lübeck, die das Projekt durch großzügige Finanzierung förderte.

Der Betrieb des Stecknitzkanals war von Anfang an mit Streitigkeiten zwischen den an der Schiffahrt interessierten Handelspartnern und den Lauenburger Herzögen verbunden. Es ging zumeist um Geldforderungen. Nachdem sich die Stecknitzfahrt für die Herzöge als eine lukrative Einnahmequelle erwiesen hatte, versuchten sie durch Erhöhung der Zölle und Schleusengebühren, durch Stapelzwang in Lauenburg und andere Maßnahmen, ihren Anteil auszuweiten. Aber auch die Sonderinteressen der Lübecker Salzherren, denen die Schiffe gehörten, und der Gilde der Stecknitzfahrer, deren Privilegien die Beteiligung fremder (auch Lauenburger) Schiffer an der Kanalfahrt ausschlossen, verursachten letztlich eine Erhöhung der Frachtkosten.

Als das Herzogtum Lauenburg 1815 den dänischen König als neuen Landesherrn erhielt und damit auch dieses Territorium unter gesamtstaatliche Herrschaft gestellt wurde, belebte dies die Stecknitzfahrt keineswegs. Im Gegenteil: Der Lübecker Handel war eine Konkurrenz zu den wirtschaftlichen Aktivitäten der Herzogtümer, vor allem Kiels. Darüber hinaus galt die besondere Aufmerksamkeit der königlichen Regierung dem Schleswig-Holsteinischen Kanal, der 1784 in Betrieb genommen worden war. Die Einführung eines hohen Transitzolls für den Stecknitzverkehr sollte Lübecks Wirtschaft treffen. Erst in preußischer Zeit und infolge des Anschlusses an den Zollverein verbesserten sich die Rahmenbedingungen wieder.

Die rigorosen Abgabenforderungen der Lauenburger Herzöge und die geringe Leistungsfähigkeit des Stecknitzkanals hatten in Lübeck und Hamburg bereits 50 Jahre nach Inbetriebnahme der Delvenau-Stecknitz-Verbindung Pläne reifen lassen, einen schnelleren, kürzeren und weniger durch Abgaben belasteten Wasserweg zwischen den Hansestädten zu schaffen. Verhandlungen mit Graf Adolf VIII. und der Vertrag von 1448 begründeten den ersten Versuch, die Alster mit der Beste zu verbinden, die bei Oldesloe in die Trave mündet. 1452 und 1453 wurde an diesem Projekt gearbeitet, doch waren die Geländeschwierigkeiten zu groß; der Kanal wurde nicht fertiggestellt. Erst 1525 wurde der alte Plan wieder aufgegriffen; in dem zwischen König Friedrich I. und den Hansestädten geschlossenen Vertrag wurde ausdrücklich auf die unter Graf Adolf begonnenen Arbeiten hingewiesen, einen Kanal zu graben, »so dat man des Kopmans gudere von Oldesloe uth der Trawen beht tho Hamborch an de Elve und wedderume von der Elve in de Traw na Lübecke schewen mogen«. Die Kosten sollten die Städte tragen, der König verpflichtete sich, den Grund und Boden für den »nigen Graven« zur Verfügung zu stellen; darüber hinaus sollten die adligen Grundbesitzer entschädigt werden.

Von Hamburg bis Stegen konnte die Alster nach dem Einbau von Schleusen benutzt werden. Da die Trave ohnehin schiffbar war und auch die Beste durch Einbau von Schleusen bis Sülfeld für Kähne schiffbar gemacht werden konnte, wenngleich es auf dem oberen Stück ein Gefälle von zwölf Metern zu überwinden galt, lagen die eigentlichen Schwierigkeiten bei der Bewältigung des Scheitelstücks zwischen Sülfeld und Stegen, der Wasserscheide zwischen Nord- und Ostsee. Die technischen Möglichkeiten der Zeit reichten nicht aus, um dieses Stück so zu durchgraben und mit Wasser

33

34

Die Stecknitzfahrt war jahrhundertelang ein wichtiger Erwerbszweig für die Schiffer entlang des Kanals. Davon profitierten besonders die durch die Vereinbarungen zwischen der Hansestadt Lübeck und dem Herzog von Sachsen-Lauenburg privilegierten Schiffergilden Lübecks und Möllns, während die Lauenburger am Stapel und am Zoll verdienten. Besonders die Möllner Stecknitzfahrer gelangten zu Wohlstand, was in ihrer Kirche zum Ausdruck kam: Der Stuhl der Stecknitzfahrer von 1576 ist zwar derb in künstlerischer Hinsicht, aber zugleich Ausdruck besonderen Reichtums (33). Hohen Seltenheitswert hat der von Stecknitzfahrern gestiftete Siebenarmige Bronzeleuchter von 1436 (34).

35

Die Herzöge von Sachsen-Lauenburg profitierten von den Einnahmen aus dem Stecknitzkanal in dem Maße, wie die Hansestädte Lübeck und Hamburg damit belastet wurden. Deshalb sannen die Kaufleute und ihre politischen Vertreter darauf, den alten und kostspieligen »Graben« durch einen neuen zu ersetzen. Rein nach geographischen Gesichtspunkten bot sich eine Verbindung zwischen Alster und Trave unter Benutzung der Beste an, die bereits die Schauenburger gesucht hatten. Nach langen Vorbereitungen und begleitet von zahlreichen Vorarbeiten wurde der Kanal zwar 1529 eröffnet, hatte jedoch wegen technischer Schwierigkeiten und praktischer Widerstände nur geringen Erfolg. Die Auseinandersetzung zwischen den Parteien hatte allerdings die älteste handgezeichnete Karte in Schleswig-Holstein zur Folge (35).

zu versorgen, daß eine sichere und rentable Schiffahrt möglich geworden wäre. Der Kanal wurde 1529 eröffnet, war aber nur etwa 20 Jahre in Betrieb. Die Wasserzufuhr auf dem problematischen Scheitelstück war zu gering: Schließlich kamen Streitigkeiten mit den anliegenden Gutsbesitzern hinzu, durch die der Alster-Beste-Kanal buchstäblich begraben wurde: Detlev von Buchwaldt auf Borstel und Stegen ließ im Jahr 1550 das über sein Gutsgelände führende Stück zuschütten.

Herzog Magnus I. von Sachsen, Engern und Westfalen (das ist Sachsen-Lauenburg) zweifelte nicht daran, daß der »nige graven« Erfolg haben würde; das hätte erhebliche Einbußen für ihn gebracht, da die Stecknitzfahrt in Mitleidenschaft gezogen worden wäre. Durch den Erwerb des Gutes Tremsbüttel (1475) waren die Lauenburger Herzöge sogar im Besitz eines Grundes, der an den neuen Kanal grenzte. Dies nahm Herzog Magnus I. zum Anlaß, um gegen den Bau des Kanals vor dem Reichskammergericht zu klagen. Die Klage richtete sich gegen die Hansestädte Hamburg und Lübeck. Er argumentierte, die Reichsordnung verbiete, daß ein Reichsstand dem anderen Schaden zufüge; ihm aber würde Schaden zugefügt, da er als Herzog des Reiches seine Aufgaben nur wahrnehmen könne, solange ihm die ungeschmälerten Einnahmen aus den Gebühren, die der Stecknitzkanal abwerfe, wozu auch die Kran-, Trage- und Lagergebühren in Lauenburg zu zählen seien, zur Verfügung ständen. Hamburg und

Lübeck wiesen darauf hin, daß es nicht ihre Absicht sei, den Herzog zu schädigen, daß der Kanal das Territorium des Herzogs nicht berühre und daß schließlich bereits 1448 mit dem Bau begonnen worden sei, daß es sich bei den neuen Arbeiten also nur um die Fortsetzung eines alten Vorhabens handle. Den verbalen Argumenten fügten die Städte 1528 eine Kartenskizze hinzu, die ihre Position verdeutlichen, vor allem zeigen sollte, wie weit entfernt der neue Kanal vom Territorium der Lauenburger entfernt sei. Bei diesem Dokument handelt es sich um die älteste handgezeichnete Karte aus Schleswig-Holstein. Daß die Kontrahenten für die Darstellung eines regionalen politischen und juristischen Problems die Form der Radkarte wählten, die im Mittelalter für Weltkarten benutzt wurde, kann entweder als Kuriosum interpretiert werden oder als ein Indiz dafür gelten, wie wichtig der Bau des Alster-Beste-Kanals für sie war.

Die Vorschläge einiger Ingenieure aus dem 18. und 19. Jahrhundert, den alten Plan wieder aufzugreifen, scheiterten nicht mehr an technischen Problemen, sondern an der Tatsache, daß die politisch Verantwortlichen in viel stärkerem Maße an Verbindungen zwischen Nord- und Ostsee interessiert waren, die eine Passage von Seeschiffen erlaubten und die zugleich auch militärischen Anforderungen genügen konnten. Über derartige Kanäle wurde bereits im 16. Jahrhundert nachgedacht. Überliefert sind Projekte, die einen Durchstich von Ripen nach Kolding (1539), von Ripen nach Hadersleben (1559) und sogar bereits eine Verbindung von Tönning nach Kiel (1571), also im Verlauf des später gebauten Kanals, vorsahen. Sie alle hätten die technischen Möglichkeiten des 16. und 17. Jahrhunderts überfordert.

Erst der große politische und wirtschaftliche Aufbruch des Gesamtstaates im letzten Quartal des 18. Jahrhunderts schuf die Voraussetzungen, ein solches Projekt zu realisieren. Dazu gehörte auch die kluge Außenpolitik Dänemarks, für die Andreas Peter Graf Bernstorff verantwortlich war. Er suchte die Verständigung sowohl mit England als auch mit der aufstrebenden Großmacht Rußland und schuf damit für Dänemark die Voraussetzung für eine strikte Neutralitätspolitik, die sich in wirtschaftlicher Hinsicht auszahlte: Die dänische Flagge wurde auf den Meeren von allen rivalisierenden Mächten respektiert. Die Konjunkturen waren günstig, sie auszunutzen eine politische Pflicht. Ein Ergebnis der politischen Pflichterfüllung war der Schleswig-Holsteinische Kanal, Europas bedeutendste und längste künstliche Wasserstraße. Für dieses Unternehmen gab es keine Vorbilder oder Vergleiche; es stellte ein Projekt dar, das in dieser technischen und finanziellen Dimension in Europa nie zuvor versucht worden war. Der Bau dieses Wasserweges zwischen den Meeren war eine Pioniertat, die Vorbild für viele ähnliche Projekte und Unternehmungen wurde.

In technischer Hinsicht galt es, die Obereider vom Flemhuder See aus in der Talsenke der Levensau entlang über Knoop und Holtenau mit dem Kieler Hafen zu verbinden, um einen für Seeschiffe passierbaren Kanal zwischen Nord- und Ostsee zu schaffen. Die Planung sah vor, daß der neue Wasserweg der Passage von jeder Art von Seeschiffen dienen sollte. Doch bald stellte sich heraus, daß aus technischen und wirtschaftlichen Gründen Abstriche vom ursprünglichen Plan gemacht werden mußten. Der Kanal mußte in kleineren Dimensionen errichtet werden, als ursprünglich vorgesehen.

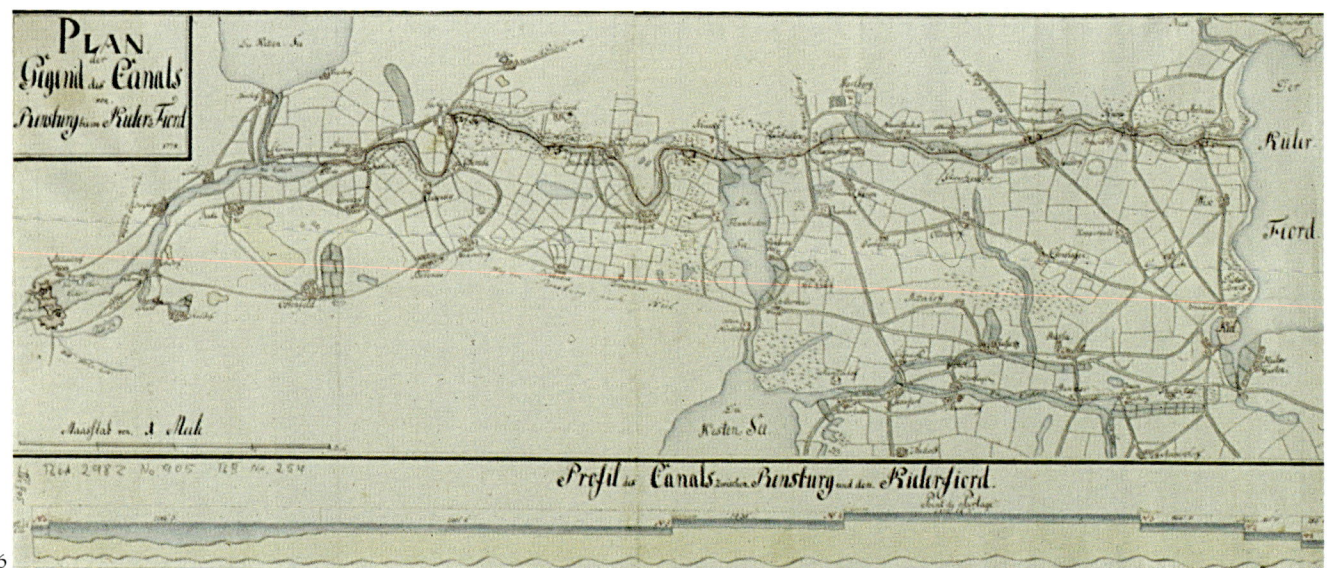

36

37

Der tatsächlich errichtete Wasserweg war ein Schleusenkanal, der von Holtenau bis zum Flemhuder See über drei Schleusen anstieg und von dort über drei Schleusen zur Untereider hinabführte. Die Tiefe des Kanals betrug 3,5 Meter, seine obere Breite im Durchschnitt 31 Meter. Das bedeutete, daß zwar Handelsschiffe in wirtschaftlich attraktiver Größe den Kanal passieren konnten, nicht aber, wie angestrebt, größere Kriegsschiffe. Der Kanal hatte eine Länge von 180 Kilometern; bei seinem Bau von 1777 bis 1784 – der in allen Ländern Europas, besonders in England, mit großer Aufmerksamkeit verfolgt wurde – waren bis zu 3000 Arbeiter beschäftigt. Erst die preußischen Anforderungen an eine Verbindung zwischen Nord- und Ostsee, die auch den militärischen Bedürfnissen des Kaiserreichs hätte gerecht werden können, ließen den alten Kanal, der zwischenzeitlich – aus politischen Gründen von seiten Dänemarks – »Eider-Kanal« genannt wurde, als überholt erscheinen. Den neuen »Kaiser-Wilhelm-Kanal«, der 1895 vollendet wurde, konnten in der Phase des Endausbaus der Schleusen auch Panzerschiffe passieren.

Die Schiffe auf dem alten Kanal konnten bei günstigem Wind segeln, sonst wurden sie von Pferden gezogen oder auch durch die eigene Mannschaft getreidelt. Später war auch ein Bugsierdampfer tätig. Die Schleppzeit von Kiel-Holtenau bis Rendsburg betrug bei günstiger Witterung zehn bis zwölf Stunden. Für die gesamte Kanalstrecke von Kiel bis Tönning brauchte ein Segelschiff drei bis vier Tage, Dampfschiffe legten die Strecke in etwa 15 Stunden zurück. Die Sicherheit des Verkehrs war auf vielfältige Weise geregelt. Die größeren Schiffe mußten Lotsen an Bord nehmen; Dampfer bedurften generell eines Lotsen. Auf der Eider wurde ein Feuerschiff stationiert; in der Kieler Förde waren Leuchtfeuer installiert.

Da die Passage durch den Kanal gegenüber der Fahrt um Skagen mit einiger Zeitersparnis verbunden war, bekam die neue Wasserstraße nicht nur für die unter dänischer Flagge fahrenden Schiffe, für die sie ursprünglich ausschließlich gedacht war, erhebliche wirtschaftliche Bedeutung. Und davon profitierten wiederum die Hafenstädte, Tönning, Rendsburg und Kiel, aber auch die Bewohner entlang des Kanals.

38

Erfolgreicher als die Arbeiten an einer Verbindung zwischen Alster und Beste waren die Bemühungen um eine Kanalverbindung zwischen Tönning im Westen und Kiel (Holtenau) im Osten. Die Strecke zwischen Rendsburg und Kiel bereitete technisch die größten Probleme (36). Die Ausschreibung für die technischen Arbeiten am Kanal erfolgte nach modernen Prinzipien (37).

Neben den eigentlichen Kanalarbeiten waren zahlreiche sie begleitende Probleme zu bewältigen; so mußten an den jeweiligen Ausgangshäfen zur Nordsee oder zur Ostsee Lagerkapazitäten geschaffen werden. Hier das ehemalige Packhaus in Kiel-Holtenau (38).

Die Zahl der Schiffsdurchfahrten schwankte. An ihr lassen sich Kriegszeiten und wirtschaftliche Krisensituationen ablesen; im Durchschnitt waren es 2600 Schiffe jährlich. Während der 100 Jahre seines Bestehens passierten insgesamt 284 000 Schiffe den Schleswig-Holsteinischen Kanal. Friedrich Gottlieb Klopstock, der Dichterfürst des 18. Jahrhunderts, hatte bei seiner Einweihung den Kanal und seinen Begründer in folgendem Gedicht gefeiert:

>>Bernstorff
entwarf, leitete, und brachte eine Unternehmung zu Stande,
durch den Tod abgerufen, nur nicht zu Ende, die auch
den Erfolg hatte, daß wir dem Schiffer diesen
kürzeren und sicheren Weg in beyde
Meere eröffnen konnten.
Wer hier der Wegfahrenden oder Ankommenden Flagge
wehen, und Segel schwellen sieht, der erinnere
sich des Grundlegers mit einer guten
Thräne, daß ihm dieser Anblick
nicht ward. <<

Der Auf- und Ausbau eines Eisenbahnnetzes nördlich der Elbe begann verhältnismäßig spät. Die ersten Pläne betrafen eine Verbindung zwischen den Hansestädten Hamburg und Lübeck, die seit 1831 diskutiert wurde, aber am Widerstand der dänischen Regierung scheiterte. Die erste tatsächlich gebaute Strecke zwischen Hamburg und Bergedorf (1842) gewann erst an Bedeutung, als sie 1846 nach Berlin verlängert wurde.
Bei der Planung von Eisenbahnstrecken in Schleswig-Holstein und Jütland kam es darauf an, den vorteilhaften Schienenweg für den Warenverkehr zwischen Nord- und Ostsee und zwischen den nördlichen und südlichen Landesteilen optimal zu nutzen. Gleichzeitig galt es, den Bau von Chausseen (die erste wurde seit 1830 zwischen Altona und Kiel eingerichtet) mit den Bahnstrecken zu koordinieren und darüber hinaus die Wirtschaftlichkeit des Schleswig-Holsteinischen Kanals zu erhalten. König Christian VIII.

39

40

Der Kanal zwischen Nord- und Ostsee war in organisatorischer und technischer Hinsicht eine Pioniertat im Europa des 18. Jahrhunderts. Nachdem das Projekt realisiert worden war, wandten sich auch die Künstler des frühen 19. Jahrhunderts dem Kanal zu; das Teilstück bei Knoop wurde ein beliebtes Motiv (39, 40).

Der »Schleswig-Holsteinische Canal« erforderte nicht nur klassische Erdarbeiten, sondern auch moderne Brückenkonstruktionen. Für diese war die neuentstandene Carlshütte in Rendsburg zuständig, die den Anforderungen an leistungsfähige und dauerhafte Konstruktionen gerecht werden konnte, wie die gußeisernen Brückenportale bei Kluvensiek, 1849, beweisen (41). In den Endhäfen Holtenau und Tönning mußten Verwaltungsgebäude errichtet werden; Hafen- und Zollbehörde in Tönning (42).

41

42

43

44

erteilte 1840 den Auftrag, eine Eisenbahnverbindung zwischen Altona und dem günstigsten Punkt an der Ostsee zu projektieren. Georg Hanssen aus Kiel kam nach umfangreichen Rentabilitätsberechnungen zu dem Ergebnis, daß eine Streckenführung von Altona über Elmshorn (von dort sollte eine Stichbahn nach Glückstadt führen) und Neumünster (das durch einen Zubringer mit Rendsburg verbunden werden sollte) nach Kiel die günstigste, weil wirtschaftlichste sei. Diese Bahn wurde gebaut und am 18. September 1844, dem Geburtstag des Königs, als »Christian VIII. Ostseebahn« feierlich eröffnet. Die Zweigbahnen nach Glückstadt und Rendsburg waren ein Jahr später fertiggestellt.

Der wirtschaftlich dringend benötigte Anschluß Lübecks an das Eisenbahnnetz kam erst nach internationalem Einspruch gegen die dänische Verhinderungspolitik zustande; 1851 wurde die Strecke Lübeck–Mölln–Büchen geschaffen, über die eine Verbindung mit Hamburg und Berlin gegeben war. Da die Strecke noch im selben Jahr bis Lauenburg erweitert und 1864 mittels einer Trajektfähre auch über die Elbe hinweg verlängert werden konnte, gewann Lübeck auch eine direkte Verkehrsverbindung nach Hannover. In Schleswig entstand die erste Eisenbahnverbindung ebenfalls mit dem Ziel, einen Nordsee- mit einem Ostseehafen zu verbinden; die Wirtschaftlichkeit dieser Streckenführung sollte sich vor allem durch die traditionellen Viehtransporte ergeben. Am 25. Oktober 1854 konnte die »Frederik VII. Südschleswigsche Eisenbahn« zwischen Tönning–Husum–Ohrstedt und Flensburg dem Verkehr übergeben werden. Gebaut wurde sie von der englischen Reederei »Northern Steam Packet Company«.

45

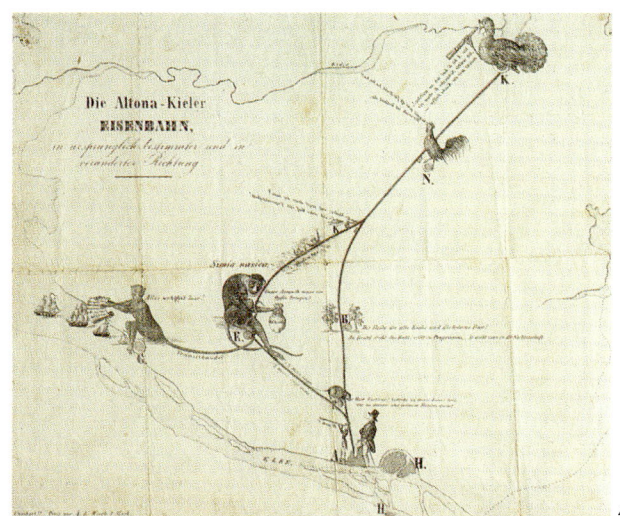

46

47

In Ostholstein konnten erst seit 1866 die Bahnen zwischen Kiel und Eutin sowie Neustadt verkehren, wie überhaupt der große Aufschwung im Eisenbahnbau in die preußische Zeit fällt; erst seit 1880 ging die Zahl der neueingerichteten Streckenkilometer zurück.

Insgesamt kann festgestellt werden, daß die modernen Verkehrsverbindungen – Wasserwege, Straßen und Schienen –, die für die wirtschaftliche Entwicklung des Landes lebensnotwendig waren, bereits in der gesamtstaatlichen Zeit geplant, begonnen oder geschaffen wurden. Diese »Investitionen« zahlten sich aber erst nach dem Anschluß Schleswig-Holsteins an den Deutschen Zollverein (15. November 1867) aus.

Der Bau der Eisenbahn zwischen Altona und Kiel begann mit einem Streit um die Streckenführung, wie eine Karikatur ausweist (46). Am 14. September 1844 wurde die »Christian VIII. Ostseebahn« zwischen Altona und Kiel eröffnet (45). Aus Anlaß der Eröffnung wurde auch eine Medaille geprägt (44).

Die Eröffnung der Eisenbahnverbindung zwischen Altona und Kiel fand nicht nur den Zulauf zahlreicher Schaulustiger, sondern forderte auch die Maler heraus (43). Zu den frühen Fotografien gehört diese vom Bahnhof vor Schloß Gottorf in Schleswig (47).

»Ja, das Ländchen Lauenburg
Wird nun deutsch sein durch und durch«

Die Lauenburg war vom Mittelalter bis zum Jahr 1616 die Hauptburg und Residenz der Askanier; sie lag strategisch günstig, die Elbe beherrschend, und war bis zur Schlacht bei Bornhöved, 1227, entsprechend hart umkämpft. 1616 wurde die Lauenburg durch einen Brand vernichtet. Nur ein Flügel des Schlosses blieb erhalten und wurde im Verlauf der Jahrhunderte mehrfach umgebaut. Überdauert hat auch der Turm aus dem 15. Jahrhundert (1), der lange als Gefängnis gedient hat und inzwischen zum Wahrzeichen der Stadt Lauenburg geworden ist.

Der Kieler Frieden, zu dem König Friedrich VI. von Dänemark am 14. Januar 1814 genötigt wurde, führte zum Verlust Norwegens, das seit 1387 in Personalunion mit Dänemark verbunden gewesen war. Als »Entschädigung« wurde dem dänischen König Schwedisch-Vorpommern mit Rügen zugesprochen, das er wenig später, am 4. Juni 1815, an Preußen abtrat und dafür das Herzogtum Lauenburg erhielt (allerdings ohne das Land Hadeln, das bei Hannover blieb). Damit trat das Land am Fuße der cimbrischen Halbinsel wieder in den Strom der schleswig-holsteinischen Geschichte ein, von dem es seit 1143 weitgehend getrennt gewesen war.

Die Belehnung Heinrich von Badwides mit der Terra Polaborum im Jahr 1143 war die Geburtsstunde der Grafschaft Ratzeburg. Nach dem Sturz Heinrichs des Löwen erhielt Bernhard I., der zum Herzog erhobene Sohn Albrechts des Bären, neben der Grafschaft Ratzeburg auch die Sadelbande, den südlichen Teil des heutigen Kreisgebietes. Gestützt auf die 1181 neu erbaute Lauenburg, versuchte er, die Rechte und die Anerkennung der Askanier als Herzöge in Norddeutschland durchzusetzen. Doch erst nach dem Sieg über Dänemark in der Schlacht bei Bornhöved (1227) konnten die Askanier unter Albrecht I. von Sachsen ihre Herrschaft in Lauenburg und Ratzeburg entfalten. Da er für sein militärisches Eintreten gegen den Dänenkönig mit der Lehnshoheit auch über Holstein ausgestattet worden war, konnte er den anspruchsvollen Titel »Herzog von Sachsen, Engern und Westfalen, Herr Nordalbingiens« führen.

Mit dem Jahr 1295 begannen die dynastischen Teilungen, zunächst in die sich fortan unabhängig voneinander entwickelnden Herzogtümer Sachsen-Wittenberg und Sachsen-Lauenburg, wobei die Kurwürde beim Wittenberger Anteil blieb. Der Lauenburger Teil wurde zu Beginn des 14. Jahrhunderts durch weitere Teilungen geschwächt, was Verpfändungen einzelner Besitzungen, so vor allem Möllns an Lübeck (1322), und eine Stärkung des Adels zur Folge hatte.

Gerade der lauenburgische Adel war es, der im Verlauf des 13. und 14. Jahrhunderts in zahlreiche Fehden verwickelt war, die eine Beunruhigung des Handels und schließlich das Eingreifen der Hansestädte gegen einzelne »Raubritter« nach sich zogen. Ein Landfriedensbündnis zwischen dem Lauenburger Herzog, den Schauenburger Grafen und den Städten Hamburg und Lübeck von 1349 endete mit der Zerstörung einer großen Zahl von lauenburgischen Adelsburgen, darunter befand sich auch die mächtige Burganlage in Linau.

Gefährdet waren stets die entfernt liegenden »Exklaven« der Lauenburger Herzöge, so das Amt Neuhaus, elbaufwärts auf dem rechten Elbufer, und das Land Hadeln, um Otterndorf auf dem linken Ufer der Niederelbe gelegen. Beide Gebiete waren militärisch kaum zu schützen. Sie bedurften aber einer tüchtigen Verwaltung, nicht zuletzt, um die notwendigen Deichbauarbeiten zu organisieren.

Die im Jahr 1305 erfolgte Teilung in die beiden Linien Bergedorf-Mölln und Ratzeburg-Lauenburg war die Ursache für den Ausverkauf des Bergedorf-Möllner Territoriums im Verlauf des 14. Jahrhunderts, nachdem sich die Herzöge in eine enge Abhängigkeit von Lübeck begeben hatten. Erich III. verpfändete Bergedorf und einen großen Teil der Vierlande an Lübeck und genehmigte zudem den Verkauf von Adelsgütern an Kaufleute der Hansestadt; mit ihm starb 1401 die Bergedorf-Möllner Linie aus. Herzog Erich IV. von Ratzeburg-Lauenburg, der Miterbauer des Stecknitzkanals, erhob sofort Ansprüche auf die an Lübeck verpfändeten Gebiete und setzte sie mit militärischen Operationen gegen Bergedorf, später auch gegen Mölln, durch. Lübeck verlor vorübergehend Bergedorf, konnte seine Position in Mölln aber behaupten. Sein Nachfolger, Erich V., verfolgte die offensive Politik gegen Lübeck; er strengte zudem einen Prozeß beim Reichshofgericht an, der 1419 damit endete, daß über die Stadt Lübeck und den Ratsherrn Johann Crispin (wenn auch nur für kurze Zeit) die Reichsacht erklärt wurde.

1420 schlossen sich die Hansestädte gegen Herzog Erich V. zusammen; auch Kurfürst Friedrich I. von Brandenburg trat dem Bündnis bei. Bergedorf und die festen Plätze in den Vierlanden wurden eingenommen. Als sich die Verbündeten anschließend gegen Ratzeburg wandten, gab der Herzog nach. Im Frieden von Perleberg konnten die Städte nahezu alle Forderungen durchsetzen. Die Lauenburger verloren endgültig Bergedorf und die Vierlande, die künftig von Hamburg und Lübeck gemeinsam verwaltet wurden, sowie den Zoll zu Eßlingen (Zollenspieker), Geesthacht und die Hälfte des Sachsenwaldes. Die hohe Verschuldung der Herzöge ließ es vorerst ratsam erscheinen, sich mit den Gläubigern, meist die Stadt Lübeck oder einzelne Bürger, auf besseren Fuß zu stellen.

Herzog Erich V. war auch bei dem Versuch, Gesamtinteressen seines Hauses gegen die Wettiner durchzusetzen, wenig erfolgreich. In der Goldenen Bulle Kaiser Karls IV. wurde 1356 die sächsische Kurstimme den Wittenbergern zugesprochen. Die Ansprüche der Lauenburger waren damit hinfällig geworden; Proteste wurden nicht nur von Karl IV. (1357), sondern auch von dessen Nachfolgern Wenzel (1376) und Sigismund (1413) zurückgewiesen. Als 1422 mit Albrecht III. das Haus Sachsen-Wittenberg ausstarb, erhob Erich V. gegen die Verleihung der sächsischen Kur und des Wittenberger Territoriums (das aufgrund eines Erbvertrages an Lauenburg fallen sollte) an Markgraf Friedrich von Meißen aus dem Wettiner Hause Einspruch beim Kaiser und auch beim Papst; er fand allerdings kein Gehör. Auch seine Nachfolger, zunächst sein Bruder Bernhard II. und dann dessen Sohn, Johann IV., gaben den Anspruch auf Titel und Wappen eines Kurfürsten nicht auf, wie die Wappentafel vom Epitaph Bernhards II. (1436–1463) zeigt. Erst Magnus I. verzichtete auf den Titel eines Kurfürsten, führte aber weiter die Kurschwerter, wenn auch umgekehrt, im Wappen.

Herzog Magnus I. (1507–1543) gehörte zu den gewalttätigsten Vertretern der Lauenburger Askanier. Er betrieb zwar eine erfolgreiche dynastische Heiratspolitik, aber auch wohlwollende Chronisten wissen nur wenig Gutes über ihn zu berichten. Im Mittelpunkt seiner Aktivitäten stand die Auseinandersetzung mit dem Bischof von Ratzeburg, den er in Rechten und Besitz zu beschneiden suchte. Sein Sohn, Franz I., setzte diesen Streit

Die Burg Linau, von der nur noch wenige Spuren erhalten sind (2), bestand aus einem mächtigen Turm mit einer Mauerstärke von drei Metern, war auf einem Hügel gelegen und von Wassergräben umgeben. Sie wurde um 1300 gebaut und 1349 als »Raubritternest« zerstört.

Am 5. Februar 1290 übertragen die Herzöge von Sachsen-Lauenburg Albrecht, Johann und Albrecht, wie die Urkunde belegt (3), dem Zisterzienser-Nonnenkloster Reinbek das Dorf Wentorf, dessen Dorfmark gleichzeitig begrenzt wird. Zahlreiche Angehörige der Lauenburger Ritterschaft werden als Zeugen aufgeführt. Die Urkunde ist mit zwei guterhaltenen Siegeln versehen.

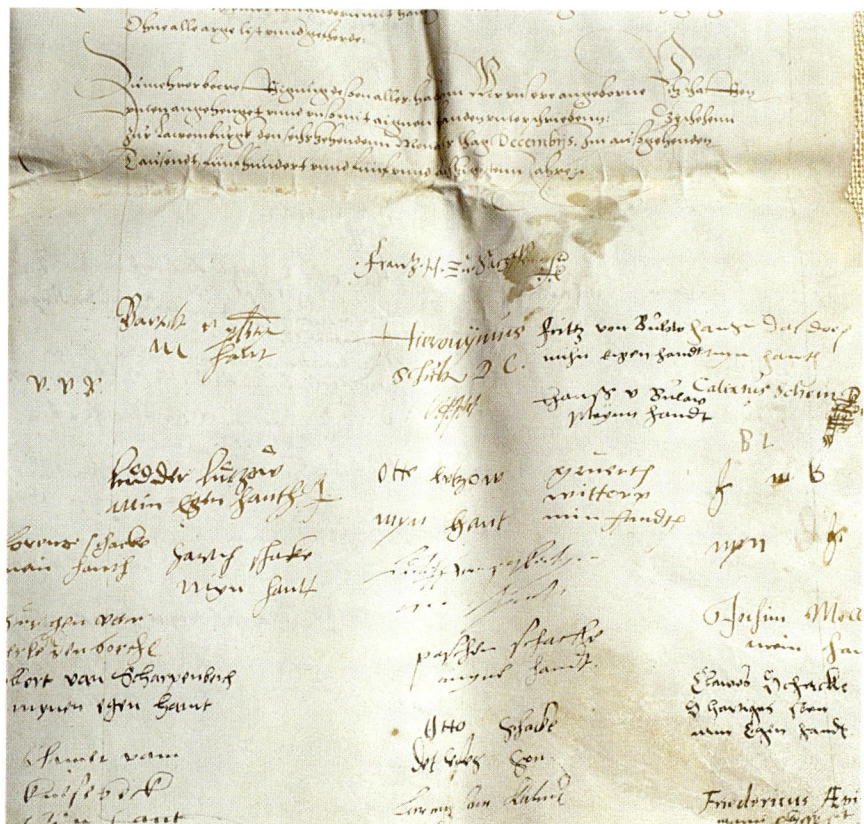

5

4

Mit der »Ewigen Union der Ritter- und
Landschaft«, die am 16. Dezember 1585
geschlossen wurde, erhielt auch das
Herzogtum Lauenburg einen
Herrschaftsvertrag, der einerseits die
Herrschaft der Fürsten sicherte,
andererseits die Stände so stärkte, daß
eine absolutistische Regierung
ausgeschlossen wurde. Die Schlußseite
des Dokuments mit den Unterschriften (4).
Wappentafel Herzog Bernhards II.
(1436–1463): Die Lauenburger Askanier
haben ihren Anspruch auf die Kurwürde
nicht aufgegeben, die Kurschwerter
zeigen noch nach oben (5). Erst
Magnus I. verzichtet auf den Titel eines
Kurfürsten.

mit noch brutaleren Mitteln fort, indem er 1552 den Söldnerführer Volrad
von Mansfeld mit seinen Truppen von unberechenbarer Gewalttätigkeit
ins Land rief, um das Bistum Ratzeburg zu drangsalieren. Der Herzog
selbst operierte mit Drohungen und Überfällen und ersetzte Recht durch
Gewalt. Mit Heranwachsen der Söhne Magnus (II.), der in Schweden, und
Franz (II.), der am sächsischen Hof erzogen wurde, begann eine Jahrzehnte
während Krise, sehr zum Nachteil des Landes.

Magnus, der als ältester Sohn die Herrschaft übernehmen sollte, erwies
sich als unfähig, verschwenderisch und unredlich, so daß ihm die Ritter-
und Landschaft, das heißt die Stände des Herzogtums, die Erbhuldigung
verweigerten. Der zweite Sohn, Franz, versuchte, die Gunst des Vaters,
dessen Regierungsfähigkeit immer mehr nachließ, zu gewinnen, um letztlich anstelle seines Bruders Magnus die Regierungsgeschäfte in Lauenburg
zu übernehmen; dies gelang ihm 1581. Da Franz ein Jahr später die Tochter
des Herzogs Julius von Braunschweig, Maria, heiratete, konnte er unter
Einbeziehung der Mitgift die finanzielle Lage des Herzogtums deutlich
verbessern. Er setzte Herzog Magnus von 1581 bis zu dessen Tode, 1603,
auf dem Schloß Ratzeburg fest und schaltete damit den brüderlichen
Rivalen endgültig aus. Herzog Franz II. entwickelte sich in verschiedener
Herren Kriegsdiensten zu einem erfahrenen Heerführer, aber auch zu
einem umsichtigen Landesherrn, der vor allem die Verwaltung des Landes
auf eine solide Grundlage stellte. Er versuchte auch, die unter seinen
Vorgängern verlorengegangene Autorität im Lande wiederherzustellen.
Doch die wirtschaftliche Basis blieb insgesamt schwach.

Herzog Franz II. gelang es nach großen Schwierigkeiten, sein Land auf stabile Grundlagen zu stellen. Er gehört zweifellos zu den bedeutenden Persönlichkeiten des askanischen Fürstenhauses. Das Bildnis des Herzogs mit seiner Familie (6) entstand zu Beginn des 17. Jahrhunderts und hing ursprünglich in der Schloßkapelle zu Franzhagen. Nach Abbruch des Schlosses gelangte es in die Büchener Marienkirche.

Bereits zu Lebzeiten ließ Herzog Franz II. für sich und seine zweite Gemahlin Maria von Braunschweig-Wolfenbüttel eine monumentale Grabstätte in der Lauenburger Maria-Magdalenen-Kirche erbauen (1590–1600). Dieses Denkmal, das zugleich eine Ruhmeshalle des askanischen Geschlechts sein sollte, beherrschte den Chor der Kirche bis 1827. Seine barocke Anlage wurde im Auftrag des damaligen Pastors mutwillig zerstört. Nur einige Trümmer konnten gerettet werden. Dazu gehören die lebensgroßen Figuren Franz' II. und seiner Frau (7, 9). Die aus Sandstein gearbeiteten Plastiken sind leider mit Farbe übertüncht worden.

6

7

Aufgrund der unsicheren Position Franz II. als Regent (erst 1614 erfolgte die Belehnung durch den Kaiser) – er war einerseits auf die Anerkennung und Unterstützung des Landesadels angewiesen, andererseits bestand der Wunsch der Ritterschaft, sich zu gegenseitigem Beistand, zum Schutz des Landfriedens und zur Wahrung ihrer Privilegien enger zusammenzuschließen – wurde 1585 die »Ewige Union der Ritter- und Landschaft« geschlossen. Es war ein Herrschaftsvertrag, in mancherlei Hinsicht mit dem Ripener Privileg von 1460 zu vergleichen, der die Herrschaft des Fürsten sicherte, ein absolutistisches Regiment aber ausschloß. »Wie in einer Kette waren die Vertragspartner Fürst, Ritterschaft und Städte miteinander verbunden« (Armgard von Reden).

Als Franz II. 1619 starb, hinterließ er zahlreiche Kinder, von denen zunächst Herzog August die Regierung antrat und die undankbare Aufgabe hatte, das Land durch den Dreißigjährigen Krieg zu führen, was angesichts seiner unsicheren Grenzen nahezu unmöglich war. Verwüstungen aus allen Richtungen trafen das kleine Land sehr hart. Herzog August zeichnete sich durch eine sparsame Hof- und Lebenshaltung aus; so konnte er trotz der ungünstigen Zeitläufte verpfändete Güter einlösen. Schwierigkeiten bereiteten ihm nur seine Brüder, die nach Beendigung des Dreißigjährigen Krieges versorgt werden wollten.

Im Frieden von Osnabrück, 1648, hatte der Herzog von Mecklenburg-Schwerin Wismar an Schweden abtreten müssen und erhielt dafür unter anderem das säkularisierte Bistum Ratzeburg, das seit der Mitte des 16. Jahrhunderts ohnehin von mecklenburgischen Prinzen besetzt worden war. Er bekam eigentlich nur, was er schon längst besaß.

Als Herzog August 1656 starb, trat sein Bruder Julius Franz die Regierung an. Er war während des Dreißigjährigen Krieges in kaiserlichen Diensten

8

Blick in die Fürstengruft der Askanier (8) in der Maria-Magdalenen-Kirche zu Lauenburg. Auch diese Gruft ließ Herzog Franz II. anlegen. Sie ist in den letzten Jahren gründlich renoviert worden.

katholisch geworden und hatte in Böhmen umfangreichen Besitz in der Herrschaft Schlackenwerth erworben. Nach dem Muster seiner böhmischen Besitzungen wollte er auch Lauenburg einer ökonomischen Reform unterziehen; dies gelang aber weder ihm noch seinen Söhnen. Auch Herzog Julius Franz, der letzte Askanier der Lauenburger Linie, verstand sich mehr als böhmischer Magnat denn als Regent eines Reichslehens, das ihm kaum erlaubt hätte, das glanzvolle Leben in barocker Prachtentfaltung zu führen, wie er es in Schlackenwerth gewöhnt war. Der böhmische Reichtum half aber, die Mittel aufzubringen, um Mölln 1683 aus lübeckischem Pfandbesitz zurückzukaufen.

Da Herzog Julius Franz bei seinem Tode 1689 nur zwei Töchter hinterließ, starben die Lauenburger Askanier im Mannesstamm aus. Dies eröffnete mehreren Dynastien die Möglichkeit, Erbansprüche geltend zu machen, die zum Teil aus Verträgen aus dem Mittelalter abgeleitet wurden, zum Teil aber auf Erbverbrüderungen beruhten. Die beste Rechtsposition hatte Kursachsen, das auch seine Vertreter als erste Macht nach Ratzeburg entsandte, um das Land in Besitz zu nehmen. Doch am erfolgreichsten war Herzog Georg Wilhelm von Lüneburg-Celle, der das Herzogtum, vor allem die festen Plätze, mit Truppen besetzen ließ; an dieser Operation beteiligten sich auch die anderen Welfenlinien (Hannover und Wolfenbüttel). Mit großem diplomatischen Geschick verteidigte das Haus Braunschweig die Besetzung und den (künftigen) Besitz, auch gegen den Kaiser, der nur noch einen Sequester (Verwalter) für das Land Hadeln nach Otterndorf entsenden konnte.

Von den anderen Bewerbern um das Herzogtum war nur Dänemark (von Holstein aus) ernstlich in der Lage, dem Vorgehen der Welfen zu begegnen. Im Sommer 1693 erschienen dänische Truppen vor der in fieberhafter

9

Die Beschießung Ratzeburgs durch dänische Artillerie im August 1693 zerstörte die Stadt fast vollständig. Der zeitgenössische Kupferstich (10) gibt einen Eindruck von der Befestigung Ratzeburgs bis zum Hamburger Vergleich am 29. September 1693. Herzog Julius Franz war der letzte Askanier der Lauenburger Linie. Er hatte sich in kaiserlichen Diensten nicht nur Ruhm, sondern auch ein Vermögen erworben, das die Grundlage für seinen böhmischen Besitz, die Herrschaft Schnackenwerth, bildete. Die Medaille zeigt ihn im Profil und als Feldherr zu Pferde (11).

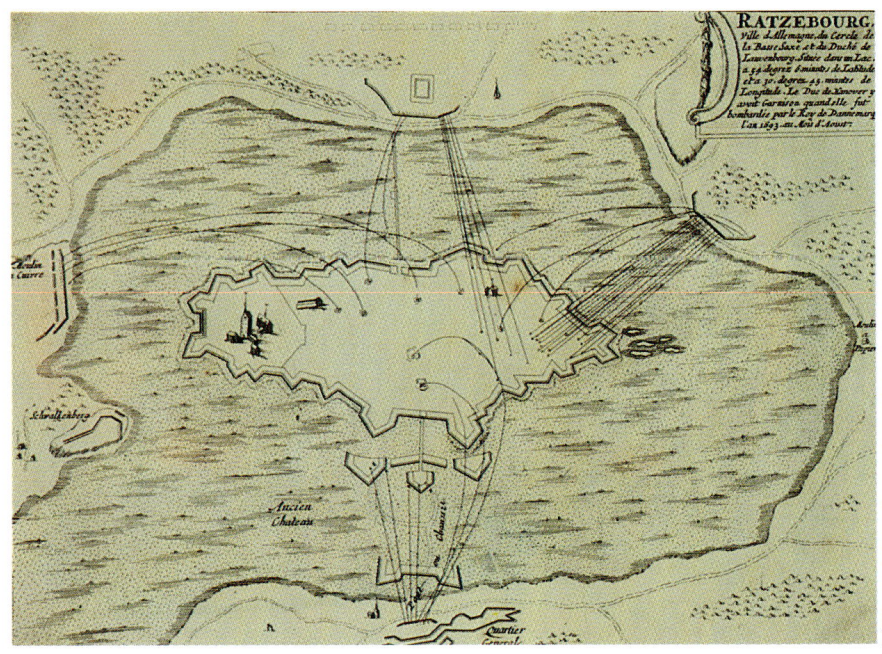

10

Eile in eine Festung verwandelten Stadt Ratzeburg. Am 21. August begann die Beschießung, die zur völligen Zerstörung führte. Ziel des dänischen Angriffs war es, den Lüneburger Herzog zum Schleifen der Festung Ratzeburg und zum Abzug seiner Truppen, bis auf eine kleine Restbesatzung, zu zwingen. Darauf verständigten sich die streitenden Parteien im Hamburger Vergleich vom 29. September 1693. Die Welfen blieben also im Besitz (wenn auch noch nicht rechtlich abgesichert) Lauenburgs, die Truppen wurden abgezogen, und die Festung Ratzeburg wurde geschleift. Bei Ausbruch des Nordischen Krieges, 1700, wurde sie dann erneut mit Wällen umgeben, die bis 1816 bestehenblieben. Der Wiederaufbau der Stadt folgte Plänen, die in Hannover erarbeitet wurden; zur Finanzierung trugen Spenden aus dem Reich bei, zu denen Herzog Georg Wilhelm aufgerufen hatte. 1697 wurden die kursächsischen Ansprüche durch eine hohe Geldzahlung abgegolten, und mit dem Rezeß von 1702 ergab sich eine Vereinbarung des neuen Landesherrn mit den Ständen, in der die in der Union von 1585 festgelegten Rechte bestätigt wurden. Nun fehlte nur noch die Anerkennung der Welfen als neue Landesherren durch den Kaiser. Diese erfolgte erst nach dem Tode Georg Wilhelms (1705). Der Aufstieg des Kurfürsten Georg-Ludwig von Hannover – der das Erbe der cellischen Linie und damit auch Lauenburgs angetreten hatte – zum englischen König Georg I. im Jahr 1714 ließ es dem Kaiser ratsam erscheinen, endlich die formelle Belehnung mit dem Herzogtum Sachsen-Lauenburg auszusprechen; dies geschah 1716.

Der Landesherr des kleinen Territoriums an der Elbe war somit weit entfernt und hatte anderes zu tun, als sich um Lauenburg zu kümmern. Das erlaubte im Innern eine weitgehend unabhängige Politik unter dem Schutz der mächtigsten Seemacht der Welt. König Georg II. sorgte dafür, daß der größte Teil der verpfändeten Güter eingelöst wurde, so auch 1739 das Amt Steinhorst. Das bedeutete eine Vermehrung der Amtseinnahmen,

11

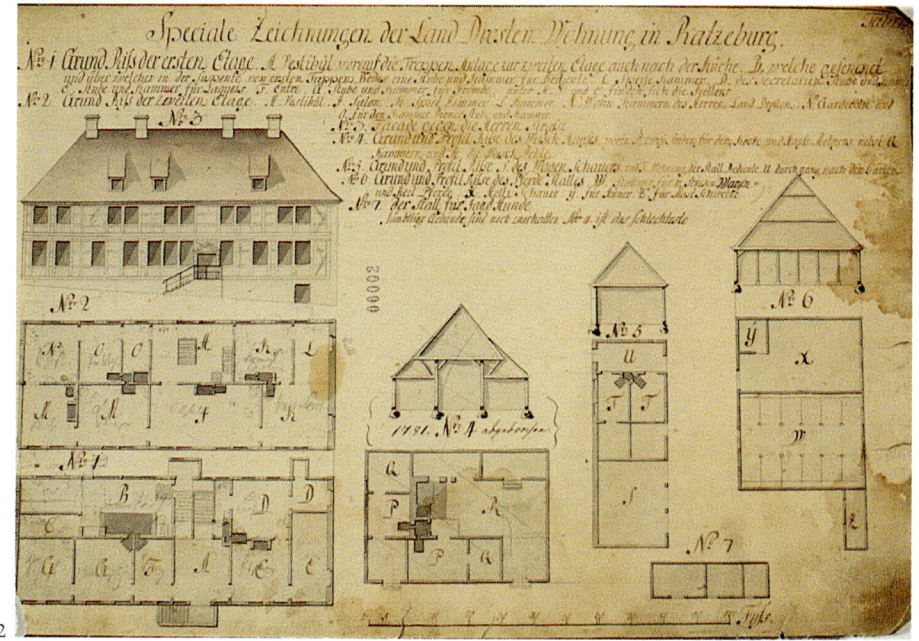

12

Der Wiederaufbau der Stadt Ratzeburg erfolgte nur zögernd. Für die Beauftragten der neuen welfischen Herrschaft mußten aber Amts- und Wohnhäuser geschaffen werden, so für den Landdrosten, den höchsten Repräsentanten der welfischen Regierung in Hannover. Der Baustil ist charakteristisch für den Wiederaufbau nach 1693. Die kolorierte Zeichnung ist gegen Ende des 18. Jahrhunderts entstanden (12).
Das Gebäude wurde im 19. Jahrhundert abgerissen. Erhalten hingegen blieb ein ähnliches Gebäude in unmittelbarer Nachbarschaft, das Haus des Regierungsrates. Auch dieses Haus wurde im welfischen Fachwerkstil, wie er etwa in Wolfenbüttel oder Celle anzutreffen ist, errichtet (14).
Das Siegel des neuen Landesherrn, Herzog Georg Wilhelm von Braunschweig-Lüneburg-Celle, 1702 (13).

wie überhaupt die hannoversche Zeit für Lauenburg mit wirtschaftlicher Prosperität und innerer Stabilität verbunden war. Das Land wurde von tüchtigen Beamten – zumeist aus Hannover – regiert. Neue Adelsgeschlechter kamen hinzu, so die Kielmannseggs, Schraders und Bernstorffs (die 1717 Wotersen und danach weitere Güter erwarben). Doch die angesehenste Familie waren und blieben die Bülows auf Gudow, die traditionellen Erblandmarschälle von Lauenburg.

Mit dem Einrücken der napoleonischen Truppen in das Kurfürstentum Hannover war auch für Lauenburg die Zeit friedlicher Entwicklung vorbei. Wechselnde Besatzungen, hohe Belastungen, die aber die Wirtschaft nicht in Unordnung brachten, kennzeichnen die Jahre 1803 bis 1810; dann wurde auch Lauenburg in das Königreich Frankreich inkorporiert (Departement der Elbmündungen) und von französischen Beamten ausgesaugt. Der legendäre Amtmann Friedrich-Wilhelm Compe verstand es, durch geschickte, an der Praxis orientierte Maßnahmen das Schlimmste für das Land zu verhindern. Das Ende der Herrschaft Napoleons führte auf einigen Umwegen, die eingangs erwähnt wurden, zur Ablösung der Hannoveraner und zur Übernahme des Herzogtums Lauenburg durch den König von Dänemark. Am 27. Juli 1816 zeigte der neue Landesherr seinen Untertanen den Antritt seiner Regierung an.

Die dänischen Könige änderten kaum etwas an der Landesverfassung, so daß die Stände ihren Einfluß aufrechterhielten. Der Anschluß an den Deutschen Bund 1818 war problemlos, desgleichen die folgenden Jahrzehnte unter dänischer Herrschaft. In Lauenburg verursachten (zunächst) weder die Erbfolgefrage noch die Verfassungsdiskussion politische Erregungen. In Ratzeburg war man eher daran interessiert, die alte landständische Verfassung bestätigt zu bekommen, als sich den liberalen Zeitströmungen anzuschließen; von der Erbfolgediskussion war das Land ohnehin nicht betroffen. Aber die Landbevölkerung bestand nicht nur aus dem

13

14

Seit 1714 war der Landesherr Lauenburgs König Georg I. von England. In seinem Namen wurden die Geschicke des kleinen Territoriums nördlich der Elbe von Hannover aus bestimmt. Die Skizze ist Teil einer großen kupfergestochenen Karte des Kurfürstentums Hannover, die Herman Moll um 1720 in London herausgab (15). Die angesehenste Familie im Herzogtum waren und blieben die Bülows; sie hatten das Erbmarschallamt inne. Das Bülow'sche Wappen in der ehemaligen Patronatskirche zu Gudow (16); die Bernstorffs, die 1717 Wotersen (19) erwarben, kamen aus Hannover.

Die Bewohner Lauenburgs hatten sich 1848 weitgehend zurückgehalten, als es in Deutschland zur Revolution und speziell in Schleswig-Holstein zur Erhebung kam. Die Tätigkeit des Bundestagsgesandten Karl Theodor Welcker und seines Sekretärs Viktor J. (von) Scheffel blieb ebenso Episode wie der Hinweis darauf, daß der »hohe deutsche Bund« Lauenburg in seinen Schutz genommen hatte (17, 18).

16

The DUTCHE of SAXON LAUWENBURG.

The last Duke of Sax: Lauwenburg dying in 1689. great disputs arose between the Houses of Saxony, Luneburg and Anhalt about the Succession: Ratzeborg a Strong City and Castle in that Dutchy were demolish'd by the Danes in 1693. the Elector of Saxony in 1697 quitted his Pretensions to the Luneburgers; who began to refortify it in 1700. and 'tis Dutchy is now in the Possession of the King of Great Britain.

15

Adel, und in den Städten lebten nicht nur wohlsituierte Bürger. Deshalb fand die Revolution von 1848 auch in Lauenburg Anhänger, die sich am 27. März zu einer Volksversammlung in Ratzeburg zusammenfanden und – mit Zustimmung des Landmarschalls – eine Resolution verabschiedeten, die ähnliche Punkte enthielt wie die schleswig-holsteinischen Forderungen. Der König antwortete, indem er eine liberale Verfassung zusagte.

Eine verworrene Lage entstand, da ein erweitertes Wahlrecht ohne königliche Zustimmung angewendet wurde. Dies führte zum Rücktritt der Regierung (die aber in Kopenhagen nicht angenommen wurde) und daraufhin zur Entsendung einer Delegation Lauenburgs zur Deutschen Bundesversammlung in Frankfurt. Diese schickte einen »Immediat-Bundes-Commissarius« nach Lauenburg, nämlich den Staatsrechtler und badischen Bundesgesandten Karl Theodor Welcker, der eine Administrationsbehörde einrichten und für die »Deutsche Sache« agitieren sollte. Als Legationssekretär begleitete ihn der junge Dichter Josef Victor (von) Scheffel, der in zweifelhafter Poesie von seinen und des Kommissars Trinkgelagen in Lauenburg berichtete und die patriotischen Reden Welckers in Reime brachte. Zwei Zeilen daraus sind in der Überschrift dieses Abschnitts zitiert. Daß Lauenburg deutsch war und bleiben sollte und wollte – daran hatte außer Welcker und Scheffel kaum jemand gezweifelt! Obgleich sich Lauenburg 1849 ein liberales Staatsgrundgesetz gab, das 1851 kassiert wurde, wies das Verhältnis zu Dänemark niemals die Härte auf wie in Schleswig-Holstein.

Der Übertritt unter preußische Herrschaft vollzog sich sehr behutsam, und zwar auf beiden Seiten. Als sich 1864 abzeichnete, daß im Krieg gegen Dänemark die deutsche Seite siegreich sein würde, wurde befürchtet, daß Lauenburg wie im Jahre 1815 wieder zum Tauschobjekt bei den Verhandlungen werden könnte; deshalb wurde erwogen, sich freiwillig an Preußen

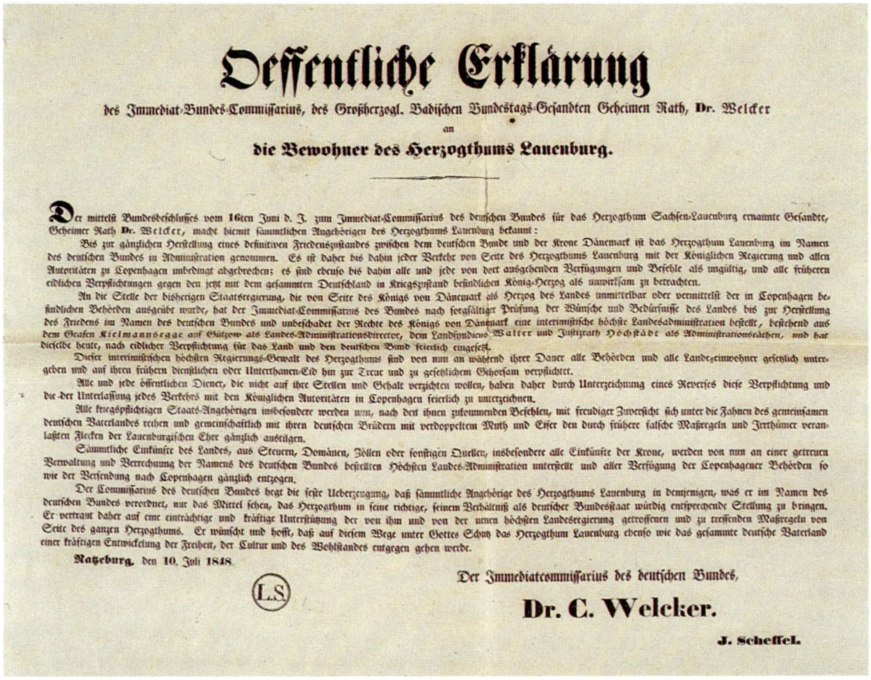

Oeffentliche Erklärung

des Immediat-Bundes-Commissarius, des Großherzogl. Badischen Bundestags-Gesandten Geheimen Rath, Dr. Welcker

an

die Bewohner des Herzogthums Lauenburg.

Der mittelst Bundesbeschlusses vom 16ten Juni d. J. zum Immediat-Commissarius des deutschen Bundes für das Herzogthum Sachsen-Lauenburg ernannte Gesandte, Geheimer Rath Dr. Welcker, macht hiemit sämmtlichen Angehörigen des Herzogthums Lauenburg bekannt:

Bis zur gänzlichen Herstellung eines definitiven Friedenszustandes zwischen dem deutschen Bunde und der Krone Dänemark ist das Herzogthum Lauenburg im Namen des deutschen Bundes in Administration genommen. Es ist daher bis dahin jeder Verkehr von Seite des Herzogthums Lauenburg mit der Königlichen Regierung und allen Autoritäten zu Copenhagen unbedingt abgebrochen; es sind ebenso bis dahin alle und jede von dort ausgehenden Verfügungen und Befehle als ungültig, und alle früheren eidlichen Verpflichtungen gegen den jetzt mit dem gesammten Deutschland in Kriegszustand befindlichen König-Herzog als unwirksam zu betrachten.

An die Stelle der bisherigen Staatsregierung, die von Seite des Königs von Dänemark als Herzog des Landes unmittelbar oder vermittelst der in Copenhagen befindlichen Behörden ausgeübt wurde, hat der Immediat-Commissarius des Bundes nach sorgfältiger Prüfung der Wünsche und Bedürfnisse des Landes bis zur Herstellung des Friedens im Namen des deutschen Bundes und unbeschadet der Rechte des Königs von Dänemark eine interimistische höchste Landesadministration bestellt, bestehend aus dem Grafen Kielmannsegge auf Gültzow als Landes-Administrationsdirector, dem Landsyndicus Walter und Justizrath Höchstädt als Administrationsräthen, und hat dieselbe heute, nach eidlicher Verpflichtung für das Land und den deutschen Bund feierlich eingesetzt.

Dieser interimistischen höchsten Regierungs-Gewalt des Herzogthums sind von nun an während ihrer Dauer alle Behörden und alle Landeseinwohner gesetzlich untergeben und auf ihren frühern dienstlichen oder Unterthanen-Eid hin zur Treue und zu gesetzlichem Gehorsam verpflichtet.

Alle und jede öffentlichen Diener, die nicht auf ihre Stellen und Gehalt verzichten wollen, haben daher durch Unterzeichnung eines Reverses diese Verpflichtung und die der Unterlassung jedes Verkehrs mit den Königlichen Autoritäten in Copenhagen feierlich zu unterzeichnen.

Alle kriegspflichtigen Staats-Angehörigen insbesondere werden nun, nach den ihnen zukommenden Befehlen, mit freudiger Zuversicht sich unter die Fahnen des gemeinsamen deutschen Vaterlandes reihen und gemeinschaftlich mit ihren deutschen Brüdern mit verdoppeltem Muth und Eifer den durch frühere falsche Maßregeln und Irrthümer veranlaßten Flecken der Lauenburgischen Ehre gänzlich austilgen.

Sämmtliche Einkünfte des Landes, aus Steuern, Domänen, Zöllen oder sonstigen Quellen, insbesondere alle Einkünfte der Krone, werden von nun an einer getreuen Verwaltung und Verrechnung der Namens des deutschen Bundes bestellten Höchsten Landes-Administration unterstellt und aller Verfügung der Copenhagener Behörden so wie der Versendung nach Copenhagen gänzlich entzogen.

Der Commissarius des deutschen Bundes hegt die feste Ueberzeugung, daß sämmtliche Angehörige des Herzogthums Lauenburg in denjenigen, was er im Namen des deutschen Bundes verordnet, nur das Mittel sehen, das Herzogthum in seine richtige, seinem Verhältniß als deutscher Bundesstaat würdig entsprechende Stellung zu bringen. Er vertraut daher auf eine einträchtige und kräftige Unterstützung der von ihm und von der neuen höchsten Landesregierung getroffenen und zu treffenden Maßregeln von Seite des ganzen Herzogthums. Er wünscht und hofft, daß auf diesem Wege unter Gottes Schutz das Herzogthum Lauenburg ebenso wie das gesammte deutsche Vaterland einer kräftigen Entwickelung der Freiheit, der Cultur und des Wohlstandes entgegen gehen werde.

Ratzeburg, den 10. Juli 1848.

(L.S.)

Der Immediatcommissarius des deutschen Bundes,

Dr. C. Welcker.

J. Scheffel.

17

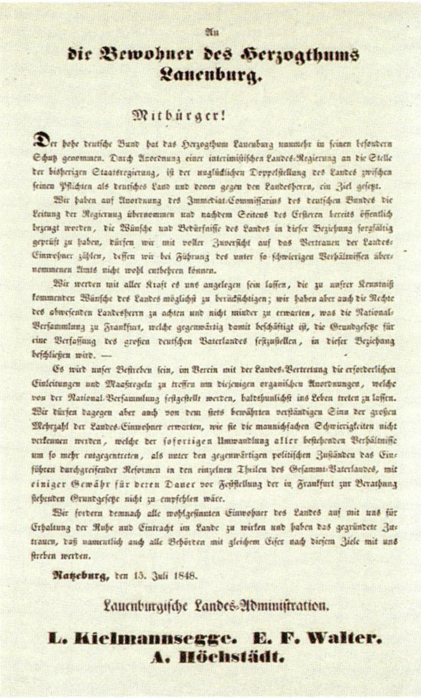

An

die Bewohner des Herzogthums Lauenburg.

Mitbürger!

Der hohe deutsche Bund hat das Herzogthum Lauenburg nunmehr in seinen besondern Schutz genommen. Durch Anordnung einer interimistischen Landes-Regierung an die Stelle der bisherigen Staatsregierung, ist der unglücklichen Doppelstellung des Landes zwischen seinen Pflichten als deutsches Land und denen gegen den Landesherrn, ein Ziel gesetzt.

Wir haben auf Anordnung des Immediat-Commissarius des deutschen Bundes die Leitung der Regierung übernommen und nachdem Seitens des Ersteren bereits öffentlich bezeugt worden, die Wünsche und Bedürfnisse des Landes in dieser Beziehung sorgfältig geprüft zu haben, dürfen wir mit voller Zuversicht auf das Vertrauen der Landes-Einwohner zählen, dessen wir bei Führung des unter so schwierigen Verhältnissen übernommenen Amts nicht wohl entbehren können.

Wir werden mit aller Kraft es uns angelegen sein lassen, die zu unsrer Kenntniß kommenden Wünsche des Landes möglichst zu berücksichtigen; wir haben aber auch die Rechte des abwesenden Landesherrn zu achten und nicht minder zu erwarten, was die National-Versammlung zu Frankfurt, welche gegenwärtig damit beschäftigt ist, die Grundgesetze für eine Verfassung des großen deutschen Vaterlandes festzustellen, in dieser Beziehung beschließen wird. —

Es wird unser Bestreben sein, im Verein mit der Landes-Vertretung die erforderlichen Einleitungen und Maaßregeln zu treffen um diejenigen organischen Anordnungen, welche von der National-Versammlung festgestellt werden, baldthunlichst ins Leben treten zu lassen. Wir dürfen dagegen aber auch von dem stets bewährten verständigen Sinn der großen Mehrzahl der Landes-Einwohner erwarten, wie sie die mannichfachen Schwierigkeiten nicht verkennen werden, welche der sofortigen Umwandlung aller bestehenden Verhältnisse um so mehr entgegentreten, als unter den gegenwärtigen politischen Zuständen das Einführen durchgreifender Reformen in den einzelnen Theilen des Gesammt-Vaterlandes, mit einiger Gewähr für deren Dauer vor Feststellung der in Frankfurt zur Berathung stehenden Grundgesetze nicht zu empfehlen wäre.

Wir fordern demnach alle wohlgesinnten Einwohner des Landes auf mit uns für Erhaltung der Ruhe und Eintracht im Lande zu wirken und haben das gegründete Zutrauen, daß namentlich auch alle Behörden mit gleichem Eifer nach diesem Ziele mit uns streben werden.

Ratzeburg, den 15. Juli 1848.

Lauenburgische Landes-Administration.

L. Kielmannsegge. E. F. Walter.
A. Höchstädt.

18

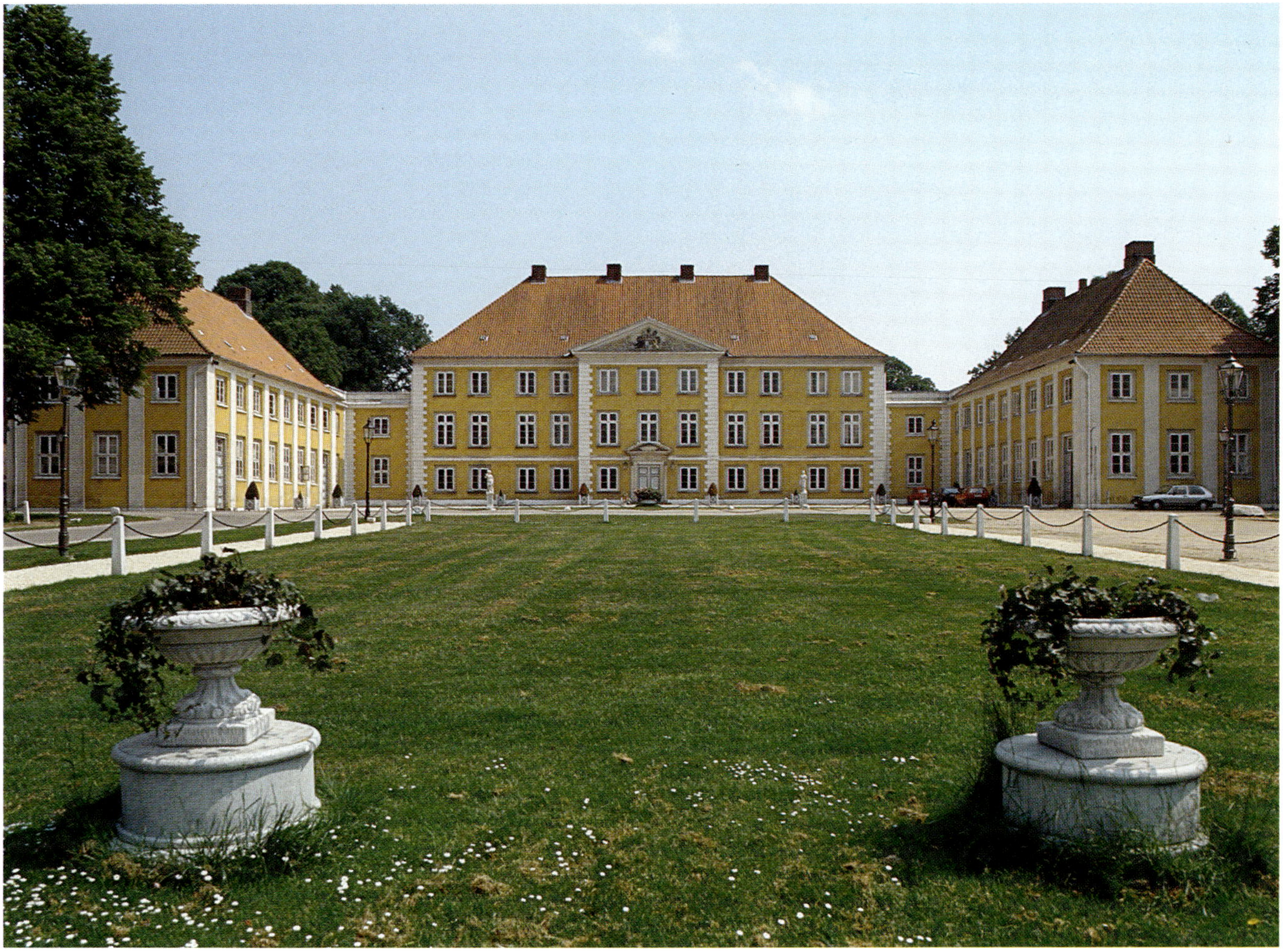

19

Otto von Bismarck war nach 1864 auch »Minister für Lauenburg« und sorgte als solcher für eine behutsame Eingliederung Lauenburgs in den preußischen Staat. In dem Schreiben vom 14. März 1867 teilt er mit, daß dem Land sein bisheriges Wappen als Amtssiegel erhalten bleiben soll (20). Die Porzellan-(Bisquit-) Büste aus Meißen zeigt den alten Reichskanzler (21). Die stets verhältnismäßig durchlässige Grenze zwischen Lauenburg und Mecklenburg (22) ist der nahezu undurchlässigen zur DDR (23) gewichen.

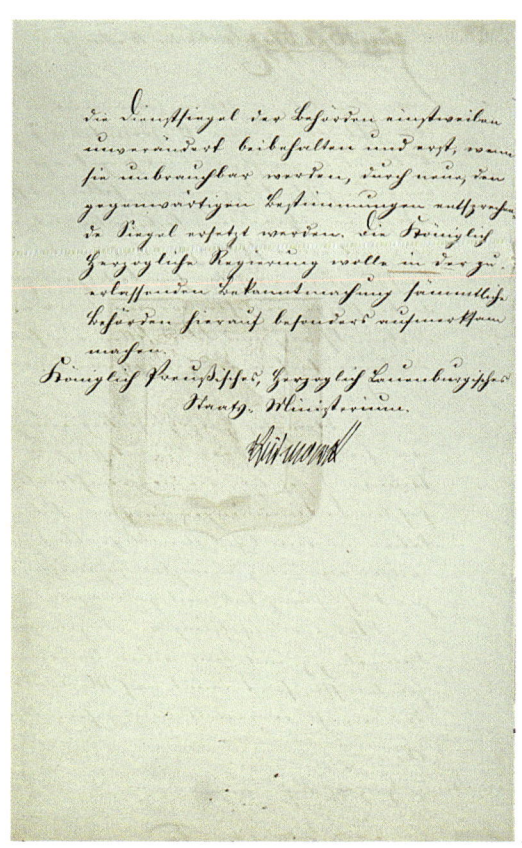

20

21

anzuschließen. Zuvor schon hatte die Ritter- und Landschaft, in der seit der neuen Verfassung von 1853 nicht mehr der Adel dominierte, den Deutschen Bund und die Nachbarn Preußen und Hannover aufgefordert, die Selbständigkeit des Landes und seine Rechte zu respektieren; gleichzeitig aber erklärte man sich bereit, zugunsten der deutschen Einigung gewisse Opfer an Selbständigkeit zu bringen.

Am 21. Oktober 1864, also noch vor dem Wiener Frieden, beschlossen die Vertreter des Landes mit großer Mehrheit, »sich unter Wahrung der Selbständigkeit des Landes als eines eigenen deutschen Herzogtums« an Preußen anzuschließen. Zwar gelangte das Herzogtum zunächst unter gemeinsame preußisch-österreichische Verwaltung, doch wurde 1865 die völlige Abtretung an Preußen beschlossen. Österreich wurde finanziell entschädigt; das »Lösegeld« hatte allerdings Lauenburg aufzubringen. Danach nahm es König Wilhelm in Besitz; Lauenburg war damit (zunächst) in Personalunion mit Preußen verbunden. Otto von Bismarck bekleidete künftig auch das Amt eines Ministers für Lauenburg. Die Huldigung für den neuen Landesherrn fand am 26. September 1865 statt; die Zeremonien waren vorher sorgfältig ausgehandelt worden.

An der Verfassung des Landes änderte sich zunächst nichts und an der Behördenorganisation nur wenig. Mit dem Anschluß an den Zollverein fielen die Elbzölle weg, eine wichtige Einnahmequelle. Ganz allmählich wurden zahlreiche veraltete Institutionen, etwa in der Justiz, einer Reform unterzogen. Auch Bismarck – der längere Zeit für die Lauenburger Rechte gegen jene eingetreten war, die einer gewaltsamen Inkorporation des Landes in das Königreich Preußen das Wort geredet hatten – verfolgte langfristig das Ziel der eindeutigen Einbindung. Sie zögerte sich noch bis 1876 hinaus. Dabei ging es um eine engere Verbindung mit der Provinz Schleswig-Holstein, gegen die sich die Ritter- und Landschaft sträubte, bis Bismarck den Vorschlag machte, dem aus dem ehemaligen Herzogtum zu bildenden Landkreis einer preußischen Provinz den Namen »Kreis Herzogtum Lauenburg« zu geben. Die Vereinigung mit der preußischen Monarchie »für immer« erfolgte 1876; die »Degradierung« des Herzogtums zum Landkreis und die Aufhebung der alten Ständeherrschaft der Ritter- und Landschaft wurden am 1. Oktober 1882 wirksam.

Mit dem Groß-Hamburg-Gesetz von 1937 war für Lauenburg der Erwerb Geesthachts verbunden, das seit 1420 durch Verpfändung an Hamburg und Lübeck gebunden war. Doch eine andere Folge der nationalsozialistischen Politik war für Lauenburg, »Zonenrandgebiet« und damit von der traditionell engen Verbindung zu Mecklenburg abgeschnitten zu werden.

22

23

1

Von den Anfängen des Verfassungskonflikts bis zum Scheitern der Erhebung

Die dänische Neutralität, die auch den Herzogtümern große Vorteile gebracht hatte, wurde 1798 aufgegeben. Der dänische Gesamtstaat geriet in schwere Konflikte mit England, die 1801 zur Niederlage seiner Flotte vor der Kopenhagener Reede führten und 1807 in einem englischen Überfall auf die dänische Hauptstadt gipfelten. Kopenhagen wurde drei Tage lang bombardiert, zur Übergabe gezwungen und die dänische Flotte nach England entführt; in London wollte man verhindern, daß sich Napoleon dieser Schiffe bemächtigte. Damit war Dänemark stärker als andere Mächte Europas in ein Bündnis mit Napoleon gedrängt worden. Dieses wurde auch nach der Niederlage des Korsen in Rußland aufrechterhalten, weil die antinapoleonische Koalition sich verpflichtet hatte, Schweden für seinen Einsatz im Kampf gegen Napoleon Norwegen zu versprechen, das seit 425 Jahren mit Dänemark verbunden war. Der spätere König Friedrich VI. stimmte diesem Plan nicht zu; deshalb blieb er als Verbündeter an der Seite Napoleons und riskierte damit den Bestand seines Reiches. Zumindest stürzte er Teile desselben, wie die Herzogtümer, in den Strudel des Krieges, ohne am Ende den Verlust Norwegens abwenden zu können.

Die Auflösung des Deutschen Reiches am 6. August 1806 hatte naturgemäß auch Konsequenzen für das zum Reich gehörende Herzogtum Holstein, das nun sozusagen herrenlos war. Kronprinz Friedrich, der für seinen Vater die Regierungsgeschäfte übernommen hatte, entschied gegen die dringenden Empfehlungen seiner deutschen Berater am 9. September 1806 in einem Inkorporationspatent, das Herzogtum Holstein als »ungetrennten« Teil der dänischen Monarchie einzuverleiben. Gegen dieses Vorhaben wandte sich Herzog Friedrich Christian von Augustenburg, dem daran gelegen war, das ungeklärte Erbrecht seines Hauses zu verteidigen. Das Inkorporationspatent verursachte einen neuen Gegensatz im Hause Oldenburg, und zwar zwischen der königlichen und der augustenburgischen Linie. Gleichzeitig brachen die latent vorhandenen Spannungen zwischen dem König und den Ständen wieder offen aus. Die nivellierende Tendenz des dänischen Absolutismus unter Friedrich VI. machte vor den Privilegien der Ritterschaft nicht halt; vor allem in der Steuerpolitik fand die Kopenhagener Regierung nicht den richtigen Stil, den schleswig-holsteinischen Adel zu gewinnen. Dieser war zwar grundsätzlich bereit, sich an den Staatsaufgaben finanziell zu beteiligten, wollte aber vorher gehört werden. Zum Zentrum der Adelsopposition wurde in Emkendorf bei Rendsburg der Kreis um Friedrich (Fritz) und Julia Reventlow. Wie stark der Einfluß Friedrich Reventlows auf das Entstehen eines deutschen Nationalgefühls in den Herzogtümern war, ist umstritten; aber daß er an den Privilegien und damit auch an der Eigenständigkeit Schleswig-Holsteins im Gesamtstaat

Blick durch das Torhaus auf Schloß Augustenburg (1). Der »Stammsitz« der Herzöge von Schleswig-Holstein-Sonderburg-Augustenburg wurde von 1770 bis 1776 erbaut. Nach dem Scheitern der Erhebung und nach der preußischen Annexion der Herzogtümer bei konsequenter Ausschaltung der Augustenburger durch Bismarck ging das Schloß als Sitz der Dynastie vorübergehend verloren. Erst 1881 kam es durch die dynastische Verbindung zwischen (dem späteren Kaiser) Wilhelm II. und Prinzessin Auguste Viktoria zu einer Aussöhnung und zur Rückgabe des Schlosses. Seit 1920 dient Augustenburg als psychiatrisches Krankenhaus.

2

3

Der Name Emkendorf steht für den
Höhepunkt einer kulturellen
Entwicklung in Schleswig-Holstein an
der Wende vom 18. zum 19.
Jahrhundert. In dem 1791–1793
klassizistisch um- und ausgebauten
Herrenhaus Emkendorf (2) verkehrten
bedeutende Dichter und Gelehrte. Für
die Innenausstattung Emkendorfs waren
italienische Künstler herangezogen
worden; sie gestalteten ein Zimmer in
etruskischem Stil, hier die Decke mit
Tierkreiszeichen und einem Helioswagen
(3).

festhielt, hat zweifellos seine Wirkung auf die politische Entwicklung der
Folgezeit gehabt, wenngleich seine Aktivitäten als Führer der Ritterschaft
und »Erzfrondeur« im einzelnen wenig erfolgreich waren.

Fritz Reventlow hatte Julia Schimmelmann, die Tochter des dänischen
Schatzmeisters Heinrich Carl (Graf) Schimmelmann und damit die »reichste Erbin des Landes«, geheiratet. Das erlaubte, Emkendorf gründlich um-
und ausbauen sowie ausstatten zu lassen; Carl Gottlob Horn zeichnete als
Architekt für den klassizistischen Umbau verantwortlich, mit den Stuckar-
beiten und den Deckenfresken wurden italienische Künstler beauftragt
(Francesco Antonio Tadey und Giuseppe Anselmo Pellicia). Die Reventlows erwarben während eines Romaufenthalts eine umfangreiche Sammlung von Gemälden und Plastiken, mit der sie ihr Haus ausstatteten und zu
einem Tempel des Geistes und des Geschmacks machten.

In dieser Umgebung versammelte sich ein Kreis von »Seelenfreunden«, zu
denen als prominenteste die Dichter Friedrich Gottlieb Klopstock und Mat-
thias Claudius sowie die Göttinger Studienfreunde Christian und Friedrich
Leopold Grafen von Stolberg gehörten; ferner Cai Graf Reventlow, der
Bruder des Hausherrn, und Ernst Graf Schimmelmann, der dänische Fi-
nanzminister und Bruder der Hausherrin. Die streng katholische Fürstin
Amalia Gallitzin aus Münster, in Emkendorf die »Heilige« genannt, die
Friedrich Leopold Stolberg und seine Familie zum Katholizismus bekehrte,
gehörte ebenso dazu wie der religiös überspannte Königliche Statthalter
Landgraf Karl von Hessen. Goethes Freund, der Philosoph Friedrich Hein-
rich Jacobi, war Gast der Gräfin und sollte helfen, den Dichterfürsten zu

einer Reise nach Norden zu bewegen. Goethe aber hatte wenig Neigung, als »sündiger Mensch die Zuchtrute der Damen« zu ertragen. Ihm ging es im »Weimar des Nordens« allzu fromm her. In der Tat bestimmten zwei Elemente den geistigen Grundtenor des Emkendorfer Kreises: ein pietistisch eingefärbtes Luthertum streng antirationalistischer Provenienz einerseits und romantisch konservative Gedanken, verbunden mit strikter Ablehnung der Ideen der Französischen Revolution, andererseits.

Da Fritz Reventlow seit 1800 Kurator der Kieler Universität war, wirkte sich der antirationalistische Kampf der Emkendorfer auch auf die Berufungspolitik aus. Sogenannte Freigeister wurden entlassen und strenge Lutheraner berufen. Das stieß bald auf Widerstand seitens der Anhänger der Aufklärung, zu deren Wortführern der Dichter und Homerübersetzer Johann Heinrich Voß gehörte, der als Rektor der Eutiner Gelehrtenschule tätig war. Auch Herzog Friedrich Christian von Augustenburg, der Gönner Schillers, gehörte zu den Opponenten gegen die Emkendorfer, wobei er von seiner freigeistigen Frau Luise Augusta, der Tochter der Königin Karoline Mathilde (und Struensees), unterstützt wurde. Diese Verbindung war noch vom »jüngeren« Bernstorff betrieben worden, um die Möglichkeiten der Thronfolge zu erweitern.

4

Der Einspruch des Augustenburgers gegen die Einverleibungspolitik bewirkte in der Sache nur, daß ihm die Erbfolgerechte nicht ausdrücklich abgesprochen wurden. Die Verbindung Schleswigs mit Holstein wurde nicht berührt. Die Verwandlung der »Deutschen Kanzlei« in eine »Schleswig-Holsteinische« war nur folgerichtig, da es ein Deutsches Reich nicht mehr gab. Die Herzogtümer konnten jetzt also auch als zu Dänemark gehörig betrachtet werden. Als König Friedrich VI. 1810 die Wahl seines Schwagers, des Augustenburgers, zum König von Schweden hintertrieb, weil er hoffte, selbst gewählt zu werden und somit die drei skandinavischen Reiche wieder zu vereinigen, kam es zum offenen Bruch zwischen beiden Linien. Herzog Friedrich Christian legte noch kurz vor seinem Tode (1814) in einer Denkschrift die Rechte seines Hauses auf die Herzogtümer im Falle des Aussterbens der königlichen Linie im Mannesstamm dar. Dagegen unternahm Friedrich VI. alles, um die Herzogtümer in einen zu schaffenden Einheitsstaat zu integrieren, womit auch für Schleswig-Holstein die weibliche Erbfolge des dänischen Königsgesetzes hätte Geltung erlangen müssen. Flankiert wurde diese Politik durch erste Versuche einer Danisierung in Schleswig, die auf Frederik H. Guldberg, einen Berater des Königs, zurückgingen.

Seit 1815 gehörten Holstein und Lauenburg, da sie bis 1806 Reichsstandschaft besessen hatten, zum Deutschen Bund, nicht aber Schleswig. Da die auf dem Wiener Kongreß beschlossene Bundesakte im Artikel 13 jedem deutschen Staate eine landständische Verfassung eingeräumt hatte, bestand die Gefahr, daß sich die Herzogtümer auseinanderentwickelten. Der König war bestenfalls bereit, dem Verlangen nach einer Verfassung für Holstein stattzugeben; deshalb mußte versucht werden, diese auf der Grundlage der alten Privilegien, unter Einschluß der Ripener Urkunde von 1460, durchzusetzen. Diese Politik betrieb Fritz Reventlow, unterstützt von zahlreichen Adligen. Als »Gehilfen« zog er den jungen Kieler Professor der Geschichte, Friedrich Christoph Dahlmann, hinzu, der im Auftrag der Ritterschaft zahlreiche Denkschriften zur Verfassungsfrage verfaßte,

5

Im Mittelpunkt des Emkendorfer Kreises standen natürlich die Besitzer des Hauses, Friedrich (Fritz) und Julia Reventlow. Während der Hausherr sich als konservativer Vertreter der Schleswig-Holsteinischen Ritterschaft politisch betätigte, pflegte Gräfin Julia, eine Schwester des dänischen Finanzministers, sowohl ihre Leiden als auch ihre religiöse und philosophische Auseinandersetzung mit der Aufklärung. Zwei Gemälde von Angelika Kaufmann (4, 5).

6

Uwe Jens Lornsen ist zur Symbolfigur
für den Verfassungskampf und die
Erhebung geworden. Der 1793 in Keitum
auf Sylt geborene Kapitänssohn hatte
Jura studiert und danach eine
Beamtenlaufbahn in Kopenhagen
begonnen; 1830 wurde er königlicher
Landvogt auf Sylt. Dort verfaßte er seine
Schrift »Über das Verfassungswerk in
Schleswigholstein« (8), die in 8000
Exemplaren verbreitet wurde. Dafür
wurde Lornsen mit Amtsenthebung und
Festungshaft bestraft.
Die Wirkung Lornsens setzte erst nach
seinem Tode (1838) ein. Zum
»Nationalhelden« wurde er nach 1864,
wie die Denkmäler und
Erinnerungsstätten ausweisen: Das
große Lornsen-Denkmal in Rendsburg
entstand 1873–1878 (6). In Keitum gibt
es eine Gedenkstätte für Lornsen, dort ist
die Erinnerungstafel (7) zu sehen.

mit denen er zum »Vorkämpfer des schleswig-holsteinischen Gedankens«
wurde. Er betonte den deutschen Charakter beider Herzogtümer und
zugleich ihre rechtlich und historisch abgesicherte Untrennbarkeit voneinander, ferner plädierte er für eine an englischen Vorbildern orientierte
»kräftige Volksvertretung«. Damit war die Richtung der schleswig-holsteinischen Bewegung als national und liberal grundsätzlich festgelegt.
In einer sich rasch ausbreitenden Publizistik wurden die Probleme der
Verfassung und der staatsrechtlichen Stellung der Herzogtümer erörtert,
wobei die Kieler Professoren den Ton angaben. In den »Kieler Blättern«
stand ihnen seit 1815 ein Organ für die Verbreitung ihrer weniger wissenschaftlichen, als vielmehr politischen Thesen zur Verfügung. Karl Theodor
Welcker, der spätere Weggefährte Rottecks, begann in dieser Auseinandersetzung seine wissenschaftliche und politische Karriere. Länger als Welk-
ker, der schon 1816 nach Heidelberg ging, wirkten von Kiel aus der
Mediziner Franz Hermann Hegewisch, der Chemiker Christoph Heinrich
Pfaff und vor allem der Staatsrechtler Nicolaus Falck (1784–1850). Falck,
der aus der Nähe von Tondern stammte, betonte die Zugehörigkeit der
Herzogtümer zur Dänischen Krone und suchte mit der Forderung, die
Trennung der Stände zu überwinden, der Verfassungsdiskussion auch eine
soziale Dimension zu geben. Als Verfasser des »Handbuch(s) des Schleswig-Holsteinischen Privatrechts« (1825–1840, das sehr viel mehr ist, als
sein Titel ausweist) und Herausgeber des »Staatsbürgerlichen Magazins«
übte er nachhaltigen Einfluß auf die politische Diskussion in Schleswig-
Holstein aus.
Alle Vorstöße beim dänischen König, eine Verfassung für beide Herzogtümer zu gestatten, stießen in Kopenhagen auf Ablehnung. Als auch die
Bundesversammlung in Frankfurt hinhaltend auf die Bitten um Unterstützung reagierte, breitete sich Resignation im Lande aus, die erst durch die
Folgewirkungen der französischen Julirevolution von 1830 aufgehoben
wurde. Im November 1830 erschien die Flugschrift »Über das Verfassungswerk in Schleswigholstein« in einer Auflage von 8 000 Exemplaren; ihr
Verfasser war der Landvogt von Sylt, Uwe Jens Lornsen. Auf nur elf Seiten
forderte er eine für Schleswig-Holstein gemeinsame Repräsentativverfas-
sung und zugleich die deutliche Trennung vom Königreich Dänemark
(allerdings unter Beibehaltung der Personalunion); eine enge Anlehnung
an Deutschland, das er unter preußischer Führung geeint sah, sollte den
nationalen Wünschen der Bevölkerung gerecht werden.
Lornsen hatte sich erhofft, daß sein Aufruf eine Lawine des Protestes und
der Agitation auslösen würde. Doch dieser Wunsch des »Freiheits- und
Vaterlandsfreundes« erfüllte sich nicht; Lornsen wirkte beim Adel zu
revolutionär, um noch tolerabel zu sein. Der »Feldherr ohne Heer« wurde
erst postum ein Nationalheld; im Leben, das er durch Selbstmord im
Genfer See (1838) beendete, war er eine gescheiterte Existenz.
Lornsens Schrift hatte aber immerhin bewirkt, daß die Regierung in Ko-
penhagen aufgeschreckt worden war und im Mai 1831 die Einführung von
Provinzialständen versprach, wenn auch für beide Herzogtümer getrennt.
Es dauerte aber noch drei Jahre, bis die Wahl der Stände angeordnet wurde.
Dabei war vorgesehen, daß die Ständeversammlung in der Gesetzgebung
nur beratende, in den Gemeindeangelegenheiten allerdings beschließende
Stimme haben sollte. König Friedrich VI. berief als Herzog von Schleswig

und Holstein eine holsteinische Ständeversammlung nach Itzehoe (1835) und eine schleswigsche nach Schleswig (1836) ein, wogegen sich Nicolaus Falck und andere aus prinzipiellen Gründen wandten. Da hier von Wahlen die Rede ist, muß darauf hingewiesen werden, daß weniger als drei Prozent der Bevölkerung wahlberechtigt waren, weil das Stimmrecht von erheblichem Grundbesitz abhing. Das Ergebnis waren naturgemäß Notablen-Parlamente; um so erstaunlicher ist es, daß die 44 Abgeordneten aus Schleswig und die 48 aus Holstein ihre Aufgabe mit kämpferischem Elan angingen. Sie wollten sich nicht mit dem zufriedengeben, was der König zugestanden hatte, sondern forderten den Zusammenschluß der Herzogtümer und die Vereinigung der Landstände.

In Schleswig mußten sich die Abgeordneten mit einem Problem auseinandersetzen, das jahrhundertelang kaum als eines empfunden worden war, nämlich mit der Frage, ob die dänische Sprache als Gerichts- und Amtssprache zugelassen werden sollte oder nicht. Herzog Christian August von Augustenburg, der – da im Lande ansässig – in der Schleswiger Ständeversammlung über eine erbliche Virilstimme verfügte, trat den Nordschleswiger Abgeordneten, die sich als Anwälte der dänischsprechenden Bevölkerung verstanden, mit großer Schroffheit entgegen. Da er stets seine Erbansprüche auf beide Herzogtümer im Auge hatte, wollte er auch in Schleswig ein ausschließlich deutsches Territorium sehen; die Anerkennung des Dänischen hätte eine Schwächung seiner Position bedeuten können. Die Schleswiger Ständeversammlung beschloß aber, wenn auch mit knapper Mehrheit, den Nordschleswigern entgegenzukommen.

Dies war der Anlaß für das königliche Sprachreskript vom 14. Mai 1840, das für jene Gebiete Dänisch als Gerichts- und Amtssprache anordnete, in denen auch in den Schulen und Kirchen dänisch gesprochen wurde. Diese Maßnahme stieß auf massiven Protest der deutschen Seite. Den Höhepunkt erreichte der Streit, als der Abgeordnete Peter Hiort Lorenzen aus Sonderburg am Ende einer Sitzung der Ständeversammlung erklärte, er werde künftig nur noch dänisch reden, und verlangte, daß seine Reden auch in dieser Sprache zu protokollieren seien. Dafür fand sich nicht nur keine Mehrheit, sondern die Ablehnung des Antrags war auch verbunden mit einer Formierung der »deutschen« Schleswig-Holsteiner in der »Landespartei« und mit einer noch intensiveren Verbreitung des »schleswig-holsteinischen Gedankens«, etwa im »Itzehoer Wochenblatt«.

Auch die Landesuniversität Kiel griff seit 1840 wieder massiv in die politische Debatte ein, wobei die Forderung nach der Vereinigung der Herzogtümer mit Deutschland im Vordergrund stand. Besonders der 1840 nach Kiel berufene Historiker Johann Gustav Droysen sah in Schleswig-Holstein einen Eckpfeiler eines künftigen Deutschen Reiches. Droysen hatte großen Einfluß auf die nationale Bewegung in den Herzogtümern; um ihn scharten sich Männer wie Karl Lorentzen, Lorenz (von) Stein und Theodor Mommsen. Mit Georg Waitz begann auch die Erforschung der Landesgeschichte unter Berücksichtigung moderner geschichtswissenschaftlicher Methoden, aber keineswegs ohne Bekennerschaft zur »schleswig-holsteinischen Sache«. In seinem Buch »Kurze Schleswigholsteinische Landesgeschichte«, das 1864 erschien, heißt es im Zusammenhang mit der Darstellung des Verfassungskampfes kritisch und parteinehmend zugleich: »In Schleswig wie in Holstein lebte man im vollen Bewußtsein des Zusammen-

7

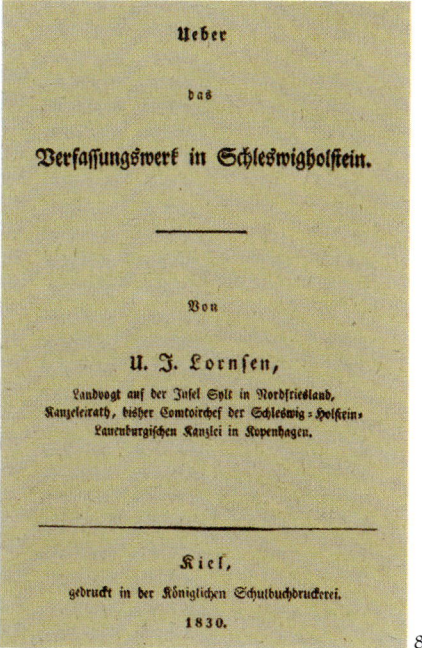

8

9

10

11

hangs mit dem Deutschen Volk, ohne Abneigung gege
dem der Herrscher und manche Verhältnisse gemein
gewissen Unklarheit über die staatlichen Verhältnisse, in mancher Beziehung vielleicht zu abgeschlossen und auf sich selbst beschränkt, doch
fortschreitend auf den Wogen nationaler Entwicklung.«

Inzwischen waren die nationale Frage und die Verfassung längst nicht
mehr eine Angelegenheit der Ständevertreter oder gar eine »akade-
mische«. Die zahlreichen Bürgervereine und Liedertafeln sorgten dafür,
daß die Bevölkerung insgesamt von nationaler Leidenschaft erfaßt wurde.
Am 24. Juli 1844 erklang vor 12 000 Teilnehmern eines Sängerfestes erst-
malig das Lied »An Schleswig-Holstein« (»Schleswig-Holstein meerum-
schlungen«), das in ganz Deutschland begeisterte Zustimmung fand; die
Schlußzeile »Wanke nicht, mein Vaterland!« ließ sich auch überregional
verwenden. Die Landesfarben Blau-Weiß-Rot wurden, nicht zuletzt, weil
in den Herzogtümern verboten, ebenfalls ein populäres patriotisches Symbol in ganz Deutschland.

Aber auch in Dänemark gab es eine nationale Bewegung, die einen roman-
tischen Skandinavismus pflegte, der in seiner politischen Ausprägung
gegen »das Deutsche« und »das Slawische« gerichtet war; auch dieser
Nationalismus hatte sich mit liberalen Forderungen verbunden. Die liberale Partei der »Eiderdänen« verfolgte das Ziel, Schleswig an Dänemark zu
binden und dem Ganzen eine liberale Verfassung zu geben; sie war, um ihr
Ziel zu erreichen, durchaus bereit, auf Holstein zu verzichten, das den
Augustenburgern hätte zugestanden werden können. Nikolai F. S.
Grundtvig, Christian Paulsen, Christian Flor und vor allem Orla Lehmann
waren die Ideologen der dänischen Nationalliberalen. Ihre Parole »Dänemark bis zur Eider« war die Antwort auf »das hochverräterische Geschrei
der Nordalbingier«, wie Orla Lehmann es bezeichnete, das in der Parole
»Up ewig ungedeelt« zusammengefaßt war.

Während die Landstände in Dänemark dafür eintraten, die weibliche Erbfolge auch für die Herzogtümer anzuwenden, antworteten die schleswig-
holsteinischen Stände am 21. Dezember 1844 mit der »alleruntertänigsten
Vorstellung« an den König, in der sie drei Fundamentalsätze des Landes-
rechts hervorhoben: Die Herzogtümer sind selbständige Staaten; in ihnen
gilt ausschließlich die Erbfolge im Mannesstamm; Schleswig und Holstein
sind engverbundene Staaten. Die Antwort König Christians VIII. war die
im sogenannten Offenen Brief vom 8. Juli 1846 festgelegte weibliche Erbfolge im Gesamtstaat; während sie für Schleswig und Lauenburg als unbe-
stritten beansprucht wurde, gab der Offene Brief für Holstein eine andere
Rechtsgrundlage zu. Die führenden Schleswig-Holsteiner reagierten, indem sie ihre Ämter niederlegten, so der Präsident der Schleswig-Holstein-
Lauenburgischen Kanzlei und der Leiter der Landesregierung in Gottorf;
an ihre Stelle traten dänisch gesinnte Persönlichkeiten. Der Protest gegen
die Entscheidung des Königs fand aber auch internationale Unterstützung:
Der Bundestag in Frankfurt verwahrte sich dagegen, daß deutsche Rechte
geschmälert würden. Nicht nur die Augustenburger, sondern auch die
Oldenburger in Oldenburg legten Einspruch ein, und schließlich meldete
sich auch Zar Nikolaus I. zu Wort. Die Schleswig-Holsteinische Frage war
schlagartig zu einem europäischen Problem und zudem auf viele Jahre
hinaus zu einem Lieblingsthema der öffentlichen Meinung geworden.

Der Protest der Schleswig-Holsteiner richtete sich nicht gegen die Landesherren, die Könige von Dänemark, sondern gegen die von den »Eiderdänen« beeinflußte Regierung in Kopenhagen. König Friedrich VI., Kopie eines Gemäldes von Chr. W. Wohlien (9); König Christian VIII. (10) und König Friedrich VII. (11), Lithographien aus »Billeder af berømte Danske Mænd og Kvinder«, Bd. 3, Kopenhagen 1869. Fahnen und Hymnen, patriotische Denkmäler und Lieder sind in Deutschland überstrapaziert worden und haben in der Gegenwart kaum noch einen Stellenwert. Das erschwert auch das Verständnis für die Menschen des 19. Jahrhunderts, denen die Bekundung nationaler Gesinnung ein Bedürfnis war. Das »Schleswig-Holstein-Lied«, hier in einem Druck des »Kaiser-Wilhelm-Danks«, mit Unterstützung der Kaiserin (12), war 1844, als es erstmals erklang, ein politisches Lied, das nicht nur für Schleswig-Holstein Bedeutung hatte.

Die Abgeordneten der Ständeversammlungen verließen protestierend die Sitzungssäle; in Schleswig war zuvor beantragt worden, das Herzogtum Schleswig in den Deutschen Bund aufzunehmen. Angesichts dieser Empörung konnte ein besänftigend gemeinter zweiter Offener Brief, die »Plöner Bekanntmachung« vom 18. September 1846, nichts mehr bewirken. König Christian VIII. und seiner Regierung waren in dieser heiklen Frage die Zügel entglitten. Der Tod des Königs am 20. Januar 1848 machte fortan jede Möglichkeit zunichte, einen friedlichen Ausgleich mit den Herzogtümern auszuhandeln. Seinem Nachfolger, Friedrich VII., schwach und politisch unfähig, traute niemand zu, daß er einen Ausweg aus der Krise finden würde. Die von ihm am 28. Januar 1848 verkündete, von seinem Vater entworfene Gesamtstaatsverfassung stieß überall auf Ablehnung; den Nationalen war sie nicht national genug, und den Liberalen war sie zu wenig freiheitlich.

Als sich in den Herzogtümern die Nachricht von der Februarrevolution in Frankreich und den freiheitlichen Erhebungen überall in Deutschland verbreitete, war für gemäßigte Töne kein Platz mehr. Am 18. März 1848 trafen sich Mitglieder der beiden Ständeversammlungen in Rendsburg, um ihre Positionen gegenüber den »Eiderdänen« zu formulieren; dabei sollten auch die Forderungen berücksichtigt werden, die bereits zuvor auf Volksversammlungen erhoben worden waren. Eine Delegation trug in Kopenhagen dem König die Wünsche vor: Entwurf einer Verfassung für beide Herzogtümer, Einberufung der Stände, Aufnahme Schleswigs in den Deutschen Bund, Presse- und Versammlungsfreiheit, Volksbewaffnung

13

14

Die parlamentarische Tradition in
Schleswig-Holstein begann im 15.
Jahrhundert mit den alten Landtagen;
der Absolutismus bewirkte eine lange
Unterbrechnung, so daß erst im
19. Jahrhundert wieder parlamentarische
Aktivitäten möglich waren. Seit 1835
traten die Ständeversammlungen wieder,
wenn auch für Schleswig und Holstein
getrennt, zusammen. Die Schleswiger
Ständeversammlung tagte in Schleswig
im ersten Stock des Rathauses (13), die
Holsteinische in einem eigenen
Ständehaus in Itzehoe neben dem
Rathaus (14).
Der »Offene Brief« des Königs von 1846
rief den Protest der Bevölkerung hervor.
In Neumünster kam es am 20. Juli 1846
zu einer Volksversammlung, die hier auf
einem Neuruppiner Bilderbogen
dargestellt ist (15).

15

und die Entlassung des Gottorfer Regierungspräsidenten Ludwig Nicolaus
von Scheel. Zur Lösung der Nationalitätenfrage wurde vorgeschlagen, die
Bevölkerung Schleswigs solle kirchspielweise darüber abstimmen, ob sie
künftig zu Dänemark oder zu Deutschland gehören wollte.

Doch bevor es der Delegation gelang, beim König vorgelassen zu werden,
war es in Kopenhagen zu einer Art Staatsstreich gekommen. Die »eiderdänische« Partei hatte den König durch eine Volksbewegung und unter
Androhung, ihn zu stürzen, genötigt, die alte Regierung zu entlassen und
eine neue, überwiegend aus ihren Reihen gebildete, einzusetzen; auch Orla
Lehmann gehörte zum neuen Ministerium. Der König mußte das »eiderdänische« Programm, damit auch die Einverleibung Schleswigs in das
Königreich, anerkennen. Für die Delegation aus den Herzogtümern blieb
nur die Zusicherung einer freiheitlichen Verfassung für Holstein.
Damit war der Bruch zwischen den Herzogtümern und der dänischen
Regierung (die Bindung an den König blieb davon unberührt) vollendet.
Am 24. März wurde in Kiel eine »Provisorische Regierung« für Holstein
eingesetzt, der Vertreter unterschiedlicher politischer Couleur angehörten: Friedrich Graf Reventlou, der führende Mann der Ritterschaft, Prinz

16

17

Rendsburg war seit Jahrhunderten geprägt von den militärischen Funktionen, die die Stadt als königliche Festung hatte. Im 19. Jahrhundert war sie die größte Garnisonsstadt in den Herzogtümern, was bis heute an zahlreichen Gebäuden zu erkennen ist, so beispielsweise am Hospital zum Heiligen Geist, 1758, einer ehemaligen Kaserne am Schloßplatz (17).
Erhalten ist auch der große Garnisonsfriedhof, auf dem sich das Denkmal für die Opfer der Laboratoriumskatastrophe von 1850 befindet (18). Auch diesem »dänischen« Denkmal wurde nach 1864 eine »Up ewig ungedeelt«-Plakette angefügt (siehe 21). Die Rendsburger Garnison fiel 1848 nach einem geschickten Handstreich des Prinzen von Noer; die meisten Soldaten schlossen sich dem Aufstand an. Das Bild (16) zeigt die Einnahme Rendsburgs am 24. März 1848; ganz links die Fahne Schwarz-Rot-Gold.

Friedrich, der jüngere Bruder des Augustenburger Herzogs Christian August, der nach seinem Gut Noer bei Eckernförde meist Prinz von Noer genannt wurde und bis 1846 Statthalter und Oberkommandierender der Truppen im Lande gewesen war, der Flensburger Rechtsanwalt Jürgen Bremer, der freisinnige Demokrat Theodor Olshausen, der Kieler Kaufmann Martin Thorsen Schmidt, der an der Spitze der revolutionären Bürgerbewaffnung stand, und der rhetorisch begabte Schleswiger Rechtsanwalt Wilhelm Hartwig Beseler, der auch gegen die augustenburgischen Ambitionen durchaus kritische Vorbehalte hatte. Diese Regierung betonte, daß sie sich auf dem Boden des Rechts befinde, da der Herzog (das heißt der dänische König) unfrei und gezwungen sei, eine feindselige Haltung gegen die Herzogtümer einzunehmen; deshalb sei es die Aufgabe der »Provisorischen Regierung«, die Rechte des Landes, aber auch die des Landesherrn, gegen das gewaltsame Vorgehen der dänischen Regierung zu verteidigen. Allerdings enthielt die Proklamation der »Provisorischen Regierung« auch die Sätze: »Wir werden uns mit aller Kraft den Einheits- und Freiheitsbestrebungen Deutschlands anschließen« und »Wir werden es nicht dulden wollen, daß deutsches Land dem Raube der Dänen preisgegeben werde«.

18

Nach dem Ablaufen des Malmöer Waffenstillstands begann im Frühjahr 1849 die zweite Phase des Krieges. Den Anfang bildete ein besonders spektakuläres Ereignis: Den Küstenbatterien in Eckernförde gelang es am 5. April 1849, das dänische Linienschiff »Christian VIII.« in die Luft zu jagen und die Fregatte »Gefion« zu kapern. Dieses Ereignis wurde in zahlreichen Darstellungen immer weiter ausgeschmückt; die hier gewählte Lithographie gehört zu den frühen und verhältnismäßig zurückhaltenden (19).

19

Die neue (provisorische) Regierung wurde am 3. April 1848 von der Versammlung der vereinigten schleswig-holsteinischen Stände in Rendsburg anerkannt. Dort konnten sich die Stände versammeln, weil sich die starke Garnison dieser Festung bereits am 24. März nach einem Handstreich des Prinzen von Noer der neuen Regierung angeschlossen hatte.

Auf eine wirkliche militärische Konfrontation mit Dänemark waren die Herzogtümer aber nicht vorbereitet; sie verließen sich auf die Unterstützung seitens des Deutschen Bundes und besonders auf die Erklärung des preußischen Königs Friedrich Wilhelm IV., der versprochen hatte, sich an die Spitze der nationalen Bewegung in Deutschland stellen zu wollen. Auch die vielfach in Deutschland zum Ausdruck gebrachte nationale Begeisterung für die schleswig-holsteinische Sache bestärkte die »Provisorische Regierung« in der Hoffnung, Unterstützung in ihrem Kampf zu finden; daß eine militärische Auseinandersetzung unvermeidlich war, mußte allen Verantwortlichen klar sein. Auf beiden Seiten bereitete man sich darauf vor. In Dänemark wurden Anstrengungen unternommen, um der »offenen Empörung« – so wurde die Einsetzung der »Provisorischen Regierung« angesehen – zu begegnen; der Verlust der Herzogtümer sollte verhindert werden. Nicht geringer waren die Aktivitäten in den Herzogtümern, mit der Konfrontation fertig zu werden. Die Mannschaften der Garnisonen traten zwar zur »Provisorischen Regierung« über, nicht aber die Offiziere, die zumeist aus Dänemark stammten. Sie wurden auf ihr Ehrenwort, ihre Waffen nicht gegen Schleswig-Holstein zu richten, entweder entlassen oder aber – sofern sie sich weigerten – gefangengehalten.

Die vorhandenen Kräfte reichten aber nicht aus, um der ersten bedeutenden militärischen Konfrontation bei Bov, in der Nähe Flensburgs, standhalten zu können. Personelle Unterlegenheit, verbunden mit mangelhafter Führung, bereiteten den schleswig-holsteinischen Truppen eine empfindliche Niederlage (9. April 1848). Am 4. April hatte der Bundestag beschlossen, das Recht Holsteins auf Verbindung mit Schleswig zu schützen. Auch der preußische König hatte zugesichert, die Grundsätze der vereinigten schleswig-holsteinischen Stände zu verteidigen. Von den Prinzen der schleswig-holsteinischen Fürstenhäuser traten alle auf die Seite der Erhebung, bis auf Prinz Christian von Glücksburg, der mit Luise, einer Nichte

20

Nach der endgültigen Niederlage der Schleswig-Holsteinischen Armee im Jahr 1850 blieb den Schleswig-Holsteinern, die sich von »ihrem« Herzog Christian August von Augustenburg einen von Dänemark unabhängigen Staat versprochen und dafür auch gekämpft hatten, nur die Erinnerung an die »große Zeit der Erhebung«. Der Diffamierung als »Rebellion« setzten sie eine sorgfältige Erinnerung an die Schleswig-Holsteinische Armee und an die Flotte entgegen, die in zahlreichen Bildern zum Ausdruck kam (20).

König Christians VIII., verheiratet war. Er kämpfte auf dänischer Seite, da er dafür vorgesehen war, nach Friedrichs VII. Tod die Geschicke Dänemarks und der zugehörigen Gebiete zu lenken.

Unter dem Oberbefehl des preußischen Generals Friedrich von Wrangel kämpften ein preußisches Korps unter Oberst Eduard von Bonin (12 000 Mann), eine Division des 10. Bundeskorps unter dem Hannoveraner General Hugh von Halkett (10 000 Mann) und die Schleswig-Holsteinische Armee unter dem Prinzen von Noer (9 000 Mann), dazu noch etliche Freischaren aus allen Teilen Deutschlands gegen die dänischen Truppen, die einer solchen Übermacht nicht gewachsen waren. Am 23. April rückten die Truppen Wrangels gegen Schleswig vor und warfen die dänischen Verteidiger im Laufe des Tages (Ostersonntag) aus ihren Stellungen. Die Nachhut der sich nach Norden zurückziehenden Dänen wurde am Tag darauf bei Oeversee geschlagen. Das Hauptkontingent der dänischen Armee zog sich nach Alsen zurück, ein anderer Teil nach Jütland.

Die Verfolgung wurde nur zögernd aufgenommen. Zwar besetzten preußische Truppen Teile Jütlands, zogen sich aber Ende Mai wieder zurück. Preußen war des Krieges bereits überdrüssig geworden. Der Druck der europäischen Großmächte, vor allem Rußlands, und die Tatsache, daß die dänische Flotte die Ostseehäfen blockiert hielt und damit den Handel empfindlich störte, förderten die Bereitschaft, in einen Waffenstillstand einzuwilligen. Er wurde – nach längeren Verhandlungen in London unter Vermittlung Schwedens – am 26. August 1848 in Malmö für sieben Monate geschlossen. Preußen zog seine Truppen und die des Bundes vertragsgemäß zurück. Friedrich Christoph Dahlmanns Empörung, mit der er sich in einer temperamentvollen Rede in der Deutschen Nationalversammlung in Frankfurt Luft machte und die eine Zustimmung zum Malmöer Vertrag verhindern sollte, fand zwar Sympathie, konnte aber gegen den Druck Preußens nichts ausrichten. Trotz allgemeiner Entrüstung in Deutschland wurde der Vertrag mit knapper Mehrheit angenommen. Mit dem Malmöer Vertrag waren auch das Ende der »Provisorischen Regierung« und die Auflösung der Schleswig-Holsteinischen Armee verbunden.

Die Herzogtümer erhielten eine neue Regierung, deren Position aber denkbar schwach war. Die Unzufriedenheit war nicht nur in Deutschland

21

22

Die Carlshütte in Rendsburg machte gute Geschäfte mit gußeisernen Wappentafeln, die mit der Devise »Up ewig ungedeelt« versehen waren und im ganzen Land Verbreitung fanden (21). Die Schleswig-Holsteinische Armee war, vor allem während der zweiten Phase der Erhebung, gut ausgerüstet und hatte ihre Soldaten mit ansehnlichen Uniformen ausgestattet, so zum Beispiel die Kavallerie, hier bei einer Attacke (22).

groß, sondern auch in Dänemark. Gegen den Rat der Westmächte kündigte die dänische Regierung am 26. Februar 1849 den Malmöer Waffenstillstand und leitete damit die zweite Phase des Krieges ein. Diesmal verfügte die Schleswig-Holsteinische Armee über genügend Offiziere, denen die Führung der 20 000 Mann anvertraut werden konnte; ein Bundesheer von 40 000 Mann unter dem Befehl des preußischen Generals Karl E. von Prittwitz trat hinzu. Der Kampf begann mit einem spektakulären Ereignis, das in zahllosen Abbildungen in Deutschland verbreitet wurde. Am 5. April gelang es den Küstenbatterien bei Eckernförde, ein dänisches Landungsunternehmen abzuweisen und dabei das Linienschiff »Christian VIII.« in die Luft zu jagen und die Fregatte »Gefion« zu kapern. Der Siegeszug setzte sich fort mit der Einnahme der Düppeler Schanzen und der Stadt Kolding (13. und 20. April). Erst vor der Festung Fredericia wurde der Vormarsch beendet.

Doch auch diese Phase des Krieges wurde nicht durch die Waffen entschieden, sondern durch die Intervention der europäischen Mächte. Russischer und englischer Druck zwangen Preußen am 10. Juli 1849 zu einem erneuten Waffenstillstand, mit dem eine Entscheidung über das Schicksal Schleswigs verbunden war. Die Einheit der Herzogtümer wurde preisgegeben; der nördliche Teil Schleswigs sollte eine schwedisch-norwegische, der südliche eine preußische Besatzung erhalten. Eine preußisch-dänische Landesverwaltung wurde in Flensburg eingerichtet, während für Holstein die im März 1849 begründete Statthalterschaft (Friedrich Graf von Reventlou und Wilhelm Hartwig Beseler) bestehenblieb. Der Berliner Friede vom 2. Juli 1850 zwischen Preußen und Dänemark beendete vorerst das Engagement Preußens für Schleswig-Holstein. Auf Betreiben Lord Palmerstons, des britischen Staatssekretärs des Auswärtigen, kam am 2. August 1850 das erste Londoner Protokoll zustande, in dem zum Ausdruck gebracht wurde, daß die Integrität des dänischen Gesamtstaats anerkannt und daß die Thronfolgefrage gemeinsam gelöst werden solle.

Die Schleswig-Holsteiner waren aber trotz des preußischen Rückzugs, dem auch die Bundestruppen gefolgt waren, nicht gewillt aufzugeben. Die preußischen Offiziere waren aufgefordert worden, die Schleswig-Holsteinische Armee zu verlassen; dieser Weisung aus Berlin folgte auch der bisherige Oberbefehlshaber Eduard von Bonin. An seine Stelle trat der frühere preußische General Wilhelm von Willisen, der nur über bescheidene strategische Begabungen verfügte, aber ein guter militärischer Organisator war. Die Schleswig-Holsteinische Armee bestand aus fast 30 000 Mann und war gut ausgerüstet, doch war sie den dänischen Truppen deutlich unterlegen. Am 25. Juli 1850 verlor sie die Schlacht bei Idstedt (nördlich von Schleswig). Auch die nachfolgenden Kämpfe um Missunde und die sinnlose Beschießung (und weitgehende Zerstörung) Friedrichstadts endeten mit Niederlagen.

Die Entscheidung fiel auch diesmal an den Konferenztischen. Zunächst am 29. November 1850 in Olmütz, wo Österreich den Rivalen Preußen zwang, seine Pläne für die Einheit des Reiches aufzugeben und gemeinsam mit Österreich für die Beendigung der Kämpfe in den Herzogtümern zu sorgen, notfalls durch gemeinsame Exekutionstruppen. Das bedeutete das Ende der Schleswig-Holsteinischen Erhebung. Am 11. Januar 1851 beschloß die Landesversammlung, sich zu fügen.

Das Zweite Londoner Protokoll vom 8. Mai 1852, ein völkerrechtlicher Vertrag, besiegelte endgültig die Niederlage der schleswig-holsteinischen Bewegung. Die Großmächte, Rußland und England zumal, aber auch Österreich, Frankreich, Schweden und Norwegen, garantierten die Erhaltung des dänischen Gesamtstaates als »europäische Notwendigkeit und ständiges Prinzip«. Auch die Thronfolge wurde von den Signatarstaaten festgelegt: Alle, die bisher einen – wenn auch entfernten – Anspruch auf den Thron hatten (also auch der Zar und die Landgrafen von Hessen), verzichteten zugunsten des Prinzen Christian von Schleswig-Holstein-Glücksburg; dieser wurde als Thronfolger im Gesamtstaat anerkannt und damit die ältere augustenburgische Linie ausgeschlossen. Herzog Christian August von Augustenburg wurde zu einem Vergleich genötigt. Er verkaufte seine Güter in Schleswig an den dänischen Staat und erwarb eine Herrschaft in Niederschlesien. Keinen Thronverzicht leisteten seine Söhne und der Prinz von Noer.

Schleswig sollte nicht in das Königreich einverleibt, für die Herzogtümer sollten nicht besondere Ministerien eingerichtet werden. Der Gesamtstaat war wiederhergestellt und den Herzogtümern ein ungeteiltes Verbleiben darin zugewiesen worden. In Schleswig-Holstein wurde die Erinnerung an die Zeit der Erhebung gepflegt und in Dänemark dasselbe Ereignis als gescheiterte Rebellion diffamiert. Die Gegensätze waren durch das Ergebnis der Londoner Konferenzen nicht aufgehoben, sondern eher noch verfestigt worden. Die nationalen Leidenschaften ließen sich nicht durch die Vernunft der Großmachtdiplomatie besänftigen.

24

23

Die militärische Bilanz der Erhebung war eher ernüchternd: 1400 Soldaten hatten auf seiten der Schleswig-Holsteiner den Tod gefunden, weitere 4500 waren verwundet worden. Die Gliederung in Armee und Flotte wird aus dem Erinnerungsblatt (23) ersichtlich. Nach der Auflösung der Armee mußte sich die Bevölkerung wieder mit der Regierung des Gesamtstaates arrangieren. Da bedurfte es auch der Postschiffe zwischen den Häfen der Herzogtümer und der dänischen Hauptstadt. Detail eines Modells der Fregatte »Doris von Flensburg«, die im Jahr 1800 in Dienst gestellt worden war (24).

Der Deutsch-Dänische Krieg

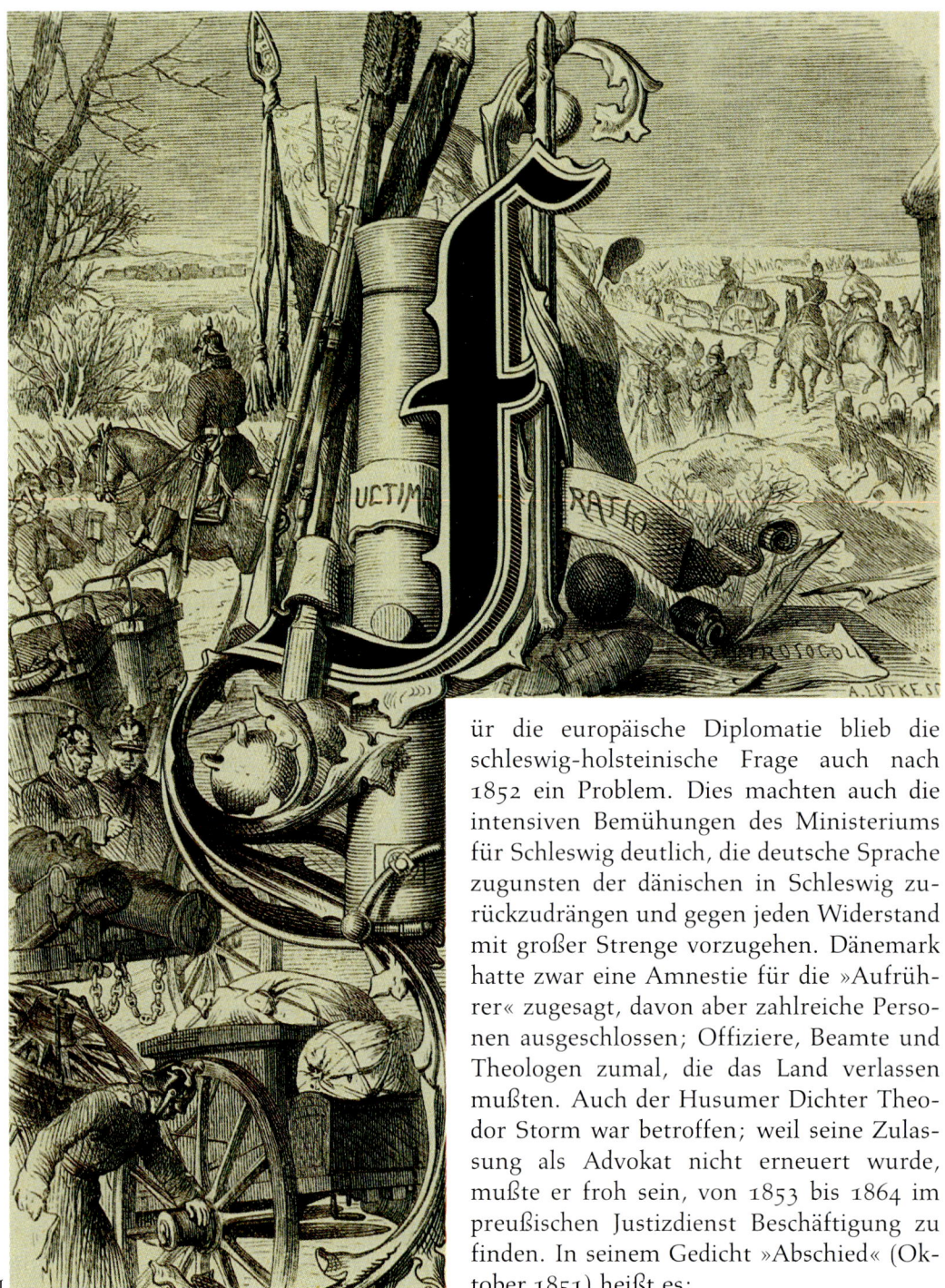

ür die europäische Diplomatie blieb die
schleswig-holsteinische Frage auch nach
1852 ein Problem. Dies machten auch die
intensiven Bemühungen des Ministeriums
für Schleswig deutlich, die deutsche Sprache
zugunsten der dänischen in Schleswig zurückzudrängen und gegen jeden Widerstand
mit großer Strenge vorzugehen. Dänemark
hatte zwar eine Amnestie für die »Aufrüh-
rer« zugesagt, davon aber zahlreiche Personen ausgeschlossen; Offiziere, Beamte und
Theologen zumal, die das Land verlassen
mußten. Auch der Husumer Dichter Theodor Storm war betroffen; weil seine Zulas-
sung als Advokat nicht erneuert wurde,
mußte er froh sein, von 1853 bis 1864 im
preußischen Justizdienst Beschäftigung zu
finden. In seinem Gedicht »Abschied« (Oktober 1851) heißt es:

1

»Wir scheiden jetzt, bis dieser Zeit Beschwerde
Ein andrer Tag, ein besserer gesühnt;
Denn Raum ist auf der heimatlichen Erde
Für Fremde nur und was den Fremden dient.«

Storm war nicht der einzige aus der geistigen Führungsschicht Schleswig-Holsteins, der das Land verlassen mußte. Mehrere Professoren der Kieler Universität wurden ihrer Stellung enthoben; zu ihnen gehörten der Nationalökonom Lorenz (von) Stein und der Historiker Johann Gustav Droysen. Die Danisierungsbetrebungen in Schleswig wurden erst 1860 nach Interventionen der Großmächte gemäßigt. Deutsche Zeitungen, Lieder und Flaggen blieben verboten; ungerechte Steuern und unzählige Willkürakte dänischer Beamter gegenüber der deutschen Bevölkerung machten eine Aussöhnung nahezu unmöglich. Das Land ersehnte die Befreiung von dänischer Herrschaft. Diese ging aber letztlich aus von der Gegenbewegung der »Eiderdänen«. Sie suchten – unter Ausnutzung der durch die Polenaufstände entstandenen europäischen Irritationen – mit dem Patent vom 30. März 1863 vollendete Tatsachen zu schaffen, indem sie die gesamtstaatliche Verfassung für Holstein und Lauenburg aufhoben. Das war die Voraussetzung für die Einführung der »eiderdänischen« Verfassung, das heißt für ein Staatsgrundgesetz, das für Dänemark und Schleswig gelten sollte.

Im April protestierten Preußen und Österreich gegen den Vertragsbruch. Der Deutsche Bund beschloß am 1. Oktober 1863 sogar die Bundesexekution in Holstein, seine Besetzung durch Bundestruppen für den Fall, daß Dänemark am Patent vom 30. März festhalten sollte. Trotz dieser Warnungen wurden die Beratungen für das Staatsgrundgesetz fortgesetzt, und dieses wurde am 13. November verabschiedet; es sollte am 1. Januar 1864 in Kraft treten. Zwei Tage nach Verabschiedung des Gesetzes starb König Friedrich VII. auf Glücksburg. Zwar wurde – wie vorgesehen – Prinz Christian von Glücksburg (der »Protokollprinz«) als Christian IX. sein Nachfolger; in Holstein fand er aber keine Anerkennung, der größte Teil der Beamten verweigerte den Homagialeid. Statt dessen entwickelte sich rasch eine Propaganda für den Sohn des 1852 abgefundenen Herzogs von Augustenburg. Erbprinz Friedrich erließ bereits am 16. November eine Proklamation an »seine« Schleswig-Holsteiner; mit der Devise »Mein Recht ist Eure Rettung!« gewann er rasch Anhänger.

Ende Dezember 1863 leistete eine Volksversammlung in Elmshorn ihrem »angestammten und rechtmäßigen« Herzog Friedrich VIII. von Schleswig-Holstein den Treueschwur. Bevor er nach Holstein reiste, stattete er am 18. November dem preußischen Ministerpräsidenten Otto von Bismarck einen Besuch ab, der sich allerdings darauf beschränkte, »ihm zu sagen, daß ich ihm durchaus keinen Rat zu geben hätte; was er tue oder lasse, werde ganz auf seine eigene Verantwortlichkeit geschehen«. Diese Auffassung ließ er auch den britischen Botschafter wissen. Tatsächlich versuchte Bismarck alles, die Sukzession des Augustenburgers zu hintertreiben. Er war, wie er in der Silvesternacht 1863 ausführte, der Meinung, »der Erbprinz von Augustenburg, den jetzt die öffentliche Meinung in Deutschland protegiert, hat gar kein Sukzessionsrecht«. Bei dieser Gelegenheit offenbarte er seinen Verwandten auch seine wahren Pläne: »Die ›up ewig

Die F-Initiale (1) ist dem Bericht entnommen, den Theodor Fontane 1866 veröffentlicht hat: »Der Schleswig-Holsteinische Krieg im Jahre 1864.« Fontane war als Kriegsberichterstatter für die »Kreuzzeitung«, deren Redaktion er angehörte, auf dem Kriegsschauplatz. Auch nach dem Ende der Kriegshandlungen reiste er durch die Herzogtümer und durch Dänemark, um Eindrücke zu sammeln. Einen späten Niederschlag fanden diese Reisen in dem Roman »Unwiederbringlich« (1892).

Der Deutsch-Dänische Krieg begann mit der Entsendung von Truppen, nachdem der Deutsche Bund eine militärische Exekution beschlossen hatte. Bereits im Dezember 1863 trafen 6000 Hannoveraner und Sachsen in Holstein und Lauenburg ein. Der Holzstich (2) zeigt die Cambridge-Dragoner, die mit der Eisenbahn von Celle nach Holstein transportiert wurden.
Prinz Friedrich von Augustenburg (3) hatte gehofft, daß auch Preußen ihn als Herzog anerkennen würde; doch Bismarck hatte andere Pläne. Einen ersten Höhepunkt erreichte der Krieg beim Übergang preußischer Truppen über die Schlei bei Arnis am 6. Februar 1864. Zeitgenössische Farblithographie (4).

4

2

3

Ungedeelten‹ müssen einmal Preußen werden. Das ist das Ziel, nach dem ich steuere. [...] Ich könnte nicht verantworten, preußisches Blut vergießen zu lassen, um einen neuen Mittelstaat zu schaffen, der am Bunde mit den andern immer gegen uns stimmen würde.« Bismarck steuerte sein Ziel mit Behutsamkeit und sehr viel diplomatischem Geschick an, indem er den Vertragsbruch Dänemarks in den Mittelpunkt stellte, der vollendet worden war, als Christian IX. das neue Grundgesetz auf Drängen der Regierung und des Volkes gegen den ausdrücklichen Rat der Großmächte unterzeichnet hatte. Der Deutsche Bund erneuerte seinen Exekutionsbeschluß und entsandte Bundestruppen (je 6000 Hannoveraner und Sachsen) nach Holstein und Lauenburg, die dort am 23. Dezember eintrafen. Bundeskommissare übernahmen die Verwaltung; dazu richteten sie in Kiel eine Herzogliche Landesregierung ein.

Bismarck ließ sich von der nationalen Begeisterung für Schleswig-Holstein nicht beeinflussen; er sorgte dafür, daß Preußen nicht den Augustenburger, sondern König Christian IX. als Herzog anerkannte. Dabei folgte er konsequent den Vereinbarungen des Londoner Protokolls von 1852. Ihm kam es darauf an, die Großmächte, vor allem England, daran zu hindern, für Dänemark einzutreten und Österreich zu gemeinsamem Vorgehen mit Preußen zu veranlassen. Beides war nur möglich bei strikter Einhaltung des Rechts. Der Zeitpunkt, gegen den Vertragsbruch vorzugehen, war gekommen, als die neue Verfassung am 1. Januar 1864 wirksam geworden und die Einverleibung Schleswigs damit vollzogen worden war. Vor einem früheren Eingreifen hatte England gewarnt. In einem auf achtundvierzig Stunden befristeten Ultimatum verlangten Preußen und Österreich am 16. Januar 1864 die Aufhebung des dänischen Grundgesetzes und für Schleswig die Wiederherstellung des alten Rechtszustandes. Die dänische Regierung vertraute darauf, daß die Großmächte ein militärisches Vorgehen Preußens und Österreichs in Schleswig-Holstein nicht zulassen würden, und wies das Ultimatum zurück. Doch hatte Bismarcks Diplomatie Vorsorge getroffen, um eine Situation wie die von 1848/49 auszuschließen. Weder Frankreich noch Rußland bekundeten die Absicht, sich für Dänemark einzusetzen, und allein wollte England sich nicht exponieren.

5

6

Am Abend des 22. März 1864 besuchte König Christian IX. die Stellungen in Düppel (der Sturm auf die Düppeler Schanzen erfolgte am 28. April). Das Gemälde (5) schuf Otto Bache 1888 anläßlich des 25jährigen Regierungsjubiläums des Königs.
Ein Denkmal bescheidenerer Art wurde auf dem Friedhof von Oeversee für Heinrich Hinrichsen aus Jarplundgaard errichtet, der sich auf dem Weg nach Flensburg befunden hatte, als ihn eine verirrte Kugel tödlich traf (6).

Der Krieg begann am 1. Februar 1864, als 35 000 preußische und 21 000 österreichische Soldaten, die eine Woche zuvor in Holstein und Lauenburg eingerückt waren, die Eider überschritten. Der vom preußischen General-stabschef Helmuth von Moltke entworfene Kriegsplan galt dem Oberbe-fehlshaber, dem greisen Feldmarschall von Wrangel, als zu gefährlich; er sah einen Übergang über die Schlei bei Arnis und Kappeln und die Einkes-selung der dänischen Truppen in der Danewerk-Stellung vor. Statt dessen erfolgte zunächst ein Angriff der Preußen gegen die Stellungen bei Mis-sunde, der abgewehrt wurde. Erst danach kam es, allerdings zu spät, zur Realisierung des Moltkeschen Plans. Gleichzeitig gingen die Österreicher gegen das Danewerk vor. Um einer Umzingelung zu entgehen, entschied sich der dänische General Christian de Meza, die Hauptarmee zurückzuzie-hen und in die stark ausgebauten Schanzen von Düppel sowie nach Jütland zu verlegen. Am 18. April stürmten preußische Truppen unter Prinz Fried-rich Karl von Preußen die Düppeler Schanzen und nahmen sie ein. Nach-dem die Dänen die Festung Fredericia geräumt hatten, wurde am 12. Mai ein Waffenstillstand geschlossen.
Helmuth von Moltke schreibt am 23. April über die tapferen Verteidiger von Düppel in einem Brief an seinen Bruder Ludwig: »Der Enthusiasmus, mit welchem dies kleine Volk für seine Sache kämpft, die Ausdauer und Hingebung, mit der die Armee sich in der Düppelstellung behauptet hat, findet auch bei ihren Gegnern volle Anerkennung. Die Truppen haben dort unbeschreiblich ausgestanden, weit mehr noch als unsere, welche die Ini-tiative des Angriffs hatten und bei größerer Zahl sich in den schweren Leistungen ablösen konnten. Aber waren die dänischen Machthaber ge-rechtfertigt, aus ihrer insularen Sicherheit solche Opfer zu fordern?« Moltkes Urteil war gerechter als das der Regierung in Kopenhagen oder gar der dänischen Presse.
Großbritannien hatte die Signatarstaaten des Londoner Protokolls und Vertreter des Deutschen Bundes nach London eingeladen, um den Frieden wiederherzustellen. Zwei Monate dauerte die Konferenz, vom 25. April bis zum 25. Juni 1864, um schließlich doch zu scheitern. Bismarck hätte nach dem Sieg bei Düppel von einer Position der Stärke aus verhandeln können,

Seit 1848 war diskutiert worden, die Grenze zwischen Dänemark und Schleswig-Holstein so zu ziehen, wie die dänische Bevölkerung Nordschleswigs es wünschte. Doch auch die während der Londoner Konferenz intensiv geführte Debatte brachte keine Einigung, was den Karikaturisten des »Kladderadatsch« (Ausgabe vom 26. Juni 1864) zu einem besonders gelungenen Blatt inspirierte (7).

Die definitive Feststellung der deutsch-dänischen Gränzlinie in Schleswig beschäftigt die Diplomatie in der angestrengtesten Weise.

7

tatsächlich taktierte er mit großer Behutsamkeit, um eine antipreußische Koalition zu verhindern. Er legte sich weder in der Frage der Kriegsziele noch bei der Erörterung tragfähiger Lösungen für die künftige Gestaltung der Herzogtümer fest; er verlangte nur ihre Unabhängigkeit von Dänemark. Eine Personalunion unter König Christian IX. war ebensowenig ausgeschlossen wie die Teilung Schleswigs, die bereits 1848 diskutiert worden war. Die Personalunion war der dänischen Delegation zu wenig, und eine Teilung des umstrittenen Landes unter Anwendung des Nationalitätenprinzips stieß auf den Widerstand der Vielvölkerstaaten Rußland und Österreich. Da eine dieses Prinzip ignorierende Teilung aber mit dem unlösbaren Problem verbunden war, eine für alle akzeptable Grenzlinie zu finden, waren das Scheitern der Londoner Konferenz und damit die Fortsetzung des Krieges unabwendbar.

Am 29. Juni setzten die preußischen Truppen nach Alsen über, während die österreichischen bis nach Skagen vorrückten. Unter dem neuen Oberbefehlshaber Prinz Friedrich Karl von Preußen konnten die Reste des dänischen Widerstands auf der Jütischen Halbinsel gebrochen und die Nordseeinseln Sylt, Föhr und Amrum sowie die Insel Fehmarn in der Ostsee eingenommen werden. Vor allem die rasche Eroberung Alsens, durch die auch Fünen gefährdet wurde, beschleunigte das Einlenken Dänemarks. Das »eiderdänische« Ministerium unter Bischof Ditlev G. Monrad machte einem gemäßigteren Platz, das am 20. Juli in den Waffenstillstand von Christiansfeld und Snoghoi (am Kleinen Belt) einwilligte. Am 30. Oktober 1864 folgte der Friede von Wien; seine Bestimmungen bedeuteten für Dänemark den Verzicht auf nahezu zwei Fünftel seines ursprünglichen Staatsgebietes. Christian IX. trat die Herzogtümer Schleswig-Holstein und Lauenburg an Österreich und Preußen ab, nachdem im Norden einige Grenzkorrekturen vorgenommen worden waren.

Mit dem Frieden von Wien war die mehr als vierhundertjährige Union mit dem Königreich Dänemark aufgehoben. Doch gab es noch keine Vereinbarungen für die künftige Gestaltung der Herzogtümer. Die Unterzeich-

8

9

Nach dem Scheitern der Londoner Konferenz wurden die Kampfhandlungen fortgesetzt. Am 29. Juni 1864 gelangten preußische Truppen nach Alsen. Zeitgenössische Lithographie (8). Auch die Nordseeinseln sowie Fehmarn in der Ostsee wurden besetzt: Dänische Truppen werden auf Fehmarn von einem preußischen Kommando gefangengenommen. Zeitgenössischer Holzstich (9).

nerstaaten des Londoner Protokolls erhoben keinen Einspruch gegen die Wiener Vereinbarungen. Deshalb war die Schleswig-Holstein-Frage jetzt eine Angelegenheit der beiden Siegermächte und (mit Einschränkungen) des Deutschen Bundes. Die Mehrheit der deutschen Öffentlichkeit trat für einen Bundesstaat unter Herzog Friedrich von Augustenburg ein. In einer weiteren Unterredung zwischen dem Prinzen Friedrich und Bismarck am 1. Juni 1864 legte der Ministerpräsident die preußischen Wünsche dar, die erfüllt werden müßten, bevor aus Berlin mit der Zustimmung zur Augustenburger Kandidatur gerechnet werden könnte. Spätestens danach stand für Bismarck fest, daß die Lösung des Problems nur in der Annektion durch Preußen liegen konnte. Denn Erbprinz Friedrich hatte in allen Punkten eine klare Zusage verweigert: enge militärische Bindung an Preußen, Abtretung von Gebieten bei Brunsbüttel und Eckernförde zum Bau von Festungen, die an den Endpunkten eines neuen Nord-Ostsee-Kanals liegen würden.

Bismarcks Resümee lautete: »Den Gesamteindruck der dreistündigen Unterredung muß ich dahin zusammenfassen, daß der Erbprinz uns nicht mit dankbaren Gefühlen betrachtet, sondern als unwillkommene Mahner, zu deren möglichst unvollständiger Befriedigung er bereit ist, den Beistand der Stände und auch Österreichs in Bewegung zu setzen.« Vor dieser Niederschrift war schon ein Telegramm an den preußischen Botschafter in London gesandt worden, in dem es hieß: »Nach eingehender Verhandlung mit Erbprinz Augustenburg erscheint mir in speziell preußischem Interesse geboten, die Candidatur desselben für jetzt nicht weiter zu fördern.« Der Kandidatur des Großherzogs von Oldenburg (der ebenfalls aus der Gottorfer Linie stammte) gab Bismarck ohnehin keine Chancen.

Die Siegermächte hatten bis zum Friedensschluß von Wien keine Vereinbarungen darüber getroffen, wie sie ihre Schleswig-Holstein-Politik nach Beendigung des Krieges fortsetzen wollten. Die Bundestruppen hatten Holstein verlassen, zwei Zivilkommissare übernahmen nach der Verwaltung Schleswigs auch die von Holstein. Dabei war der österreichische

10

Bismarck hatte alles darangesetzt, um einen weiteren deutschen Kleinstaat zu verhindern, der entstanden wäre, wenn der Wunsch der schleswig-holsteinischen Bevölkerung und der des Prinzen Friedrich von Augustenburg erfüllt worden wäre. Zu einer Aussöhnung zwischen Augustenburgern und Hohenzollern kam es 1881, als Auguste Viktoria, die Tochter des Prinzen Friedrich, mit Preußens Prinz Wilhelm (später Kaiser Wilhelm II.) verheiratet wurde. In der umfangreichen Prachturkunde (11) wurde unter anderem vereinbart, daß der Familie der Braut neben Schloß Gravenstein auch der Familienstammsitz, Schloß Augustenburg, zurückgegeben werden sollte (10).

Auch in preußischer Zeit hatten »Schleswig-Holstein-stammverwandt«-Gedenksteine Konjunktur, vor allem 1898 anläßlich der 50. Wiederkehr der Erhebung. Hier das Denkmal vor der Kirche in Munkbrarup/Angeln (12).

Kommissar darauf bedacht, die Augustenburger Sache zu fördern. Preußen hingegen drängte darauf, sowohl die in der Presse geführte Propaganda für den Augustenburger als auch die für eine Losreißung der nördlichen Gebiete Schleswigs, wie sie zum Beispiel in dem in Kopenhagen erscheinenden Wochenblatt »Danmark« betrieben wurde, zu unterbinden; außerdem wollte es dafür sorgen, daß Erbprinz Friedrich, der noch in Kiel wohnte, das Land so schnell wie möglich verließ. Das Verhältnis zwischen Österreich und Preußen war auch in der Schleswig-Holstein-Frage von Anfang an durch latente Spannungen gekennzeichnet. Im Sommer 1865 spitzten sich diese so sehr zu, daß eine Verständigung kaum noch für möglich gehalten wurde. Die Begegnung der beiden Monarchen, Kaiser Franz Joseph und König Wilhelm, die am 14. August 1865 in Badgastein zustande kam, führte aber noch einmal zu einer konstruktiven Vereinbarung: Das seit Ende 1864 ausgeübte Kondominium wurde durch die Teilung der Verwaltungsfunktionen auf eine neue Grundlage gestellt.

Vom 15. September 1865 an sollten Schleswig durch einen preußischen Gouverneur und Holstein durch einen österreichischen Statthalter regiert werden. Rendsburg sollte als Bundesfestung und Kiel als Bundeshafen gemeinsam verwaltet werden. Preußen erhielt die Zustimmung, den für dringend erforderlich gehaltenen Kanal zwischen Nord- und Ostsee zu bauen. Lauenburg wurde mit Preußen in Personalunion verbunden, dafür Österreich finanziell entschädigt. Von den Erbansprüchen der Augustenburger war in der Gasteiner Konvention nicht die Rede. Erbprinz Friedrich hatte im Herzogtum Schleswig, dessen Boden er nicht einmal betreten durfte, nur wenige Anhänger; aber auch in Holstein wich die anfängliche Begeisterung für Herzog Friedrich VIII. einer kritischen Würdigung. Führende Vertreter des Adels hielten ihn nicht für die geeignete Persönlichkeit; sie sprachen ihm die Fähigkeit ab, mit der genügenden politischen Härte zu reagieren, um dem Land eine akzeptable Zukunft zu eröffnen. Die Besitzergreifung durch Preußen gewann innerhalb und außerhalb Schleswig-Holsteins an Attraktivität; auch Persönlichkeiten, deren patriotische Gesinnung außer Frage stand, sprachen sich für Preußen aus, so Heinrich von Treitschke, Theodor Mommsen und Gustav Freytag.

Österreichs zielstrebig verfolgte Absicht, die Entscheidung über die Zukunft der Herzogtümer dem Bundestag zu übertragen, wurde von Preußen als Bruch der Gasteiner Konvention interpretiert. Als die Vertreter Wiens am 1. Juni 1865 in Frankfurt den förmlichen Antrag einbrachten, der Bundestag möge über die Erbfolge in Schleswig-Holstein entscheiden, und der Statthalter in Kiel die holsteinischen Stände zur Klärung derselben Frage nach Itzehoe einberief, ließ Bismarck den Schleswiger Gouverneur Edwin von Manteuffel in Holstein einrücken und die Ständeversammlung auflösen. Die Österreicher räumten Holstein widerstandslos; in ihrem Gefolge befand sich auch Erbprinz Friedrich. Die Verwaltung des Landes übernahm Baron Carl von Scheel-Plessen als Oberpräsident.

11

Die Entscheidung über das weitere Schicksal Schleswig-Holsteins fiel am 3. Juli 1866 in der Schlacht von Königgrätz. Im Prager Frieden vom 23. August 1866 trat der Kaiser alle Rechte in den Herzogtümern an den Sieger, den König von Preußen, ab. Nach der Verabschiedung des Annexionsgesetzes im preußischen Abgeordnetenhaus übernahm König Wilhelm I. in einem Besitzergreifungspatent vom 12. Januar 1867 Schleswig-Holstein als preußische Provinz. Erbprinz Friedrich von Augustenburg wollte noch in einem letzten Versuch seine Position im Lande erhalten; er bat den preußischen König, ihm und seinem Haus die erbliche Statthalterwürde zu übertragen. Auch diesen Wunsch wollte Bismarck nicht erfüllen. Geschickter verhielt sich Großherzog Peter II. von Oldenburg, der seine Erbansprüche ohne die breit angelegte Agitation des Augustenburgers erhoben hatte. Er profitierte am Ende wenigstens als Teilerbe, indem er sich abfinden ließ: Im September 1866 erhielt er außer einer Million Taler das holsteinische Amt Ahrensbök und mehrere lübische Dörfer. Dieser Gebietsgewinn führte dazu, daß die bis dahin getrennten Teile des Fürstentums Lübeck, die Ämter Eutin und Schwartau, zu einem kleinen, aber geschlossenen Territorium zusammenwuchsen.

12

Die Vertreibung des Erbprinzen Friedrich führte nicht zu einem Bruch mit dem Hohenzollernhaus. Als Freund des Kronprinzen Friedrich Wilhelm, des späteren Kaisers Friedrich III., nahm er 1870 am Krieg gegen Frankreich teil und war auch bei der Kaiserproklamation in Versailles anwesend. Zu einer »würdigen« Aussöhnung zwischen den Dynastien kam es durch die Eheschließung zwischen der Tochter Friedrichs, der Prinzessin Auguste Viktoria, mit dem Prinzen Wilhelm, dem späteren Kaiser Wilhelm II. Die Verhandlungen über diese Verbindung fanden in einer Prunkurkunde ihren Niederschlag. Die Erben Friedrichs verzichteten auf alle Ansprüche in den Herzogtümern; ihnen wurde eine Rente zugesprochen und das Schloß Augustenburg. Die Eheschließung zwischen Prinzessin Auguste Viktoria und Prinz Wilhelm fand am 27. Februar 1881 statt.

Königliches Landratsamt
des

Kreises Sonderburg

Th. Kaiser, Berlin, Charlottenstr. 16

Schleswig-Holstein als preußische Provinz bis zum Ende des Ersten Weltkriegs

Gemessen an der langen gemeinsamen und in der Gemeinsamkeit verhältnismäßig eigenständigen Geschichte der Herzogtümer, die seit der Ripener Urkunde von 1460 unter der Devise »up ewig ungedeelt« stand, war das Ergebnis der Kämpfe von 1848 bis 1851 und 1864 enttäuschend. Für die wenigsten Schleswig-Holsteiner war es eine beglückende Perspektive, daß ihr Land die Rolle einer preußischen Provinz spielen sollte.

Der Traum von einem selbständigen Mittelstaat im Rahmen des Deutschen Bundes unter einem Augustenburger Herzog hatte sich nicht erfüllt. Die Bevölkerung mußte sich an den ihr über Kriege und diplomatische Verhandlungen von außen oktroyierten Zustand erst allmählich gewöhnen. Für die Integration der neuen Provinz in das Königreich Preußen bedurfte es zudem einer einfühlsamen Politik der mit der Verwaltung beauftragten Beamten. Die alte Vielschichtigkeit in den Verwaltungsangelegenheiten, in rechtlicher, wirtschaftlicher, selbst religiöser und sprachlicher Hinsicht, widersprach grundsätzlich der preußischen Tendenz, die neue Provinz möglichst reibungslos in den Staatsverband Preußens zu inkorporieren. Aber vor allem Otto von Bismarck war daran gelegen, die Einbindung Schleswig-Holsteins in die Hohenzollernmonarchie behutsam zu betreiben. Die preußische Beamtenschaft, traditionell progressiv eingestellt und zeitweilig sogar liberalen Vorstellungen aufgeschlossen – trotz der Hinwendung zum Reaktionären bei den führenden Regierungsvertretern –, war dazu durchaus in der Lage. Oswald Hauser hat nachdrücklich auf die Flexibilität der preußischen Administration gerade Schleswig-Holstein gegenüber hingewiesen, ohne dabei die Schwierigkeiten bei der Etablierung der neuen Herrschaft zu verharmlosen.

Grundsätzlich erhebt sich für den Zeitraum 1867 bis 1945 die Frage, ob überhaupt noch von »schleswig-holsteinischer Geschichte« die Rede sein kann; denn die zentralen Probleme der ehemaligen Herzogtümer standen unter dem Vorzeichen Preußens oder – nach 1871 – des Deutschen Reiches. Darüber hinaus vollzog sich die Integration Schleswig-Holsteins in den preußischen Staat zur selben Zeit, als es in Deutschland zu einem grundlegenden Wandel der wirtschaftlichen und sozialen Strukturen kam und als das Deutsche Reich traditionell kleinstaatliche Loyalitäten zu übernehmen begann. Insofern ist der Verlust alter, landesgeschichtlich bedingter Bindungen, kultureller Eigenarten und traditioneller Rechte nicht nur ein spezifisch schleswig-holsteinisches Phänomen, sondern es kann und muß in einem größeren Rahmen gesehen werden. Selbstverständlich sind auch Entwicklungen zu verzeichnen, die konkret mit der neuen preußischen Provinz verbunden sind. Selbst wenn in Rechnung gestellt wird, daß es einen Sprachenstreit nicht nur in Nordschleswig, sondern auch in Elsaß-

Die Umwandlung Schleswig-Holsteins in eine preußische Provinz war verbunden mit einer umfangreichen Verwaltungs- und Justizreform. Dabei wurde auch in der neuen Provinz die in Preußen übliche Kreiseinteilung mit Landräten an der Spitze durchgesetzt; auf diese Weise entstand in Sonderburg auf Alsen ein Königlich-Preußisches Landratsamt (1).

2

3

In einigen Gebieten der ehemaligen
Herzogtümer nahmen die neuen Herren
des Landes auch Rücksicht auf alte
Traditionen; so blieben in Dithmarschen
die alten Kirchspiele erhalten. Am
historischen Ortsschild von Avelack ist
abzulesen, daß sich dithmarsische
Tradition mit preußischer Verwaltung
vertragen konnte (3).
Für die schleswig-holsteinische
Bevölkerung war es nicht leicht, zum
neuen Landesvater, König Wilhelm von
Preußen, ein positives Verhältnis zu
bekommen. Das Gemälde von Anton von
Werner zeigt ihn als Kaiser, 1895 (4).
Otto von Bismarck, hier in einer
Zeichnung von Christian W. Allers,
1893/94 (2), trug mit seiner erfolg-
reichen Reichspolitik dazu bei, daß sich
auch die Mußpreußen mit den neuen
Verhältnissen identifizieren konnten.

Lothringen und in Westpreußen gab, bleiben Ursprung und Verlauf der
Auseinandersetzung im Norden doch von ganz besonderer Art. Fragen der
Wirtschafts- und Sozialgeschichte haben in den letzten Jahren, auch und
gerade im Rahmen der Regional- und Landesgeschichtsforschung, ver-
mehrte Aufmerksamkeit gefunden; von einem »gesicherten Terrain« kann
aber noch nicht die Rede sein. Im folgenden werden einige Ereignisse und
Probleme, die für die Entwicklung Schleswig-Holsteins als preußische
Provinz wichtig und typisch waren, herausgegriffen.

Die Bewohner Schleswig-Holsteins waren nicht freiwillig Preußen geworden; sie hatten nie die Möglichkeit gehabt, über ihr Schicksal selber zu
entscheiden. Die Stimmung bei den Muß-Preußen zwischen Elbe und
Königsau fand ihren Niederschlag in den Ergebnissen der Wahl zum
konstituierenden Reichstag des neugebildeten Deutschen Bundes. Am
12. Februar 1867 wurde in den neun Wahlkreisen keiner der preußischen
Kandidaten gewählt. In den beiden nördlichen Wahlkreisen siegten die
Dänen. In den übrigen waren Kandidaten der Schleswig-Holsteinischen
Vereine, das heißt die Anhänger des Augustenburgers, die grundsätzlich
auch liberal und deutsch-national waren, erfolgreich; in Tondern-Eider-
stedt und in Altona allerdings gemäßigte Vertreter. Der Protest fiel schär-
fer aus, als ohnehin befürchtet worden war. Er richtete sich vor allem gegen
die Einführung der Allgemeinen Wehrpflicht (mit dreijähriger Dienstzeit),
gegen die Einkommensteuer und gegen die Person des Oberpräsidenten
Carl von Scheel-Plessen, der schon in dänischer Zeit unbeliebt gewesen war
und dem nun an Haß grenzende Abneigung entgegenschlug. Erst gegen
Ende seiner dreizehnjährigen Amtszeit, als seine Verdienste für den wirtschaftlichen Aufschwung der Provinz sichtbar wurden und die Animositä-
ten gegen die preußische Herrschaft nachgelassen hatten, kam es zu einer
Art Aussöhnung.

In den Anfangsjahren aber dominierte die Ablehnung aller Maßnahmen,
die mit der Integration Schleswig-Holsteins in einen zentralistisch regierten Staat verbunden waren. Die preußischen Beamten, die ihrerseits kritisch den neuen Untertanen gegenüber eingestellt waren, kamen in ihren
Berichten zu fast einhelligem Urteil: »Der Mehrzahl nach sind die Bewohner von Holstein ein träger und nur um materielles Wohlleben bemühter
Volksstamm.« Ein anderer Bericht ergänzte: »Sie hängen am Alten, sind
jeder Neuerung abgeneigt, in hohem Maße geizig, wollen möglichst gar
keine Steuern zahlen.« In der Zusammenfassung der Einzelberichte ist zu
lesen: »Die ganze Provinz, sowohl in Schleswig als in Holstein, ist schwer-
fällig im Denken und Handeln, ist zäh bei einer einmal vorgefaßten Meinung, liebt aber vor allem Ruhe und Wohlbehagen.« Aus dem Wunsch der
Bevölkerung nach Ruhe leiteten die Beamten ab, daß festes Auftreten der
Behörden geboten sei, denn ein solches helfe, Unruhen zu vermeiden!
Tatsächlich gelang es den Behörden, die Bevölkerung allmählich mit der
neuen Ordnung zu versöhnen. Die »träge Verdrießlichkeit«, die Theodor
Mommsen seinen Landsleuten vorgehalten hatte, wurde aber erst durch
den an der Reichsgründung von 1871 orientierten neuen Patriotismus
überwunden.

Von den zahllosen Verwaltungs- und Justizreformen seien nur die ein-
schneidendsten genannt. Die Einführung der Allgemeinen Wehrpflicht,
der sich viele junge Männer durch Auswanderung entzogen, und die

Reform des Steuerwesens sind bereits erwähnt worden. Die Steuerreform
– als unerträgliche Last befürchtet – erwies sich tatsächlich zwar als drük-
kend, zugleich aber auch als gerechter, da mit der Einführung der Einkom-
men- und der Gewerbesteuer, die bis 1867 im Lande nicht bekannt gewesen
waren, auch das Kapital und die Gewerbebetriebe herangezogen wurden.
Die Verordnungen, mit denen die Trennung der Justiz von der Verwaltung
für alle unteren Instanzen (1834 war eine solche Trennung nur für die
Spitze und die Mittelinstanz erfolgt) vorgenommen wurden, griffen besonders stark in die Gewohnheiten der Bevölkerung ein. Auf der Ebene der
Harden (Schleswig) und Kirchspiele (Holstein) hatte eine gewisse Selbst-
verwaltung stattgefunden, die lokalen Gegebenheiten Rechnung tragen
konnte. Andererseits war nicht zu übersehen, daß viele Institutionen und
Regelungen, aber auch Privilegien längst überholt waren und einer plan-
vollen Entwicklung des Landes auf der Grundlage der Rechtsgleichheit im
Wege standen. Den liberalen Forderungen kam die Reform, in Schleswig-
Holstein die preußischen Muster einzuführen und damit ein modernes
Rechtswesen zu schaffen, weit entgegen. Am Ende gab es in der Provinz 70
Amtsgerichte, darüber drei Landgerichte (Altona, Flensburg und Kiel),
denen das Oberlandesgericht als Appellationsinstanz vorstand. Die höchst-
richterliche Instanz wurde das Oberappellationsgericht in Berlin, nach
1879 das Reichsgericht in Leipzig.

Mit der Landgemeinde- und Kreisordnung und der Provinzialständever-
fassung vom 22. September 1867 erhielt die neue Verwaltungsstruktur
ihre rechtlichen Grundlagen. Die Einführung der Ortsgemeinden mit
Selbstverwaltungsrechten nach preußischem Vorbild vereinheitlichte die
Kompetenzen; gemeinsam mit der Schaffung von Landkreisen war es nicht
nur ein Akt der Nivellierung, sondern ein durchaus bürgernahes Vorgehen. Bei der Diskussion der neuen Verwaltungsstruktur konnten zahlreiche historisch bedingte Besonderheiten vorgetragen werden, die am Ende
auch Berücksichtigung fanden. So blieben die Kirchspiele und Harden an
der Westküste als Organisationsformen bestehen; es entstanden Kirch-
spiellandgemeinden, in denen die Bauerschaften zusammengefaßt wurden.
Die historischen Landschaften und Ämter sowie die auf dynastische Verhältnisse zurückzuführenden Bezirke, aber auch die Güter, Köge, Städte
und Klöster wurden durch die Kreisordnung, möglichst unter Bewahrung
der historischen Grenzen, in 19 Landkreisen zusammengefaßt. An ihre
Spitze traten Landräte; ferner wurden Kreistage gewählt, in denen eine
begrenzte Selbstverwaltung möglich war.

Nach wie vor bestanden für die ehemaligen Herzogtümer zwei Regierungen, in Kiel und in Schleswig. Es war in Berlin lange und kontrovers
diskutiert worden, ob eine solche Trennung aufrechtzuerhalten sei, also
zwei Regierungsbezirke zu schaffen seien. Am 20. Juni 1868 fiel die Entscheidung: Der Grundsatz der Unteilbarkeit sollte nicht angetastet, vielmehr neu realisiert werden. Mit der Zusammenlegung der beiden Regierungen nach Schleswig wurde die Provinz Schleswig-Holstein zu einem
einzigen Regierungsbezirk. Damit war der zentralistische Verwaltungs-
aufbau abgeschlossen: 1724 Landgemeinden und 360 Gutsbezirke waren in
19 Landkreisen zusammengefaßt und diese wiederum im Regierungsbezirk
Schleswig. Die 1869 verabschiedete Städteordnung beließ den Städten
nicht nur ihre traditionelle Eigenständigkeit, sondern erweiterte noch ihre

4

Schleswig-Holsteins Integration in das Königreich Preußen erfolgte parallel zu seinem Weg in das Industriezeitalter. Der wirtschaftliche Aufschwung war naturgemäß in den Großstädten besonders spürbar. Die Fischauktionshalle in Altona hatte bereits im Jahr 1900 Dimensionen, die nur mit dem großen Wirtschaftsraum des Reiches zu erklären sind (5). Der Aufbau einer Kriegsflotte brachte die Verwandlung Kiels zur Industriestadt mit riesigen Werften mit sich (6, 7).

Freiheiten durch die Einführung der Direktwahl der Magistrate. Die Schleswig-Holsteinische Städteordnung erwies sich als die liberalste in Preußen.

Seit 1867 galt auch für Schleswig-Holstein eine provinzialständische Verfassung, die sich an den alten Ständeverfassungen der Herzogtümer nicht weniger orientierte als an den preußischen Vorbildern. Der Großgrundbesitz war deutlich geringer repräsentiert als in den altpreußischen Provinzen. Da dem Provinziallandtag aber nicht die gleichen Kompetenzen zustanden wie den alten Landtagen (so fehlte ihm völlig das Steuerbewilligungsrecht), wurde das ständische Element, in dem auch ein partikularistisches vermutet wurde, deutlich geschwächt. Die Mitglieder des Provinziallandtags wurden nach einem komplizierten System von den Kreistagen und den Stadtverordnetenversammlungen gewählt. Die Sitzungen dieses Gremiums fanden zunächst in Rendsburg und Schleswig und seit 1905 in Kiel statt.

Es ist schon an anderer Stelle darauf hingewiesen worden, daß die Impulse für den »industrial take-off« nicht erst von Preußen ausgingen, sondern bereits in gesamtstaatlicher Zeit erfolgten. Die erste Dampfmaschine wurde 1824 in Neumünster in einer Tuchfabrik aufgestellt. Das bedeutete den Anfang der organisierten Technik zum Zweck der Gütererzeugung, die allerdings der Ergänzung durch die menschliche Massenarbeit bedurfte. Für die Schaffung moderner Verkehrsverbindungen, Eisenbahnen, Chausseen und Kanäle waren ebenfalls Technik und Massenarbeit erforderlich; gerade der Eisenbahnbau verlieh der Industrialisierung entscheidende Antriebe. Zwar kamen Schienen, Lokomotiven und Waggons für die Eisenbahnen in den Herzogtümern nicht aus Fabriken des Landes, doch entwickelten sich oft aus Handwerksbetrieben Zulieferwerke. Die Bauwirtschaft wurde allemal angekurbelt; auch die Finanzierung über Aktiengesellschaften hatte Einfluß auf die wirtschaftliche Entwicklung.

In der Wirtschaftsgeschichte gehört der Ausbau der Verkehrsnetze in die Phase der Frühindustrialisierung, so auch in Schleswig-Holstein. Der eigentliche Durchbruch zur Industrie erfolgte erst im Kaiserreich: Während 1867 noch 50 Prozent der Erwerbstätigen in der Landwirtschaft tätig

8   9

waren, ging dieser Anteil auf 36 Prozent im Jahr 1895 zurück und sank bis 1925 auf 23 Prozent. Gegenläufig stieg der Anteil der im produzierenden Gewerbe Tätigen von 22 Prozent im Jahr 1867 auf 29 Prozent im Jahr 1885 und erreichte bis 1925 35 Prozent. Die Auswertung der Statistiken ergibt, daß die Verlagerung der Erwerbstätigen eindeutig auf die industrielle Fertigung und weniger auf die handwerkliche Produktion erfolgte. Schwerpunkte der wirtschaftlichen Entwicklung waren die Nahrungsmittelindustrie (Öl- und Kornmühlen, Zuckerfabriken, Dampfmolkereien, Brauereien, Konservenfabriken, Fischverarbeitung), die Textilfabrikation (einschließlich der Lederverarbeitung), der Maschinenbau und die Werftindustrie; außerdem spielten die zahlreichen Gießereien eine wichtige Rolle.

Die Verteilung der industriellen Standorte ist sehr ungleich; Holstein war und blieb deutlich bevorzugt. Nördlich der Eider wurde lediglich Flensburg zu einem nennenswerten Industrieort (»Kupfermühle«: Gießereien; Rumverarbeitung). In Nordschleswig blieben die kleinen Städte wie Hadersleben, Apenrade und Tondern von der Industrialisierung weitgehend unberührt; sie haben bis heute in weit stärkerem Maße den Charakter von Landstädten der vorindustriellen Phase bewahrt, als dies im südlichen Teil Schleswigs oder in Holstein der Fall ist. In Holstein war es vor allem Altona-Ottensen, das seine Bedeutung als Industrieplatz nach 1889, zum Zeitpunkt der Eingemeindung Ottensens, deutlich ausbauen konnte. Zuvor gab es nach dem Verlust der Altonaer Zollprivilegien, 1854, eine konkurrierende Entwicklung beider Orte, bei der Ottensen starke Vorteile hatte. Kesselschmieden, Glasfabriken und Gießereien waren neben der fischverarbeitenden Industrie die wichtigsten gewerblichen Wirtschaftsunternehmen mit industrieller Fertigung. Besonders charakteristisch für Altona-Ottensen war die Zigarrenproduktion in Manufakturen mit sehr spezifischen Produktionsverhältnissen; aus ihr bezog die Gewerkschaftsbewegung besondere Impulse. Auch die sozialdemokratische Bewegung verbreitete sich früh unter den Zigarrenarbeitern und machte Altona zu einer »roten« Stadt.

Kiel war 1867 Kriegshafen des Norddeutschen Bundes geworden und 1871 des Deutschen Reiches, was einer zweiten Stadtgründung gleichzusetzen

Das Anwachsen der Großstädte hatte Arbeiterwohnquartiere wie die Krupp'sche Siedlung in Kiel zur Folge; das Foto entstand vor 1914 (8). Dagegen waren die Arbeitersiedlungen des 18. und frühen 19. Jahrhunderts wie die in Flensburg-Kupfermühle (9) geradezu idyllisch. Der Norden Schleswigs blieb bis zum Ende der preußischen Zeit von der Industrialisierung nahezu unberührt; das hat sich auf das Stadtbild von Tondern und Apenrade bis heute ausgewirkt (10, 11).

10

11

12

Ein besonderes Problem war die
Industrialisierung der Landwirtschaft.
Das Agrarland Schleswig-Holstein,
ohnehin ein traditionelles
Auswandererland, war besonders hart
von der Freisetzung von Arbeitern
betroffen, die bis zum Einsatz von
Maschinen auf den Bauernhöfen ihr
Auskommen gefunden hatten. Seit
Dreschmaschinen in wenigen Tagen die
Arbeit verrichteten, für die zuvor viele
Menschen einen ganzen Winter
gebraucht hatten, stieg die Kurve der
Auswanderer in den Häfen Hamburg,
Altona und Glückstadt steil an.
Zwei »Leitfossilien der
Mechanisierung«: eine Lokomobile (12),
die zwar nicht selbstfahrend war, aber zu
vielerlei Antriebszwecken genutzt
werden konnte, und ein »Döschdamper«,
eine selbstfahrende Dampfmaschine mit
angehängter Dreschmaschine (13).
Derartige Gespanne fuhren von Hof zu
Hof und erledigten das Dreschen als
Dienstleistung.

war. Am Ostufer der Förde entstanden innerhalb kurzer Zeit Produktionsstätten für Handels-, mehr noch aber für Kriegsschiffe. Die Werften
veranlaßten die Gründung zahlreicher industrieller Zulieferbetriebe. Die
Entwicklung Kiels zur Marinestadt führte zu einer Wirtschaftsstruktur, die
eindeutig (und einseitig) auf die Versorgung der Kaiserlichen Marine
ausgerichtet war. In Kiel entstanden, bedingt durch den sehr schnellen
Bevölkerungszuwachs (1800: 7000 Einwohner; 1918: 243 000), ausgedehnte Arbeitersiedlungen, deren soziale und politische Bedeutung noch
zu erforschen ist.

In Neumünster, das von seiner verkehrsgünstigen Lage profitieren konnte,
dominierte die Textil- und Lederindustrie, die aus einer seit dem 17. Jahrhundert betriebenen handwerklichen Fertigung hervorgegangen war. In
beiden Bereichen war die Arbeit besonders monoton und oft genug auch
ungesund. Fragen des Umweltschutzes stellten sich bei der meist sorglos
betriebenen Textil- und Lederverarbeitung früher als anderswo.

Rendsburg war das Zentrum der Eisengießerei in Schleswig-Holstein. Die
Carlshütte belieferte das In- und Ausland mit gußeisernen Produkten aller
Art. Die Fertigung reichte von der Reproduktion von Renaissance-Dolchen
über patriotische »Up ewig ungedeelt«-Plaketten und Öfen bis zu Brücken-
konstruktionen. Die Vielseitigkeit dieser Fabrik wurde schon von den
Zeitgenossen bewundert.

In Lübeck, der traditionell auf Handel eingestellten Hansestadt, entstanden
verhältnismäßig früh Gießereien und Konservenfabriken; der Maschinenbau entwickelte sich zu einer Stütze der industriellen Fertigung. Die
Werftindustrie konzentrierte sich bereits sehr früh auf Spezialaufträge wie
Baggerschiffe und -geräte. Das zu Beginn des 20. Jahrhunderts entstandene Hochofenwerk gewann – mit seinen Neben- und Zulieferbetrieben
aus der Region – für die industrielle Entwicklung Lübecks eine ähnlich
zentrale Bedeutung wie die Ziegeleien und die chemischen Fabriken.

Die Industrialisierung setzte in Schleswig-Holstein spät ein, bestimmte
aber bald – besonders nach 1871 – die wirtschaftliche Entwicklung nicht
zuletzt deshalb, weil der Bedarf an industriell gefertigten Gütern im Lande
selber wuchs. Die Gutsherren und Bauern waren eher bereit, angesammel-
tes Kapital für die Mechanisierung der Landwirtschaft auszugeben, als sich
finanziell am Aufbau der Industrie zu beteiligen. Die Entstehung von
industriellen Ballungszentren förderte die Nahrungsmittelindustrie und
die Bauwirtschaft. Die maritime Aufrüstung schließlich brachte vielfältige
wirtschaftliche Impulse mit sich, die weit in das Umland ausstrahlten,
zugleich aber den Charakter der Region grundlegend veränderten. Urs
J. Diederichs ist zuzustimmen, wenn er in seiner Untersuchung über
»Schleswig-Holsteins Weg ins Industriezeitalter« (1986) feststellt: Das
Land »hat den allgemeinen Schritt ins Industriezeitalter mitgemacht. Dieser Schritt setzte allerdings erst verspätet ein und erhielt entscheidende
Impulse erst von außerhalb. Stärker als in klassischen Industriegebieten
prägten eher mittelständische Unternehmen das Gesicht der Wirtschaft;
die Bedeutung von Transport, Verkehr und Dienstleistungen sowie der
Landwirtschaft lag über dem Reichsdurchschnitt. Zukunftsindustrien (um
1900 etwa die Chemie- und die Elektrobranche) waren nur schwach vertreten und konnten auch in der Weimarer Zeit keine große Bedeutung
gewinnen.«

Trotz der rückläufigen Zahlen in der Statistik für die in der Landwirtschaft beschäftigten Bewohner blieb Schleswig-Holstein doch ein Agrarland, wenn auch ein industrialisiertes. Die statistischen Daten sagen wenig aus über das tatsächliche Ausmaß der Veränderung in der Landwirtschaft durch Konzentration auf »industrielle« Produktion. Die Bevölkerung in den Ballungsgebieten konnte nur ernährt werden, weil die Produktivität in der Landwirtschaft gesteigert wurde, und dies geschah durch den Einsatz von Maschinen, von Fabrikerzeugnissen also. Besondere Bedeutung hatten dabei die Mäh- und Dreschmaschinen, die »Leitfossilien der Mechanisierung und der Freisetzung von Facharbeitern auf dem Lande« (Nis R. Nissen). Die künstliche Düngung, die seit der Mitte des 19. Jahrhunderts angewendet wurde, führte zu Ertragssteigerungen und erlaubte Ackerbau auch auf weniger geeigneten Böden. Die Landwirtschaft wurde zu einem Zweig der Industrie.

13

Die Eisenwerke in den kleinen Städten versorgten die Bauern mit Maschinen aller Art; selbst die Bandreißerei, das heißt die Spaltung von Weidenreisern für die Korbherstellung und die Anfertigung von Faßreifen, wurde mechanisiert. Es gab kaum einen Neubau auf dem Lande ohne gußeiserne Fensterrahmen oder ohne gußeiserne Elemente in den Zäunen. Eine dampfgetriebene Dreschmaschine (ein »Döschdamper«), für die neben wenigen Fachkräften noch etwa 20 ungelernte Arbeiter gebraucht wurden, setzte zugleich etwa 40 Landarbeiter frei; denn das Mähen mit Sensen dauerte Wochen und das Ausdreschen mit Dreschflegeln meist den ganzen Winter über. Die Maschinen erledigten diese Arbeiten in wenigen Tagen. Die Gründung von Molkereien entzog den Höfen die traditionelle Milchwirtschaft; auch hier verloren mehr Menschen ihren Arbeitsplatz, als in den Fabriken Arbeitskräfte gebraucht wurden.

Zu den Rationalisierungsmaßnahmen in der Landwirtschaft gehörten auch die Spezialisierung auf den Anbau bestimmter Produkte und die Konzentration auf Teilbereiche wie die Viehzucht und Weidewirtschaft; in diesem Zusammenhang verdienen auch die Baumschulen und die Rosenzuchtbetriebe Erwähnung.

Bei gleichzeitig anhaltendem Bevölkerungswachstum ergaben sich Ansätze zur Bildung eines Landarbeiterproletariats, das nur deshalb nicht zu einem sozialpolitisch drängenden Problem wurde, weil mehr als eine viertel Million Schleswig-Holsteiner im 19. Jahrhundert nach Übersee auswanderten. (Die Einwohnerzahlen für Schleswig-Holstein betrugen 1887: ca. 1 Million; 1900: ca. 1,3 Millionen; 1905: ca. 1,5 Millionen.) Zumeist waren es jüngere Leute, die infolge bevorstehender Not soziales Absinken befürchteten und die sich in der Hoffnung aufmachten, in der Fremde bessere Zukunftsaussichten zu haben. Die Auswanderungswelle begann um das Jahr 1867 und ebbte zum Ende des Jahrhunderts hin ab. Für viele bildete sicherlich neben den wirtschaftlichen Gesichtspunkten die Annektion Schleswig-Holsteins mit der gefürchteten Allgemeinen Wehrpflicht ein zusätzliches Motiv für den Entschluß auszuwandern. Nur für die Nordschleswiger waren die Motive, das Land zu verlassen, wahrscheinlich primär politischer Natur. Zwischen 1867 und 1900 sind aus den vier nördlichen Landkreisen der Provinz nahezu 55 000 Menschen abgewandert; damit übertraf die Emigration aus diesem Gebiet deutlich jene aus allen anderen Teilen Schleswig-Holsteins. Jede Verschärfung in der preußischen

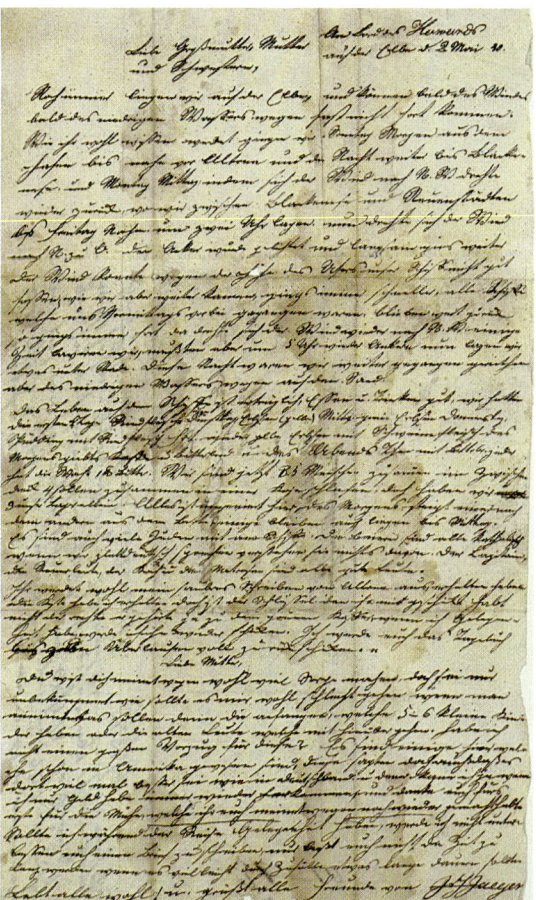

14

15

Kulturpolitik löste eine neue Emigrationswelle bei der dänischen Volksgruppe aus. Daß hier gegen die preußische Politik eine Abstimmung mit den Füßen stattfand, kann kaum übersehen werden, auch dann nicht, wenn man die wirtschaftliche Strukturschwäche dieser Region berücksichtigt, an der die Industrialisierung vorbeigegangen war.

Der Grund für die Protesthaltung der dänischen Volksgruppe in Nordschleswig ist darin zu sehen, daß der Artikel V des Prager Friedens vom 23. August 1866 nicht erfüllt worden war; er sah vor, daß die nördlichen Distrikte Schleswigs an Dänemark gegeben werden sollten, wenn sich die Bevölkerung in freier Abstimmung dafür entschiede. Es wurden zwar Verhandlungen aufgenommen, doch waren die jeweiligen Forderungen so kontrovers, daß es nicht zu einer Abstimmung kam. 1868 hatte Bismarck die Verhandlungen abbrechen lassen; Preußen wollte auf keinen Fall zustimmen, daß Flensburg, wie von Dänemark gewünscht, abgetreten würde. Bei allen Wahlen bis 1914 zeigte sich, daß die beiden nördlichsten Wahlkreise in der Überzahl für dänische Kandidaten stimmten; in Flensburg war der dänische Anteil allerdings rückläufig.

Der Wiener Friede (1864) hatte den Bewohnern die Möglichkeit eingeräumt, sich innerhalb von sechs Jahren für Dänemark als Vaterland zu entscheiden, ohne ihren Grundbesitz in Nordschleswig zu verlieren. Eine große Zahl optierte für Dänemark, das heißt, die Bewohner wanderten zunächst nach Dänemark aus, erwarben dort die dänische Staatsangehörigkeit und kehrten als »Ausländer« in ihre Heimat zurück. Damit entgingen sie auch der Wehrpflicht. Die Zahl der »Optanten« war bei Ausbruch des Krieges 1870 naturgemäß besonders groß. Doch auch jene, die sich dem Wehrdienst entzogen hatten, wurden von den preußischen Behörden nachsichtig behandelt. Die Dänen hatten gehofft, daß der Deutsch-Französische Krieg ihnen von Vorteil sein würde, um Schleswig zurückzugewinnen. Nachdem sich diese Hoffnung zerschlagen hatte, begann Preußen auch noch mit einer Politik, die darauf zielte, durch Erziehungsmaßnahmen die Bevölkerung mittelfristig »einzudeutschen«. Sprachedikte – ein Mittel, das die Dänen Jahrzehnte zuvor erfolglos angewendet hatten – sollten der deutschen Sprache einen größeren Raum in den Schulen verschaffen; zugleich wurde sie als Amts- und Gerichtssprache verbindlich.

Da der Prager Frieden nur zwischen Preußen und Österreich geschlossen worden war, entfiel der Rechtsanspruch der Dänen auf Einhaltung, als sich die beiden Vertragspartner 1878 darauf verständigten, den Artikel V aufzuheben. Daß für Preußen allerdings eine »moralische Verpflichtung« bestand, die Nordschleswigfrage zugunsten der Bewohner zu regeln, war kaum zu leugnen. Darauf stützte sich die ungebrochen aktive Agitation der Dänen innerhalb und außerhalb Nordschleswigs. Sprachvereine, Volksbibliotheken und Pressearbeit waren die wichtigsten Instrumente der dänischen Kulturpolitik. Preußen antwortete mit einem neuen Spracherlaß: Vom 1. April 1889 an sollte, mit Ausnahme von sechs Stunden Religion, der gesamte Unterricht in deutscher Sprache erfolgen. Bei den Betroffenen wuchs die Verbitterung, doch sie wußten sich auch zu wehren, indem sie zum Beispiel Schulvereine gründeten, die es den Schulentlassenen ermöglichten, an Volkshochschulen die dänische Sprache und Kultur zu studieren. Eine weitere Verschärfung trat ein, als 1897 Ernst Matthias von Köller, der zuvor als Staatssekretär für Elsaß-Lothringen »einschlägige«

Der hier abgebildete Auswanderer-Brief aus dem Jahr 1840 (14) hat eine einzigartige Geschichte: Die Schwester eines jungen Auswanderers aus Meldorf schickte ihrem Bruder diesen Brief, versehen mit einer Bleistiftzeichnung des Heimatortes, als Abschiedsgruß nach Hamburg, wo dieser auf die Einschiffung wartete. Der Brief begleitete den jungen Mann über den Atlantik und in den Vereinigten Staaten, wo er sich eine neue Existenz aufbaute. Nach Jahren kehrte der Amerikaner aus Meldorf besuchsweise in seine Heimatstadt zurück und mit ihm auch der Brief, der als wertvoller Schatz in der Familie gehegt wurde. Bei dem Auswanderer handelt es sich um den 20jährigen Landmann Johann Jakob Jäger, dessen Großvater Rektor der Meldorfer Gelehrtenschule und dessen Vater Kirchspielvogt in Barlt war. Als der junge Mann das Segelschiff »Howard« in New York verließ, führte er an Gepäck mit sich – so die Eintragung der Einwanderungsbehörde – »one trunk, one chest & bed« (= ein großer Koffer, eine Kiste und Bett).

Auch Jakob Jäger nützte die Wartezeit, um an Großmutter, Mutter und Schwester zu schreiben. Er berichtet über die Menschen und das Leben an Bord. Im Zusatz für seine Mutter weist er darauf hin, daß er als junger Mann es doch viel besser habe als andere Auswanderer, die mit fünf oder sechs Kindern die Heimat verlassen. Seinetwegen brauche sich niemand Sorgen zu machen.

Einschiffung von Auswanderern in Glückstadt, Holzstich von 1886 (15).

An den Küsten Schleswig-Holsteins
begann das Badeleben 1802, und zwar in
Travemünde, das jahrzehntelang der
bevorzugte Badeort in der Lübecker
Bucht blieb. An der Nordsee machte
Wyk auf Föhr 1819 den Anfang (16),
wurde aber seit der Jahrhundertmitte von
der Nachbarinsel überflügelt. Sylt wurde
rasch zur touristischen »Königin der
Nordsee«. Zugleich wurde die
Dünenlandschaft auch als künstlerisches
Sujet entdeckt (17).
Sehr früh wurde auch Helgoland zu
einem beliebten Ausflugsziel. Das
Dampfschiff »De Beurs van Amsterdam«
vor Helgoland, 1829; Lithographie von
Cornelius und Peter Suhr (18).

16

17

18

Erfahrungen gemacht hatte, zum Oberpräsidenten in Schleswig ernannt wurde. Er wollte Ruhe schaffen, indem er Dienstboten in Massen auswies und dies auch den »Optanten« androhte. Die »Köller-Politik« wurde zu einem festen Terminus, mit dem man nicht nur in Dänemark eine Politik unwürdiger Schikanen verband. 1901 mußte Köller abgelöst werden. Die sogenannte Optantenkonvention von 1907 wurde zur Grundlage für bessere Beziehungen zwischen Dänemark und Preußen. Die dänische Kulturarbeit trug auch politisch Früchte, denn der Stimmenanteil für dänische Kandidaten stieg bis 1914 bei allen Wahlen an.

Die Ereignisse der Jahre nach 1848 verschafften dem Land Schleswig-Holstein überall in Deutschland Interesse. Das hatte auch positive Auswirkungen auf die Anfänge und den Ausbau des Tourismus, vor allem in den Seebädern. Eisenbahnen und Dampfschiffe erleichterten die Anreise, und die Küstenbewohner begriffen schnell, daß der Fremdenverkehr ein lohnender Wirtschaftszweig ist. Schon im Jahr 1797 entstand auf Norderney das erste Seebad. An der schleswig-holsteinischen Nordseeküste begann 1819 das Badeleben in Wyk auf Föhr, gefolgt von Büsum (1837); Sylt wurde erst 1855 als Ferienziel entdeckt, entwickelte sich aber rasch zur touristischen »Königin der Nordsee«. An der Ostsee machte 1802 Travemünde den Anfang und blieb lange der attraktivste Badeort, hinter dem Haffkrug (1812) und Grömitz (1813) zurückstehen mußten. Helgoland, das durch den deutsch-englischen Vertrag vom 1. Juli 1890 (im Austausch gegen Sansibar) deutsch geworden war, erfreute sich besonderer Beliebtheit als Zwischenstation auf dem Weg nach Föhr oder Sylt.

Wirtschaftlich von größerer Bedeutung als der Seebäderverkehr war die Handelsschiffahrt, die im Zuge der wirtschaftlichen Expansion des Deutschen Reiches zentrale Bedeutung gewann. Parallel dazu entwickelte sich das Reich auch in militärischer Hinsicht zur Seemacht. Preußen hatte schon früh nach geeigneten Kriegshäfen an der Nord- und Ostsee Ausschau gehalten und auch eine moderne Kanalverbindung geplant. Bismarck hatte die Pläne von 1864 nach 1866 wieder aufgegriffen; aber er mußte feststellen, daß gegen den Nord-Ostsee-Kanal ausgerechnet militärische Gründe vorgebracht wurden. Helmuth von Moltke, der großen Einfluß auf den Kronprinzen hatte, argumentierte, daß der Kanal nur im Sommer zu benutzen und von zweifelhaftem militärischem Wert sei. Die Kosten, die der Bau verschlingen würde, sollten besser für den Bau einer Flotte verwendet werden; zudem bedürfte der Kanal des militärischen Schutzes durch Heerestruppen, und zwar 60 000 Mann. Diese Einwände überzeugten den Kaiser, so daß der Plan liegenblieb. Bismarck hatte ursprünglich handelspolitische Erwägungen für den Bau des Kanals betont. Erst als er ebenfalls militärische Gründe nannte, gewann er die Zustimmung des Monarchen.

Bismarck legt seine strategische Argumentation in seinem Erinnerungswerk dar. Die Jütische Halbinsel, so führt er aus, zwinge zur Verteilung der deutschen Flotte auf zwei Meere. Das könnte durch den Kanalbau überwunden werden. »Wenn unsre gesammte Flotte aus dem Kieler Hafen, der Elbemündung und eventuell, bei Verlängerung des Canals, der Jahde ausfallen kann, ohne daß ein blockierender Feind es vorher weiß, so ist der letztere genöthigt, in jedem der beiden Meere ein unsrer ganzen Flotte äquivalentes Geschwader zu unterhalten. Aus diesen und andern Gründen

19

Für die imperiale Politik des Deutschen Reiches war der Auf- und Ausbau einer Flotte von großer Bedeutung. In diesem Zusammenhang erhielt auch der Nord-Ostsee-Kanal, für den sich Bismarck jahrelang eingesetzt hatte, einen hohen Stellenwert. Hier der Leuchtturm mit der darunterliegenden Halle zur Erinnerung an die Einweihung des Kaiser-Wilhelm-Kanals 1895, in Kiel-Holtenau (19).

20

21

Die Schleuse von Brunsbüttel gehörte wegen des in der Elbmündung wirksamen Tidenhubs zu den technisch besonders anspruchsvollen Kanalbauten. Die beiden Holzstiche aus dem Eröffnungsjahr 1895 verdeutlichen zudem die unterschiedlichen Leistungsanforderungen an den Kanal und seine Schleusenkammern (21, 22). Der Dienst bei der Marine dauerte ein Jahr länger als beim Heer. Dennoch war die Kaiserliche Marine nicht zuletzt dank der Flottenpolitik des Admirals Tirpitz im ganzen Reich beliebt. Zur zünftigen Ausstattung eines in die Reserve entlassenen Matrosen gehörte die einschlägig dekorierte »Feldflasche« (20).

war ich der Meinung, daß die Herstellung des Canals unsrer Küstenvertheidigung nützlicher sein würde als die Verwendung der Canalkosten auf Festungsbau und Mehranschaffung von Schiffen, für deren Bemannung wir nicht über unbegrenzte Kräfte verfügen. Mein Wunsch war, den Canal von der Niederelbe in westlicher Richtung so weit fortzusetzen, daß die Wesermündung, die Jahde und eventuell auch die Emsmündung zu Ausfallpforten, welche der blockierende Feind zu beobachten hätte, hergerichtet würden.« 1885 gelang es Bismarck, den Widerstand des Militärs zu überwinden. »Vielleicht hatte der Graf Moltke sich inzwischen überzeugt, daß der Gedanke eines deutsch-dänischen Bündnisses, mit dem er sich früher getragen hatte, unausführbar sei.«

Die Elbmolen an der Mündung des Kanals bei Brunsbüttel.

22

Daß Deutschlands Zukunft auf den Meeren liege, sollte auch in der Marine-Schule in Flensburg-Mürwick gelehrt werden. Allerdings bestand die Aufgabe der Flotte – so die Inschrift in dem vom Kaiser 1910 gestifteten Glasfenster (23) – auch darin, »den Frieden zu wahren«. Während des Ersten Weltkriegs kam Schleswig-Holstein die Aufgabe zu, in

23

seinen Hafenstädten Schiffe zu bauen und auf dem Lande die Voraussetzung dafür zu schaffen, daß Heer und Flotte, aber auch die Zivilbevölkerung ernährt werden konnten. Auf dem historischen Foto Kaiser Wilhelms II. im Jahr 1918 im Gespräch mit Werftarbeitern anläßlich eines Besuchs in Kiel (24).
Der Aufruf an die schleswig-holsteinischen Schweinehalter erschien bereits 1917 als Anschlag (25).

24

Die Bauarbeiten wurden 1887 aufgenommen; es war ein gigantisches Projekt, innerhalb von acht Jahren den Kanal einschließlich der sieben Hochbrücken fertigzustellen. Am 20. Juni 1895 wurde der Kaiser-Wilhelm-Kanal unter internationaler Beteiligung feierlich eröffnet. Nach Erweiterungsbauten im Jahr 1909 entwickelte sich der »Kiel-Kanal« zu einem der meistbefahrenen Großschiffahrtswege der Welt.
Obgleich Kiel am Ostseeausgang des Kanals liegt, ergaben sich daraus kaum Vorteile für eine Intensivierung des Handels; nur die Großindustrie (zumal Werften) siedelte sich an und machte aus Kiel »trotz schönster Lage eine der häßlichsten Städte« (Christian Degn). Mehr noch als die Industrie bestimmte den Charakter der Stadt die Tatsache, daß sie 1865 preußische Marinestation und 1871 Reichskriegshafen wurde. Die einstige Residenz- und Universitätsstadt trat dahinter zurück, so, wie der Kieler Umschlag, der seit dem Mittelalter bedeutendste Markt des Landes, als gesellschaftliches Ereignis der Stadt von der seit 1882 stattfindenden Kieler Woche verdrängt wurde.
Zur Marinestadt – wenn auch nicht ausschließlich wie Kiel – wurde auch Flensburg. Die 1910 eingeweihte Marineschule in Mürwik sollte schon architektonisch die imperiale Größe des Wilhelminischen Reiches zum Ausdruck bringen. Der imposante Bau ist der preußischen Marienburg nachempfunden und repräsentiert wie kaum ein anderer den Geist der Epoche unmittelbar vor Ausbruch des Ersten Weltkriegs.
Die Provinz Schleswig-Holstein hatte keinen besonderen Anteil an diesem Krieg; sie mußte sich als Agrarproduzent bewähren. Erst 1918, nach Ausbruch der Matrosenrevolte, wurde sie durch den Kriegshafen Kiel wieder in den Blickpunkt gerückt. Für die Austragung nationaler Leidenschaften in Nordschleswig bedeutete der Krieg eine vierjährige Zwangspause. Nach deren Ende wurden sie allerdings um so heftiger und mit einschneidenden Folgen wiederaufgenommen.

Aufruf.

Unser Hindenburg
hat einen ernsten
Mahnruf
an das deutsche Volk gerichtet.

Die Gesundheit und Kraft der
Arbeiter unserer Kriegsschwerindustrie,
der Männer, die in harter Arbeit unseres kämpfenden Heeres die Waffen schmieden, sie ist
gefährdet,
weil sie sich nicht ausreichend ernähren können.
Damit ist die
Herstellung unserer Kriegsrüstung,
der Munition, von der letzten Ende der
siegreiche Ausgang des Krieges
abhängt, in Frage gestellt.
Hindenburg will keine Zwangsmassnahmen.
Er wendet sich daher mit Vertrauen an den
Opfersinn
unserer Landbevölkerung, indem er uns zuruft:
„helft den Arbeitern der Kriegsschwerindustrie!"
Das Vertrauen unseres Hindenburg darf und wird nicht getäuscht werden.
Jeder Einzelne
ob hoch oder gering, muß und wird freudig das Seine tun, um die Ernährung unserer Kriegsarbeiter, vor allem ihre
ausreichende Versorgung mit Fett sicherzustellen.
Schweinehalter!
gebt ein Viertel des Schmalzertrages
freiwillig gegen Entgelt zum Besten der Kriegsschwerarbeiter ab!
Mehrleistungen willkommen!
Niemand entziehe sich seiner vaterländischen Pflicht! Nur einmütiges Handeln verbürgt Erfolg!
Hindenburg-Sammelstellen
sind sämtliche Molkereien der Provinz.
Der Vorstand
der Landwirtschaftskammer für die Provinz Schleswig-Holstein.
Druck von Schmidt & Klaunig, Kiel.

25

Vom Kieler Matrosenaufstand 1918
bis zur Kapitulation des Großadmirals Dönitz
in Flensburg-Mürwick 1945

Die in der Überschrift exponierten Eckdaten könnten den Eindruck erwecken, als habe Schleswig-Holstein die deutsche Geschichte von 1918 bis 1945 in besonderer Weise bestimmt. Daß die Revolution durch die Revolte der in Kiel stationierten Flotte ausgelöst wurde, darf aber eher als Zufall denn als »schleswig-holsteinische Leistung« angesehen werden. Von Kiel aus breitete sich die Revolution rasch in ganz Deutschland aus und trug wesentlich dazu bei, daß die bisherigen weitgesteckten Kriegsziele aufgegeben und der Krieg rasch beendet wurden. Kurzfristig stand Kiel im Mittelpunkt des Interesses, als der Reichstagsabgeordnete und Volksbeauftragte Gustav Noske eine wichtige Funktion bei dem Versuch unternahm, den Kieler Aufstand unter Kontrolle zu bringen.

Längerfristig aber wurde die schleswig-holsteinische Geschichte stärker von den Ereignissen im Norden bestimmt. Mit Ausbruch des Ersten Weltkriegs waren auch alle wehrfähigen jungen Männer in Nordschleswig in die Pflicht genommen worden. Etwa 30 000 Nordschleswiger kämpften auf den Schlachtfeldern dieses Krieges, 5000 von ihnen fanden den Tod. Die Kriegsereignisse hatten zwar die bis dahin übliche laute Agitation beendet, nicht jedoch die Hoffnung auf eine Rückkehr in den Staatsverband des als Vaterland empfundenen Königreichs Dänemark. Deshalb brachten die dänisch gesinnten Bewohner Nordschleswigs 1918 bei Kriegsende den alten Artikel V des Prager Friedens von 1866 in Verbindung mit dem Wilsonschen Prinzip des Selbstbestimmungsrechts der Völker und hatten am Ende Erfolg damit. Bereits im Oktober 1918 anerkannte die deutsche Regierung grundsätzlich das Selbstbestimmungsrecht für Nordschleswig. Dänemark hatte sich – gewarnt von der britischen Regierung, auf diesen Vorschlag einseitig einzugehen – an die Siegermächte gewandt, um eine Entscheidung in der Nordschleswigfrage zum Gegenstand der Friedensverhandlungen zu machen.

Tatsächlich setzte der Versailler Friedensvertrag vom 28. Juni 1919 in den Artikeln 109 bis 114 die Volksabstimmung in Schleswig fest, wobei sich der Modus an den vom dänischen »Wählerverein für Nordschleswig« verabschiedeten Apenrader Beschlüssen orientierte. In einer ersten Zone – von der Nordgrenze des Deutschen Reiches bis zu einer Linie, die an der Westküste südlich von Tondern-Hoyer begann und bis an die Ostküste nördlich von Flensburg führte – sollte en bloc abgestimmt werden, das heißt, das Wahlergebnis sollte sich nach der Mehrheit der in diesem Gebiet abgegebenen Stimmen richten. In einer zweiten Zone, die aus der Stadt Flensburg und Teilen der Landkreise Flensburg, Tondern und Husum bestand, sollte das Abstimmungsergebnis hingegen gemeindeweise festgelegt werden. »Eiderdänische« Nationalisten hatten noch eine dritte Zone gefordert, die von Kappeln über Schleswig bis nach Tönning reichen sollte;

Notgeld und Abstimmungspropaganda kennzeichnen 1920 die wirtschaftliche und politische Stimmung im deutsch-dänischen Grenzgebiet. Besonders hart umkämpft war die Stadt Flensburg (1), in der am Ende aber doch die deutschen Stimmen überwogen.

2

Der Aufstand der Kieler Matrosen im November 1918 griff rasch auf die Stadt Kiel über. Besonders die Werftarbeiter schlossen sich den Matrosen an. Arbeiter- und Soldatenräte wurden gebildet, doch gelang es weder den Vertretern der alten noch denen der neuen Ordnung, mit ihren Aufrufen (2) Gewalttätigkeiten zu vermeiden. Sehr bald setzten sich unter den Soldaten jene Kräfte durch, die mit dem revolutionären Elan ihrer radikalen Kameraden nicht einverstanden waren. Demonstration des Verbandes aktiver Unteroffiziere der Reichsmarine am 22. Dezember 1918 in Kiel gegen den Beschluß des Reichskongresses der Arbeiter- und Soldatenräte, daß alle Orden, Ehren- und Rangabzeichen abzulegen seien (3).

3

doch der dänische Ministerpräsident verzichtete auf eine Abstimmung in dieser Zone.

Nach Inkrafttreten des Friedensvertrages am 10. Januar 1920 wurde das Abstimmungsgebiet von deutschen Truppen und Dienststellen geräumt, französisches und britisches Militär rückte ein; die Verwaltung übernahm eine Internationale Kommission. In der ersten Zone fand die Abstimmung bei sehr hoher Wahlbeteiligung am 10. Februar 1920 statt. Für Dänemark wurden 75 431 und für Deutschland 25 329 Stimmen abgegeben. Deutsche Mehrheiten gab es in den Städten (in Tondern 76 Prozent, Sonderburg 55 Prozent und in Apenrade 54 Prozent). Die Abstimmung in der zweiten Zone, bei der die Stadt Flensburg besonders heiß umkämpft war, fand am 14. März statt und brachte 51 724 Stimmen für Deutschland und 12 800 für Dänemark. Von beiden Seiten wurde – allerdings vergeblich – versucht, Korrekturen in der Grenzziehung vorzunehmen. Am 20. Mai 1920 wurde die Grenze endgültig festgesetzt. Nach Auflösung der Internationalen Kommission fand die Übergabe der zweiten Zone an Deutschland und der ersten an Dänemark statt (15. Juni). Schleswig-Holstein verlor damit etwa 4000 Quadratkilometer, das heißt ein Fünftel seines Territoriums, und 163 000 Einwohner.

Der Übergang von der Monarchie zur Republik veränderte kaum die Stellung Schleswig-Holsteins in Preußen und im Deutschen Reich. Das Land blieb Provinz des Freistaates Preußen (so die Bezeichnung in der preußischen Verfassung von 1920). Bei den Wahlen zur Nationalversammlung am 19. Januar 1919 ergab sich eine Mehrheit für die Sozialdemokraten, für die als Spitzenkandidat der Gewerkschaftsführer Carl Legien auftrat; sie erreichten 45,7 Prozent der Stimmen, gefolgt von der liberalen Deutschen Demokratischen Partei mit einem Stimmenanteil von 27,2 Prozent. Deutlich abgeschlagen waren die konservativen Parteien. Dieses Ergebnis ist sicherlich als Bekenntnis zur neuen Republik zu werten; der starke Anteil der Sozialdemokraten muß vor dem Hintergrund des revolutionären Aufbruchs gesehen werden. In den Erfolgen der aus der Fort-

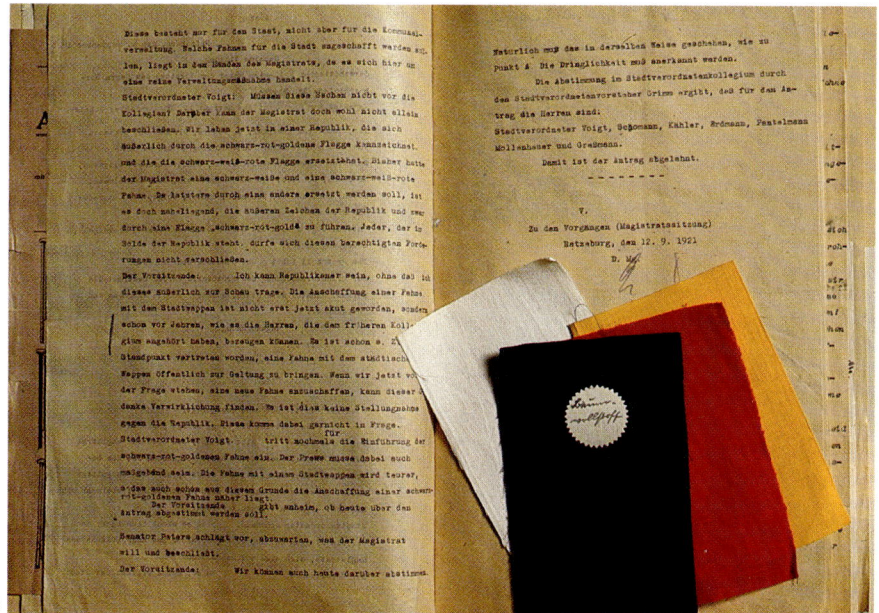

4

5

Überall taten sich die Menschen schwer, mit den neuen Verhältnissen fertig zu werden. So auch die städtischen Kollegien der Stadt Ratzeburg, die darüber diskutierten, ob eine schwarz-rot-goldene Flagge anzuschaffen sei. Entsprechende Anträge wurden mehrfach abgelehnt. Aus dem Sitzungsprotokoll, Herbst 1921, mit beigefügten Stoffproben (4). Ratzeburg machte in dieser Frage keine Ausnahme, auch andere Städte wollten an schwarz-weiß-roten Fahnen festhalten.
Der Versailler Vertrag verpflichtete das Deutsche Reich, schwere Waffen zu vernichten, davon waren sämtliche Flugzeuge, die den Krieg überdauert hatten, betroffen. Zerstörung von »Fluggerät« in Kiel (5).

schrittlichen Volkspartei hervorgegangenen Deutschen Demokratischen Partei (DDP) sieht Gerhard Stoltenberg in seiner Untersuchung über die politischen Strömungen im schleswig-holsteinischen Landvolk ein »antirevolutionäres Bekenntnis« vieler Bauern und Bürger.

Die Enttäuschung über die Abtretung Nordschleswigs wie auch über die Demütigung, die dem Deutschen Reich durch den Versailler Vertrag widerfahren war, dazu die wirtschaftliche Not der frühen zwanziger Jahre brachten einen radikalen Umschwung in der politischen Gesinnung der Bevölkerung. Bei den heimatbewußten Schleswig-Holsteinern entstand das Gefühl, durch die etablierten konservativen Parteien nicht adäquat repräsentiert zu sein; sie wollten eine bäuerlich bestimmte Landespartei. Auf der Suche nach der »richtigen« politischen Heimat spielten bereits früh Ansätze zu einem völkisch-rassischen Mystizismus eine Rolle. Auch die Minderheitensituation der Bauern in der modernen Industriegesellschaft wirkte sich gegen die überwiegend quantifizierenden Entscheidungsmechanismen der Demokratie aus; sie fühlten sich in ihrer Bedeutung hintangesetzt und artikulierten Elitevorstellungen oder zeigten Sympathie für ständische oder autoritäre Staatsordnungen. Leidenschaftliche »Vorkämpfer für die Heimat und ihr angestammtes Volkstum, für das platte Land und den in ihm verwurzelten Bauernstand«, Männer wie der antipreußisch und antirepublikanisch eingestellte Gutsherr Paul von Hedemann-Heespen waren gefragt. In der Konsolidierungsphase der Weimarer Republik war auch in Schleswig-Holstein vorübergehend ein Abklingen der scharfen Gegensätze zu spüren. Nach der Wahl Paul von Hindenburgs zum Reichspräsidenten (1925) und gewissen Erfolgen der Stresemannschen Außenpolitik ergab sich eine ansatzweise Aussöhnung zwischen der Provinz Schleswig-Holstein und der in Berlin repräsentierten Republik.

Die Ergebnisse bei Reichstagswahlen von 1924 bis 1933 im Wahlkreis 13, Schleswig-Holstein, zusammengefaßt in der folgenden Tabelle, vermitteln einen Eindruck von der politischen Stimmung in der Bevölkerung Schleswig-Holsteins:

6

Nicht nur in Flensburg verbanden sich wirtschaftliche Not und patriotische Gesinnung. Auch am Notgeld der Gemeinden Burg/Dithmarschen, Süderbrarup/Angeln, Glücksburg und Schleswig sind ähnliche Tendenzen zu entdecken (6).

	4.5.1924	7.12.1924	20.5.1928	14.9.1930	31.7.1932	6.11.1932	5.3.1933
SPD	24,9	30,3	35,3	28,8	26,2	24,7	22,2
DDP	8,1	8,7	5,7	4,7	1,4	1,2	0,8
Zentrum	1,0	1,1	1,1	1,0	1,2	1,0	1,0
DVP	12,1	14,6	13,7	7,2	1,4	2,1	1,3
DNVP	31,0	33,0	23,0	6,1	6,5	10,3	10,1
KPD	10,2	6,7	7,9	10,6	10,7	13,3	10,7
NSDAP	7,4	2,7	4,0	27,0	51,0	45,7	53,2

Preußen und das Deutsche Reich suchten durch finanzielle Zuwendungen die durch die Abstimmungsniederlage in Nordschleswig entstandene Situation auszugleichen. Der Hindenburg-Damm zwischen dem Festland und der Insel Sylt, seit 1923 gebaut und 1927 eingeweiht, und das Deutsche Haus in Flensburg (1927 bis 1930 gebaut, ein Geschenk des Reiches an die Stadt, als Dank für nationale Treue) sind Zeugnisse dieser Politik. Doch die Erregung der Bevölkerung war mit derartigen Gaben nicht zu beschwichtigen. Die Randlage des Landes, sein Mangel an Bodenschätzen und die Beschränkungen des Versailler Vertrags verhinderten in Schleswig-Holstein die wirtschaftliche Gesundung wie – während der Jahre 1924 bis 1929 – in anderen Teilen Deutschlands. Das erklärt auch die frühe Hinwendung der Wähler zu den Rechtsparteien, die im Dezember 1924 bereits 50,1 Prozent der Stimmen erzielten. Zwar hatte, wie bereits erwähnt, die Wahl Paul von Hindenburgs zum Reichspräsidenten im Ansatz zu einer Versöhnung der konservativen Bevölkerungskreise Schleswig-Holsteins mit der Republik geführt, doch änderte diese politische Entwicklung nichts an der wirtschaftlichen Lage der Bauern; die Neuverschuldung nahm zu, und nach der schlechten Ernte des Jahres 1927 konnte beim Landvolk von einer revolutionären Situation gesprochen werden.

Im Januar 1928 hatten sich der Bauernverein und der Kleinbauernbund zum »Schleswig-Holsteinischen Bauernverein« zusammengeschlossen, um gemeinsam Maßnahmen zu treffen, die wirtschaftlichen Probleme auf dem Lande zu lösen. Das genügte aber den Dithmarschern nicht; sie hatten schon seit längerem eine Protestaktion erörtert, die gewalttätige Selbsthilfemaßnahmen nicht ausschließen sollte. Am 28. Januar 1928 versammelten sich 140 000 Bauern protestierend auf den Marktplätzen der Kreisstädte. In mehr als 20 Veranstaltungen wurde die Solidarität der Bauern gefestigt. Die größte Versammlung dieser Art fand in Heide statt, wo 20 000 Menschen zusammengekommen waren, um Otto Johannsen zuzuhören, einem Büsumer Hofbesitzer, dessen Ausführungen geprägt waren von Argumenten der völkischen Verbände. Diese Aktion trieb die Radikalisierung der Bauern weiter voran. Besonders bemerkenswert war die Tatsache, daß hier, ohne zentrale Steuerung, spontan eine soziale Gruppe, das Landvolk, aufgebrochen war, die auf revolutionären Fahrplänen kaum noch vorgesehen war. Auf vielfältige Weise bekundete die Landvolkbewegung ihre tiefe Unzufriedenheit mit dem Parteiensystem der Weimarer Republik. Antiparlamentarische, auf Umgestaltung des bestehenden Staates gerichtete Forderungen hatten Konjunktur. Die alten Organisationen der Bauern traten immer mehr zurück und machten einer »Bewegung« Platz, deren Führung Wilhelm Hamkens aus Eiderstedt und Claus Heim aus Norderdithmarschen übernahmen. Der Aufruf zum Steuerboykott fand breite Zustimmung; gegen Zwangsversteigerungen und Pfändungen

![Gemälde: König Christian X. reitet auf einem Schimmel durch eine Menschenmenge mit dänischen Fahnen]

gingen die Bauern mit Gewalt vor. Innerhalb von wenigen Wochen entwickelte sich die Landvolkbewegung von einer Protest- über eine Aktions-
zu einer Obstruktionsbewegung, die 1929 ihren Höhepunkt erreichte. Der
Staat ging viel zu spät und dann noch halbherzig gegen die Gesetzesbrecher
vor. Sie wurden angeklagt; doch verhalfen die Prozesse der Landvolkbewegung zu noch mehr Publizität und Popularität.
Dazu trug auch die »Landvolk«-Zeitung bei, für die auch Bruno und Ernst
von Salomon völkische und nationalbolschewistische Haßartikel schrieben,
in denen sie für einen revolutionären Umsturz im Reich plädierten. Die
»Münchner NSDAP« war ihnen nicht radikal genug; sie war ihnen »zu
weich« und »zu wenig revolutionär«. Diesen verbalen Radikalismus aber
überboten Claus Heim und seine Anhänger, indem sie zu Bombenlegern
wurden. Sprengsätze detonierten im Landratsamt Itzehoe, am Finanzamt
Oldenburg und an anderen Orten; stets entstand erheblicher Sachschaden.
Aber diese Gewaltakte bewirkten auch, daß sich immer mehr Besonnene
von der Landvolkbewegung distanzierten, da deren politische Ziele und
Möglichkeiten kaum noch zu erkennen waren. Die Verhaftung der Schul-
digen und das Aufdecken der Hintergründe im Herbst und Winter 1929/30
bedeutete für die Bewegung zwar nicht das sofortige Ende, lenkte sie aber
stärker in ein politisches Fahrwasser. Doch auf diesem Felde war sie der
NSDAP nicht gewachsen.
Seit 1930 übernahm die Hitlerpartei die politische Willensbildung der
Bauern, zunächst an der Westküste, dann im ganzen Land. Die Landvolkbewegung wurde so zum Wegbereiter des Nationalsozialismus in Schles-

Was aus deutscher Sicht Abtretung war,
bedeutete für die Dänen »Genforening«,
Wiedervereinigung. König Christian X.
ritt auf einem Schimmel durch die
zurückgewonnenen Orte, eine an längst
überholte Huldigungen erinnernde
Zeremonie. In Kopenhagen wurde ein
Wettbewerb für das beste
»Genforenings«-Bild ausgeschrieben, in
dem Stefan Viggo Pedersen den zweiten
Preis gewann (7).
Das Denkmal vor dem Schloß in
Sonderburg erinnert ebenfalls an die
»Genforening« und bringt zum
Ausdruck: Wir sind dänisch, wir wollen
dänisch bleiben oder dänisch werden! (8).

9

10

Die Wahl Paul von Hindenburgs zum
Reichspräsidenten versöhnte viele Nicht-
oder Antidemokraten mit dem Staat der
Weimarer Republik, weil der
Feldmarschall des Ersten Weltkriegs als
Garant dafür erschien, daß die durch den
Vertrag von Versailles auferlegten
Beschränkungen beim Militär
kompensiert wurden. Anläßlich seines
Besuches in Kiel am 30. Mai 1927, der
eine Station auf dem Weg zur Eröffnung
des »Hindenburg-Damms« war, wurde
die durch das Militärische geprägte
politische Kultur der Weimarer Republik
besonders deutlich (es wird bewußt auf
den Begriff »Militarismus« verzichtet).
Zwei Kinder in Uniformen –
einschließlich Stahlhelm – des Ersten

wig-Holstein. Die Mitgliederzahl der NSDAP stieg im Verlauf des Jahres
1928 von 800 auf 6000 (im Januar 1931 waren es bereits 14 000 und zwei
Jahre später 53 000). Die überlegene Organisationsform der Partei erwies
sich vor allem seit 1929; der Durchbruch erfolgte nach der »Blutnacht von
Wöhrden«. Die Dithmarscher NSDAP hatte am 7. März zu einer Versammlung aufgerufen, in deren Verlauf es zu einem Zusammenstoß zwischen einer SA-Kolonne und einer kommunistischen Gegendemonstration
kam; zwei junge SA-Männer fanden den Tod, zahlreiche andere wurden
verletzt. Die Beerdigungsfeiern in St. Annen und Albersdorf, zu denen
Hitler mit SA-Prominenz angereist war, wurden zu politischen Kundgebungen großen Stils. Die Bevölkerung wandte sich der NSDAP zu; gerade
die politisch aktiven jüngeren Landwirte sahen in ihr eine umfassende
Erneuerungsbewegung, die auch ihre wirtschaftlichen Interessen effektiv
vertreten würde.
Als sich die Weltwirtschaftskrise auch auf Gewerbe und Handel auswirkte,
ohne daß es bei den Landwirten zu einer Besserung gekommen war, gab es
kaum noch politische Kräfte, die sich der braunen Flut hätten entgegen-
stemmen können. Die häufigen Wahlkämpfe des Jahres 1932 steigerten die
politischen Leidenschaften besonders bei den Kommunisten und Nationalsozialisten; blutige Zusammenstöße wie der »Altonaer Blutsonntag«
(17. Juli 1932), bei dem es 15 Todesopfer gab, begleiteten den Marsch ins
Dritte Reich. Bei der Reichstagswahl vom 31. Juli 1932 erhielt die NSDAP
in Schleswig-Holstein 51 Prozent der Stimmen und damit erstmals in
einem deutschen Wahlbezirk die absolute Mehrheit; im Reichsdurch-

schnitt lag der Stimmenanteil bei 37,8 Prozent. Nirgendwo geschah der Aufstieg der Nationalsozialisten so schnell, so nachhaltig und umfassend wie in Schleswig-Holstein. Die Gründe sind nach wie vor umstritten.

Bei so eindeutigen Wählervoten war es für die NSDAP nach 1933 besonders leicht, ihre Macht auszubauen. Die »Gleichschaltung« von Vertretungen, Körperschaften und Verbänden erfolgte parallel zu der Entwicklung im Reich mit den gleichen rechtswidrigen Übergriffen und Gewalttaten. Die Einrichtungen provinzieller Selbstverwaltung hatten dem totalitären Staat Platz zu machen. Das Gemeindeverfassungsgesetz von 1933 war nichts anderes als ein auf autoritärer Verwaltungsführung beruhendes Gemeinderecht, das die bestehenden Institutionen der Selbstverwaltung ablöste.

Der allgemeine wirtschaftliche Aufschwung, den der NS-Staat hervorbrachte, verfehlte naturgemäß nicht seine Wirkung auf die Bewohner Schleswig-Holsteins, die schon zuvor ihre Sympathie für den ideologischen Kurs der NS-Bewegung bekundet hatten. Die militärische Aufrüstung, von der die Marinestadt Kiel in besonderem Maße profitierte, führte in Schleswig-Holstein zu einer wesentlichen Steigerung des Pro-Kopf-Einkommens (1936 war es höher als im Reichsdurchschnitt). Diese Entwicklung ließ für viele die negativen Erscheinungen des neuen Regimes in den Hintergrund treten, so vor allem das Los der jüdischen Mitbürger im Lande, die am ärgsten betroffene Opfer des Nationalsozialismus. Mit Ausnahme der in Lübeck gab es für keine der einst blühenden jüdischen Gemeinden ein Weiterleben über das Jahr 1945 hinaus oder einen Neubeginn. Der Antisemitismus war auch in Schleswig-Holstein schon in den zwanziger Jahren propagiert worden; neu war die Brutalität, mit der die Nationalsozialisten den völkischen Antisemitismus realisierten.

In Schleswig-Holstein hat es keine großen Konzentrationslager gegeben; doch auch in den Außenlagern des KZ Neuengamme, etwa in Ladelund, wurde das Ziel »Vernichtung durch Arbeit« praktiziert. Das Schicksal, das aus mehreren Konzentrationslagern evakuierte Häftlinge am 3. Mai 1945 auf den Schiffen »Cap Arcona« und »Thielbek« in der Neustädter Bucht erlitten, ist auch ein Stück Geschichte Schleswig-Holsteins: Etwa 7000 zusammengepferchte Häftlinge fanden den Tod, als die beiden Schiffe nach einem britischen Fliegerangriff mit Bomben und Bordwaffen in Brand gerieten und innerhalb kurzer Zeit sanken.

Von großer Bedeutung für die Entwicklung Schleswig-Holsteins, auch über die NS-Zeit hinaus, war das sogenannte Groß-Hamburg-Gesetz, das am 1. April 1937 in Kraft trat. Die Städte Altona und Wandsbek und weitere 13 Gemeinden der Kreise Stormarn und Pinneberg wurden Hamburg angegliedert, damit wurde ein Wunsch Hamburgs erfüllt, über den seit langem verhandelt worden war. Die realen wirtschaftlichen Bindungen zwischen den Städten waren im Verlauf des 19. und 20. Jahrhunderts so eng geworden, daß der Verwaltungsanschluß nur konsequent war. Mit Altona verlor Schleswig-Holstein seine größte Stadt und damit auch ein wichtiges Stück seiner Wirtschaftskraft. Die Stadt Geesthacht sowie die Gemeinden Großhansdorf und Schmalenbek kamen hingegen zu Schleswig-Holstein (Preußen).

Das Groß-Hamburg-Gesetz hatte auch für Lübeck, den oldenburgischen »Landesteil Lübeck« und Ratzeburg Konsequenzen. Lübeck büßte seine

11

12

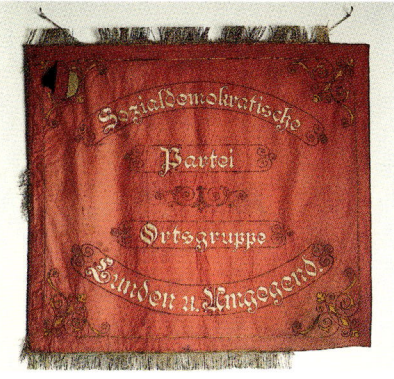

13

Weltkriegs begrüßen den Reichspräsidenten vor dem Haus des Landeshauptmanns Pahlke, in dem er übernachtet hatte (9), ein Foto, das von den bürgerlichen Zeitgenossen als besonders »niedlich« empfunden wurde. Auf einem weiteren ist Paul von Hindenburg im Gespräch mit Veteranen des Krieges von 1870/71 zu sehen (10). Die Landvolkbewegung brachte erstmals Massenkundgebungen zustande, die den Boden für den Nationalsozialismus bereiteten (11). Die Weimarer Republik war eine Zeit für Fahnen und Aufmärsche. Die Fahnen der Arbeiterbewegung hatten dabei einen immer schwerer werdenden Stand (12, 13).

14

Selbständigkeit ein und wurde als Stadtkreis in die Provinz Schleswig-Holstein eingegliedert; diese Maßnahme konnte auch nach 1945 nicht revidiert werden. Das Gebiet des ehemaligen Bistums Lübeck, das bei Entstehen des Gesamtstaates mit Oldenburg verbunden und 1823 mit dem Großherzogtum vereinigt worden war, aber weiterhin die Bezeichnung »Landesteil Lübeck« des Landes Oldenburg führte, wurde zum Landkreis Eutin und ging in Schleswig-Holstein auf. Schließlich ist die Ratzeburger Dominsel zu nennen, die von Mecklenburg-Strelitz an Preußen abgetreten wurde. Nur in der evangelischen Kirche blieben die alten Zugehörigkeiten bis zur Schaffung der Nordelbischen Kirche im Jahr 1977 bestehen.

Der Sieg des Nationalsozialismus hatte auch Auswirkungen auf das Leben der Deutschen in Nordschleswig, die sich eine Stärkung ihrer Position erhofften und sich deshalb an der südlich der dänischen Grenze betriebenen Politik ausrichteten, was naturgemäß zu Gegenreaktionen der Dänen führte. Der Ausbruch des Zweiten Weltkriegs, vor allem die Besetzung Dänemarks im April 1940, brachte die deutsche Bevölkerungsgruppe, an deren dänischer Staatsangehörigkeit sich nichts änderte, in Loyalitätskonflikte, die im Verlauf des Krieges zunahmen. Die dänische Regierung hat 1945 mit Zurückhaltung auf die totale Niederlage des Deutschen Reiches reagiert.

Schleswig-Holstein blieb zunächst von den Kampfhandlungen des Zweiten Weltkriegs weitgehend verschont. Nur Kiel als Kriegshafen und Zentrum der Rüstungsindustrie wurde seit 1941 Ziel des Bombenkriegs, durch den zwei Drittel des Stadtgebietes zerstört wurden. Desgleichen fielen Ende März 1942 weite Teile der Altstadt Lübecks einem Luftangriff zum Opfer. Erst in der Schlußphase des Krieges wurden auch Neumünster, Elmshorn, Wedel und Oldesloe durch Bombenangriffe in Mitleidenschaft gezogen. Das schwerste Erbe des NS-Staates bedeutete aber für Schleswig-Holstein seit Anfang 1945 die Aufnahme eines riesigen Stroms an Heimatvertriebenen und Flüchtlingen aus den deutschen Ostgebieten.

Als die britischen Verbände Ende April 1945 nach Schleswig-Holstein vorrückten, stießen sie kaum noch auf Widerstand. Mit der Kapitulation des Oberkommandos der Wehrmacht in Flensburg-Mürwick am 8. Mai 1945 fand der Krieg zwar ein Ende, doch die Zukunftsaussichten waren so dunkel und ungewiß wie nie zuvor in der Geschichte des Landes.

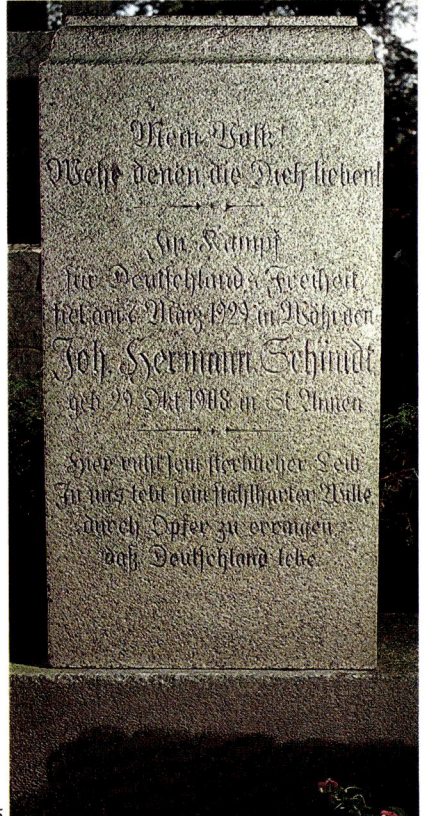

15

16

17

Adolf Hitler am Grab des SA-Mannes
Johann Hermann Schmidt, der am
7. März 1929 in der »Blutnacht von
Wöhrden« ums Leben gekommen war
(14); der Grabstein für den Toten spricht
eine eindeutige Sprache, auch heute
noch: Die Aufnahme entstand 1987 (15).
Nicht weniger eindeutig sind die
Inschriften der Gräber in der
Nachbarschaft auf dem Friedhof von
St. Annen (16, 17).
Der Weg in den Krieg brachte auch für
die Städte Schleswig-Holsteins Tod und
Vernichtung: Flakscheinwerfer während
eines nächtlichen Luftangriffs auf Kiel
(18), Ruinen und Trümmer in Kieler
Straßen (19, 20), Löscharbeiten nach
einem Bombenangriff in der Haßstraße
vor dem Gebäude der ehemaligen
Synagoge (21). Das Ende des Krieges in
zwei der letzten Ausgaben der
»Flensburger Nachrichten« (22, 23).

Flensburger Nachrichten

Bezugspreis: mtl. Stadt 2.15, Ausw. d. Bot. 2.35, Post 2.- (einschl. 0.18 Postgeb.) zuz. 0.36 Bestellg. Anzeigenpreis lt. Liste 5. Postscheck Hamb. 41 721. Geschäftsst. Flensb., Nikolaistr. 7. Ruf 2999 Verlagsl. Herb. Jensen (Wehrm.) Vertr. Heinr. Krebs. Hauptschriftl. Ernst Schröder (Url.) Stellv. Hauptschriftl. Gerh. Becker. Druck u. Verlag Flensb. Nachr. Grenzverlag GmbH. Flensb. RPK. I/675

Nr. 102 | 81. Jahrgang | Mittwoch, 2. Mai 1945 | II. Vierteljahr | 15 Rpf.

Der Führer gefallen

Der deutsche Rundfunk gab am Dienstag, 1. Mai 1945, gegen 22.30 Uhr folgende Meldung:

Aus dem Führerhauptquartier wird gemeldet, daß unser Führer Adolf Hitler heute nachmittag in seinem Befehlsstand in der Reichskanzlei, bis zum letzten Atemzug gegen den Bolschewismus kämpfend, für Deutschland gefallen ist. Am 30. April hat der Führer den Großadmiral Dönitz zu seinem Nachfolger ernannt.

G.B. Im Schicksalskampf um die Hauptstadt des Reiches hat sich ein schicksalsschweres Leben vollendet: Adolf Hitler hat an seinem Befehlsstand in der Reichskanzlei seinen letzten Kampf gekämpft und ihn dadurch gekrönt, daß er für Deutschland fiel, für jenes Deutschland, dem seit 30 Jahren militärischen und politischen Ringens bei Tag und Nacht sein Denken und Handeln galt.

Treue und Ergriffenheit hat die deutschen Herzen erfaßt. Noch vermag der Verstand nicht zu erfassen; daß der Mann nicht mehr unter den Lebenden weilt, in dessen starker Hand seit über zwölf Jahren die Geschicke von Volk und Reich lagen. Im schwersten Sturm des größten Krieges hat der Führer als ein Großer des Jahrhunderts, bis zuletzt gegen den bolschewistischen Gegner kämpfend, sein Dasein auf dieser kampfumtobten Erde vollendet. So wie in seinen letzten Tagen die Feinde gegen die Stätte seines Kampfes anrannten, so drängen sie auch gegen ganz Deutschland vor. Auch nach dem Tode des Führers werden die Waffen nicht ruhen; wie Großadmiral Dönitz, der vom Führer bestimmte Nachfolger als Staatsoberhaupt in seiner Ansprache an die deutsche Nation betonte, geht es jetzt darum, kämpfend deutsche Menschen vor der Vernichtung durch jenen Feind zu schützen, gegen den Adolf Hitler bis zu seinem letzten Atemzuge im Kampfe stand.

Es gilt das Leben unseres Volkes! Mehr noch als vorher steht dieses Gebot über dem Schlußabschnitt dieses Krieges. Für unser Volk haben wir alle, jeder an seinem Platz, unsere Pflicht zu erfüllen. Um uns versammelt sind in dieser Stunde die Toten dieses erbitterten Ringens und beschwören uns, alles zu tun, um zu sichern, wofür sie im Glauben an Deutschland starben: unseres Volkes Dasein und Zukunft.

Wir sind durch Leid und Not gegangen und werden es auch fernerhin müssen — niemals aber soll der Glaube an unser Volk in uns erlöschen. In der Stärke dieses Glaubens braucht unser Volk den abschließenden Spruch der Geschichte nicht zu fürchten. In diesen schweren Stunden tritt es vor den Allmächtigen mit der Bitte, das Leben, das er ihm gab, zu erhalten und zu segnen, damit ewig bleibt, was wir lieben mit der ganzen Kraft unserer Herzen: unser Deutschland!

Großadmiral Dönitz Nachfolger Adolf Hitlers

Für das Leben unseres Volkes

Fortsetzung des militärischen Kampfes zur Rettung deutscher Menschen vor der Vernichtung / Der Großadmiral an die Nation und die Wehrmacht

Der Führer bestimmte am Tag vor seinem Heldentod Großadmiral Dönitz zu seinem Nachfolger und damit zum deutschen Staatsoberhaupt und obersten Befehlshaber der deutschen Wehrmacht. Im Anschluß an die Bekanntgabe des Heldentodes des Führers über den Rundfunk sprach Großadmiral Dönitz zum deutschen Volk. Er führte aus:

„Deutsche Männer und Frauen, Soldaten der deutschen Wehrmacht! Unser Führer, Adolf Hitler, ist gefallen. In tiefster Trauer und Ehrfurcht verneigt sich das deutsche Volk. Frühzeitig hatte er die furchtbare Gefahr des Bolschewismus erkannt und diesem Ringen sein Dasein geweiht. Am Ende dieses seines Kampfes und seines unbeirrbaren, geraden Lebensweges steht sein Heldentod in der Hauptstadt des Deutschen Reiches. Sein Leben war ein einziger Dienst für Deutschland. Sein Einsatz im Kampf gegen die bolschewistische Sturmflut galt darüber hinaus Europa und der gesamten Kulturwelt.

Der Führer hat mich zu seinem Nachfolger bestimmt. Im Bewußtsein der Verantwortung übernehme ich die Führung des deutschen Volkes in dieser schicksalsschweren Stunde. Meine erste Aufgabe ist es, deutsche Menschen vor der Vernichtung durch den vordrängenden bolschewistischen Feind zu retten. Nur für diesen Zweck geht der militärische Kampf weiter. Soweit und solange die Erreichung dieses Zieles durch die Briten und Amerikaner behindert wird, werden wir uns auch gegen sie weiter verteidigen und weiterkämpfen müssen. Die Anglo-Amerikaner setzen dann den Krieg nicht mehr für ihre eigenen Völker, sondern allein für die Ausbreitung des Bolschewismus in Europa fort. Was das deutsche Volk in dem Ringen dieses Krieges kämpfend vollbrachte und in der Heimat ertragen hat, ist geschichtlich einmalig. In der kommenden Notzeit unseres Volkes werde ich bestrebt sein, unseren tapferen Frauen, Männern und Kindern, soweit dies in meiner Macht steht, erträgliche Lebensbedingungen zu schaffen. Zu alledem brauche ich eure Hilfe. Schenkt mir euer Vertrauen, denn euer Weg ist auch mein Weg. Haltet Ordnung und Disziplin in Stadt und Land aufrecht, tue jeder an seiner Stelle seine Pflicht! Nur so werden wir die Leiden, die die kommende Zeit jedem einzelnen von uns bringen wird, mildern und den Zusammenbruch verhindern. Wenn wir tun, was in unseren Kräften steht, wird auch der Herrgott nach so viel Leid und Opfern uns nicht verlassen."

Tagesbefehl an die deutsche Wehrmacht

Nach einer Ansprache an das deutsche Volk richtete Großadmiral Dönitz folgenden Tagesbefehl an die deutsche Wehrmacht:

„Deutsche Wehrmacht! Meine Kameraden! Der Füherer ist gefallen. Getreu seiner großen Idee, die Völker Europas vor dem Bolschewismus zu bewahren, hat er sein Leben eingesetzt und den Heldentod gefunden. Mit ihm ist einer der größten Helden deutscher Geschichte dahingegangen. In stolzer Ehrfurcht und Trauer senken wir vor ihm die Fahnen.

Der Führer hat mich zu seinem Nachfolger als Staatsoberhaupt und als obersten Befehlshaber der Wehrmacht bestimmt. Ich übernehme den Oberbefehl über alle Teile der deutschen Wehrmacht mit dem Willen, den Kampf gegen die Bolschewisten solange fortzusetzen, bis die kämpfende Truppe und bis die Hunderttausende von Familien des deutschen Ostraumes vor der Versklavung oder Vernichtung gerettet sind. Gegen Engländer und Amerikaner muß ich den Kampf soweit und solange fortsetzen, wie sie mich in der Durchführung des Kampfes gegen die Bolschewisten hindern. Die Lage erfordert von euch, die ihr schon so große geschichtliche Taten vollbracht habt, und die ihr jetzt das Ende des Krieges herbeisehnt, weiteren bedingungslosen Einsatz. Ich verlange Disziplin und Gehorsam. Nur durch vorbehaltlose Ausführung meiner Befehle werden Chaos und Untergang vermieden. Ein Feigling und Verräter ist, wer sich gerade jetzt seiner Pflicht entzieht und damit deutschen Frauen und Kindern Tod oder Versklavung bringt. Der dem Führer von euch geleistete Treueid gilt nunmehr für jeden einzelnen von euch ohne weiteres mir als dem vom Führer eingesetzten Nachfolger. Deutsche Soldaten, tut eure Pflicht. Es gilt das Leben unseres Volkes!"

Die Lage an den Fronten

Über die Entwicklung des Kampfes an den Fronten lagen gestern folgende Meldungen vor: Der pausenlose Ansturm der bolschewistischen Übermacht hat am Montag die Lage in Berlin noch weiter verschärft. Durch Aufbietung der letzten Kraft konnten die auf engem Raum zusammengedrängte Besatzung noch einmal die schweren Angriffe abwehren und den Zusammenhalt der Verteidigung wahren. Trotz aller Tapferkeit waren aber tiefe Einbrüche des Feindes nicht zu verhindern. Um die U-Bahn-Schächte und Bunker am Potsdamer Platz, am Bahnhof Friedrichstraße wurde den ganzen Tag über erbittert gekämpft. Feindliche Versuche, mit vorgezogenen Batterien und mit Flammenwerfern die vorher schwer bombardierten Flaktürme am Zoo zusammenzuschlagen, sind im Gange. Während die Verteidiger von Berlin in ihrem geeinten Widerstandswillen immer noch nicht gebrochen sind, gingen auch in der Mark Brandenburg und in Pommern die schweren Kämpfe weiter. Westlich Berlin wehrten unsere Verbände zwischen dem Rhin-Kanal und dem Plauer-Kanal sehr starke feindliche Angriffe ab und hielten dadurch die Verbindung nach Norden offen. Das Schwergewicht der bolschewsitischen Angriffe lag in der mecklenburgischen Seenkette, insbesondere westlich und nordwestlich Neustrelitz. Unter sehr schweren Verlusten konnten sich die Sowjets bei Rheinsberg, Malchin und längs der Straße Anklam-Greifswald nach Westen und Nordwesten vorschieben. Angreifende Jagd- und Schlachtflieger setzten 21 Sowjetpanzer außer Gefecht und schossen etwa hundert Schützenpanzerwagen und Lastfahrzeuge in Brand. Bei der Abwehr feindlicher Tiefflieger brachten Jäger und Flakverbände eine Reihe feindlicher Flugzeuge zum Absturz.

Nachdem der Gegner bei Tespe eine zweite Ponton-Brücke geschlagen hat, reicht der Brückenkopf an der Elbe bei Lauenburg mit einer Breite von etwa zwölf Kilometern von Kümmel bis zum Elbe-Trave-Kanal heran. Die Orte Hamwarde - Hohenhorn - Lütau - Brunsdorf - Schwarzenbeck begrenzen ihre Gegenstöße. Mit wenigen Panzern fühlt der Feind von Nordwesten auf Geesthacht vor. Ein weiteres Vordringen des Gegners am Elbe-Trave-Kanal wurde durch einen Gegenangriff verhindert. Südlich Hamburg dauerte leichtes Granatwerferfeuer und Artilleriestörungsfeuer an. Zwischen Weser und Elbe setzte der Feind am 29. April mit starken Infanteriekräften und 30 Panzern auf Tarmstedt vor. Von hier aus drängte er auf Bremervörde vor.

OKW: Kämpfe in München

Aus dem Führerhauptquartier, 1. Mai. Das Oberkommando der Wehrmacht gibt bekannt:

Im Stadtkern von Berlin verteidigt sich die tapfere Besatzung um unseren Führer geschart auf engstem Raum gegen die bolschewistische Übermacht. Unter schwerstem feindlichen Artilleriefeuer und rollenden Luftangriffen dauert das heroische Ringen an. Südlich der Reichshauptstadt haben die Verbände unserer 9. Armee den Anschluß an die Hauptkräfte gefunden und stehen mit diesen in der Linie Niemegk-Beelitz-Werder in harter Abwehr gegen die pausenlos anrennenden Sowjets. Auch zwischen Rathenow und Fehrbellin behaupten sich unsere Truppen gegen starke feindliche Angriffe. In Mecklenburg richtet sich der Hauptstoß der Bolschewisten gegen den Raum zwischen Müritz und Demmin. Heftige Kämpfe sind hier im Gange. Teilkräfte des Gegners drehten nach Nordosten ab und versuchten vergeblich, über die Peene-Enge östlich Anklam überzusetzen. Nördlich davon behauptete sich der Stützpunkt Wolgast gegen alle Angriffe. Von Osten her gegen die Dievenow-Enge geführte Durchbruchsversuche brachen verlustreich für die Bolschewisten zusammen.

In Nordwestdeutschland lag der Schwerpunkt der Kampfhandlungen gestern zwischen Weser und Elbe, wo es den Engländern im schweren Kampf gelang, unsere Truppen über die Eisenbahnlinie Bremervörde-Stade zurückzudrängen. Zu heftigen Kämpfen kam es wiederum in dem feindlichen Elbe-Brückenkopf westlich Lauenburg, den der Gegner nach wechselvollen Ringen nur wenig erweitern konnte. Südlich Boitzenburg gelang es dem Feind, unter starkem Feuerschutz mit schwächeren Kräften auf das Nordufer der Elbe überzusetzen.

Aus dem Bayerischen Wald stießen amerikanische Panzerverbände an Passau vorbei und erreichten die Donau östlich der Stadt. In Oberbayern dringt der Feind von Regensburg weiter nach Süden vor. Überlegene feindliche Kräfte sind von Nordwesten und Westen in München eingedrungen, wo im Stadtkern erbittert gekämpft wird. Aus dem Allgäu erreichte der Gegner Garmisch-Partenkirchen und ist im Vorstoß auf Mittenwald.

In Oberitalien kämpfen sich unsere Divisionen weiter nach Norden zurück, und erwehren sich fortgesetzter Angriffe überlegener feindlicher Kräfte und zerschlugen kommunistisch-terroristische Gruppen, die ihnen den Rückzug abzuschneiden versuchten.

Aus dem Südabschnitt der Ostfront werden nur örtliche Kämpfe gemeldet. Im Raum von Brünn, wo die Sowjets durch die Kampfpause an. Dagegen nahmen die Kämpfe westlich Mährisch-Ostrau mit unverminderter Heftigkeit ihren Fortgang. Der vom Feind erstrebte Durchbruch wurde abermals nach geringem Geländeverlust vereitelt.

Die heldenhaften Verteidiger von Breslau schlugen wiederum alle Angriffe der Bolschewisten ab. Die Säuberungskämpfe in dem wieder befreiten Gebiet von Bautzen-Kamenz und Königsbrück wurden abgeschlossen. Der Feind hatte hohe blutige Verluste. Zahlreiche Gefangene und umfangreiche Beute wurden eingebracht.

Über Norddeutschland herrschte während des ganzen Tages lebhafte Jagd- und Schlachtfliegertätigkeit.

Im Kampf gegen den feindlichen Nachschub und dessen Sicherung versenkte die Kriegsmarine im Monat April 29 Schiffe mit zusammen 159 200 BRT, vier Zerstörer, ein Unterseeboot, sechs Sicherungsfahrzeuge und fünf Schnellboote; ein Flugzeugträger, zwei Zerstörer und sieben Schnellboote wurden schwer beschädigt.

Mussolini vom Pöbel ermordet

Nach Meldungen aus Bonomi-Italien und aus englischer und amerikanischer Quelle ist eine Anzahl führender Männer des faschistisch-republikanischen Italien, unter denen sich auch Benito Mussolini befinden soll, der Mordlust des bolschewistischen Pöbel zum Opfer gefallen. Die Leichen wurden, wie diese Meldungen besagen, auf einem Platz in Mailand öffentlich zur Schau gestellt und der unwürdigsten Behandlung durch den Mob preisgegeben. Diese verabscheuungswürdigen Szenen haben den gesund empfindenden Italien so empört, daß sich das sogenannte nationale Befreiungskommitee, das den Ausschreitungen des Pöbels freien Lauf gelassen hatte, jetzt mit einer Entschuldigung herauszureden versucht. Es wird erklärt, die Ermordung Mussolinis und seiner Mitarbeiter sei ein notwendiger Beweis des Bruches mit der Vergangenheit. Gleichzeitig aber wird die Ungesetzlichkeit der Ermordung der führenden Faschisten zugegeben, indem das Komitee erklärt, daß die Säuberung von allen faschistischen Elementen der Aufstandsperiode, die demnächst erfolgen müsse, in vollkommener Gesetzlichkeit durchgeführt werden muß.

Der Reichsstatthalter von Hamburg, Gauleiter Kaufmann, übermittelte dem schweizerischen und schwedischen Generalkonsulat seine in herzlichen Worten gehaltene persönliche Anteilnahme zu dem schweren Verlust, die diese Konsulate bei dem englischen Terrorangriff einbüßten. Die schweizerische Presse gibt ihren Lesern in großaufgemachter Form Mitteilung vom Terrorangriff auf das schweizerische Generalkonsulat im Schloß Friedrichsruh.

22

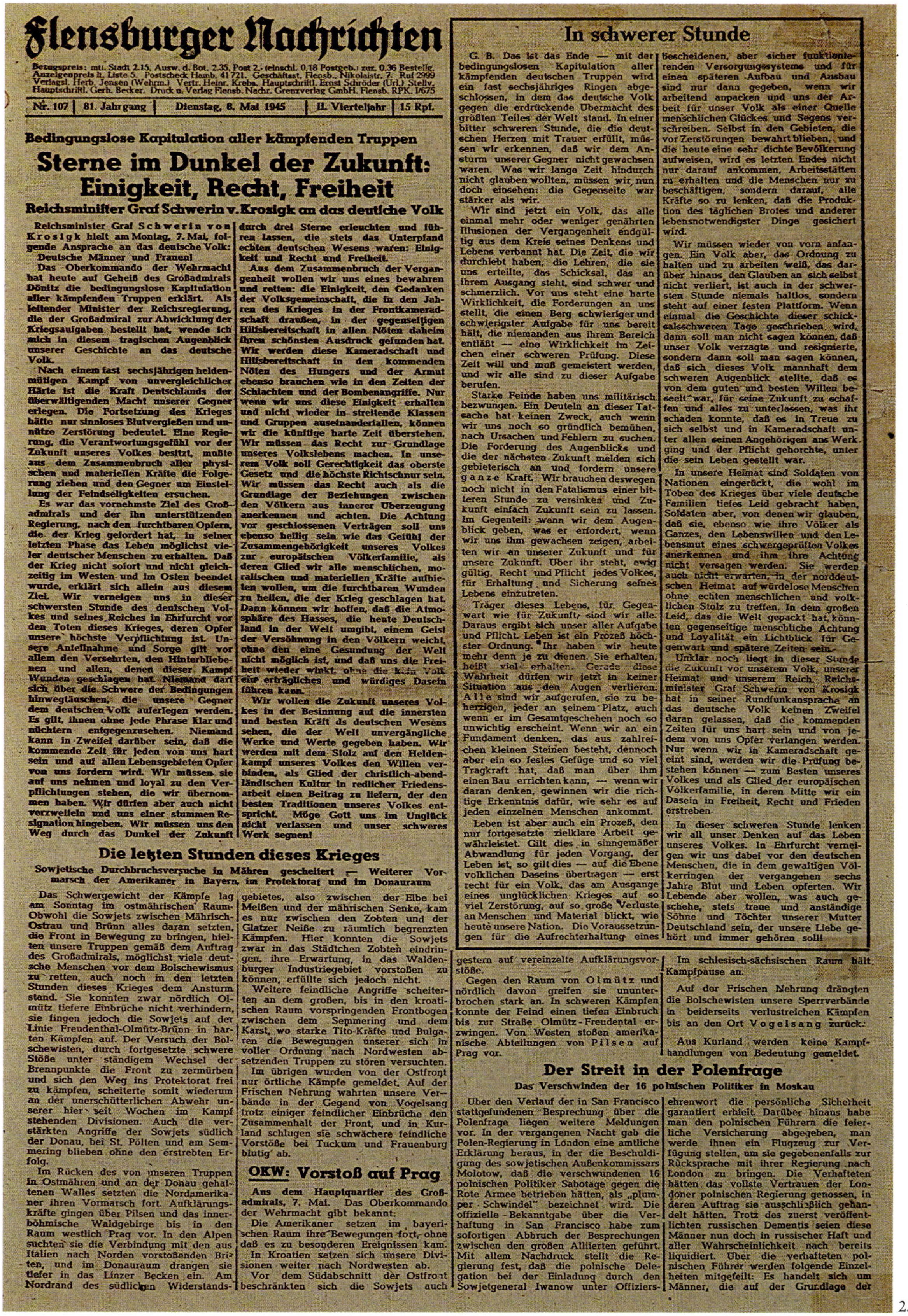

Flensburger Nachrichten

Bezugspreis: mtl. Stadt 2.15, Ausw. d. Bot. 2.35, Post 2.- (einschl. 0.18 Postgeb.) zuz. 0.36 Bestellg. Anzeigenpreis lt. Liste 5. Postscheck Hamb. 41721. Geschäftsst. Flensb., Nikolaistr. 7. Ruf 2999 Verlagsl. Herb. Jensen (Wehrm.) Vertr. Heinr. Krebs. Hauptschriftl. Ernst Schröder (Url.) Stellv. Hauptschriftl. Gerh. Becker. Druck u. Verlag Flensb. Nachr. Grenzverlag GmbH. Flensb. RPK. I/675

Nr. 107 | 81. Jahrgang | Dienstag, 8. Mai 1945 | II. Vierteljahr | 15 Rpf.

Bedingungslose Kapitulation aller kämpfenden Truppen

Sterne im Dunkel der Zukunft: Einigkeit, Recht, Freiheit

Reichsminister Graf Schwerin v. Krosigk an das deutsche Volk

Reichsminister Graf Schwerin von Krosigk hielt am Montag, 7. Mai, folgende Ansprache an das deutsche Volk:

Deutsche Männer und Frauen!

Das Oberkommando der Wehrmacht hat heute auf Geheiß des Großadmirals Dönitz die bedingungslose Kapitulation aller kämpfenden Truppen erklärt. Als leitender Minister der Reichsregierung, die der Großadmiral zur Abwicklung der Kriegsaufgaben bestellt hat, wende ich mich in diesem tragischen Augenblick unserer Geschichte an das deutsche Volk.

Nach einem fast sechsjährigen heldenmütigen Kampf von unvergleichlicher Härte ist die Kraft Deutschlands der überwältigenden Macht unserer Gegner erlegen. Die Fortsetzung des Krieges hätte nur sinnloses Blutvergießen und unnütze Zerstörung bedeutet. Eine Regierung, die Verantwortungsgefühl vor der Zukunft unseres Volkes besitzt, mußte aus dem Zusammenbruch aller physischen und materiellen Kräfte die Folgerung ziehen und den Gegner um Einstellung der Feindseligkeiten ersuchen.

Es war das vornehmste Ziel des Großadmirals und der ihn unterstützenden Regierung, nach den furchtbaren Opfern, die der Krieg gefordert hat, in seiner letzten Phase das Leben möglichst vieler deutscher Menschen zu erhalten. Daß der Krieg nicht sofort und nicht gleichzeitig im Westen und im Osten beendet wurde, erklärt sich allein aus diesem Ziel. Wir verneigen uns in dieser schwersten Stunde des deutschen Volkes und seines Reiches in Ehrfurcht vor den Toten dieses Krieges, deren Opfer unsere höchste Verpflichtung ist. Unsere Anteilnahme und Sorge gilt vor allem den Versehrten, den Hinterbliebenen und allen, denen dieser Kampf Wunden geschlagen hat. Niemand darf sich über die Schwere der Bedingungen hinwegtäuschen, die unsere Gegner dem deutschen Volk auferlegen werden. Es gilt, ihnen ohne jede Phrase klar und nüchtern entgegenzusehen. Niemand kann in Zweifel darüber sein, daß die kommende Zeit für jeden von uns hart sein und auf allen Lebensgebieten Opfer von uns fordern wird. Wir müssen sie auf uns nehmen und loyal zu den Verpflichtungen stehen, die wir übernommen haben. Wir dürfen aber auch nicht verzweifeln und uns einer stummen Resignation hingeben. Wir müssen uns den Weg durch das Dunkel der Zukunft durch drei Sterne erleuchten und führen lassen, die stets das Unterpfand echten deutschen Wesens waren: Einigkeit und Recht und Freiheit.

Aus dem Zusammenbruch der Vergangenheit wollen wir uns eines bewahren und retten: die Einigkeit, den Gedanken der Volksgemeinschaft, die in den Jahren des Krieges in der Frontkameradschaft draußen, in der gegenseitigen Hilfsbereitschaft in allen Nöten daheim ihren schönsten Ausdruck gefunden hat. Wir werden diese Kameradschaft und Hilfsbereitschaft in den kommenden Nöten des Hungers und der Armut ebenso brauchen wie in den Zeiten der Schlachten und der Bombenangriffe. Nur wenn wir uns diese Einigkeit erhalten und nicht wieder in streitende Klassen und Gruppen auseinanderfallen, können wir die künftige harte Zeit überstehen. Wir müssen das Recht zur Grundlage unseres Volkslebens machen. In unserem Volk soll Gerechtigkeit das oberste Gesetz und die höchste Richtschnur sein. Wir müssen das Recht auch als die Grundlage der Beziehungen zwischen den Völkern aus innerer Überzeugung anerkennen und achten. Die Achtung vor geschlossenen Verträgen soll uns ebenso heilig sein wie das Gefühl der Zusammengehörigkeit unseres Volkes zur europäischen Völkerfamilie, als deren Glied wir alle menschlichen, moralischen und materiellen Kräfte aufbieten wollen, um die furchtbaren Wunden zu heilen, die der Krieg geschlagen hat. Dann können wir hoffen, daß die Atmosphäre des Hasses, die heute Deutschland in der Welt umgibt, einem Geist der Versöhnung in den Völkern weicht, ohne den eine Gesundung der Welt nicht möglich ist, und daß uns die Freiheit wieder winkt, ohne die kein Volk ein erträgliches und würdiges Dasein führen kann.

Wir wollen die Zukunft unseres Volkes in der Besinnung auf die innersten und besten Kräft ds deutschen Wesens sehen, die der Welt unvergängliche Werke und Werte gegeben haben. Wir werden mit dem Stolz auf den Heldenkampf unseres Volkes den Willen verbinden, als Glied der christlich-abendländischen Kultur in redlicher Friedensarbeit einen Beitrag zu liefern, der den besten Traditionen unseres Volkes entspricht. Möge Gott uns im Unglück nicht verlassen und unser schweres Werk segnen!

In schwerer Stunde

G. B. Das ist das Ende — mit der bedingungslosen Kapitulation aller kämpfenden deutschen Truppen wird ein fast sechsjähriges Ringen abgeschlossen, in dem das deutsche Volk gegen die erdrückende Übermacht des größten Teiles der Welt stand. In einer bitter schweren Stunde, die die deutschen Herzen mit Trauer erfüllt, müssen wir erkennen, daß wir dem Ansturm unserer Gegner nicht gewachsen waren. Was wir lange Zeit hindurch nicht glauben wollten, müssen wir nun doch einsehen: die Gegenseite war stärker als wir.

Wir sind jetzt ein Volk, das alle einmal mehr oder weniger genährten Illusionen der Vergangenheit endgültig aus dem Kreis seines Denkens und Lebens verbannt hat. Die Zeit, die wir durchlebt haben, die Lehren, die sie uns erteilte, das Schicksal, das an ihrem Ausgang steht, sind schwer und schmerzlich. Vor uns steht eine harte Wirklichkeit, die Forderungen an uns stellt, die einen Berg schwieriger und schwierigster Aufgabe für uns bereit hält, die niemanden aus ihrem Bereich entläßt — eine Wirklichkeit im Zeichen einer schweren Prüfung. Diese Zeit will und muß gemeistert werden, und wir alle sind zu dieser Aufgabe berufen.

Starke Feinde haben uns militärisch bezwungen. Ein Deuteln an dieser Tatsache hat keinen Zweck, auch wenn wir uns noch so gründlich bemühen, nach Ursachen und Fehlern zu suchen. Die Forderung des Augenblicks und die der nächsten Zukunft melden sich gebieterisch an und fordern unsere ganze Kraft. Wir brauchen deswegen noch nicht in den Fatalismus einer bitteren Stunde zu versinken und Zukunft einfach Zukunft sein zu lassen. Im Gegenteil: wenn wir dem Augenblick geben, was er erfordert, wenn wir uns ihm gewachsen zeigen, arbeiten wir an unserer Zukunft und für unsere Zukunft. Über ihr steht, ewig gültig, Recht und Pflicht jedes Volkes, für Erhaltung und Sicherung seines Lebens einzutreten.

Träger dieses Lebens, für Gegenwart wie für Zukunft, sind wir alle. Daraus ergibt sich unser aller Aufgabe und Pflicht. Leben ist ein Prozeß höchster Ordnung. Ihr haben wir heute mehr denn je zu dienen. Sie erhalten, heißt viel erhalten. Gerade diese Wahrheit dürfen wir jetzt in keiner Situation aus den Augen verlieren. Alle sind wir aufgerufen, sie zu beherzigen, jeder an seinem Platz, auch wenn er im Gesamtgeschehen noch so unwichtig erscheint. Wenn wir an ein Fundament denken, das aus zahlreichen kleinen Steinen besteht, dennoch aber ein so festes Gefüge und so viel Tragkraft hat, daß man über ihm einen Bau errichten kann, — wenn wir daran denken, gewinnen wir die richtige Erkenntnis dafür, wie sehr es auf jeden einzelnen Menschen ankommt.

Leben ist aber auch ein Prozeß, den nur fortgesetzte zielklare Arbeit gewährleistet. Gilt dies in sinngemäßer Abwandlung für jeden Vorgang, der Leben ist, so gilt dies — auf die Ebene volklichen Daseins übertragen — erst recht für ein Volk, das am Ausgange eines unglücklichen Krieges auf so viel Zerstörung, auf so große Verluste an Menschen und Material blickt, wie heute unsere Nation. Die Voraussetzungen für die Aufrechterhaltung eines bescheidenen, aber sicher funktionierenden Versorgungssystems und für einen späteren Aufbau und Ausbau sind nur dann gegeben, wenn wir arbeitend anpacken und uns der Arbeit für unser Volk als einer Quelle menschlichen Glückes und Segens verschreiben. Selbst in den Gebieten, die vor Zerstörungen bewahrt blieben, und die heute eine sehr dichte Bevölkerung aufweisen, wird es letzten Endes nicht nur darauf ankommen, Arbeitsstätten zu erhalten und die Menschen nur zu beschäftigen, sondern darauf, alle Kräfte so zu lenken, daß die Produktion des täglichen Brotes und anderer lebensnotwendigster Dinge gesichert wird.

Wir müssen wieder von vorn anfangen. Ein Volk aber, das Ordnung zu halten und zu arbeiten weiß, das darüber hinaus den Glauben an sich selbst nicht verliert, ist auch in der schwersten Stunde niemals haltlos, sondern steht auf einer festen Plattform. Wenn einmal die Geschichte dieser schicksalsschweren Tage geschrieben wird, dann soll man nicht sagen können, daß unser Volk verzagte und resignierte, sondern dann soll man sagen können, daß sich dieses Volk mannhaft dem schweren Augenblick stellte, daß es von dem guten und besten Willen beseelt war, für seine Zukunft zu schaffen und alles zu unterlassen, was ihr schaden konnte, daß es in Treue zu sich selbst und in Kameradschaft unter allen seinen Angehörigen ans Werk ging und der Pflicht gehorchte, unter die sein Leben gestellt war.

In unsere Heimat sind Soldaten von Nationen eingerückt, die wohl im Toben des Krieges über viele deutsche Familien tiefes Leid gebracht haben, Soldaten aber, von denen wir glauben, daß sie, ebenso wie ihre Völker als Ganzes, den Lebenswillen und den Lebensmut eines schwergeprüften Volkes anerkennen und ihm ihre Achtung nicht versagen werden. Sie werden auch nicht erwarten, in der norddeutschen Heimat auf würdelose Menschen ohne echten menschlichen und volklichen Stolz zu treffen. In dem großen Leid, das die Welt gepackt hat, könnten gegenseitige menschliche Achtung und Loyalität ein Lichtblick für Gegenwart und spätere Zeiten sein.

Unklar noch liegt in dieser Stunde die Zukunft vor unserem Volk, unserer Heimat und unserem Reich. Reichsminister Graf Schwerin von Krosigk hat in seiner Rundfunkansprache an das deutsche Volk keinen Zweifel daran gelassen, daß die kommenden Zeiten für uns hart sein und von jedem von uns Opfer verlangen werden. Nur wenn wir in Kameradschaft geeint sind, werden wir die Prüfung bestehen können — zum Besten unseres Volkes und als Glied der europäischen Völkerfamilie, in deren Mitte wir ein Dasein in Freiheit, Recht und Frieden erstreben.

In dieser schweren Stunde lenken wir all unser Denken auf das Leben unseres Volkes. In Ehrfurcht verneigen wir uns dabei vor den deutschen Menschen, die in dem gewaltigen Völkerringen der vergangenen sechs Jahre Blut und Leben opferten. Wir Lebende aber wollen, was auch geschehe, stets treue und anständige Söhne und Töchter unserer Mutter Deutschland sein, der unsere Liebe gehört und immer gehören soll!

Die letzten Stunden dieses Krieges

Sowjetische Durchbruchsversuche in Mähren gescheitert — Weiterer Vormarsch der Amerikaner in Bayern, im Protektorat und im Donauraum

Das Schwergewicht der Kämpfe lag am Sonntag im ostmährischen Raum. Obwohl die Sowjets zwischen Mährisch-Ostrau und Brünn alles daran setzten, die Front in Bewegung zu bringen, hielten unsere Truppen gemäß dem Auftrag des Großadmirals, möglichst viele deutsche Menschen vor dem Bolschewismus zu retten, auch noch in den letzten Stunden dieses Krieges dem Ansturm stand. Sie konnten zwar nördlich Olmütz tiefere Einbrüche nicht verhindern, sie fingen jedoch die Sowjets auf der Linie Freudenthal-Olmütz-Brünn in harten Kämpfen auf. Der Versuch der Bolschewisten, durch fortgesetzte schwere Stöße unter ständigem Wechsel der Brennpunkte die Front zu zermürben und sich den Weg ins Protektorat frei zu kämpfen, scheiterte somit wiederum an der unerschütterlichen Abwehr unserer hier seit Wochen im Kampf stehenden Divisionen. Auch die verstärkten Angriffe der Sowjets südlich der Donau, bei St. Pölten und am Semmering blieben ohne den erstrebten Erfolg.

Im Rücken des von unseren Truppen in Ostmähren und an der Donau gehaltenen Walles setzten die Nordamerikaner ihren Vormarsch fort. Aufklärungskräfte gingen über Pilsen und das innerböhmische Waldgebirge bis in den Raum westlich Prag vor. In den Alpen suchten sie die Verbindung mit den aus Italien nach Norden vorstoßenden Briten, und im Donauraum drangen sie tiefer in das Linzer Becken ein. Am Nordrand des südlichen Widerstandsgebietes, also zwischen der Elbe bei Meißen und der mährischen Senke, kam es nur zwischen den Zobten und der Glatzer Neiße zu räumlich begrenzten Kämpfen. Hier konnten die Sowjets zwar in das Städtchen Zobten eindringen, ihre Erwartung, in das Waldenburger Industriegebiet vorstoßen zu können, erfüllte sich jedoch nicht.

Weitere feindliche Angriffe scheiterten an dem großen, bis in den kroatischen Raum vorspringenden Frontbogen zwischen dem Semmering und dem Karst, wo starke Tito-Kräfte und Bulgaren die Bewegungen unserer sich in voller Ordnung nach Nordwesten absetzenden Truppen zu stören versuchten.

Im übrigen wurden von der Ostfront nur örtliche Kämpfe gemeldet. Auf der Frischen Nehrung wahrten unsere Verbände in der Gegend von Vogelsang trotz einiger feindlicher Einbrüche den Zusammenhalt der Front, und in Kurland schlugen sie schwächere feindliche Vorstöße bei Tuckum und Frauenburg blutig ab.

OKW: Vorstoß auf Prag

Aus dem Hauptquartier des Großadmirals, 7. Mai. Das Oberkommando der Wehrmacht gibt bekannt:

Die Amerikaner setzen im bayerischen Raum ihre Bewegungen fort, ohne daß es zu besonderen Ereignissen kam.

In Kroatien setzen sich unsere Divisionen weiter nach Nordwesten ab.

Vor dem Südabschnitt der Ostfront beschränkten sich die Sowjets auch gestern auf vereinzelte Aufklärungsvorstöße.

Gegen den Raum von Olmütz und nördlich davon greifen sie ununterbrochen stark an. In schweren Kämpfen konnte der Feind einen tiefen Einbruch bis zur Straße Olmütz-Freudental erzwingen. Von Westen stoßen amerikanische Abteilungen von Pilsen auf Prag vor.

Im schlesisch-sächsischen Raum hält Kampfpause an.

Auf der Frischen Nehrung drängten die Bolschewisten unsere Sperrverbände in beiderseits verlustreichen Kämpfen bis an den Ort Vogelsang zurück.

Aus Kurland werden keine Kampfhandlungen von Bedeutung gemeldet.

Der Streit in der Polenfrage

Das Verschwinden der 16 polnischen Politiker in Moskau

Über den Verlauf der in San Francisco stattgefundenen Besprechung über die Polenfrage liegen weitere Meldungen vor. In der vergangenen Nacht gab die Polen-Regierung in London eine amtliche Erklärung heraus, in der die Beschuldigung des sowjetischen Außenkommissars Molotow, daß die verschwundenen 16 polnischen Politiker Sabotage gegen die Rote Armee betrieben hätten, als „plumper Schwindel" bezeichnet wird. Die offizielle Bekanntgabe über die Verhaftung in San Francisco habe zum sofortigen Abbruch der Besprechungen zwischen den großen Alliierten geführt. Mit allem Nachdruck stellt die Regierung fest, daß die polnische Delegation bei der Einladung durch den Sowjetgeneral Iwanow unter Offiziersehrenwort die persönliche Sicherheit garantiert erhielt. Darüber hinaus habe man den polnischen Führern die feierliche Versicherung abgegeben, man werde ihnen ein Flugzeug zur Verfügung stellen, um sie gegebenenfalls zur Rücksprache mit ihrer Regierung nach London zu bringen. Die Verhafteten hätten das vollste Vertrauen der Londoner polnischen Regierung genossen, in deren Auftrag sie ausschließlich gehandelt hätten. Trotz des zuerst veröffentlichten russischen Dementis seien diese Männer nun doch in russischer Haft und aller Wahrscheinlichkeit nach bereits liquidiert. Über die verhafteten polnischen Führer werden folgende Einzelheiten mitgeteilt: Es handelt sich um Männer, die auf der Grundlage der

23

Schleswig-Holstein
als Land der Bundesrepublik Deutschland

Schleswig-Holstein wurde 1945 Teil der britischen Besatzungszone. Die Militärregierung orientierte sich bei der Neuordnung des Landes an der im preußischen Staat bestehenden provinzialen Verwaltung, als sie im November 1945 einen Oberpräsidenten, Theodor Steltzer, ernannte. In seiner Neujahrsansprache 1946, die in Zeitungen und über Rundfunk verbreitet wurde, wies er mit nüchternen Worten auf die bevorstehenden Aufgaben des Landes hin: »Der Beginn des neuen Jahres lenkt unseren Blick auf die praktischen Aufgaben, die wir anzupacken haben. [...] Es gilt, der großen Not zu steuern und gleichzeitig einen neuen Grund zu legen für die Gestaltung des öffentlichen und wirtschaftlichen Lebens in unserem Volk. Es gilt, den eigentlichen Aufbau zu beginnen und auch Anteil zu nehmen an den großen Fragen, deren Gestaltung über den Bereich unserer Heimat hinausgeht. Im Zentrum aller dieser Probleme steht aber die demokratische Umgestaltung unseres öffentlichen und wirtschaftlichen Lebens.«

Das schwerste und dringendste Problem war die Aufnahme und Eingliederung der Vertriebenen und Flüchtlinge. Bis 1949 stieg die Einwohnerzahl von 1,6 Millionen auf 2,7 Millionen. In acht von damals 17 Landkreisen war die Zahl der Fremden größer als die der Einheimischen. Die mit der Vertreibung aus der Heimat verbundene ideelle Not entzieht sich einer quantifizierenden Beschreibung; die materielle Not hingegen läßt sich auch mit statistischen Daten erfassen. Einige seien genannt: Mehr als 94 500 Flüchtlingshaushalte mit mehr als 200 000 Personen hatten keinen Ernährer. Die Flüchtlinge waren in Behelfswohnungen und Lagern untergebracht, viele waren obdachlos. 1948 mußte sich jeder Einwohner mit durchschnittlich 5 Quadratmeter Wohnfläche begnügen (heutiges statistisches Mittel: 35 Quadratmeter). Ganz und gar unzureichend waren die hygienischen Verhältnisse; ein Anstieg der Säuglingssterblichkeit auf 17,1 Prozent (gegenüber 5,4 Prozent im Jahr 1938; heute liegt sie unter einem Prozent) war die Folge. Der Strom der Vertriebenen war in ein Land gekommen, dessen wirtschaftliche Infrastruktur nur auf die einheimische Bevölkerung zugeschnitten war; zudem war traditionell aus Schleswig-Holstein immer ein Teil der Bevölkerung aus wirtschaftlichen Gründen abgewandert. Nach 1945 waren die Produktionsstätten in den Städten durch Kriegseinwirkung in Mitleidenschaft gezogen, und die Demontagen, durch die etwa 120 000 Arbeitsplätze verlorengingen und die industrielle Kapazität des Landes nahezu halbiert wurde, taten ein übriges, die soziale Not zu vermehren. Hinzu kam, daß die engen Beziehungen zu Mecklenburg abgeschnitten wurden und die Möglichkeiten der Ostseeschiffahrt und des Ostseehandels auf ein Minimum zusammenschrumpften. Bis März 1950 stieg die Arbeitslosenquote auf 30 Prozent.

Die Situation der Menschen in Schleswig-Holstein, der Einheimischen und der Fremden, war 1945 im wesentlichen geprägt von Hoffnungslosigkeit. Der Krieg war zwar zu Ende, doch eine Perspektive für die Zukunft gab es unmittelbar nach dem Zusammenbruch für die wenigsten. Der Besitzer der Mühle in Munkbrarup mag zu den wenigen gehört haben: seine Mühle trug und trägt den Namen »HOFFNUNG« (1). Es handelt sich um einen sogenannten Kellerholländer (1868), der heute als Kunstgalerie dient.

Vielen Flüchtlingen, deren Trecks in Schleswig-Holstein endeten, stand ein längeres Lagerleben mit allen Problemen physischer und psychischer Natur bevor. Die Fotos aus dieser Zeit vermitteln nur einen unzureichenden Eindruck vom Elend dieser Menschen (2, 4). Auch für die Ausgebombten in den Städten standen oft genug nur Quartiere in sogenannten Nissenhütten zur Verfügung, so zum Beispiel in Kiel (3, 5).

Die Landesregierungen in Kiel unternahmen größere Anstrengungen als die der anderen Bundesländer, um mit der schwierigen Situation fertig zu werden. Die Planungen sahen vor, etwa eine halbe Million Einwohner in andere Bundesländer übersiedeln zu lassen (mit staatlicher Unterstützung) und die Wirtschaft des Landes so zu entwickeln, daß für 2,15 Millionen Einwohner ausreichende Lebensmöglichkeiten geboten würden. Mit der Gründung der Bundesrepublik Deutschland und den Regelungen des Finanzausgleichs zwischen den Bundesländern traten deutliche Erleichterungen ein; doch noch bis über die Mitte der fünfziger Jahre hinaus war ein deutliches Wohlstandsgefälle zwischen den anderen Bundesländern und Schleswig-Holstein zu verzeichnen.

Auch innerhalb Schleswig-Holsteins gab es ein Süd-Nord-Gefälle. Bereits in der Phase der Industrialisierung waren der Norden sowie die Westküste spürbar zurückgeblieben. Diese Strukturschwäche verstärkte sich nach 1945 durch den Zuwachs der Bevölkerung. Die schlechte Versorgung der Menschen machte es verständlich, daß ein Bekenntnis zu Dänemark bessere Zukunftsperspektiven bot, als sie angesichts der desolaten Situation von Deutschland zu erhoffen waren. Als Vertreter der dänischen Minderheit in Südschleswig den Wunsch nach einer Grenzverschiebung äußerten, dem die dänische Regierung aber nicht entsprach, brach der nationale Streit mit großer Schärfe wieder auf.

Theodor Steltzers Ankündigung, die Zukunft des Landes auf demokratischer Grundlage aufzubauen, konnte bereits 1946 in ersten Schritten realisiert werden. Am 26. Februar 1946 trat der Erste Ernannte Schleswig-Holsteinische (Provinzial-)Landtag zusammen. In ihm waren zwar auch Vertreter der Parteien, doch hatte die Militärregierung – ähnlich wie auch bei der Ernannten Hamburger Bürgerschaft – 40, später 60 Vertreter der gesellschaftlichen Gruppen und Berufsstände sowie der Landkreise für dieses Gremium ausgewählt. Diesem Landtag oblag es, die Regierungsführung des Oberpräsidenten zu kontrollieren. Zugleich bildete er für die wichtigsten Ressorts sogenannte Hauptausschüsse, deren Vorsitzende im Juni zu Landesministern wurden. Im August 1946 wurde der Charakter einer neuentstandenen Landesregierung auch dadurch hervorgehoben, daß der Oberpräsident in Ministerpräsident umbenannt wurde. Das erste Kabinett Steltzer setzte sich aus acht Ministern zusammen, von denen vier der CDU, drei der SPD und einer der KPD angehörten. Eine der Voraussetzungen für die Bildung einer Landesregierung war die Auflösung der bisherigen preußischen Provinzen durch die Besatzungsmacht. Damit war ein wichtiger Schritt von der preußischen Provinz zum selbständigen Land Schleswig-Holstein mit einer parlamentarisch-demokratischen Regierung getan. Nach der durch Kontrollratsbeschluß vom 25. Februar 1947 erfolgten Auflösung des preußischen Staates gingen die Staats- und Verwaltungsfunktionen auch formal auf die neugebildeten Länder über.

Die ersten freien Wahlen, es handelte sich um Gemeindewahlen, fanden am 15. September 1946 statt. Der Aufbau der Parteien sollte dem Willen der Militärregierung zufolge von unten nach oben erfolgen; deshalb waren Zusammenschlüsse auf Landesebene erst seit 1946 möglich. Die sozialen Fragen dominierten bei den Kundgebungen; hier wurden auch sehr kritische Töne gegen die Siegermächte laut. Die Freilassung der Kriegsgefangenen und die Einstellung der Demontagen führten den Katalog der Forderungen an. Die Kreis- und Stadtverordnetenwahlen am 13. Oktober 1946 erbrachten 41,0 Prozent der Stimmen für die SPD und 37,3 Prozent für die CDU (SSV = Südschleswigscher Verein, die dänische Minderheit: 7,3, FDP: 6,1 und KPD: 5,1 Prozent). Das komplizierte Wahlverfahren – mit Verhältnisausgleich und Berücksichtigung der bevölkerungsschwachen Wahlkreise – führte jedoch zu einer deutlich besseren Sitzverteilung zugunsten der CDU mit 426 Mandaten, während die SPD nur 357, der SSV 49, die FDP 32 und die KPD 17 Mandate erhielten.

Das Ergebnis dieser Wahl hatte auch Folgen für die Zusammensetzung des Zweiten Ernannten Landtags. Der jeweilige Stimmenanteil der Parteien sollte ausschlaggebend sein, was den Sozialdemokraten zugute kam. Theodor Steltzer (CDU) blieb Ministerpräsident, Hermann Lüdemann (SPD) wurde sein Stellvertreter. Der Einfluß der britischen Militärregierung auf die Gestaltung des politischen Lebens in Schleswig-Holstein nahm kontinuierlich ab und wich einer ausgesprochen pragmatischen Handhabung der Kompetenzen.

Die erste Landtagswahl am 20. April 1947, mit der ein ernannter Landtag durch einen gewählten ersetzt werden sollte, ergab eine absolute Mehrheit für die Sozialdemokraten; Hermann Lüdemann wurde Ministerpräsident. Bei dieser Wahl ging es auch darum, welche Partei bei der Erarbeitung einer Verfassung für das Land Schleswig-Holstein federführend sein sollte. Der neue Ministerpräsident versprach in seiner Regierungserklärung (8. Mai 1947), vorrangig eine Landesverfassung zu erarbeiten und dem Landtag zur Abstimmung vorzulegen. Dieses Versprechen wurde aber sehr spät eingelöst; erst gegen Ende der Legislaturperiode brachte die Regierung den entsprechenden Gesetzentwurf ein. Für die Verspätung gab es im wesentlichen zwei Gründe. Zum einen war die Rolle der Bundesländer in der künftigen Bundesrepublik, über die der Parlamentarische Rat noch nicht einig war, unentschieden; zum anderen verfolgte Ministerpräsident Lüdemann das Ziel, die kaum lösbaren wirtschaftlichen und sozialen Folgeprobleme des Zweiten Weltkriegs, die in besonders hohem Maß auf Schleswig-Holstein lasteten, auf ein größeres Territorium zu übertragen. Der nach ihm benannte »Lüdemann-Plan« wollte das Flüchtlingsproblem dadurch besser lösen, daß er vorschlug, ein Bundesland »Unterelbe« zu schaffen, in dem Schleswig-Holstein, Hamburg und Teile Niedersachsens vereinigt würden. Dieser Plan stieß sofort auf Widerstand seitens des Ministerpräsidenten Hinrich Kopf in Niedersachsen und des Ersten Bürgermeisters Max Brauer in Hamburg.

So kam es, daß die Regierung wenige Wochen vor Ende der Legislaturperiode und deshalb gegen den Protest der Opposition im Landtag eine Verfassung einbrachte, die mit einfacher Mehrheit beschlossen, aber nur mit einer Zweidrittelmehrheit revidiert werden konnte. Die schleswigholsteinische Verfassung, die »Landessatzung«, unterscheidet sich von den Verfassungen anderer Bundesländer vor allem dadurch, daß sie keinen Grundrechtskatalog enthält. Die Landesregierung begründete dies mit folgendem Argument: »Der Entwurf hat davon abgesehen, einen umfassenden Grundrechtskatalog aufzustellen. Auch diese Tatsache steht nicht im Widerspruch zum Grundgesetz, sondern liegt bei richtiger Würdigung in seinem Sinn. Die im Grundgesetz verankerten Grundrechte sind auch in Schleswig-Holstein unmittelbar geltendes Recht. Ihre Wiederholung in

6

7

8

Versenkte Schiffe im Kieler Hafen (6) waren das Pendant zu den Ruinen der zerbombten Stadt.

Die Verwaltung des Mangels ging im Agrarland Schleswig-Holstein bis zu den Kartoffeln. Die Abbildung zeigt eine Kartoffelkarte aus dem Winter 1948/49 (7).

Auf den ersten Blick bietet der Briefumschlag aus dem Jahr 1947 kaum etwas Besonderes. Erst beim näheren Hinsehen erkennt man links den Stempel des britischen Zensors und daneben den Streifen, mit dem der Brief wieder geschlossen wurde (8).

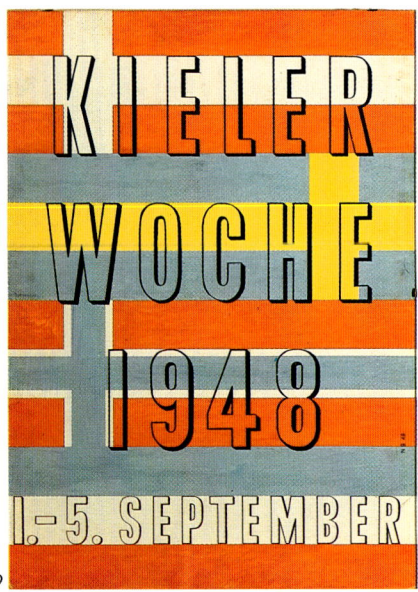

9

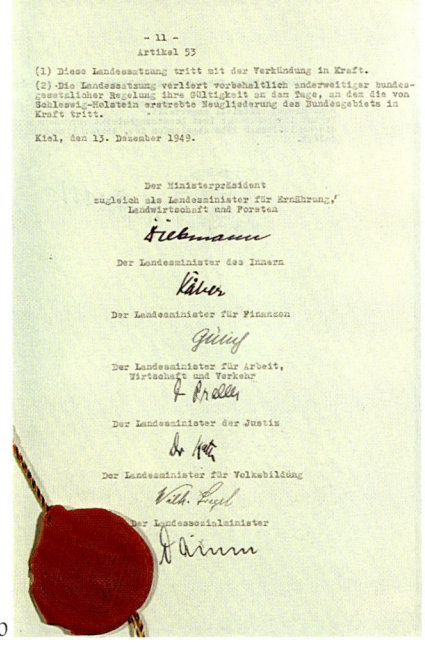

10

Ein Vierteljahr nach der Währungsreform (21. Juni 1948) fand die erste Kieler Woche nach dem Zweiten Weltkrieg statt; für Kiel und Schleswig-Holstein ein Anlaß, etwas optimistischer in die Zukunft zu sehen (9).
Kurz vor Ende der ersten Legislaturperiode des Schleswig-Holsteinischen Landtags wurde die »Landessatzung«, die Verfassung, verabschiedet. Das Bild zeigt die Unterschriften auf der Schluß-seite (10).

der Landessatzung wäre daher nicht nur überflüssig, sondern auch rechtlich wirkungslos.«

Bereits bei Beginn der Arbeit des ersten gewählten Landtags und der Regierungstätigkeit des Kabinetts Lüdemann (1947–1949) war beschlossen worden, einen Oppositionsführer nach englischem Vorbild einzurichten; auch dies war und ist eine Besonderheit des Bundeslandes Schleswig-Holstein.

Die intensiven Bemühungen der Landesregierung, neue Arbeitsplätze zu schaffen und gleichzeitig die von Demontage oder durch Sprengung seitens der Militärregierung bedrohten Fabrikanlagen, besonders die der Werftindustrie, zu erhalten, hatten nur teilweise Erfolg. Die auf dem Kieler Ostufer vorgenommenen systematischen Sprengungen wurden erst im Mai 1950 beendet, zu einem Zeitpunkt also, da bereits ein westdeutscher Wehrbeitrag in der Diskussion war.

Da ein großer Teil der im Lande lebenden Flüchtlinge Bauern oder Landarbeiter waren, lag es nahe, daß sie wieder in der Landwirtschaft arbeiteten. Dazu aber hätte es einer Bodenreform bedurft. Sie war auch im Artikel 8 der Landessatzung vorgesehen; Landflächen, die größer als 100 Hektar waren und sich in einer Hand befanden, sollten (gegen Entschädigung) für die geplante Agrarreform herangezogen werden. In Verhandlungen mit den Großgrundbesitzern kam eine andere Lösung zustande: Die Grundbesitzer stellten ohne Enteignungszwang 30 000 Hektar Land für Siedlungszwecke bereit. Knapp 3000 neue Siedlungen konnten errichtet und etwa 880 bäuerliche Betriebe durch Landzulage in ihrer Existenz gesichert werden. Die dabei entstandenen bäuerlichen Kleinbetriebe waren auf Dauer kaum existenzfähig; sie halfen aber, über längere Zeit soziale Not zu lindern.

Obgleich die ersten ernannten Landtage – und der erste gewählte – sowie die Regierungen sehr viel getan hatten, die ärgste Not im Lande zu lindern und die Heimatvertriebenen soweit wie möglich einzugliedern, blieben doch genug Not und Erbitterung, und es entstand eine parteipolitisch organisierte Protestbewegung, die zugleich Interessen- und Schicksalsgemeinschaft war. Bei den Landtagswahlen 1950 kandidierte der »Bund der Heimatvertriebenen und Entrechteten« (BHE) und gewann auf Anhieb 15 Mandate. Die nächste Regierung wurde von einer Koalition des »Wahlblocks« aus CDU, FDP und DP mit dem BHE getragen. Bis 1962 spielte die »Flüchtlingspartei« eine – wenn auch von Legislaturperiode zu Legislaturperiode geringer werdende – Rolle; daß sie 1962 nicht wieder in den Landtag einzog, darf als Indiz dafür gewertet werden, daß zu diesem Zeitpunkt die Integration der Vertriebenen in die Wirtschaft und Gesellschaft Schleswig-Holsteins weitgehend abgeschlossen war. Die wirtschaftliche Prosperität der Bundesrepublik hatte dazu genauso beigetragen wie die zahlreichen Maßnahmen der Landesregierungen.

Schon früher konnte in Schleswig ein anderes Problem auf vorbildliche Weise gelöst werden, das in der Zeit unmittelbar nach dem Krieg zu erheblichen Unruhen geführt hatte: die Frage der dänischen Minderheit. Am 26. September 1949 beschloß der Landtag einmütig eine Minderheitenerklärung (»Kieler Erklärung«), in der es unter anderem heißt: »Das Bekenntnis zum dänischen Volkstum und zur dänischen Kultur ist frei. Es darf von Amts wegen nicht bestritten und nachgeprüft werden.« Diese

Autonomie- und Freiheitsgarantie, die ausdrücklich auch für die friesische
Bevölkerung Schleswig-Holsteins gelten sollte, ist von historischer und
europäischer Bedeutung. Da sie auch Eingang in die Landessatzung fand,
garantierte Schleswig-Holstein seinen Minderheiten Freiheiten, wie sie
kaum eine andere Minderheit in Europa in Anspruch nehmen kann.

Die Landesregierung war aber auch daran interessiert, daß die Rechte der
deutschen Minderheit in Nordschleswig auf ähnliche Weise gesichert würden. Dies wurde 1955 mit den »Bonn-Kopenhagen-Erklärungen« erreicht.
Da ein Staatsvertrag zwischen Dänemark und der Bundesrepublik in Kopenhagen nicht auf Sympathie stieß, vereinbarten beide Regierungen, daß
zu den Problemen der beiden Minderheiten gleichlautende Erklärungen
abgegeben werden sollten. Diese Erklärungen wurden am 29. März 1955 in
Bonn unterzeichnet und anschließend vom Dänischen Folketing, vom
Deutschen Bundestag und vom Schleswig-Holsteinischen Landtag gebil-
ligt. Die Anwendung der demokratischen Grundrechte, die in den Verfassungen beider Länder enthalten sind, wurde ausdrücklich auch für die
nationalen Minderheiten betont. Die Rechte der jeweiligen Volksgruppen
wurden klar umrissen. Die Gleichberechtigung der Angehörigen der Minderheiten mit der übrigen Bevölkerung wurde garantiert. Die dänische
Minderheit erhielt mit der Befreiung von der 5-Prozent-Sperrklausel im
Wahlgesetz und mit der Sonderstellung der dänischen Privatschulen im
Hinblick auf die staatlichen Zuschüsse sogar Sonderrechte.

Die Bonn-Kopenhagen-Erklärungen beendeten einen über etwa 150 Jahre
währenden Gegensatz, der immer wieder zu schweren Konflikten geführt
und nationale Emotionen freigesetzt hatte und schufen damit die Voraussetzungen für ein friedliches Zusammenleben im deutsch-dänischen
Grenzraum.

Die enge Kooperation in einem gemeinsamen Verteidigungsbündnis sowie
die Mitgliedschaft beider Staaten in der Europäischen Gemeinschaft rück-
ten die Bundesrepublik und Dänemark auch politisch eng aneinander.
Schleswig-Holstein konnte dabei seine historische Funktion, Brücke nach
Skandinavien zu sein, wiederherstellen und ausbauen. Moderne Verkehrs-
wege, enge wirtschaftliche Kooperation und der aufblühende Tourismus in
Schleswig-Holstein und im Nachbarland Dänemark intensivierten den
Strom über diese Brücke.

Zu einer neuen Belastung für Land und Leute wurde dagegen eine Grenze,
die im wesentlichen seit Jahrhunderten bestanden hat und stets zum Nutzen der Menschen auf beiden Seiten durchlässig gewesen war: die Grenze
zwischen Schleswig-Holstein (einschließlich Lübeck und Lauenburg) und
Mecklenburg. Die 1945 entstandene Grenze zwischen zwei Besatzungszo-
nen vom Priwall bei Travemünde bis an die Elbe bei Lauenburg, 136
Kilometer lang, wurde im Laufe der Jahrzehnte nahezu undurchdringlich
oder unüberwindbar. Sie ist eine Hypothek des Nationalsozialismus und
seiner Folgen und zugleich eine Herausforderung an deutsche Politik für
die Zukunft in zwei Staaten.

Die Geschichte Schleswig-Holsteins gelangte 1949 in gewisser Hinsicht an
ein Ziel, das die Bewohner des Landes sich seit Generationen gewünscht,
für das sie hundert Jahre zuvor noch gekämpft hatten: Schleswig und
Holstein wurden »ungedeelt« ein selbständiges Bundesland in einem deutschen Staatsverband.

11

Ein Flüchtling besonderer Art ist das
Denkmal des Großen Kurfürsten von
Brandenburg, dasFritz Schaper 1901
geschaffen und das Kaiser Wilhelm II.
1913 der Stadt Pillau in Ostpreußen
gestiftet hat (11). Es steht heute, den
Blick nach Pillau gerichtet, in
Eckernförde-Borby. Siegfried Lenz hat
dem Bronzestandbild in »Lehmanns
Erzählungen oder So schön war mein
Markt« (1964) ein literarisches
Denkmal gesetzt.

1

Historisches Erbe als Auftrag und Beruf

Die deutsche Geschichte ist insgesamt bis weit in die Neuzeit hinein weniger Nationalgeschichte als vielmehr die Summe von Landes- und Regionalgeschichten. Schleswig-Holstein nimmt darin einen sehr exponierten Platz ein, weil nur der eine Landesteil (Holstein) eindeutig zum alten Deutschen Reich gehörte, während seit Jahrhunderten die Zuordnung des anderen (Schleswig) schwierig war. Das hat dazu geführt, in der schleswig-holsteinischen Geschichte ein besonders kompliziertes Kapitel der deutschen, aber auch der dänischen Geschichte zu sehen. So wird von Lord Palmerston, der sich 1864 besonders in der Schleswig-Holstein-Frage engagiert hatte, überliefert, er habe den Ausbruch des Krieges von 1864 wie folgt kommentiert: Die schleswig-holsteinische Geschichte sei so kompliziert und verworren, daß es ihm (Lord Palmerston) nicht gelungen sei, den Krieg mit diplomatischen Mitteln zu verhindern. Es habe in Europa überhaupt nur drei Menschen gegeben, die jene verwirrenden Verhältnisse von Grund auf gekannt hätten. Der erste sei Prinz Albert gewesen, der aber leider verstorben sei; der zweite ein deutscher Professor, der sich in einer Irrenanstalt befinde, und der dritte sei er selbst gewesen, doch habe auch er inzwischen alles vergessen.

Inzwischen sind für die schleswig-holsteinische Geschichte von Berufs wegen vor allem die Historiker zuständig. Doch sie könnten, auf sich allein gestellt, wenig bewirken. Sie sind angewiesen auf jene, die historische Quellen verwalten, also vor allem auf Archivare, Bibliothekare und die Kustoden der Museen und andere Hüter und Verwahrer kunst- und kulturgeschichtlicher Quellen, wobei auch Erben und private Sammler eine bedeutende Rolle spielen. Es wird oft übersehen, daß es sich dabei um hochqualifizierte, talentierte und engagierte Menschen in großer Zahl handelt, deren Beruf die Bewahrung des historischen Erbes ist. Da dieses Buch ihnen viel verdankt, sollen einige Tätigkeiten (bei weitem nicht alle) im folgenden stellvertretend vorgestellt werden.

Am tiefsten dringen die Archäologen bei ihrer Arbeit in die Vergangenheit vor. Da Schleswig-Holstein erst sehr spät in jene Zeit eingetreten ist, für die es eine kontinuierliche schriftliche Überlieferung gibt und die deshalb die »historische« Zeit genannt wird, reicht die Epoche, in denen die Archäologen das Monopol innehaben, weit in das Mittelalter hinein. Viele Fragen, die heutiges historisches Interesse aufwerfen – wie die nach den Lebensumständen der Menschen, besonders auch der ärmeren –, lassen sich auch für die Epochen des Mittelalters, der Frühen Neuzeit, ja sogar der jüngeren Geschichte nicht aus den Akten beantworten, sondern nur aus den Ergebnissen der »Spatenforschung«. Denn darüber, wie die Menschen gelebt haben, sagen die Kloaken vergangener Jahrhunderte bedeutend mehr aus, und diese wissenschaftlich zu durchdringen gehört auch zu den Aufgaben

Unter Denkmalexperten gibt es einen kaum eindeutig zu entscheidenden Streit darüber, ob der Konservierung oder der Renovierung der Vorzug zu geben sei. Bei den umfangreichen Restaurierungsarbeiten am ehemaligen Burgkloster in Lübeck wurden in zahlreichen Gebäudeteilen Reste mittelalterlicher Fresken entdeckt. In diesem Fall fiel die Entscheidung zugunsten der Konservierung des Erhaltenen. Zwei Restauratoren bei der Konservierung gotischer Fresken (1). In Lübeck ist man nach den Fälschungen des jüngst verstorbenen Malers Lothar Malskat in der Marienkirche besonders vorsichtig, wenn es um »Renovierung« geht.

2

3

des Archäologen. Dabei geht es nur ausnahmsweise um die Suche nach wertvollen Gegenständen, nach dem Schatz eines Priamos des Nordens oder dergleichen, sondern vielmehr um die Erforschung des täglichen Lebens der Bürger und Bauern.

Neben den systematischen Grabungen, bei denen gezielt nach Spuren menschlichen Lebens in der Vergangenheit gefahndet wird, ergeben sich viele Notgrabungen, zumeist bei größeren Bauvorhaben, wenn prähistorische Funde ans Tageslicht gefördert werden. Ein besonders bemerkenswerter Fund dieser Art wurde 1984 im Verlauf der Bauarbeiten für die sogenannte Marschenautobahn entlang der schleswig-holsteinischen Westküste bei Hemmingstedt gemacht. Eine jungsteinzeitliche Siedlung wurde aufgedeckt, die um 2000 v. Chr. direkt oberhalb eines steil abfallenden Kliffs mit einem vorgelagerten Geröllstrand gelegen war. Bei den Grabungen, die auf einer Fläche von etwa 4000 Quadratmetern stattfanden, traten neben Siedlungs- und Gebäuderesten auch Hakenpflugspuren zutage. Besonders bemerkenswert war die Freilegung von etwa 20 Feuersteinschlagplätzen, Arbeitsplätzen also, an denen neolithisches Großgerät produziert wurde.

Die Funde ermöglichen auch Aussagen über die Technologie dieser Produktion. Ingo Clausen vom Landesamt für Vor- und Frühgeschichte, der die Grabungen leitete, vermutet angesichts der enormen Menge der bei der Beil- und Klingenherstellung entstandenen Abfälle, daß die Bewohner nicht nur für den Eigenbedarf arbeiteten. Sie machten sich offenbar die reichen Feuersteinvorkommen am Steilufer zunutze, indem sie diese abbauten, zu Halbfabrikaten umarbeiteten und damit die binnenländischen Siedlungen belieferten. Die Untersuchung dieses Platzes erlaubt tiefe Einblicke in die Wirtschaftsstrukturen der Jungsteinzeit auf der cimbrischen Halbinsel. Da der Platz nicht »museal« erhalten werden kann, ist die sorgfältige Dokumentation der Grabungsergebnisse unumgänglich.

Für solche Grabungen wird eine große Zahl qualifizierten Personals benötigt; doch hat sich dabei, etwa bei den Haithabu-Grabungen, auch der Einsatz von Strafgefangenen bewährt. Viele Menschen wirken also mit, damit wir neue Erkenntnisse über die Vergangenheit gewinnen können. Aber auch die Erhaltung, Aufbewahrung und Präsentation dessen, was an historischer Überlieferung auf uns gekommen ist, bedarf der Arbeit qualifizierter Menschen, denen die Geschichte im weitesten Sinne zum Beruf geworden ist. Deshalb gehören die Werkstätten, in denen Restauratoren tätig sind, zu den Herzstücken der Forschungsstätten und Museen. Bevor zum Beispiel ein Münzfund für die Forschung zugänglich gemacht werden kann, müssen die Münzen gereinigt und genau erfaßt werden. Eine Keramik, die nur in Scherben aufgefunden wurde, muß – wenn möglich – zusammengefügt werden. Und ein Schiff wie jenes wikingerzeitliche aus dem Haddebyer Noor bedarf jahrelanger Präparation, bevor es ausgestellt werden kann. Auch in den Archiven sorgen Fachleute dafür, daß Dokumente, auf Papier oder auf Pergament, erhalten bleiben; beschädigte Stücke werden sorgfältig restauriert, Siegel abgeformt und nachgegossen, damit sie verwahrt werden können. Menschen in diesen Berufen drängen sich selten in den Vordergrund, sie begreifen ihre Arbeit als einen Dienst an dem kulturellen Erbe ihres Landes.

Neben den Museen des Landes, der Kreise und der Städte gibt es in

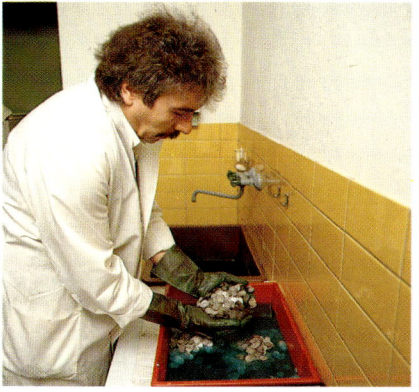

5

4

Archäologie hat heute kaum noch etwas mit dem Abenteuer zu tun, das Heinrich Schliemann im 19. Jahrhundert gelockt hat. Gefragt ist naturwissenschaftliche Präzision: Ausgrabungsarbeiten bei einer neolithischen Siedlung (2, 3).

Die Rekonstruktion eines Bronzedolchs (4) erfordert nicht weniger Sachverstand als das Reinigen des berühmten Lübecker Münzfundes (5). Aus der Fülle von Scherben, die die Ausgrabung des Oldenburger Ringwalls hervorgebracht hat, »ordentliche« Tongefäße zusammenzusetzen, erfordert Erfahrung, Sachkenntnis und viel Geduld (6, 7, 8).

7

6

8

9

10

11

12

13

Der Restaurator im Archiv macht dem
Forscher auch solche Urkunden und
Akten wieder zugänglich, die ohne seine
Kunst verfallen würden (9, 10, 11).
Beiderwandwebarbeiten sind nur auf
besonderen historischen Webstühlen
möglich; ihre Bedienung bedarf einer
Spezialausbildung (12, 13).

14

15

16

Schleswig-Holstein zahlreiche kleine Sammlungen, die in den Reiseführern kaum erwähnt sind. Ihnen kommt aber eine große Bedeutung zu, weil in ihnen zahlreiche historische und volkskundliche Schätze verwahrt werden, die von den Menschen der jeweiligen Gemeinden eher dort als bei den großen Museen abgeliefert werden. Mit viel Liebe und oft genug erheblichem Sachverstand widmen ihre Besitzer und Betreuer ihnen einen großen Teil ihrer Freizeit. Das gilt auch für jene Mitglieder in historischen Vereinen, die mit großem Engagement zur Erhaltung von Kulturgütern oder zur Erforschung lokal- und regionalgeschichtlicher Probleme beitragen. Zu nennen sind hier vor allem die Gesellschaft für Schleswig-Holsteinische Geschichte, die seit 1833 besteht, und die zahlreichen Gesellschaften für Stadtgeschichte; sie alle geben Zeitschriften oder Schriftenreihen heraus. In deren Beiträgen steht zwar die Auseinandersetzung mit der Landesgeschichte im Vordergrund, zugleich gehen aber davon oft wichtige Impulse für die überregionale geschichtswissenschaftliche Forschung aus, nicht zuletzt deshalb, weil Schleswig-Holstein auch in dieser Hinsicht eine Brückenfunktion zwischen Deutschland und Skandinavien zu erfüllen hat. Seit 1980 besteht der »Canal-Verein«, der es als seine Aufgabe ansieht, die Vorgeschichte und Geschichte des alten Eider-Kanals und des Nord-Ostsee-Kanals zu erforschen und für die Erhaltung und Erschließung der noch existierenden Baudenkmäler zu sorgen; auch dieser Verein gibt eine Zeitschrift heraus.

Die meisten größeren Museen haben Fördervereine, die vor allem dazu aufgerufen sind, die erforderlichen Mittel für die jeweiligen Aktivitäten

Die Produktion von Fayencen hatte im 18. Jahrhundert auch wirtschaftliche Bedeutung, als es darum ging, einen preiswerten Ersatz für das kostbare Porzellan zu schaffen. Daß dabei besondere Kunstformen und -stile entstanden, wurde erst entdeckt, als die Fayence-Manufaktur längst eingestellt worden war. Seit 1960 werden in Kellinghusen wieder Fayencen hergestellt, die der alten handwerklichen und künstlerischen Tradition verpflichtet sind (14, 15). Das Potpourri des späten 18. Jahrhunderts (16) ist ein museales Stück aus Kellinghusen.

18

19

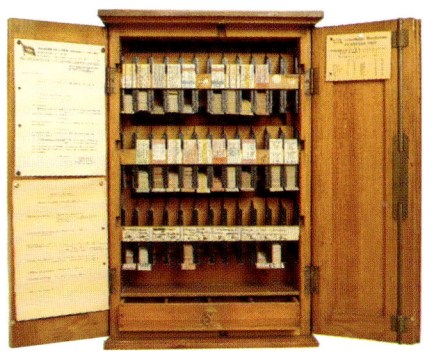

20

Aus der einst zahlreichen Flotte der
Lauenburger Dampfer hat sich der
»Kaiser Wilhelm« aus dem Jahr 1900
erhalten (17). Aber auch er kann nur
aktiv existieren, wenn er während der
Wintermonate von Freiwilligen auf einen
Stand gebracht wird, der den strengen
Prüfungen des TÜV entspricht. Während
der Sommermonate sorgen freiwillige
Helfer dafür, daß der Schiffsveteran zur
Freude der Touristen auf der Elbe
verkehren kann.
Auch das Elbschiffahrtsmuseum in
Lauenburg kann nicht ohne
ehrenamtliche Helfer auskommen. Einer
der ältesten Schiffsantriebe, eine
oszillierende Dampfmaschine, ist dort zu
sehen (18). Das Lauenburger Museum
birgt auch Details aus der Geschichte der
Flußschiffahrt (19, 20).

aufzutreiben, da die staatlichen Zuschüsse in den wenigsten Fällen ausrei-
chen. Daneben haben sich aber auch kleine Vereine gebildet, die sich
jeweils einem besonderen Objekt widmen und dessen Existenz durch unbe-
zahlte Arbeit der Vereinsmitglieder sichern. Ein Beispiel dafür ist die
Erhaltung des letzten Lauenburger Dampfers für die Passagierschiffahrt,
des im Jahre 1900 gebauten »Kaiser Wilhelm«. Er kann während der
Sommermonate auf der Elbe für Touristen und Liebhaber seinen Betrieb
(besorgt von ehrenamtlichen Helfern) nur aufnehmen, weil er während der
übrigen Monate an den Wochenenden instand gehalten und verkehrssicher
gemacht wird. Ähnlich ist es um das Elbschiffahrtsmuseum in Lauenburg
bestellt, das ohne freiwillige Helfer nie entstanden wäre. Beispiele dieser
Art ließen sich noch viele anführen. Selbst bei staatlichen Einrichtungen
gibt es bemerkenswerte Modelle. So kann das neue Landwirtschaftsmuseum in Meldorf nur deshalb verhältnismäßig großzügig betrieben werden, weil es zugleich in seiner Gesamtheit eine Werkstätte für Behinderte
des Kreises Dithmarschen ist.

Oft tragen auch die Kommunen dazu bei – sei es aus Heimatliebe oder sei
es, daß sie mit Maßnahmen dieser Art den Tourismus fördern wollen –,
historische Bauten zu erhalten oder wiederherzustellen. Ein Beispiel, das
stark umstritten war und ist, stellt die Wiederherstellung einer Teilstrecke
der alten Salzstraße auf dem Gebiet des Herzogtums Lauenburg dar.
Immerhin kann hier – vor allem dem Laien – veranschaulicht werden, wie
eine frühneuzeitliche Handelsstraße ausgesehen hat. Leider sind bisher
keine Anstrengungen unternommen worden, um ein entsprechendes Teil-

21

22

23

Im Zuge der rasanten Motorisierung während der Zeit zwischen 1950 und 1960 verschwand der größte Teil der alten gepflasterten Straßen unter einer Asphaltdecke, wenn er nicht sogar gänzlich verlorenging. Auf historischen Verkehrswegen wie der Alten Salzstraße zwischen Lüneburg und Lübeck verschwand das alte Pflaster selbst dort, wo sie nur noch für den landwirtschaftlichen Verkehr genutzt wurden. Seit 1986 wird ein Teilstück der Alten Salzstraße in den ursprünglichen Zustand zurückversetzt (21, 22, 23).

stück des alten Stecknitzkanals wiederherzurichten und entsprechend zu pflegen.

Die kommerzielle Nutzung historischer Vorbilder steht bei »Kulturbeflissenen« meist nicht in besonderem Ansehen, und doch kommt auch jenen kunsthandwerklichen Betrieben, die alte Techniken wiederbelebt haben und an jüngere Handwerker weitergeben, eine nicht zu unterschätzende Bedeutung zu. Hier seien zwei Betriebe genannt. In Meldorf widmet sich ein Betrieb seit mehr als 70 Jahren der Handweberei auf alten Webstühlen und stellt dabei »Beiderhandwebereien« nach Vorbildern des 17. und 18. Jahrhunderts her. Auf diese Weise wird nicht nur ein historisches Gebäude unterhalten, sondern es werden auch Techniken tradiert, die andernfalls aussterben würden; schließlich sind die Produkte dieser Werkstatt offenbar attraktiv genug, um ihre Existenz zu sichern. Ähnlich verhält es sich bei den »Kellinghusener Fayencen«. Ihre Begründer betreiben seit 1960 mit Erfolg die Wiederbelebung der um 1760 entstandenen und 1860 eingestellten Fayence-Manufaktur. Dabei versuchen die Inhaberin und ihre Mitarbeiter nicht nur alte Vorbilder zu kopieren, sondern auch neue Formen der Fayence-Herstellung zu praktizieren. Wie die »Beiderhandweber« und die Fayence-Hersteller zu neuen (oder: alten?) Lehrberufen geworden sind, gibt es auch zahlreiche andere handwerkliche Berufe, die sich der Erhaltung historischer Institutionen und damit zugleich traditioneller Techniken widmen. Der Denkmalschutz hat in den vergangenen Jahren erheblich an Bedeutung und Ansehen gewonnen. Das Interesse der Bevölkerung an historischen Gebäuden ist intensiver, manchmal auch aggressiver gewor-

24

Die traditionelle Dachbedeckung auf dem Lande war in Schleswig-Holstein das Stroh oder Reet (Schilf); die Bedachung mit Ziegeln hatte kaum Bedeutung. Seit qualifizierte Handarbeit teuer wurde, gerieten auch Besitzer historischer Gebäude in die Situation, sich aus wirtschaftlichen Gründen für Kunststoffe zur Erhaltung und wirtschaftlichen Nutzung dieser Bauwerke zu entscheiden. Inzwischen stehen genügend qualifizierte Fachkräfte zur Verfügung, um anfallende Strohdacharbeiten auszuführen (24).

den. Daraus resultiert nicht zuletzt, daß die Wertschätzung, Lehrstellen in scheinbar wenig zukunftsträchtigen Berufen aufzunehmen, gestiegen ist. Deshalb muß nicht befürchtet werden, daß künftig schadhaft gewordene »Strohdächer« nicht mehr fachgerecht eingedeckt werden können; viele junge Leute sind bereit, »restaurative« Berufe zu ergreifen, sich also vornehmlich der Erhaltung des Vergangenen zu widmen.

Das historische Erbe besteht aber auch aus dunklen Kapiteln. Sie zu betreuen muß als besonders verdienstvoll angesehen werden und verdient entsprechende Anerkennung. So ist die Aufarbeitung der Geschichte des Konzentrationslagers Ladelund, eines Außenlagers des KZ Neuengamme, auf die Initiative eines Lehrers und einiger Schüler der Auguste-Viktoria-Schule in Flensburg zurückzuführen. Die Projektarbeit begann 1982 und fand 1984 ihren Abschluß in einer Ausstellung, die zunächst im Städtischen Museum Flensburg und dann in mehreren Orten der Region gezeigt wurde. Es ist geplant, sie als Dauerausstellung in die Gedenkstätte für die Opfer des Lagers Ladelund zu integrieren.

Ohne die Arbeit der Denkmalschutzämter, deren Mitarbeiter auf der Grundlage von Gesetzen tätig werden, wäre die Kulturlandschaft Schleswig-Holsteins sehr viel ärmer. Die ohnehin schwierigen Aufgaben werden zunehmend dadurch erschwert, daß nicht für alle denkmalgeschützten Objekte eine sinnvolle Nutzung gewährleistet ist, denn der beste Schutz besteht in einer angemessenen Funktion. Daß dabei auch grundsätzlich Konflikte auftauchen können, zeigt das Beispiel des Gotteshofes bei Niebüll, dessen Besitzer große Anstrengungen unternimmt, den ehemaligen

25

Vierseithof, von dem noch drei Seiten (Flügel) existieren, zu erhalten und zu pflegen, der aber andererseits das Gebäude so nutzen will und muß, daß es den Anforderungen eines modernen landwirtschaftlichen Betriebs gerecht wird. Die Auflagen des Denkmalschutzamtes, die zudem mit erheblichen Kosten für den Besitzer verbunden wären, lassen eine angemessene Nutzung nicht zu. Deshalb lehnt es der streitbare Nordfriese ab, sein Haus unter Denkmalschutz stellen zu lassen.

Die Zeugen der Vergangenheit sollen das Leben der gegenwärtigen und der zukünftigen Generationen bereichern. Die Pflege des kulturellen Erbes bindet aber auch und gerade ein Land wie Schleswig-Holstein, das nicht nur zwischen zwei Meeren liegt, sondern auch Bindeglied zwischen zwei Kulturkreisen ist, in die europäische Kultur- und Geisteslandschaft ein. Daß es möglich ist, unter Ausnutzung einer Fülle von historischen Gebäuden unterschiedlichster Art ein zukunftsorientiertes Projekt für das kulturelle Leben des Landes zu realisieren, beweist das »Schleswig-Holstein-Musik-Festival«, das 1986 erstmals mit großem Erfolg stattgefunden hat. Dieses Festival, das im gesamten Land ausgetragen wird, dürfte generell die kulturelle Aufgeschlossenheit der Bürger – und nicht nur auf dem Gebiet der Musik – fördern, womit auch eine Vertiefung des historischen Bewußtseins verbunden sein kann. Allerdings kann es große historische Landesausstellungen, wie sie andere Bundesländer regelmäßig präsentieren, nicht ersetzen. Warum sich Schleswig-Holstein auf diesem Feld soviel Zurückhaltung auferlegt hat, ist eine offene Frage. An präsentablen Objekten und historischen Orten mangelt es nicht, auch nicht an Sachverstand, wie an

Die Landesgeschichte, die oft allzugern mit einer politisch enthaltsamen Heimatgeschichte verwechselt wird, kennt auch dunkle Kapitel, mit denen sie fertig werden muß. Dabei stehen ihr ebenfalls freiwillige Helfer zur Seite, wie das Beispiel der Erforschung und der Pflege des ehemaligen KZ-Außenlagers in Ladelund bei Flensburg ausweist, an dessen Stelle heute ein Gedenkstein (25) zu sehen ist. Hier waren es ein engagierter Lehrer und einige Schüler des Auguste-Viktoria-Gymnasiums in Flensburg, die sich der Aufgabe unterzogen, das Lager in Ladelund der Vergessenheit zu entreißen, indem sie es im Rahmen einer Ausstellung sichtbar und verstehbar machten. Das Plakat der Ausstellung (26) stützt sich wesentlich auf die Zeichnung eines niederländischen Häftlings.

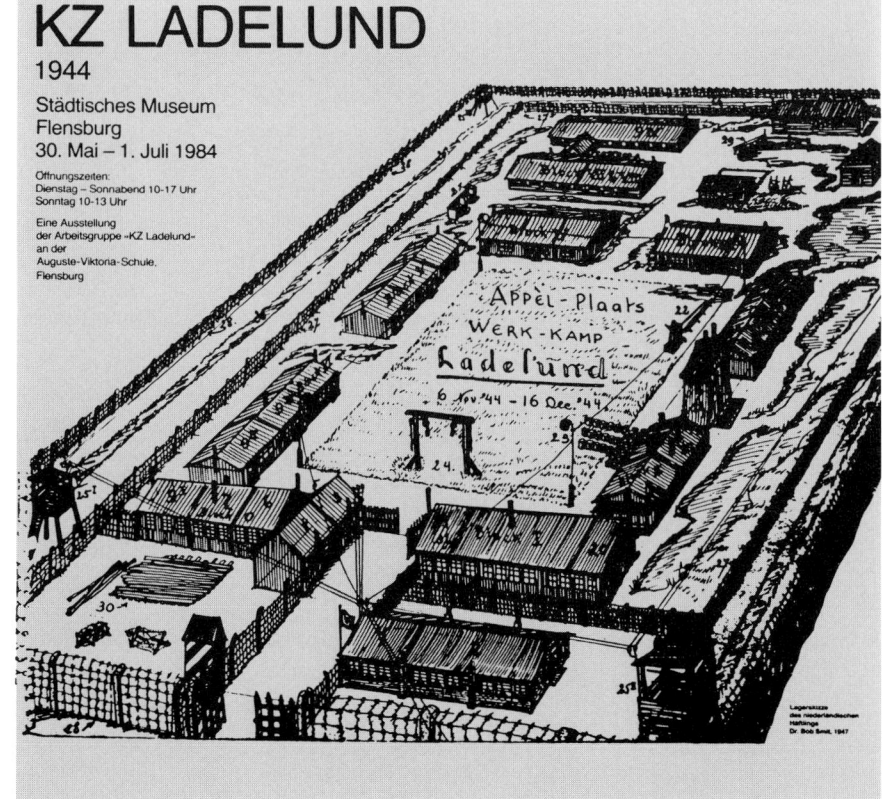

26

27

den wenigen Beispielen, die für eine Fülle nichtgenannter stehen sollen, abzulesen ist.

Es ist sicherlich ein müßiges Geschäft, nach besonderen historischen und kulturellen Leistungen, nach Höhepunkten der Landesgeschichte Schleswig-Holsteins zu suchen, es sei denn, man könnte sich auf Kriterien für die Wertung verständigen. Zu den herausragenden politischen, wirtschaftlichen und kulturellen Leistungen unseres Jahrhunderts zählt zweifellos die Integration von einer Million heimatvertriebener Menschen, die innerhalb einer Generation so mit der einheimischen Bevölkerung verschmolzen sind, daß sie sich mit der Geschichte Schleswig-Holsteins identifizieren und sie dadurch deutlich bereichern können.

Daß es bei der Realisierung des Denkmalschutzes kontroverse Meinungen gibt, ist hinreichend bekannt. Ungewöhnlich hingegen ist, daß der Besitzer eines historisch wertvollen Gebäudes den Vertretern des Denkmalschutzamtes den Zugang zu seinem Grundstück verbietet (27).

Literatur- und Quellennachweis

Auf ein ausführliches Literaturverzeichnis ist verzichtet worden; im folgenden werden unter a) die einschlägigen Bibliographien, Handbücher, wissenschaftlichen Reihen und Zeitschriften zur Geschichte Schleswig-Holsteins aufgeführt. Einzeln belegt werden unter b) nur wörtliche Zitate. Die dort genannten Zahlen beziehen sich auf die Seiten dieses Buches, auf denen die Zitate vorkommen.

a) *Literatur zur Landesgeschichte*
Bibliographie zur Schleswig-Holsteinischen Geschichte und Landeskunde, hrsg. von der Schleswig-Holsteinischen Landesbibliothek, bisher 10 Bände. Neumünster (Band 10) 1985

Geschichte Schleswig-Holsteins, hrsg. im Auftrag der Gesellschaft für Schleswig-Holsteinische Geschichte. Geplant sind 10 Bände, erschienen bisher die Bände 1 bis 4,1 sowie 5 und 6. Neumünster 1958 ff. (Das Werk wird zwar die gründlichste Gesamtdarstellung sein, ist aber noch schwer zu benutzen, da es über keine Register verfügt.)

Otto Brandt, Geschichte Schleswig-Holsteins. Ein Grundriß, 8. Aufl., verbessert und ergänzt von Wilhelm Klüver (†), mit Beiträgen von Herbert Jankuhn. Kiel 1981. (Dieses Standardwerk ist eine handliche und zuverlässige Darstellung der Landesgeschichte; es enthält ausführliche, jeweils aktualisierte Literaturangaben.)

H. V. Gregersen, Slesvig og Holsten før 1830, und Lorenz Rerup, Slesvig og Holsten efter 1830 (aus der Reihe »Danmarks Historie«). Kopenhagen 1981 und 1982 (Die beiden Bände sind zwar ergänzender Teil einer umfangreichen Geschichte Dänemarks, bilden aber gleichwohl ein in sich geschlossenes, anschauliches Handbuch zur Geschichte Schleswig-Holsteins aus dänischer Sicht. Die dänische und die deutsche Forschung werden gleichermaßen berücksichtigt. Der Schwerpunkt liegt eindeutig im 19. und 20. Jahrhundert.)

Quellen und Forschungen zur Geschichte Schleswig-Holsteins, hrsg. von der Gesellschaft für Schleswig-Holsteinische Geschichte, Bd. 1 Leipzig 1914, Bd. 88 Neumünster 1986 (Bei dieser Reihe handelt es sich überwiegend um Spezialuntersuchungen zur Landesgeschichte; der Anteil der reinen Quellenpublikationen ist immer mehr zurückgegangen.)

Schleswig-Holsteinische Kirchengeschichte, hrsg. vom Verein für Schleswig-Holsteinische Kirchengeschichte, 4 Bände. Neumünster 1977–1984

Studien zur Wirtschafts- und Sozialgeschichte Schleswig-Holsteins, hrsg. vom Arbeitskreis für Wirtschafts- und Sozialgeschichte Schleswig-Holsteins und der Gesellschaft für Schleswig-Holsteinische Geschichte, bisher erschienen 13 Bände. Neumünster 1979 ff

Kunst-Topographie Schleswig-Holstein, hrsg. von Hartwig Beseler. 5. Aufl. Neumünster 1982

Zeitschrift der Gesellschaft für Schleswig-Holsteinische Geschichte, hrsg. von Wolfgang Prange. 1987 erschien Band 112.

Nordelbingen. Beiträge zur Kunst- und Kulturgeschichte, hrsg. von Dieter Lohmeier u. a. 1987 erschien Band 56.

b) *Nachweis der zitierten Literatur*
16 ff Die Angaben über die Daten der Dolmen und Ganggräber stützen sich auf: E. Aner, Die Großsteingräber Schleswig-Holsteins, in: Führer zu vor- und frühgeschichtlichen Denkmälern, Bd. 9 (= Schleswig, Haithabu, Sylt). Mainz 1968, S. 46 ff

28 ff Die Ausführungen über germanische Religion orientieren sich u. a. an: Erich Hoffmann, Walter Göbell und Lorenz Hein, in: Schleswig-Holsteinische Kirchengeschichte, Bd. 1. Neumünster 1977

34 Adam von Bremen, Bischofsgeschichte der Hamburger Kirche, in: Quellen des 9. und 11. Jahrhunderts zur Geschichte der Hamburgischen Kirche und des Reiches. Darmstadt 1968, S. 296

39 Adam von Bremen, a. a. O., S. 250
Bischof Ekkehard von Schleswig, zitiert nach Lorenz Hein, in: Schleswig-Holsteinische Kirchengeschichte, a. a. O., S. 120

41 Helmold von Bosau, Slawenchronik, hrsg. von Heinz Stoob. Darmstadt ³1980, S. 240

46 Kurt Schietzel, Stand der siedlungsarchäologischen Forschungen in Haithabu. Ergebnisse und Probleme. Neumünster 1981, S. 86

48 Adam von Bremen, a. a. O., S. 294 f
Helmold von Bosau, a. a. O., S. 118

54 Zitat aus der Papsturkunde (1214) zitiert nach: Otto Brandt, Geschichte Schleswig-Holsteins. Ein Grundriß, 8. Aufl. besorgt von Wilhelm Klüver. Kiel 1981, S. 93 Redaktion E. C. Dahlmann und G. Waitz: Walther Lammers, Geschichte Schleswig-Holsteins, Bd. 4,1. Neumünster 1981, S. 391 f

58 Lübische Chronik des Franziskaners Detmar, zitiert nach Otto Brandt, Geschichte

Schleswig-Holsteins, a. a. O., S. 105

60 Dänische Chronik, zitiert nach Otto Brandt, Geschichte Schleswig-Holsteins, a. a. O., S. 124

64 Hermannus Bonnus, Lübecksche Chronica der fürnehmsten Geschichte und Händel der Kayserlichen Stadt Lübeck, o. O. 1934. Zitat aus der »Vorrede«. – Helmold von Bosau über Bucu: Slawenchronik, a. a. O., S. 212

68 Fritz Rörig, in: Geschichte der Freien und Hansestadt Lübeck, hrsg. von Fritz Endres. Lübeck 1926, S. 48

70 f Hermannus Bonnus, Chronica, a. a. O., Kap. »Von Jürgen Wullnweber« (unpaginiert)

83 Einzelheiten der Landesteilung von 1490 bei Reimer Hansen, Kurze Schleswig-Holsteinische Landesgeschichte. Flensburg 1912, S. 42

84 Helmold von Bosau, Sachsenchronik, a. a. O., S. 356

85 ff Die Angaben zur mittelalterlichen und frühneuzeitlichen Verfassung Dithmarschens stützen sich auf: Walther Lammers, Die Schlacht bei Hemmingstedt. Freies Bauerntum und Fürstenmacht im Nordseeraum. Heide ²1982. – Heinz Stoob, Geschichte Dithmarschens im Regentenzeitalter. Heide 1959

97 Carl Grimberg, Die wunderbaren Schicksale des Schwedischen Volkes. München 1938, S. 130. Das Zitat aus Olavus Petris Chronik, ebenda, S. 143

100 Einzelheiten über die Landesteilung von 1544 bei Reimer Hansen, a. a. O., S. 51

102 f Otto Brandt, Geschichte Schleswig-Holsteins, a. a. O., S. 172

104 Johann Risten H. P. Himmlischer Lieder (. . .) Das Vierdte Zehn. Lüneburg 1642. Aus der Widmung an Detlev von Ahlefeldt
Jacob Fabricius den Yngres Optegnelser 1617–1644, udg. af A. Andersen. Tondern 1964, S. 145

108 Zitat aus den gedruckten Klosterrechnungen im Landesarchiv Schleswig

109 Af Geheimeraad Ditlev Ahlefeldts Memoirer, Dagbogsoptegnelser og Brevbøger, udg. af Louis Bobé. Kopenhagen 1895, S. 18

111 Otto Brandt, Geschichte Schleswig-Holsteins, a. a. O., S. 183

124 f Die Lösung der »Gottorfer Frage« ist knapp und prägnant dargestellt in: Kiel, Eutin, St. Petersburg. Die Verbindungen

zwischen dem Haus Holstein-Gottorf und dem russischen Zarenhaus im 18. Jahrhundert. Politik und Kultur. Heide ²1987

126 Das Zitat in der Titelzeile entstammt einem Mandat, das nach der Zerstörung Altonas veröffentlicht wurde. Landesarchiv Schleswig

127 »Fürstl. Verfügung, daß die Zigeuner in Dithmarschen nicht geduldet werden sollen, 1609, in: Urkundenbuch zur Geschichte des Landes Dithmarschen, hrsg. v. A. L. J. Michelsen. Altona 1834, S. 391 f

128 Zitate nach Oskar Hannink, Geschichte der Evangelisch-reformierten Gemeinde zu Altona. Altona 1936, S. 11 und 13

129 Die Angaben über die christlichen Minderheiten stützen sich im wesentlichen auf E. Freytag, in: Schleswig-Holsteinische Kirchengeschichte, Bd. 4, Neumünster 1984. Zu den Mennoniten speziell: Robert Dollinger, Geschichte der Mennoniten in Schleswig-Holstein und Lübeck. Neumünster 1930

131 ff Vgl. Ole Harck, Julius Magnus-Ausstellung zur Geschichte der jüdischen Gemeinden in Schleswig-Holstein. Rendsburg 1985. – Alfonso Cassuto, Gedenkschrift der Portugiesisch-Jüdischen Gemeinde in Hamburg. Amsterdam 1927

135 Manfred Jakubowski-Thiessen und Hartmut Lehmann, Der Pietismus, in: Schleswig-Holsteinische Kirchengeschichte, Bd. 4, a. a. O., S. 269 ff

138 Beurteilung Struensees: Otto Brandt, Geschichte Schleswig-Holsteins, a. a. O., S. 210

139 Otto Brandt, Geschichte Schleswig-Holsteins, a. a. O., S. 210

144 Zitat Fritz Reventlow aus: Christian Degn, Geschichte Schleswig-Holsteins, Bd. 6. Neumünster 1960, S. 24

145 Johann Heinrich Voß, Die Kartoffelernte, in: Werke. Berlin u. Weimar 1966, S. 252 f

146 Über Lüders und Voght: E. Opitz, in: Biographisches Handwörterbuch der Erwachsenenbildung, hrsg. v. G. Wolgast u. J. H. Knoll. Stuttgart u. Bonn 1986, S. 251 f u. 415 f

149 Instruktion an den Statthalter, zit. nach: Olaf Klose, in: Geschichte Schleswig-Holsteins, Bd. 6, a. a. O., S. 112

154 Eingabe an Herzog Johann Adolf, zit. nach: Harald Voigt, Die Nordfriesen auf den Hamburger Wal- und Robbenfängern 1669–1839. Neumünster 1987, S. 18 f

160 Stecknitzkanal, Zitat nach:

Wilhelm Hadeler in: Stadt-
chronik zur 725-Jahr-Feier der
Stadt Lauenburg/Elbe. Lauenburg 1985, S. 91 f

162   Reinhard Woltman, Beiträge
zur Schiffbarmachung der
Flüsse. Hamburg 1826, S. 170

163   Verträge etc. betr. den Alster-
Beste-Kanal: Landesarchiv
Schleswig, Abt. 7, Nr. 3288

167   Die Klopstock-Verse stammen
von einem Denkmal im Garten
des Gutes Eckhof, zit. nach:
Gerd Stolz, Der alte Eiderkanal
– Schleswig-Holsteinischer Kanal. Heide³ 1985, S. 9

170   Frank Norbert Nagel, Die Entwicklung des Eisenbahnnetzes
in Schleswig-Holstein und
Hamburg. Wiesbaden 1981,
S. 20 ff

172   Das Zitat aus der Titelzeile
stammt von Joseph Victor von
Scheffel, zit. nach H.-G. Kaack,
Bauer, Bürger, Edelmann. Das
Herzogtum Lauenburg von der
deutschen Besiedlung bis zur
Aufhebung der Ständeherr-
schaft. Ratzeburg 1985, S. 261

176   Armgard von Reden, Landständische Verfassung und fürstli-
ches Regiment in Sachsen-Lauenburg (1543–1689). Göttingen
1974, S. 231

189 f Georg Waitz, Kurze Schleswig-
holsteinische Geschichte. Kiel
1864, S. 166

193   Proklamation der »Provisori-
schen Regierung«, zit. nach
Otto Brandt, Geschichte
Schleswig-Holsteins, a. a. O.,
S. 255

199   Theodor Storm, Sämtliche
Werke, herausgegeben von
P. Wiegler. Berlin o. J., Bd. 10,
S. 251

199 f Otto von Bismarck, Werke in
Auswahl (Jahrhundertaus-
gabe), Bd. 3. Darmstadt 1965,
S. 208

201   Moltke. Leben und Werk in
Selbstzeugnissen. Briefe,
Schriften, Reden, hrsg. v. Max
Horst. Birsfelden b. Basel o. J.,
S. 268

203   Otto von Bismarck, Werke in
Auswahl, Bd. 3. Darmstadt
1965, S. 302

207   Oswald Hauser, Staatliche Einheit und regionale Vielfalt in
Preußen. Der Aufbau der Verwaltung in Schleswig-Holstein
nach 1867.
Neumünster 1967

208   Preußische Beamte über die
Schleswig-Holsteiner, zit. nach
Oswald Hauser, in: Geschichte
Schleswig-Holsteins, Bd. 8,1.
Neumünster 1967, S. 18 ff

212   Urs J. Diederichs, Schleswig-
Holsteins Weg ins Industriezeitalter. Hamburg 1986, S. 20

213   Nis R. Nissen, in: Urs J. Diederichs, a. a. O., S. 127

217 f Otto von Bismarck, Werke in
Auswahl, Bd. 8. Darmstadt
1975, S. 308 f

219   Christian Degn, zit. nach Otto
Brandt, Geschichte Schleswig-
Holsteins, a. a. O., S. 299

223   Gerhard Stoltenberg, Politische
Strömungen im schleswig-hol-
steinischen Landvolk
1918–1933. Düsseldorf 1962,
S. 32
Charakterisierung Paul von
Hedemann-Heespens bei Otto

Brandt, Geschichte Schleswig-
Holsteins., a. a. O., S. 327

233   Theodor Steltzer, Reden, An-
sprachen, Gedanken
1945–1947, hrsg. von Kurt Jür-
gensen. Neumünster 1986,
S. 57
Statistische Daten nach: Uwe
Barschel, Schleswig-Holstein.
Land mit Vergangenheit, Land
mit Zukunft. Neumünster
1986, S. 65 f

235   Erklärung der Landesregierung, zit. nach: Uwe Barschel
und Volkram Gebel, Landessatzung für Schleswig-Holstein.
Kommentar. Neumünster
1976, S. 54

236   Kieler Erklärung, vollständig
abgedruckt in: Barschel/Gebel,
a. a. O., S. 63 ff

237   Bonn-Kopenhagen-Erklärung,
ebenfalls vollständig bei Bar-
schel/Gebel, a. a. O., S. 66 f

239   Lord Palmerston zit. nach:
Charles Grant Robertson, Bismarck (Makers of the Nine-
teenth Century). London 1919,
S. 156

Bildnachweis

Bei den Bildern dieses Buches handelt es sich – von wenigen Ausnahmen abgesehen
– um die Wiedergabe von Fotografien, die Reinhard Scheiblich aufgenommen hat.
Im folgenden werden die Archive, Museen etc. genannt, die dankenswerterweise
bereit waren, ihre Schätze für die Aufnahmen zur Verfügung zu stellen. Die
Aufzählung erfolgt in alphabetischer Reihenfolge der Ortsnamen. Es werden jeweils die Seiten und die Bildnummer genannt.

Marienkirche, Bad Segeberg · Seite 61, Nr. 22 · *Herrenhaus Booknis, Gemeinde
Waabs* Seite 107, Nr. 9 · *St. Petri-Kirche, Bosau* Seite 41, Nr. 47 · *Marienkirche,
Büchen* Seite 107, Nr. 23, 24, 25; Seite 176, Nr. 6 · *St. Nicolai-Kirche, Eckernförde*
Seite 107, Nr. 8 · *Auguste-Viktoria-Schule, Flensburg* (Dr. Jörn-Peter Leppien)
Seite 248, Nr. 26 · *Marienkirche, Flensburg* Seite 63, Nr. 26 · *Rathaus Flensburg*
Seite 79, Nr. 2; Seite 83, Nr. 7; Seite 88, Nr. 6; Seite 97, Nr. 2; Seite 102, Nr. 10, 11
· *Städtisches Museum, Flensburg* Seite 96, Nr. 21; Seite 100, Nr. 7, 8; Seite 106,
Nr. 7, 8; Seite 112, Nr. 6; Seite 120, Nr. 20; Seite 156, Nr. 18; Seite 158, Nr. 21; Seite
242, Nr. 12 · *Detlefsen-Museum, Glückstadt* Seite 116, Nr. 12, 13; Seite 117, Nr. 15
· *Rathaus Glückstadt* Seite 118, Nr. 17 · *Wikinger-Museum Haithabu, Haddeby*
Seite 27, Nr. 2, 3, 4; Seite 40, Nr. 43; Seite 42, Nr. 1, 2; Seite 44, Nr. 4; Seite 46,
Nr. 7, 8, 9; Seite 47, Nr. 10, 11, 12; Seite 48, Nr. 13, 14; Seite 49, Nr. 15 · *Altonaer
Museum in Hamburg (Norddeutsches Landesmuseum)* Seite 78, Nr. 1; Seite 123,
Nr. 26, 27, 28; Seite 127, Nr. 3; Seite 131, Nr. 9, 10, 11, 12; Seite 147, Nr. 24; Seite
149, Nr. 2, 3; Seite 150, Nr. 4, 5, 6; Seite 170, Nr. 43, 44; Seite 171, Nr. 45, 46;
Seite 190, Nr. 24; Seite 197, Nr. 24; Seite 210, Nr. 5; Seite 216, Nr. 16, 17, 18 ·
Hauptkirche St. Petri, Hamburg Seite 26, Nr. 1 · *Museum für Hamburgische
Geschichte* Seite 50, Nr. 1; Seite 55, Nr. 9; Seite 83, Nr. 7 · *Museum für Dithmar-
scher Vorgeschichte und Heider Heimatmuseum, Heide* Seite 22, Nr. 13; Seite 25,
Nr. 19; Seite 227, Nr. 11; Seite 228, Nr. 14 · *Nissen-Haus, Nordfriesisches
Museum, Husum* Seite 130, Nr. 8; Seite 153, Nr. 12, 14 · *Schloß vor Husum* Seite
111, Nr. 3 · *Altfriesisches Haus, Keitum/Sylt* Seite 156, Nr. 20 · *Kieler Stadt- und
Schiffahrtsmuseum* Seite 125, Nr. 34; Seite 168, Nr. 39, 40; Seite 209, Nr. 4; Seite
234, Nr. 2, 3, 4, 5; Seite 235, Nr. 6; Seite 236, Nr. 9 · *Kunsthalle zu Kiel* Seite 121,
Nr. 21; Seite 122, Nr. 22; Seite 151, Nr. 7 · *Schleswig-Holsteinische Landesbibliothek, Kiel* Seite 82, Nr. 6; Seite 88, Nr. 5; Seite 99, Nr. 6; Seite 118, Nr. 18; Seite
159, Nr. 23; Seite 171, Nr. 47; Seite 178, Nr. 10; Seite 192, Nr. 13, 14, 15; Seite
194, Nr. 19;, Seite 197, Nr. 23; Seite 200, Nr. 4; Seite 203, Nr. 8, 9; Seite 214, Nr.
15; Seite 226, Nr. 9, 10; Seite 230, Nr. 22; Seite 231, Nr. 23; Seite 235, Nr. 7; Seite
236, Nr. 10 · *Stadtarchiv Kiel* Seite 200, Nr. 4; Seite 210, Nr. 6, 7; Seite 211, Nr. 8;
Seite 219, Nr. 24; Seite 222, Nr. 2, 3; Seite 223, Nr. 5; Seite 229, Nr. 18, 19, 20, 21 ·
Elbschiffahrtsmuseum Lauenburg Seite 161, Nr. 29, 32; Seite 178, Nr. 11; Seite

244, Nr. 17; Seite 245, Nr. 18, 19, 20 · *Schloß Ludwigsburg* Seite 108, Nr. 10, 11;
Seite 137, Nr. 2 · *Museum für Kunst und Kulturgeschichte (St. Annen-Museum)
der Hansestadt Lübeck* Seite 65, Nr. 4; Seite 66, Nr. 5, 6; Seite 67, Nr. 7, 8; Seite
70, Nr. 15; Seite 73, Nr. 21, 22; Seite 74, Nr. 25; Seite 75, Nr. 26; Seite 76, Nr. 28,
29 · *Dithmarscher Landesmuseum, Meldorf* Seite 85, Nr. 1; Seite 89, Nr. 7, 8; Seite
90, Nr. 11, 12; Seite 94, Nr. 19; Seite 99, Nr. 4; Seite 152, Nr. 9; Seite 208, Nr. 3;
Seite 213, Nr. 13; Seite 218, Nr. 21, 22; Seite 227, Nr. 12, 13 · *Landwirtschaftsmuseum, Meldorf* Seite 212, Nr. 12 · *St. Nicolai-Kirche, Mölln* Seite 101, Nr. 9; Seite
163, Nr. 33, 34 · *Dom zu Ratzeburg* Seite 40, Nr. 44 · *Kreismuseum Ratzeburg* Seite
18, Nr. 5; Seite 175, Nr. 4, 5; Seite 179, Nr. 13 · *Stadtarchiv Ratzeburg* Seite 179,
Nr. 12; Seite 223, Nr. 4 · *Dr. Bamberger-Haus, ehemalige Synagoge, Rendsburg*
Seite 133, Nr. 16, 17 · *Schleswig-Holsteinisches Landesarchiv, Schleswig* Seite 29,
Nr. 6; Seite 41, Nr. 46; Seite 54, Nr. 7; Seite 56, Nr. 10; Seite 58, Nr. 14, 15; Seite
59, Nr. 17; Seite 60, Nr. 19, 20; Seite 61, Nr. 21; Seite 65, Nr. 3; Seite 80, Nr. 4;
Seite 86, Nr. 2; Seite 87, Nr. 4; Seite 91, Nr. 13; Seite 110, Nr. 1; Seite 113, Nr. 8;
Seite 114, Nr. 10; Seite 122, Nr. 23, 24; Seite 132, Nr. 12; Seite 142, Nr. 14; Seite
152, Nr. 10; Seite 153, Nr. 13; Seite 159, Nr. 25; Seite 164, Nr. 35; Seite 166, Nr.
36, 37; Seite 174, Nr. 3; Seite 181, Nr. 17, 18; Seite 182, Nr. 20; Seite 205, Nr. 11 ·
*Schleswig-Holsteinisches Landesmuseum für Kunst- und Kulturgeschichte,
Schleswig* Seite 74, Nr. 24; Seite 111, Nr. 4, 5; Seite 112, Nr. 4, 5; Seite 114, Nr. 9;
Seite 124, Nr. 29; Seite 187, Nr. 4, 5; Seite 245, Nr. 16 · *Schleswig-Holsteinisches
Museum für Vor- und Frühgeschichte, Schleswig* Seite 20, Nr. 9, 10; Seite 23, Nr.
16; Seite 24, Nr. 17 · *Museet på Sønderborg Slot* Seite 80, Nr. 3; Seite 102, Nr. 12;
Seite 103, Nr. 14; Seite 201, Nr. 6; Seite 206, Nr. 1; Seite 225, Nr. 7 · *St.
Laurentius-Kirche, Tönning* Seite 115, Nr. 11 · *Privatbesitz* Seite 55, Nr. 8; Seite
69, Nr. 13b; Seite 72, Nr. 20b; Seite 98, Nr. 3; Seite 104, Nr. 1; Seite 119, Nr. 19;
Seite 125, Nr. 31; Seite 139, Nr. 5, 6, 7; Seite 140, Nr. 8; Seite 180, Nr. 15; Seite
182, Nr. 21; Seite 189, Nr. 8; Seite 190, Nr. 10, 11; Seite 191, Nr. 12; Seite 193, Nr.
16; Seite 196, Nr. 22; Seite 198, Nr. 1; Seite 200, Nr. 3; Seite 202, Nr. 7; Seite 208,
Nr. 2; Seite 214, Nr. 14; Seite 218, Nr. 22; Seite 219, Nr. 25; Seite 235, Nr. 8 ·
Pressefoto Alice Kranz-Pätow, Lübeck Seite 76, Nr. 29 · Die Porträts Peters II., Zar
von Rußland (Gemälde von Georg Ziesenis) und Paul Petrowitz', Großfürst von
Rußland (unbekannter Maler) wurden übernommen aus: *Carl-Heinrich Seebach,
Schierensee. Geschichte eines Gutes in Holstein. Neumünster, Karl Wachholtz
Verlag 1974* Seite 125, Nr. 32, 33 · Die Wappentafeln Seite 81, Nr. 5, entstammen
verschiedenen Jahrgängen von *Danmarks Adels Aarbog, Kopenhagen 1884 ff. Die
Titelseite der Kirchenordnung von 1542, Seite 99, Nr. 5, wurde übernommen aus:
Die Schleswig-Holsteinische Kirchenordnung von 1542, hrsg. von Walter Göbell.
Neumünster, Karl Wachholtz Verlag 1986*

Politisch-territoriale Gliederung Schleswig-Holsteins im Jahre 1622

Karte : E. Opitz in Anlehnung an die Karten von O. Hartz und E. Raeth

Zeichnung : Klaus W. Fennert

Legend:
- Königreich Dänemark
- Königlicher Anteil
- Herzoglicher (Gottorfischer) Anteil
- Gemeinsam regierter Anteil
- Besitz der Sonderburger Linie ("abgeteilte Herren")
- Bistum Lübeck
- Hansestädte Hamburg u. Lübeck
- Herrschaft Pinneberg (Schauenburgischer Besitz)
- Gebietsteile, die zwischen Hamburg u. Lübeck einerseits u. dem Herzogtum Holstein andererseits strittig sind

0 5 10 15 20 25 30 km

SCHLESWIG-HOLSTEIN.
Maßstab 1 : 900 000.

HAFEN VON KIEL.
Maßstab 1 : 150 000.

HELGOLAND.
Maßstab 1 : 50 000.

Personen- und Ortsregister